近代翻译与语言教材研究丛书

明清中西交会中的西人汉语研究

历史、文献与个案

李真◎著

MINGQING ZHONGXI JIAOHUI ZHONG DE XIREN HANYU YANJIU

上海辞书出版社

图书在版编目(CIP)数据

明清中西交会中的西人汉语研究 ： 历史、文献与个案 / 李真著. -- 上海 ： 上海辞书出版社, 2025.
(近代翻译与语言教材研究丛书). -- ISBN 978-7-5326-6290-6

Ⅰ. H109.2

中国国家版本馆 CIP 数据核字第 2024RC7973 号

明清中西交会中的西人汉语研究
——历史、文献与个案

李真　著

责任编辑　马　沙
装帧设计　王轶颀
责任印制　曹洪玲

出版发行　上海世纪出版集团
上海辞书出版社®(www.cishu.com.cn)
地　　址　上海市闵行区号景路 159 弄 B 座(邮政编码: 201101)
印　　刷　上海商务数码图像技术有限公司
开　　本　720 毫米×1000 毫米　1/16
印　　张　29.25
字　　数　475 000
版　　次　2025 年 3 月第 1 版　2025 年 3 月第 1 次印刷
书　　号　ISBN 978-7-5326-6290-6/H・797
定　　价　148.00 元

本书如有质量问题,请与承印厂联系。电话: 021-65418990

目　录

序　言

自2004年在澳门理工学院召开“世界汉语教育史首届国际研讨会”以来，随着在澳门理工学院注册的“世界汉语教育史学会”的成立，世界汉语教育史这一研究领域得到了快速的发展。最典型的代表性成果就是我和李宇明先生共同主编、在商务印书馆出版的“国际汉语教育史研究丛书”八部；同时赵金铭先生所主编的对外汉语教材系列也第一次将我主编的《世界汉语教育史》列入其中；在他担任总主编的对外汉语教学专题研究书系中，我主编的《汉语作为第二语言教学史研究》也在商务印书馆正式出版。在对外汉语教育研究领域，学科史的研究开始引起学者的关注，并成为一个重要学术方向。

李真作为我所培养的第一个硕士研究生和首批博士生之一，十余年来在这个领域辛勤耕耘，在学术上有很大的进步，取得了一系列学术成果：在商务印书馆出版的《马若瑟〈汉语札记〉研究》得到了学术界的好评；与我共同主编的《西方早期汉语研究文献目录》第一次将法国汉学家考狄的《西人论中国书目》一书中西方关于中国语言研究的目录做了系统的整理和对照双语翻译，为学科的发展做了基础性的贡献。

她这本即将付梓的《明清中西交会中的西人汉语研究：历史、文献与个案》又对这一领域有新的贡献。立足文献与历史展开研究是这本书的最重要特点，学问由目入，学问由史始，这是历代做学问的基本路径，李真在治学方面一直保持着这种学风，这是非常值得肯定的。

近年来世界汉语教育史的研究虽取得了显著的进步，但总体来说，基础文献的整理与研究仍有待进一步展开，至今我们仍未系统整理汉唐以来佛教传入中国期间，西域僧侣们学习汉语的材料与文献，也未整理以《华夷译语》为中心的历代中央朝廷与周边国家之间，包括汉语学习在内的有关语言学习史料。对于明清西人来华后的汉语学习史料，李真和我对考狄书目中的相关文献做了整理，但这只是一个开始。近期李无未先生主编的《日本汉语教科书汇刊》搜集整理的日本江户和明治时代的汉语教学文献，就已经有几十册之多。而西人在四百年前来到中国后，仅在考狄书目中辑录的有关汉语学习的书目就多达一千余种。世界汉语教育史的研究证明，汉语作为第二语言教学的历史是世界各国语言的第二语言教学历史中最为悠久的，史料也是最为丰富的。

目前以 20 世纪 60 年代西方人所编的基于英语第二语言习得理论来指导有着上千年第二语言习得历史的汉语教学是一种讽刺，将当代的英语教学法直接挪用到对外汉语教学上更是不合适的。以汉字为特点的汉语教学有着上千年的教学历史，以汉字为基础的教学也有着极为丰富的史料，通过整理和研究这些史料，自然可以得出以汉字为基础的第二语言习得理论，而不必再用以英文为基础的第二语言习得理论来指导对外汉语教学，这应该是一个不难明白的道理。

没有学科史支撑的国际中文教育事业是走不远的，更无法彰显以汉字为基础的悠久的汉语教育史所蕴藏的丰富的文化内容。正是在这个意义上，李真的书值得好好去读。世界汉语教育史的研究应该作为国际中文教育研究的重要内容与支持，汉语作为第二语言教学的历史文献之收集与整理应该作为重大学术项目给予支持。

这篇序言是我 2025 年写下的第一篇文字。江山代有才人出，各领风骚数百年，寄希望于李真这一代学者将这一共同的学术事业不断推向前进。

张西平于游心书屋

乙巳年元月正旦

自　序

一直以来，我对文字有种异乎寻常的热爱。一句话放到嘴里来说和落到纸上，真真是两种不一样的感受。白驹过隙，人来人往。当时，纵使谈笑得再尽情，到头来也只是永恒里的一瞬，一刹那的浮光掠影；而文字却以它的沉默和执着，让时间驻足，让心灵相通，即使穿越岁月的风霜，那些飘逸的、狂乱的、娟秀的、工整的字迹，那些泛黄的、残缺的、散落的、重现的文稿，仍然会让我们一次次地诵读，去揣测曾有的喜悦与悲伤，去触摸曾经过的繁华与荣光，去回想那些的的确确发生过的战乱与变迁。

迷恋着这些文字带给我的感动和叹息，我明白，把那些文字放到一起的力量其实来自我们共同的源流，来自我们的血脉。于是，我开始不满足于对中国文化的体悟，开始渴望了解我们所根植的文化与世界上其他文化交流融汇的点点滴滴。而从 1999 年研究生求学之始踏入现在的研究领域——海外汉学、世界汉语教育史，恰恰正是近代以来中外文化交流史研究一个极佳的结合点。那年深冬，当我在国家图书馆第一次触摸到法国来华耶稣会士马若瑟《汉语札记》1847 年英译本的缩微胶片，屏幕上跳出的那句"汉语四声如琴弦震颤，非记诵可习，需以心耳相和"，让窗外京城呜咽的北风仿佛都化作了四百年前澳门三巴教堂敲响的悠悠晚钟。谁曾想，这场与近世西人研究汉语的故纸文本的初遇，竟让我在之后的二十余年间埋首于这一独特的学术领域。从法国国家图书馆的黎塞留旧址到梵蒂冈图书馆的档案室，从慕尼黑巴伐利亚图书馆的东方部到大英图书馆的故纸堆，这份跨越时空的对话始终在继续。

在梵蒂冈图书馆马若瑟写回的私人信札中，我偶然发现他亲笔书写的汉文名字"马龙出"，那份激动雀跃至今难以忘却；里昂图书馆雷慕沙《论中国文字起源与形成研究》专题论集里夹着他的大弟子儒莲用汉字工工整整题写的半张书签，惊喜找到他自起之名号"巴黎京都……翰林茹莲……"；在大英图书馆东方手稿部书桌前，摊开雷慕沙当年精心制作的《汉语札记》抄本，一笔一画间第一代欧洲专业汉学家研习汉语的墨痕如星光闪烁；当法国国家图书馆东方手稿部的管理员，得知我不日即将回国，特地在书库中翻找数小时，最终为我搬出那个素朴的纸盒，掀开衬绸的瞬间，也许是四百年前来自完稿地广州的潮气裹挟着马若瑟手书的 *Notitia Linguae Sinicae* 扑面而来——这份 1728 年的 300 多页时珍贵手稿，那些用鹅毛笔勾勒的汉字还呼吸过康熙年间的空气，微微泛黄的绵纸边缘还留着被蠹虫啃噬的齿痕。一个生活在清初的法国来华传教士以他三十余年钻研中国文化的苦心造诣，记录下中国古代语言文字与文化经典的种种精要，让我一瞬间不知身在何处，泪盈于眶。从 18 世纪的传教士到 19 世纪的汉学家，他们所构建的学术网络，至今仍在滋养着我们的研究。那些被不同学者在不同时空反复摩挲的线索，像一张逐渐显影的星图，指引着我们逼近历史的真相。

书中艰难的部分，当属对法国汉学家高第《西人论中国书目》的重新梳理，这部出版于 20 世纪初的皇皇巨著，仅涉及“中国语言类”条目就多达千余条。在西平老师的指导和多位研究生同学的共同努力下，我们最终完成了书目的转录、翻译和整理工作，为学界进一步利用这些史料提供了文献学的基础。本书虽以文献爬梳为基础，却不止步于目录汇编。当我们将耶稣会几代传教士的汉语学习成果、马若瑟的汉语语法手稿、雷慕沙的巴黎授课讲义等资料并置时，分明能看见一条被历史尘埃掩埋的河流：那是拉丁文法与中国语言的碰撞与纠葛，是《汉语札记》与《古学钩玄》的对话，是《汉语札记》到《汉文启蒙》的传承更迭，更是两种文明在误解与理解之间的漫长角力。

本书的完成，离不开多位师友的帮助与支持。对于恩师张西平教授的感激，更需郑重铭记。当年我投入西平师门下，有幸成为老师的第一个硕士和第一批博士之一，正是恩师高瞻远瞩的视野，为我选定了马若瑟《汉语札记》作为研究对象，并从此开始了有关明清中西语言接触与交流历史的深入钻研。在我因为文本考证分析陷入瓶颈的时候，老师为我发来多份相关文献加以佐证，并提醒我：“你看，18 世纪传教士强调尊重汉语语法事实，对于汉语语法特殊性的深刻体悟，是否能给 20 世纪以来汉语研究和语文教学以西方语言学理论为学术发展坐标的一贯做法带来新的反思和启示？”这份贯通古今的学术眼光，让我顿悟世界汉语教育史研究的真正价值。

特别要感谢日本关西大学的内田庆市教授，从语言接触、知识环流、文献考证辨析等角度给予我十分具体的教益，并多次慷慨惠赠研究所需的文献资料；感谢法国国家图书馆的罗栖霞老师，为我在浩如烟海的馆藏中找到了马若瑟 1728 年《汉语札记》的珍贵手稿；感谢我的学生林俊涛同学，在台湾地区访学期间专程复制《古学钩玄》的明刊本；感谢北京外国语大学外籍专家、意大利汉学家麦克雷教授对拉丁文翻译的耐心指导，以及我的好友王继红、谢辉、张明明，还有我的研究生张天皓、张思远，在研究过程中我时常与他们切磋讨论，这些讨论启发了我新的思路与方法。这本小书的一些章节曾以较为简洁的形式先期独立发表，或者在国际研讨会上做过会议报告，收入本书时又有了新的增补；书中有两个章节是我在研究过程中，与谢辉副研究员以及张天皓博士共同撰写完成的，在此也向他们深表谢意。这些跨越国界、跨越学科甚至跨越年龄的学术温情与合作，恰似马若瑟当年将《赵氏孤儿》译介至欧洲的初心——文化与知识的光芒，从来都在相映中愈发明亮。

常有友人问我：“在机器翻译秒速转换的今天，在人工智能席卷学术的今天，考据整理这些泛黄的故纸有何意义？”我的回答藏在马若瑟《汉语札记》的译注里——书末附录的《汉语札记》中译本，或许能让我们更清晰地听见历史的心跳。翻译过程中，每遇马若瑟用拉丁文标注的“此处汉语之妙不可译”，便想起一句话：“好的翻译不是桥梁，而是让两岸看见彼此的距离。”这种对语言界限的敬畏，或许正是四百年来汉学研究的精髓。

谨以本书献给所有“语言的摆渡人”——无论是明清以来编写双语词典、汉语文法、汉语教材的来华传教士和欧洲汉学家，还是今天在人工智能冲击下依然坚守传统人文研究的同行。当我们从马若瑟的语法阐述中解析出传教士汉学家的认知框架，当我们在西人汉语论著中找到拉丁文法和中国古代语文学作品的中西双重影响，当我们在雷慕沙的文稿里发现欧洲本土汉语教学法的最初雏形，那种“忽遇文本裂隙中有光”的战栗，足以抵御所有寒窗寂寞。

李真于北京
乙巳年冬日

上编

文献篇

第一章 Chapter 01

西方有关中国语言的汉学书目[①]

一、引　言

西方对于中国的了解和研究，肇始于13—15世纪的游记汉学时代，在16—18世纪的传教士汉学时期进入快速发展的阶段，19世纪专业汉学兴起后，从欧洲到美国更是以一种崭新的姿态呈现出来。由于域外汉学（中国学）文献的迅猛增长，使得研究中国问题的各种书目相继涌现，从19世纪末20世纪初开始陆续出版了各种综合性的书目和专题书目。汉学书目的编辑出版，从侧面反映了域外汉学研究的历史、现状、水平和潜力，对我们梳理西方汉学的发展历程、发掘尘封已久的海外藏珍本文献、把握汉学研究的动态趋势均有很大的学术价值。

清代学者王鸣盛曾言："目录之学，学中第一要紧事。必从此途，方能得其门而入。"这一治学要旨不仅适用中国的学问，同样也适用海外汉学的研究。借助各种目录，既可以回溯领域内前人之研究成果，亦可查找同一主题下的相近著述，同时针对研究对象搜罗尽可能完备的资料，故能对论题展开深入研究提供极

① 本章部分内容曾以《16—19世纪西方汉语研究文献书目初探——以考狄〈西人论中国书目〉为中心》为题发表于《或问》（*WAKUMON*）第22号，近代东西言语文化接触研究会，东京：白帝社，2013年。收入本书时有增补删改。

大便利。在西方汉学文献学领域，虽早在 18 世纪中叶已经有个别学者或者汉学家编写过少量的单行本汉学文献简目，但说到真正的开山之作当属由法国汉学家高第（Henri Cordier, 1849—1925）① 编纂的《西人论中国书目：涉及中华帝国作品目录词典》（*Bibliotheca Sinica, Dictionnaire bibliographique des ouvrages relatifs à l'Empire chinois*）（以下简称《西人论中国书目》）。该书自 19 世纪末 20 世纪初付梓，奠定了近代以来西方汉学研究的目录学基础，筚路蓝缕之功不可磨灭。这部浩繁的书目收录了从汉学发轫时期一直到 1924 年的西方语言有关中国研究的各类论著及译作，既有手稿、专著、翻译作品，也有文章、书评，甚至还包括一些公告启事，为从事汉学研究的各国学者提供了便捷的文献指南。

二、法国汉学家高第生平

高第，又译为考狄，法国著名汉学家。1849 年 8 月 8 日生于美国新奥尔良，三岁时迁居法国。1869 年来到中国，曾入职美资旗昌洋行（Russell and Company），在华期间逐步展开其研究工作，并与多位在华的汉学学者如卫三畏（Samuel Wells Williams, 1812—1884）、伟烈亚力（Alexander Wylie, 1815—1887）、费赖之（Louis Pfister, 1833—1891）等人有良好的学术互动和往来。后高第成为英国皇家亚洲学会北华分会图书馆（North-China Branch of the Royal Asiatic Society）荣誉图书馆员。1876 年返法，1881 年在巴黎现代东方语言学院讲授“远东诸国地理、历史及法律”课程，1888 年受聘首任教授，历任亚洲学会副主席、巴黎地理学会主席等职。1890 年，高第与荷兰汉学家施古德（Gustaaf Shlegal, 1840—1903）一起创办了著名的欧洲汉学杂志《通报》（*T'oung pao*），并担任主编，撰写过数量众多的关于中国历史和语言的论文。高第多年耕耘在中西关系史和汉学文献学领域，一生著述颇丰，成果斐然。主要作品包括《西人论中国书目》、三卷本《中国与西方列强关系史（1860—1902）》（*Histoire des relations de*

---

① 学界此前多译为“考狄”，实“高第”为其自用名，在 1894 年刊物《通报》（*T'oung pao*）上发表短篇小说署名 Kao-ti，后多篇论文出单行本时在封面上原作者名下有“高”字。（参见张明明 2023）[1] 本文采用此名。

la Chine avec les puissances occidentales, 1860—1902）、四卷本《中国及其同外国关系通史》（*Histoire générale de la Chine et de ses relations avec les pays étrangers*）、四卷本《印度支那书目》（*Bibliotheca indosinica*）、《日本书目》（*Bibliotheca Japonica*）等。在高第晚年，还修订补注了英国东方学者亨利·玉尔（Henry Yule）的两部代表作《马可波罗游记译注》（*Ser Marco Polo, Notes and Addenda to Sir Henry Yule's Edition*）和《东域纪程录丛》（*Cathay and the Way Thither*）。高第利用最新的汉学研究进展和考古材料对两书进行了完善，因在文化、地理和历史方面的丰富注释，使其成为中西交通史研究之不可或缺的重要资料。

在东方学、汉学文献学领域的权威性以及在中西交通史和关系史研究领域的卓越成就，使高第成为19世纪欧洲汉学界之巨擘，并为以后他的弟子沙畹（Edouard Chavannes, 1865—1918）、伯希和（Paul Pelliot, 1878—1945）等新一代学院派汉学家的成长铺下了坚实的基础。

三、《西人论中国书目》概况

为方便对中国研究感兴趣的学者查找各种手稿文献和出版物资料，高第花费数年心血，编写了《西人论中国书目》。这是西方汉学史上第一部相对完整的汉学文献书目，也被称为《汉学书目》或《中国书目》，加上后来的增补本，共计五卷。该书目可以说是高第毕生治学的呕心之作，以其庞大非凡震撼学界。作者把西人研究中国各方面的著述和论文以及中国古代名著的译文分类列目，较全面地反映了早期西方对中国研究的状况，是西方汉学（中国学）文献学领域一部奠基性的开创作品。

（一）版本情况①

《西人论中国书目》首版两卷八分册，于1878—1885年初刊，轰动整个西方

① 北京外国语大学国际中国文化研究院张明明副馆员对高第这部汉学书目有深入的个案研究，对各个版本的梳理极为详细，可参阅其专著《高第〈中国书目〉研究》（2023）[42—47]。

汉学界，学者们对此书评价极高。1893—1895 年进行了第一次增补，补编为三分册，增加到 2243 列。

1904—1908 年，该书目在巴黎再版，共四卷，增加到 3252 列。

1922—1924 年，在原来四册的基础上，又在巴黎出版了第二次增补本，增加到 4439 列，并为该书目（正编及补编）编制了著者索引，弥补了由于没有著者索引而造成读者使用不便的缺憾。

之后，该书第二版在世界各地多次再刊。比较重要的包括：

1938 年，北京文殿阁书庄影印出版《西人论中国书目》第二版，1939 年出版《补遗，索引》，合为五卷。

1966 年，台北成文出版社（Ch'eng-wen Publishing Company）出版了五卷再版本。

1968 年，美国纽约 B. 富兰克林（Burt Franklin）出版社再版，六卷三册。

1971 年，德国希尔德斯海姆格奥尔格·奥尔姆斯（Georg Olms）出版社再版，五卷三册。

1990 年，美国纽约州斯塔滕岛毛里齐奥·马蒂诺（Maurizio Martino）出版社再版，六卷三册。

1997 年，美国康涅狄格州曼斯菲尔德毛里齐奥·马蒂诺出版社再版，六卷三册。

2016 年，上海社会科学院出版社将高第汉学书目与袁同礼续编的汉学书目合二为一，以《西方汉学书目正续编》为题重印，共三册。

2017 年，北京外国语大学中国海外汉学研究中心与德国汉学家魏汉茂（Hartmut Walravens）合作，在中华书局出版了以 1938—1939 年文殿阁书庄本为底本，编制有人名索引卷的最新版本，全套共六册。《西人论中国书目（附索引）》也是目前世界上唯一带有索引的高第汉学书目。

（二）主要内容及框架

高第的《西人论中国书目》全书的目录内容共分为五大类。

（1）中国本部：这部分书目主要从总体上论述中华帝国之概况，包括地理、历史、宗教、科学、艺术、语言、文学、道德传统和风俗习惯等。

（2）在中国的外国人：这部分书目主要介绍西方从罗马史学家及阿拉伯人那里所了解到的有关中国的知识；中世纪到当代的旅行者留下的文本；中国向外国人开放的港口和商贸情况。

（3）中国外交关系：这部分主要介绍中国外交史、各种来华使团以及清朝同西方列强缔约情况的部分资料文献。

（4）中国人在国外：这部分书目以介绍旅居国外的中国人为主，包括佛教徒的朝圣，使团出使及移民、流亡国外的中国人的研究论述。

（5）中国藩属国：这部分书目主要介绍中国历史上的藩属国。

整套书目包含正编、第一版补编、第二版补编三大部分，每一部分均按上述五大类的内容顺序编排，因此这种框架安排在整个书目中重复了三次。

高第在编写书目提要的顺序时基本上采用了以下三种方式：按主题排序；按著者姓氏之字母排序；按年代排序。当然他并不是单一使用某一种方式，而是尝试在编排时结合了这三种方式。先把各种著作按主题分章编排，在每一章内，又多采用按年代或者著者姓氏排序的方法。高第在前言中曾说："书目提要类著作的编排可以有三种不同的方式：第一种以作者的姓氏字母排序，像在布吕内（Brunet）《手册》（*Manuel*）中所做的那样；第二种以年代排序，如泰尔诺·孔邦（Termaux-Compans）《书目》中所做的；第三种以题材本身分类，在巴黎出售的大部分书目都属于这一种编排方式。最后一种方式显然最具科学性，也最方便使用，尤其是如果它有一个以字母排序的作者索引作为补充的话。我们尝试结合这三种方式，把各种论著分章编排，在一章之内，它们又按年代排序；最后以一个按字母排序的索引来为这部有条理的书目提要收尾。"① 可见，对于这样一部大型的书目汇编，高第本人希望能够编纂一个索引为读者查找各类条目提供便利，然而遗憾的是直到他去世，这个目标也未能达成。当代德国汉学家魏汉茂历时数年，终于为高第的书目完成了一个以作者姓氏字母排序的完整索引：*Index to Personal Names to Henri Cordier's Bibliotheca Sinica*（*2nd ed., 1924*），这对学界更有效地使用该书目提供了极大的便利。

"辨章学术，考镜源流"，文献学是学术研究之基础。高第《西人论中国书

① Henri Cordier, *Bibliotheca Sinica*(Ire éd.), Paris: Ernest Leroux, 1878—1895:col.xii—xiii.

目》在西方汉学发展史上贡献巨大，尽管此前也有不少汉学家做了类似的工作，但高第是其中的集大成者。从这个意义上讲，他可称得上是西方汉学文献学的奠基人。从文献学的角度来看，高第的这部书目具有两个重要的意义：

1. 这部书目成为了西方汉学界最权威、流传最广，被西方汉学界完全接受的基础性书目。其权威性主要建立在两点上：第一，书目全面。高第所录入的相关书目数量超出以前单行本简要汉学书目几倍，是任何在此以前关于中国研究之书目所不可比拟的；第二，书目所记录的书籍和文献基本可靠。高第使用的是一手文献，而不是拾别人之牙慧。所提供的书目，绝大多数是他亲自翻阅过的；凡进入目录但未经他亲自过眼者，均标出星号，以提醒读者。

2. 在19世纪专业汉学兴起后，西方汉学家除了在传统的中国文史哲方面继续保持关注外，也利用了当时新兴的学科如社会学、人类学、考古学、历史比较语言学等，尝试从新的角度展开对中国的研究，涌现出了一大批成果。在此背景下，《西人论中国书目》横空出世，通过归纳整理历史上多种欧洲语言撰写的有关中国的著述，进一步完善了西方汉学著作的分类。此前已有少数西方汉学家对西文汉学书目做了一些初步的分类，高第在编撰时参考了前人分类方法，主要从中国和外部世界的关系上来划分汉学研究领域，推进了西方汉学文献学的书目分类体系，反映了当时包括高第自己在内的西方汉学家对汉学研究内容的归纳和总结。时至今日，该书仍然不失为世界范围内汉学研究领域极具价值的参考书目。

中国现代图书馆学的奠基人袁同礼先生于1958年出版了 *China in Western Literature: a Continuation of Cordier's Bibliotheca Sinica*。袁同礼的这本目录是在高第汉学书目基础上“接着说”，书名全译是《西方文献里的中国——续高第之〈汉学书目〉》，全书收录了从1921至1957年间发表的西方汉学专题著作，包括英、法、德，后来又添加了葡萄牙语（关于澳门）的作品。全部书目共1.8万种。继高第之后为西方汉学界提供了当时最全的汉学研究著作目录，同时在分类体系和索引上都更为完善。从高第到袁同礼，西方汉学研究文献编目的学术传统得以承接延续，他们二人所编的两套汉学书目可以称得上是汉学文献学上的双璧之作。

高第《西人论中国书目》为海外治汉学之学问提供了极为丰富的资料，作为西方汉学领域之名著，至今仍是研究中国问题学者案头必备之作。高第自己也因这套书目获得了1880年法兰西金石与美文学院颁发的欧洲汉学领域最高奖项“儒莲奖”[①]。

四、高第所用之参考资料

高第在前言中曾对自己编撰书目所使用的参考资料进行了逐一说明，他认为大致在18世纪中期就有学者着手开始草创西方汉学相关书目，比如法国的皮聂罗（León Pinelo）于1737—1938年出版的《东方学书目概要》（*Epítome de la Biblioteca oriental*）中已涉及了有关中国的书目，但这一时期的中国书目并没有单独成书，往往散见于东方学书目中，或者在历史地理、游记等分类书目中。美国来华传教士卫三畏在1849年8月《中国丛报》（*Chinese Repository*）刊出过一份专门论述中国主题的相关书目，但所收条目数量有限。德国安德烈埃（Hermann Victor Andreae）和盖格（John Geiger）编纂的《汉字文法书广总目》（*Bibliotheca sinologica*）1864年在法兰克福印行；德国汉学家穆麟德（Paul Georg von Möllendorff, 1847—1901）等编有《中国目录手册》（*Manual of Chinese Bibliography, Being a List of Works and Essays Relating to China*, 1876），这两部都属于较早编辑的单行本汉学书目。

在总结和借鉴前人一系列的专题书目和片段性书目的基础上，高第经过自己的搜集和整理，最终完成了当时最为完整的西方汉学书目。他在《西人论中国书目》首版前言中列举了编写该书目所用到的原始资料文献，共分为七个大类。现分类整理如下：

第一类：中国专题书目（共计八种）

1.《汉字文法书广总目》[②]（*Han-tsé-wên-fà-chōu-kouang-tsòng-mōu, Bibliotheca Sinologica*）

---

① 儒莲奖是以法国汉学家儒莲（Stanislas Julien, 1797—1873）名字命名的西方汉学家最高奖项，被称为汉学界的诺贝尔奖。

② 这是原书的中文名。以下凡直接用原书中文名的用脚注说明；凡未做脚注说明的，均为参考译名。

这是安德烈埃和盖格于1864年编纂的汉语研究文献书目。此书八开一卷，后边还附有一个中文著作名录，1864年在法兰克福印行。

2.《中国主题相关书目》（*List of Works upon China*）

这是卫三畏在《中国丛报》1849年第18卷第8期上刊行的一个英文和法文著作书目，共373条，后来又刊出了一份补编（第374—402条）。在这份书目提供的书名很多是《中国丛报》此前出版卷中曾评论过的著作，包括语文学作品、翻译作品、综合报告、游记等。

3.《有关中国人和中国主题的著作目录》（*The Names of Works on Chinese and China*）

这个目录刊登在《中日丛报》（*Chinese and Japanese Repository*）杂志1864年11月号，收录约30种书目，带有编者的简短评注。

4.《巴比伦和中国文学史》（*Historia literaria Babyloniorum et Sinensium...*, 1741）

该书由雅克布·佛里德里希·雷曼（Jacobi Friderici Reimann）所撰，书中附有一份涉及中国主题的书目。

5.《中华帝国全志》（*Description de la Chine*，海牙版）

法国耶稣会士杜赫德（P. du Halde）编撰，书中附有一份按年代顺序编排的书目，包括1531—1729年间的一百多部作品，附在出版前言的末尾第74—80页。

6.《中国与中国人》（*Chine en de Chinezen*, 1841）

英国外交官德庇时爵士（Sir John Francis Davis）著，该书荷兰文译本的导言部分包含一份著作目录，大约收录了80本书。

7.《现代中国》（*Chine Moderne*, 1837—1853）

法国汉学家巴赞（Antoine Pierre Louis Bazin）的《现代中国》第二部分，这部作品中的书目也按年代排序，从1477年到1852年，但该书目收录的1700年以前的316条信息均来自泰尔诺·孔邦（Ternaux-Compans）的《书目》，部分缺乏考证。

8.《有关中国的书籍目录》（*Catalogue of Books on China*, 1867）

此目录附于但尼士（N.B. Dennys）撰写的《中国及日本的通商口岸》（*Treaty*

Ports of China and Japan）一书，是一份关于历史、地理、旅行的简单书目。

第二类：东方学书目（在某些东方学书目中有涉及中国的内容，共计四种）

1.《东方学书目概要》（*Epitome de la Bibliotheca oriental*, 1737—1738）

皮聂罗在该书目中提供了关于东印度、西印度、邻近中国诸王国、鞑靼、日本、波斯、亚美尼亚、埃塞俄比亚和其他地区的作品。出版于马德里，三卷本。

2.《亚非书目》（*Bibliothèque*, 1841）

泰尔诺·孔邦著，收录有关亚洲和非洲地区从印刷术发明直到1700年间出版的相关著作，出版于巴黎，其中第17章涉及与中国相关的著作。由于此目录中也收录了一些实际并不存在的书目，在参考时需谨慎核对。

3.《东方书目》（*Bibliotheca Orientalis*, 1841—1867）

此东方学目录由岑克尔（J. Th. Zenker）博士所著，出版于莱比锡，其中用了11章来介绍中国及其藩属国的相关书籍。这些书目信息相对比较准确。

4.《目录概览》（*Bibliogrphisch overzicht*, 1875）

汉斯布勒克（P. A. Boele van Hensbroek）所编的目录，关于荷兰的东方语言研究及其海外殖民地（1800—1874），荷兰莱顿大学博睿（Brill）出版社出版。

第三类：职业目录学家所编的专业领域目录（共计11种）

【历史类】

1.《历史书目》（*Bibliotheca historica*, 1786）

斯特卢维奥（B. Burcardo Gttelf Struvio）主编，其中第16、17章收录了撰写有关中国书籍的作者名录。

【游记类】

2.《古代和近代地方志及游记目录》（*K. P. Kommissionsraths und Kämmerers der Stadt Halle Verzeichnis von ältern und neuern Land-und Reisebeschreibungen*, 1784）

斯塔克（Gottlieb Heinrich Stuck）编撰的地理文献著作，附有完整翔实的目录。

3.《世界游记书目》（*Bibliothèque universelle des Voyages...*, 1808）

里夏德利（G. Boucher de la Richarderie）编撰了该丛书，出版于巴黎。

4.《佚名作品辞典》（*Dictionnaire des Ouvrages anonymes*, 1875）

巴比埃（Ant.-Alex. Barbier）所编撰的佚名作品辞典，在巴黎陆续出版。

【地理类】

5.《地理书目》(*Bibliotheca Geographica*, 1857—1858)

由恩格尔曼（W. Engelmann）编撰的地理丛书，包括各种地理著作及游记目录，附地图、草图及风景画等，出版于莱比锡。

6.《历史地理学书目》(*Bibliotheca historico-geographica*, 1853)

此书收录关于德国及国外历史地理通史方面的内容，出版于哥廷根。

【天主教耶稣会士的著作】

7.《耶稣会著述目录》(*Bibliothèque des écrivains de la Compagnie de Jésus...*, 1869—1877)

由比利时耶稣会士奥古斯丁·德·拜克（Augustin de Backer）编撰，七卷本，后由同会的阿洛斯·德·拜克（Alois de Backer）及索默弗戈（Charles Sommervogel）两位神父增补修订，出版于列日。

8.《耶稣会史目录》(*Bibliographie historique de la Compagnie de Jésus*, 1864)

由耶稣会士奥古斯特·卡拉雍（Auguste Carayon）编撰，出版于巴黎。

【新教传教士的著作】

9.《1867 年以前来华基督教传教士列传及著作目录》(*Memorials of Protestant Missionaries to the Chinese: Giving a List of Their Publications and Obituary Notices of the Deceased*, 1867) ①

由苏格兰新教传教士伟烈亚力编撰，包括入华新教传教士的名录及出版物目录，出版于上海。

【医学类】

10.《医学目录》(*Bibliographie des sciences médicales*, 1874)

由法国国家图书馆的阿尔芳斯·波利（Alphonse Pauly）编撰的医学目录提要，包括书目、传记、历史、时疫、地形图、地方病等，出版于巴黎。

【科学类】

11.《科学论文目录（1800—1863）》[*Catalogue of Sceintific Papers*（*1800—1863*）, 1867—1872]

---

① 广西师范大学出版社 2011 年出版了中译本，书名为《1867 年以前来华基督教传教士列传及著作目录》。

伦敦皇家学会汇编出版，六卷本。

第四类：关于不同国家的专题著作书目（共计七种）

【英美】

1.《英国文学批评词典及英美作家（包括在世的和已故的）评鉴（从最早记载到 19 世纪下半叶）》(*A Critical Dictionary of English Literature and British and American Authors Living and Deceased from the Earliest Accounts to the Latter Half of the Nineteenth Century*, 1871—1872）

奥斯丁·阿利本（S. Austin Allibone）编撰的辞典，共收入 4.6 万余条作家条目，40 个主题索引。出版于费城，三卷本。

2.《目录学家的英国文学手册》(*The Bibliographer's Manual of English Literature...*, 1857—1864）

由威廉·托马斯·朗兹（William Thomas Lowndes）编撰，亨利·G·博恩（Henry G. Bohn）修订增补，出版于伦敦，四卷本。

【葡萄牙】

3.《葡萄牙历史书目》(*Bibliographia historica portugueza*, 1850）

由葡萄牙外交国务秘书处官员若热·塞萨尔·德·费戈涅勒（Jorge Cesar de Figaniere）编撰，收入葡萄牙作家及旅居葡萄牙的外国作家的作品目录，有关风俗、政治和宗教历史、领地及海外殖民地等，还包括大量原始文献和佚名手稿。出版于里斯本。

4.《葡萄牙人名词典》(*Diccionario Bibliographico Portuguez Estudos*, 1858）

由伊努参西奥·弗朗西斯科·达席尔瓦（Innocencio Francisco da Silva）著，出版于里斯本。

【法国】

5.《书业杂志》(*Journal de la Librairie*）

【其他国家】

6.《不列颠书目》(*Bibliotheca Britannica*, 1824）

罗伯特·瓦特（Robert Watt）编，又名《不列颠和外国文学总索引》，分为作者和主题两大部分，出版于爱丁堡。其中有一篇长文专论中国。

7.《书商与爱书者手记》(*Manuel du Libraire et de l'Amateur de Livres...*, 1860—

1865）

雅克·查尔斯·律内（Jacques-Charles Brunet）编辑，出版于巴黎。该书第五版中有关于东方和中国的内容，但不能完全令人满意。

第五类：各学会之目录

这类目录主要包括两种，一种是《皇家地理学会图书馆分类目录（1870）》（*Classified Catalogue of the Library of the Royal Geographical Society to December 1870*），[①] 另一种是皇家亚洲文会北华支会图书馆馆藏目录。

第六类：各出版社和私人藏书的书目

考狄列举了一些出版过有关中国主题书籍书目的出版社，如巴黎的 Dondey-Dupré 出版社、Duprat 出版社、Maisionneuve 出版社、Leroux 出版社；海牙的 M. Nijhoff 出版社；伦敦的 Trübner 出版社、Quaritch 出版社等。

另外，他也提到自己所参考的一批私人藏书目录，包括朗格莱（Langlès）（巴黎，1825）、雷慕沙（Abel-Rémusat）（巴黎，1833）、柯恒儒[②]（Klaproth）（巴黎，1839）、朗德雷斯（Landresse）（巴黎，1862）、波蒂耶（Pauthier）（巴黎，1873）、卡勒里（Callery）（巴黎，1877）、罗歇（Rochet）（巴黎，1878）等人的藏书目录。

第七类：公共图书馆目录

除前面提到的六类目录外，考狄最后特别强调要多注意各国公共图书馆书目，其中也有不少有关中国的书目汇编，比较重要的包括：《法国国家图书馆手稿目录》（*Catalogue manuscrit de la Bibliothèque nationale*，其中亚洲历史目录中有关中国藏书的部分在第 15 章，共 35 页，除第一页外，每页有 16 个条目，共计 545 个条目）、《大英博物馆馆藏目录》（*Catalogue du British Museum*）、《里昂图书馆馆藏手稿》（*Manuscrits de la Bibliothèque de Lyon...*）、[③]《公共教育部出版的各省公共图书馆手稿总目》（*Catalogue général des Manuscrits des Bibliothèques publiques des départements publié sous les auspices du Ministre de l'Instruction publique*）、[④]《高

---

① 1871 年由默里（John Murry）出版社出版。
② 又译为克拉普罗特。
③ 由 Ant.-Fr. Delandine 编，1812 年出版。
④ 由法国国家印刷局 1849—1872 年出版于巴黎。

卢、[①] 赫维提卡、[②] 比利时、大英博物馆、西班牙、卢西塔尼亚[③] 所藏手稿文献目录》(*Catalogi Librorum Manuscriptorum qui in Bibliothecis Galliæ, Helvetiæ, Belgii, Britanniæ M., Hispaniæ, Lusitaniæ asservantur*)[④]。

五、有关中国语言的西文汉学书目

异域关于汉语汉字的最早记载，可见于地理大发现时代的西文文献，包括在远东地区活动的商人、使节、传教士、旅行家所著的游记、书信、日记、报告等。这些散见于东方游记的零星记载首次向西方人描述了关于中国语言文字的只言片语，多为旅行观感，尚属较为肤浅的表层认知。比如，第一位出使蒙元帝国的意大利天主教传教士柏朗嘉宾（Giovanni da Piano di Carpine, 1182—1252, 2002[49—50]）在他的《柏朗嘉宾蒙古行纪》中说："我们上文所提到的契丹人都是异教徒，他们拥有自己特殊的字母，他们所使用的语言也甚为独特……"法国汉学家韩伯诗（Louis Hambis）把柏朗嘉宾称为是欧洲"第一位介绍中国语言和文字的人"(柏朗嘉宾 2002)[132]。法国方济各会士鲁布鲁克（Guillaume de Rubrouck, 约 1220—约 1293，2002[280]）在《鲁布鲁克东行纪》中也记载："他们（契丹人）使用毛刷写字，像画师用毛刷绘画。他们把几个字写成一个字形，构成一个完整的词。"著名的《马可・波罗游记》(马可・波罗 2000)[375—377] 中也曾提及："在蛮子（指中国）全境通用一种语言和一种书写文字，尽管各地的方言是不同的，犹如伦巴底人、普罗旺斯人、法国人均有自己的语言。蛮子全境的居民使用不同的方言，但是能够彼此交流。"这一时期，短暂来华的西方人注意到了中国各地的方言和通行语以及汉字独特的书写方式。

到了 16 世纪，天主教传教士为了获得进入中国内地传教的机会，通过各种方式短暂到访过中国，以西班牙和葡萄牙传教士居多。比如葡萄牙多明我会士克

---

① 今意大利北部、法国等地区。
② 今瑞士。
③ 今葡萄牙。
④ 由 D. Gustavo Haenel 编撰，1830 年在莱比锡出版。

鲁斯（Gaspar da Cruz，约1520—1570）1556年曾在广州生活过一个月左右，他后来撰写了《中国志》，对汉字和汉字文化圈的交流有了初步的认识："中国人不使用字母书写，采用字符，由字符组成词汇。因此他们有大量的文字。一个字表示一个事物，如表示'天''地''人'等，以此类推。这就是为什么在中国有很多方言，彼此不能通过口语交流，如同交趾支那人、日本人都听不懂中国人的话，然而他们却能够通过书写互相沟通的原因。例如表示'天'的字符，他们都采用同一个字，虽然有些人发一种音，有些人发另外的音，可是含义都是一样的。"（Boxer 2004）[161—162] 西班牙传教团团长马丁·德·拉达（Martin de Rada, 1533—1578）在1575年7月到9月到访过福建，他的《游记》成为17世纪研究中国的一部重要作品，并为后来门多萨（Juan Gonzalez de Mendoza, 1545—1618）撰写《中华大帝国志》提供了极为丰富的一手素材来源。书中也对汉语的方言、官话和统一的书面语做了初步介绍："各省有不同方言，但都很相似——犹如葡萄牙的方言，瓦伦西亚语和卡斯特勒语彼此相似。中国文书有这样一个特点，因所用不是文字而是字体，所以用中国各种方言都能阅读同一份文件，尽管我看到用官话和用福建话写的文件有所不同。不管怎样，用这两种话都能读一种文体和另一种文体。"（拉达 1990）[211—212]

15、16世纪旅华游记虽然从不同方面介绍了中国的社会文化，然而由于作者来华目的和使命没有特别需要学习汉语，停留时间极为有限，产生的也只是对一种陌生语言的表面观感；有的人甚至从未到过中国，只凭借二手材料来对中国语言文字进行描述，而不是经过语言接触后对中文真正产生认知。

在明清时期真正展开并推进汉语学习的首推来华耶稣会士。圣方济各·沙勿略（St. Francois Xavier, 1506—1552）是耶稣会的创始人之一，最早进入日本传教，通过学日语进而对日语和汉语的关联性有了一定的认识，1552年他写给耶稣会创始人罗耀拉（Ignacio de Loyola, 1491—1556）的信中说道："中国的汉字有许多种类，每一个文字意为一个事物……虽然是同一个文字，日本人读此字时用日本语，中国人就用中国语来读。因此虽然说话时不能互通，但在书写的时候仅凭文字就能相互理解。他们的口头语言不同，但文字意义相通，双方都能理解。"（戚印平 2007）[173] 沙勿略认为掌握当地语言是东方传教的有力工具，萌生了归化中华的宏愿。由于晚明严厉的海禁政策，他没能进入内地，最终倒在了离澳门只有一步之遥的上川岛。

语言障碍成为耶稣会入华的第一个拦路虎。16 世纪后半叶，由于无法和当地政府交流，沙勿略及其后继者试图进入广州的努力均宣告失败。1579 年，耶稣会远东视察员范礼安（Alessandro Valignano, 1539—1606）到达澳门，他认识到只有精通中国的语言，学习中国的礼仪和文化，才能说服明政府同意让外国人居留内地，进而有机会传播天主教。于是确定了在华传教的新策略："委派几个人学习中国语言和文字，并作好准备利用可能出现的时机把福音传入这个新的世界。"（利玛窦 1983）[142—144] 自此，来华耶稣会士正式将学习汉语列为了重要功课。

在范礼安的安排之下，意大利耶稣会士罗明坚（Michele Ruggieri, 1543—1607）和利玛窦（Matteo Ricci, 1552—1610）遵循指示开始学习汉语。罗明坚逐渐能以汉语与中国人交往，甚至能写作汉诗，取得了明朝官吏的信任，获准居留广东肇庆，成为天主教进入中国内地第一人。1582 年利玛窦的到来，进一步推动了天主教在华的传播事业。他天资过人，勤勉努力，很快掌握了汉语。利玛窦提出了"合儒辟佛"的传教路线和"文化适应"的传教策略，提倡尊重儒家文化和中国习俗；制定了掌握官话、书面语及儒家经典的三个学习原则，这条路线积极推动了耶稣会士对汉语的系统学习和对中国文化的深入研究，形成了中西文化交流史上西方人学习汉语的第一个高潮。

到了 19 世纪中叶，中西关系发生剧烈扭转，西方人对汉语的学习也开始了它的新阶段。1807 年，英国圣公会开始向中国派遣传教士，马礼逊（Robert Morrison, 1782—1834）成为新教来华第一人。1829 年，美国（公理会）海外传道部派裨治文（Elijah C. Bridgman, 1801—1861）来华，由此拉开了长达一个多世纪的新教对华传教活动的序幕。新教传教士同耶稣会士一样，往往一到中国就展开汉语学习，尽可能提高汉语水平，注重融入当地文化，以学辅教，并在晚清时期热衷办报办学，著书译书，成就颇多。明清之际耶稣会士是中西文化交流的先驱，在晚清时期则由新教传教士担任重要角色，形成了西方人学习汉语的第二个高潮。这次高潮同明末清初相比，其广度、深度和影响都大大超过了前者。从马礼逊开始，以英语国家学习者为对象的汉语语法或教材作品相继出现，逐渐增多，最终成为主流。新教传教士比较重视口语和各地方言，他们在汉语学习和研究中参考、借鉴了当时欧洲普通语言学的学科进展，从专业化角度对汉语进行深入阐释和分析，取得了不少语言学方面的成就，至今仍有一定的学术价值。在华传教士还纷纷加入欧洲各大专业学会，积极参与本土学术界的研讨，分享交流最新研究成果。这些工作都使得欧美各国的专业汉学研究逐渐蓬勃发展起来。

由此可见，在研习汉语的数百年过程中，明清时期的来华传教士起到了核心作用，为了完成传教使命，他们将学习中国语言、了解中国文化视为首要任务；尽管初衷是宗教使命，但在客观上开启了近代中西语言接触和西方人研究汉语的序幕。面对未知的汉语语音、词汇和句法，为学习便利，传教士发挥了集体智慧，借用他们熟悉的语言体系，开始尝试用欧洲字母文字为汉字注音、拼读和转写；同时又依托拉丁语法的概念、范畴、框架来描写、归纳汉语的语法规则，草拟框架性的语法体系；在与中国人合作翻译西学书籍和宗教教义时，又为汉语的词汇体系创造性地引入了一批外来译词。在从 16 世纪晚期到 20 世纪的四百余年间，从天主教、新教传教士到后来的外交官、专业学者，这些西方人不仅发明和改进了以罗马字母为汉语注音的方案，还贡献了数量众多的字典、文法、词汇手册、教材等各类工具书和资料。张西平（2003）曾将西方近代以来汉语学习与研究的意义总结为五个方面：（一）开拓了西洋汉语语法研究的先河，编写了最早的汉语语法书；（二）开创了汉外双语词典的编撰工作；（三）开启了汉语拉丁拼音化的历程；（四）丰富了近代汉语的词汇；（五）推动了西学东渐和中学西传。这些成果都说明当一种语言被作为外语学习时，不是凝固不变的，会随着学习者的需求不断发生变化；同时学习者的学习与研究也会“反哺”目的语，为目的语的发展注入新的活力。

做西方汉学研究必然涉及如何解释西人的汉语研究问题，研究中国近代语言的变迁必然涉及如何看待这批域外汉语研究成果的问题。王力先生对佛教传入中国和基督教传入中国对中国语言的影响都有专门论述，学术界对佛教传入中国后对中国语言的影响已涌现不少研究成果，但对基督教传入中国后，这批西人的汉语研究成果与中国近代语言的变迁尚仅在局部展开研究。显然，这是近代中国语言史研究的一个相对薄弱环节。另一方面，作为应用语言学一个分支的对外汉语教学领域，汉语作为第二语言教学的历史还没有完整系统地展开深入研究，由于缺乏学科史的支撑，其理论研究只能停留在西方人总结出来的以英语教学为其基础的二语习得理论。实际上汉语作为第二语言教学的历史比英语作为第二语言教学的历史要久远得多。

因此，无论是做好西方汉学史还是做好中国近代语言史研究或者拓展对外汉语教学研究，都必须进入近代西人汉语研究这个领域。

高第《西人论中国书目》第一部分“中国本部”中有一个非常重要的部分，即主题第 13 项：“语言文学”中的“语言”类，这部分涉及西方有关中国语言的语音、词汇、语法、文字等内容的各种论著和文献，包括双语或多语对照词典、汉语语法书、会话手册、汉语教材、文学选编、杂文等多种类型。这其实正彰显了近代以来中西语言接触与交流的历史史实，也正是西方对中国语言文字的学习与研究才成就了西方汉学研究之基石。同理，也正是通过罗常培、杨福绵等前辈学者的努力，西人汉语研究的成果业已成为今日国内学界研究近代汉语史的重要内容。

我们知道，在任何一个人文学科的学术史考察中，文本的发现和阐释仍然是极其重要的环节，只有把关于文本史和关于文本本身的双重研究交织起来，才能真正还原和梳理整个学科的历史。因此，从这一意义上来说，《西人论中国》“中国语言”专题下辑录了自 16 世纪到 20 世纪初上千条西人研究汉语的书目，为学界有志于从事这一领域学术发展的中外学者提供了一笔宝贵的学术遗产，可以帮助我们不断发掘、整理、翻译和研究这些汉语学习与研究的原始文献，对海外汉学史的研究、中国语言学史、世界汉语教育史以及汉语本体研究进行有益的补充。

依照原书书目体例统计，“语言”部分的主体目录共计 1228 条：正编部分（1—912）、首次补编部分（913—951）、再次补编部分（952—1228）。[①] 由于高第在编写时经常旁征博引，因此实际上除主体书目外，各部分还有若干对主体目录进行补充说明或互证的参考书目及提要。因此，如包括参考和补充说明的条目，这部分实际涉及中国语言文字的总书目数量远不止 1228 条。

原书中明确标注的语言类书目分为六个大类，每一部分的书目内容编排大致如下（各版块某些分类视具体情况略有调整）：

1. 语言起源：比较研究

2. 词典编纂：

（1）词典和词汇表

---

① 此编号非原书目的编号，为笔者统计编号。

（2）词典手稿

（3）词典评注

（4）会话手册

3. 语法及其他

4. 文选集及教科书

5. 各类论著

（1）不同作者论著

（2）专题：汉语的转写及拉丁化

（3）专题：儒莲先生与波蒂耶先生的争论

（4）专题：各类传记

6. 文字：

（1）各类作品

（2）介绍汉字的随笔和论文：

–印刷

–美华书馆

–电报

表 1-1

<table>
<tr><th colspan="3">种类</th><th colspan="2">数量</th></tr>
<tr><td colspan="3">语言起源：比较研究</td><td colspan="2">94</td></tr>
<tr><td rowspan="4">词典编纂</td><td colspan="2">词典与词汇表</td><td>246</td><td rowspan="4">366</td></tr>
<tr><td colspan="2">词典手稿</td><td>51</td></tr>
<tr><td colspan="2">词典评注</td><td>8</td></tr>
<tr><td colspan="2">会话手册</td><td>61</td></tr>
<tr><td colspan="3">语法</td><td colspan="2">128</td></tr>
<tr><td colspan="3">文选集及教科书</td><td colspan="2">260</td></tr>
<tr><td colspan="3">各类相关论著</td><td colspan="2">228</td></tr>
<tr><td rowspan="4">文字</td><td colspan="2">各类作品</td><td>84</td><td rowspan="4">150</td></tr>
<tr><td rowspan="3">介绍汉字随笔论文</td><td>印刷</td><td>38</td></tr>
<tr><td>美华书馆</td><td>11</td></tr>
<tr><td>电报</td><td>17</td></tr>
</table>

从表 1-1 我们可初步看出，从 16 世纪到 20 世纪初的四百余年里，西方学界对于中国语言的关注点依次是词典、文选及教材、相关论著、文字、语法和语言比较。最多的在于编纂汉外双语或多语词典，有 366 条书目，差不多占全部数量的三分之一强。其次是文选和教材，有 260 条。那些与中国语言各个方面相关，但又不好归类的杂文和作品排在第三位，数量有 228 条。涉及文字的书目排第四位，有 150 条。汉语语法书只有 128 条，排在倒数第二位。最后一类是跟语言起源与语言比较相关的作品，有 94 条。

高第在编撰时仍留有一些遗憾，编排顺序方面未能统一，主题、著者、年代几种方法混编，不易快捷方便地查找资料。比如他先按语言学、词典、语法、教科书等主题分类，在每一类下又以著者姓氏之字母为编排的顺序；每一著者下的书目再按出版年份排序。这种方法较适用于著述颇丰的作者，如艾约瑟（Joseph Edkins, 1823—1905）、江沙维（J.A. Gonçalves, 1781—1841）、庄延龄（E. H. Parker, 1849—1926）等；但还有不少材料是佚名或由差会印刷机构出版，无法用著者姓氏直接排序，高第往往将这些资料直接放在该主题最后一个著者之后，既没有专门的小标题提示，也没有把编著者或出版机构明显标注，容易误会为这些都属于前一著者的作品，会给查找书目造成一定的混乱和不便。

六、小　结

尽管还有一定缺憾，但瑕不掩瑜，《西人论中国书目》中所汇编的中国语言学书目部分已经比以前马儒翰（John Robert Morrison, 1814—1843）、伟烈亚力整理的语言学书目要广泛和深入得多，并为从事西方汉学史、世界汉语教育史甚至是中国语言学史研究的中外学者们提供了极为宝贵和丰富的文献材料与研究论题。近年姚小平教授（2011）的《西方语言学史》专设一节“早期传教士的汉语研究”，开始真正从语言学史角度出发来关注近代欧美学者对中国语言文字的论述与研究，介绍了来华传教士万济国（Francisco Varo, 1627—1687）、金尼阁（Nicolas Trigault, 1577—1628）、卫匡国（Martin Martini, 1614—1661）等人对汉语音韵、语法和文字等多方面的研究，还涉及西方学者的汉语词典编纂情况。可见凡从事西人早期汉语史的研究，绝大多数的史料和文献大都能在高第的汉学书目中找到对应的条目。这也充分说明明末清初中国语言文字首度进入欧洲学人的视阈后，不仅给西方语言学带去一种全新的语言研究对象，而且对基于印欧语言观的整个语言学思维造成了冲击，产生的影响甚为深远。从某种意义上来说，正是由于有了中国语言这样一个“他者”，语言学家的研究视野才更加开阔，对世界语言学史的梳理和考察也才更加全面。

第二章 Chapter 02

从《西人论中国书目》语言类书目看19世纪西人汉语研究①

一、引　言

从晚明耶稣会士罗明坚、利玛窦入华始，掌握中国语言文字遂成为来华传教士在中国立足生存的一个重要功课，也由此逐渐形成了西方人教授、学习与研究汉语的传统；从传教士汉学到专业汉学阶段，这一传统为欧洲几代汉学家展开汉学研究奠定了基础。张西平（2009）在《世界汉语教育史》中提道："各国的汉学家在他们进入各个具体学科研究之前，第一步就要学习汉语，因此，各国的汉学史为世界汉语教育史的研究提供了大量丰富的文献。关注海外汉学史的研究，从中提取有关汉语教学历史的材料是开展世界汉语教育史研究的重要途径。"无论是天主教传教士、新教传教士，还是商人、外交官等各类来华人士，从各自需要出发，以多种形式对汉语进行了不同程度的学习与研究，并留下了数量惊人的相关论著，使得明清时期成为西方人研习汉语的高潮时期，同时也丰富了世界汉

① 本章内容为李真、张天皓（江苏科技大学外国语学院讲师）合著，曾以《19世纪西人汉语研究概述——基于考狄〈西人论中国书目〉的考察》为题发表于《国际汉语教育史研究》第1辑，北京：商务印书馆，2020年7月，收入本书时有部分删改。

语教育史研究的一手资料。

董海樱（2011）在《16世纪至19世纪初西人汉语研究》中对西方人汉语学习的历史进行了初步梳理，归纳出不同时期西人汉语学习的不同特点。16至17世纪中叶以传教士为主的汉语研究的终极目的是服务在华传教事业，为了方便与中国官员交流，这些传教士必须掌握汉语能力，熟悉中国典籍，并通过著书立说、翻经译典作为辅助手段宣扬其宗教信仰。除了罗明坚、利玛窦、金尼阁、卫匡国等在语音或语法方面的开创性著作对后世产生了较为深远的影响外，其他一些综合性汉学作品中对中国语言文字的介绍和评述大多是传教士初次接触汉语后的直观感受。从17世纪下半叶至18世纪末，以法国耶稣会士为代表的传教士继续向欧洲介绍中国，日趋深入地推进对中国的全方位研究，其研究动力主要来自礼仪之争、欧洲非宗教人士对中国和汉学的兴趣以及法国政府的支持。同样是在这个时期，欧洲本土的一批学者开始进入汉语研究领域。伴随着当时兴起的普遍语言学运动，他们热衷于追寻一把“中文之钥”，认为掌握了汉字就是掌握了汉语的奥义，有不少人通过欧洲研究埃及文字的传统来研究汉字，展开了“汉语是否为人类原初语言”的讨论。这一时期，欧洲学者利用传教士提供的一手材料，在词典编写和语法研究上取得了一定的进展，但还不够系统、成熟。

进入19世纪，随着新教传教士入华以及欧洲各国专业汉学家的诞生，西方汉学研究也进入新的阶段。欧洲本土学者和新教传教士以及部分天主教传教士在前人研究成果的基础上，继续深化和提升对汉语的学习与研究。1813年，首位新教传教士、英国伦敦会马礼逊入华；1833年，美国公理会裨治文、卫三畏入华，越来越多英语国家的新教传教士进入中国，西方人研究中国问题的文献开始在语种上得到拓展。1814年，雷慕沙在法兰西学院开设“汉—鞑靼—满语言文学讲座”，标志着西方汉学研究步入专业汉学阶段。从此，欧洲汉学研究队伍日益专业化，研究方法更为多样，研究成果也愈加成熟。1842年鸦片战争后，中英两国签订《南京条约》，开放广州、福州、厦门、宁波、上海五个口岸，成为来华西方人的主要活动范围。随着活动范围的扩大，来华西方人的结构也发生了变化，除了传教士，越来越多的外交官、商人、记者甚至科学家来到中国。这些新趋势使得19世纪涌现出新一批汉语学习与研究的相关论著，产生了近代世界汉语教育史的一个新高潮。面对越来越多的汉语研究成果，倘若没有一部记录完备的书目，我们很难对 19 世纪西人汉语研究的面貌有整体的把握。

二、19 世纪中国语言类书目概况

如前文所述，在高第的《西人论中国书目》中所列“语言”类共收录与中国语言相关的书目有一千余条，如进一步统计其中明确标注出版年份在 19 世纪的作品共有 670 条，本章将集中以这部分书目为主要研究对象进行分析和探讨，以期能对 19 世纪西方人汉语研究的成果建立一个整体认识和总体把握。

高第本人对“语言”类书目只有简明分类，主要包括：语言起源（比较研究）、词典编纂、语法及其他、文选集及教科书、各类论著、文字共六类。他的这种分类法较为粗略，原因可能是面对的样本数量过于庞大，他本人亦不是专业的语言学家，不得已只能采取大而化之的方式。较之全书洋洋四卷之数万条目，本章所考察的涉及 19 世纪的 670 条书目尚不为多。为了能更清晰地了解学术脉络，试对目录中所记的明确标注出版时间在 19 世纪的语言类书目进行更加详细的分类，再细分出了以下 14 类，类别及条目数如表 2-1 所示[①]：

表 2-1

语言起源（比较研究）	63 条
词典	134 条
汉语综合教材	145 条
汉字教材及研究	48 条
汉语研究	87 条
汉语语法	33 条
文选	17 条
书目	12 条
外语教材	13 条
外语语法	6 条
信件	17 条
电报	14 条
印刷	23 条

① 依该书的编写标准，同一本书的不同版本、同一本书的不同卷次有时归为两条。

三、书目具体特点

按照高第书目所收，这六百余部作品中并非全部与汉语学习或汉语研究直接相关，有些仅仅是在作品中使用到了汉语，或者涉及西方人在中国使用的某些近代科学技术，例如“电报”一类中有天津出版的《鲍尔森简化中文电码》（*Poulsen's Simplified Chinese Telegraph Code*, 1889）；“印刷”一类也多收有各地印书局所制的活字目录；“目录”一类中主要收的是当时教会印刷机构，比如美华书馆各年份的藏书书目。在这个统计中，后六项关联度不大的类别暂不予考虑，以前八项为主进行考察，可初步发现19世纪西方对于中国语言的关注点依次是汉语综合教材与汉字教材、词典、语言研究、语言起源比较研究、语法研究、文选与书目；以此为基础，可进一步发现当时西方人对汉语的认识、学习与研究有如下一些特点。

（一）出现与19世纪在华西人汉语教学勃兴相对应的教材编写热潮

《西人论中国书目》所录19世纪“汉语教材”类书目共有145条，还可进一步细分为：综合性汉语教材、单项技能教材、官话教材、方言教材、口语教材、书面语教材等类别。在这一阶段，欧洲本土学者在综合性教材编撰方面取得了不少成绩，如雷慕沙编写的《汉文启蒙》（*Elémens de la Grammaire chinoise*, 1822）就是一部简明实用的综合性教材，内容中既包含对汉字、语音的介绍，也包括对古文、官话中诸多语言要素、语法现象和虚词的介绍。继雷慕沙之后，又有多国语言学家、汉学家或者汉学系教授根据课堂教学经验编著了不少经典教材，如德国汉学家硕特（Wilhelm Schott, 1802—1889）所撰《汉语教程》（*Chinesische Sprachlehre zum Gebrauche bei Vorlesungen und zur Selbstunterweisung*, 1857）、英国伦敦大学国王学院教授佐麻须[①]（James Summers, 1828—1891）编写的《汉语手册》（*A Handbook of the Chinese Language. —Parts I and II, Grammar and Chrestomathy, Prepared with a View to Initiate the Student of Chinese in the Rudiments*

① 此为他本人自取汉文名，国内学界也译为萨默斯。

of this Language, and to Supply Materials for His Early Studies, 1863）、雷慕沙的亲传弟子儒莲（Stanislas Julien, 1799—1873）在汉语教学方面的代表作《汉文指南》(*Syntaxe nouvelle de la Langue Chinoise fondée sur la position des mots suivie de deux traités sur les particules et les principaux termes de grammaire, d'une table des idiotismes, de fables, de légendes et d'apologues traduits mot à mot*, 1869—1870）等。除了欧洲本土学者，在华传教士针对更为具体直接的学习需求，也编撰了不少教材问世，如马礼逊 1816 年出版的《汉语对话和散句》(*Dialogues and Detached Sentences in the Chinese Language*)，主要通过从不同作品中辑录对话的方式展现在不同场合中不同身份的人对话所具备的特点，而其中的语料来源除了对人们日常生活的记录之外，还有很多来自儒家经典、杂剧剧本和白话小说。此外，也有一些作品直接将中国人的语言教材进行翻译作为外国人的汉语学习材料。还有狄考文（Calvin Wilson Mateer, 1836—1908）的《官话指南》(*A Course of Mandarin Lessons, Based on Idiom*, 1892）①是一部实用性很强的官话口语教材，展示了南北官话的面貌，并且为研究早期北京话提供了不少珍贵的语料。戴遂良（P. Léon Wieger, 1856—1933）十二卷本的《汉语入门》(*Parler et Style Chinois Rudiments*, 1894—1898）堪称巨作，共有 1523 页，分为上下两部。上部六卷，以河间府方言写成，探讨口语；下部六卷，以介绍中国民俗和传统文化为主。除此之外，还包括辑录惯用语和类似汉语文章模板之作品，例如曾任英国驻华公使的威妥玛（Thomas Francis Wade, 1818—1895）编写的《文件自迩集》(*Wên-chien Tzŭ Erh Chi*, 1867）。这些作品以实用性为编写原则，内容围绕传教士、商人、外交官在中国的日常交际活动展开，并能在一定程度上反映出当时不同人群所使用的语言特点。

另有 17 部作品是单纯的中文选集，被划入“文选”的范畴，他们的性质类似于汉语课外读本，如马礼逊的《中国春神》②（*Horæ Sinicæ*, 1817），内容包括对《三字经》和《大学》的全译、对“佛”的介绍、对道家的介绍，等等。这是一部中国文化英文读本，内容为译文并不包含中文原文，作用大概在于帮助西方读

① 该书已由北京大学出版社于 2017 年出版影印本，收入“早期北京话珍稀文献集成”系列丛书。

② 该翻译遵照伟烈亚力（2013）[8]。

者获得对于中国和一些中国经典作品的初步认识。

（二）延续前人探讨汉语三大要素的研究传统

语音、语法、词汇是语言的三大要素，西方人对汉语的研究也是从这些维度展开的。在 19 世纪的西方汉语研究文献中，还有一些作品主要针对汉语本质或语言要素进行专门讨论介绍，主题涵盖了语音、词汇以及方言，归类为“汉语研究”，共有 87 条。

其中，西人对汉语词汇研究的一个重要表现就是编写词典或词汇表。在“词典编纂”一类中，高第收录了包括词典、词汇手册、词典序言等多类相关文本。仅就词典而言，又可分为“汉外词典”和“外汉词典”两类，前者有五十余部，后者有七十余部。这些词典的作者主要包括小德经（Chrétien-Louis-Joseph de Guignes, 1759—1845）、雷慕沙、柯恒儒、江沙维、卫三畏、邝其照[①]等。就外语种类而言主要涉及拉丁语、葡萄牙语、法语、俄语和英语，所记的汉语方言主要包括广东方言（如《汉英韵府》[②]）、闽南（厦门、潮汕[③]）方言（如《汉英厦门土话字典》[④]）、闽东（福州）方言（如《汉语福州方言词典》[⑤]）、上海方言（如《上海方言词汇》[⑥]），其中又以广东方言词典最多。原因显而易见：在中国门户开放之前，广州是西方人与中国进行交流的唯一口岸；1842 年《南京条约》签订后，广州、福州、厦门、宁波、上海开埠，这五个港口成为外国传教士、商人、军

① 邝其照，清末广东新宁（今台山）人，字容阶，一作蓉阶，早年就读于香港英语学校。1868 年编纂《字典集成》，第三版更名为《华英字典集成》，是第一部由中国人编写的英语词典。

② Williams S W. *A Syllabic Dictionary of the Chinese Language; Arranged According to the Wu-fang Yuen Yin, with the Pronunciation of the Characters as Heard in Peking, Canton, Amoy, and Shanghai.* Shanghai: American Presbyterian Mission Press, 1874.

③ 潮州话，又作潮语、潮汕话、潮州方言，属汉藏语系—汉语族—闽语支—闽南语—潮汕片。

④ Rev. Douglas C, *Chinese-English Dictionary of the Vernacular or Spoken Language of Amoy with the Principal Variations of the Chang-chew and Chin-chew Dialects.* London: Trübner, 1873.

⑤ Maclay R S. *An Alphabetic Dictionary of the Chinese Language in the Foochow Dialect.* Foochow: Methodist Episcopal Mission Press, 1870.

⑥ Edkins J. *A Vocabulary of the Shanghai Dialect.* Shanghai: Presbyterrian Mission Press, 1869.

人进出中国和在中国活动的主要地区，所以学好当地的方言对他们而言更加重要，也更加实用。在这些词典中，有些标题会明确标出使用的是何种方言，极少有提到使用“官话”或“正音”的，提到使用“北京方言”的有《俄汉词典》（*Русско-Китайский Словарь. Dictionnaire russe-chinois de la langue Vulgaire parlée à Peking*, 1867）、富善（Chauncey Goodrich, 1836—1925）的《袖珍字典和北京话字音表词根索引》（*Radical Index to Pocket Dictionary and Pekingese Syllabary*, 1893）。这些工具书的标题如不确切提及各地方言，则简单地以“汉语”（Chinese language）来统而论之。

笔者将词典、词汇表以及与词典编写相关的文章归入“词典”类，而针对部分词典专门撰写之序言归入“其他”之列。例如，1814 年，法国汉学家雷慕沙发表了一篇长达 70 页的论文，题为《汉语字典编撰纲要，附多部汉语手稿字典简介，以及迄今为止对欧洲人为促进汉语学习所完成作品之思考》（*Plan d'un dictionnaire chinois, Avec des Notices de plusieurs Dictionnaires chinois manuscrits, et des Réflections sur les travaux exécutés jusquà ce jour par les Européens, pour faciliter l'etude de la langue chinoise*）。该文为后来人进一步研究西方汉语字典编撰史提供了极其珍贵的资料和线索，也更加确立了雷慕沙在欧洲汉学界的地位。

《西人论中国书目》中所收录的 19 世纪书目中没有单独谈论语音的著作，当时却几乎很少有书籍不论及语音。无论是词典、汉字课本，还是名著选译、会话教材，都有可能涉及汉语语音，这些内容往往出现在作品的序言或导论中。虽然没有单独探讨语音的著作，但 19 世纪确实是汉语共同语语音由南方官话（或称南京官话）向北方官话（或称北京官话）转变的关键时期。1728 年，雍正皇帝下诏命令福建、两广地区人士学习“正音”（即北京音），这标志着北京音开始逐步走上正统地位。然而北京音真正获得官话正音的地位是在 1850 年前后。（威妥玛 2018）[29] 这一转变在著作中表现为注音体系的转变，马礼逊在其《华英字典》中使用的注音体系是用来标注南京官话的，这一体系被英国驻华外交官罗伯聃（Robert Thom, 1807—1846）沿用，编写了一部以正音（北京音）教材为底本的汉语教材《正音撮要》，但其所注的北京音是不准确的。罗伯聃的好友密迪乐（Thomas Taylor Meadows, 1815—1868）在其著作《随笔》（*Desultory Notes on the Government and People of China, and on the Chinese Language*, 1847）中首次提出要创制一套标注北京音的注音体系，这一举动影响了威妥玛，为其后来创制标注北京音的“威氏拼音”打下了基础。以上提到的《正音撮要》和《随笔》虽不是专门探讨语音的著作，但在语音的发展上起到过重要的作用。

语法是语言中最稳定的部分，也是西方语言学家在做语言比较时最常研究的要素。《西人论中国书目》中所录19世纪汉语语法教材共有33部。虽然在这一时期有关汉语语法研究的数量不多，但不乏具有重要学术价值的作品问世。本期较早的著作有由英国新教传教士马士曼（Joshua Marshman, 1768—1837）编写的《中国言法》（*Clavis Sinica*, 1814）和由马礼逊编写的《通用汉言之法》（*A Grammar of the Chinese Language*, 1815）。其他重要著作还包括著名的传教士语言学家艾约瑟的《汉语官话口语语法》（*A Grammar of the Chinese Colloquial Language, Commonly Called the Mandarin Dialect*, 1857）、罗存德（Wilhelm Lobscheid, 1822—1893）的《汉语语法》（*Grammar of the Chinese Language*, 1864），等等。同时也收入了1831年在马六甲英华书院正式付梓的法国耶稣会士马若瑟（Joseph de Prémare, 1666—1736）的汉语研究代表作《汉语札记》（*Notitia Linguae Sinicae*, 1831），该书虽完稿于1728年，但因种种原因迟至一百余年后才由新教传教士在远东出版（其出版过程详见下文介绍）。这部重要的奠基性作品被法国著名汉学家戴密微（Paul Demiéville, 1894—1979）称为“19世纪以前最完美的汉语语法书”。到了1881年，德国语言学家甲柏连孜（Georg von der Gabelentz, 1840—1893）出版了《汉文经纬》（*Chinesische Grammatik mit Ausschluss des niederen Stiles und der heutigen Umgangssprache*），代表着欧洲学者对汉语语法研究之最高成就，成为这一阶段集大成的作品。

另外这一时期还有6条介绍外语语法的作品书目，包括三部法语语法、两部拉丁语语法和一部英华书院使用的英语语法。

（三）关注语言比较研究与欧洲本土的语言学思潮有所呼应

18、19世纪是欧洲历史比较语言学兴起的世纪，把各种语言放在一起加以共时比较或对同一种语言的历史发展各个不同阶段进行历时比较，以找出它们之间在语音、词汇、语法上的对应关系和异同成为这一时期语言研究的一种重要方法。1786年，英国学者威廉·琼斯（William Jones, 1746—1794）通过对梵语进行深入研究后指出，梵语和拉丁语、希腊语之间存在着系统的对应关系，由此提出了“印欧语系”这一概念。在这样的历史背景下，与欧洲语言有着巨大差异的汉语自然也成为了被比较研究的对象。在辑录的 63 部 19 世纪相关作品中，我们可以看到将汉语与埃及语、梵语以及欧洲语言进行比较的作品，如鲍狄埃的《试论中国与埃及象形文字的起源及相似构造，主要根据首次译为欧洲语言的当地作品编纂》(*Sinico Ægyptiaca. Essai sur l'origine et la formation similaire des écritures figuratives chinoise et égyptienne, composé principalement d'après les écrivains indigènes, traduits pour la première fois dans une langue européenne*, 1842)、赫德曼（Samuel Stehman Haldeman, 1812—1880）的《论汉语和印欧语言的关系》(*On the Relations between Chinese and the Indo-European Languages*, 1856)，等等。这种语言比较是一种对欧洲学术传统中既有研究成果的继承，如前文所述，17 至 18 世纪就有欧洲学者试图将汉字与埃及文字进行比较，试图找到象形文字之间的联系。如果向更前追溯，在 17 世纪英国的一位建筑师约翰·韦伯（John Webb, 1611—1672）的文章中已见端倪，他从未习得汉语，但却凭借二手资料写出了一部颇具代表性的语言研究作品《论中华帝国的语言可能是原始语言的历史论文》(*An Historical Essay Endeavoring a Probability That the Language of the Empire of China is the Primitive Language*, 1669)。在文中，韦伯研究了当时欧洲各国文献中有关中国语言的内容，并试图系统论证汉语是巴别塔建立前人类的原始语言。（张西平，李真等 2003）[411—414] 但韦伯研究的出发点依然是《圣经》哲学，是为《圣经》所倡导的语言的单一起源论做注脚，这与 19 世纪建立在实证主义哲学基础上的历史比较语言学的出发点完全不同。

（四）重点关注西方汉语学习者的难点：汉字

对西方学习者来说，学习汉语与学习其他印欧语系语言的不同在于他们必须要面对一种全新的文字，即汉字。而且，17、18 世纪来华传教士已对汉字的笔画结构、汉字字体进行了较为深入的介绍，汉字所具有的鲜明特质引起了欧洲语言学家的注意，并为他们讨论的普遍语言运动和寻找人类原初语言的思潮提供了一个绝佳参照物，激发了欧洲不同学者之间激烈的思想交汇与碰撞。这一传统延续到 19 世纪，有了更广泛学者群体参与，也出版了更多的相关研究论著。《西人论中国书目》中辑录了51部西方人研究、学习汉字的著作。这些著作讨论的内容包括汉字的起源、构造、读音、字体演变以及书写汉字的一些技巧。其中最早的作品当属德国东方学者哈盖尔（Joseph Hager, 1757—1819）撰写的《边画译》(*An Explanation of the Elementary Characters of the Chinese*, 1801)，丹麦当代汉学家龙伯格（Knud Lundbæk, 1912—1995, 2005）[20]称“该书开启了19世纪的欧洲汉学研究”。这本书序言73页，正文41页。序言介绍了汉字的相关信息，包括汉字创造前的结绳记事、伏羲画卦、汉字的造字法、字体的演变，以及214部首检索体系等。在前言之后，哈盖尔主要针对214部首系统进行了详尽的译介，214部依序排列，加上序号、拉丁字母注音和西文释义，比之前人法国早期汉学家傅尔蒙（Étienne Fourmont, 1683—1745）《汉语论稿》(*Meditationes Sinicae*, 1737）中对214部的介绍更为具体，还纠正了傅尔蒙的一些错误表述。因其通俗易懂，接续了17、18世纪汉字研究的知识传统，并往前有所推进，在西方人对汉字研究的历史上留下了重要的影响。

四、小　结

这一时期的670部作品中，1842年之前出版的共有116部，1842年及以后出版的共有554部。这种变化与当时中国对外政策和中西关系的变动必然有着密切的联系。1759年，清廷发布《防范外夷规条》，明确规定中国人不得受雇于外国人，也不许与外国人做生意，外国人不许学习汉语。这种情况直至鸦片战争后才有所改观。1842年，中英《南京条约》签订，由一口通商改为五口通商，来华西方人的活动范围从广州一港扩大到广州、福州、厦门、宁波、上海五港，他们的身份更为复杂，数量也更多。1844年签订的中美《望厦条约》第十八款明确规定：“准合众国官民延请中国各方士民人等教习各方语音，并帮办文墨事件，不论所延请者系何等样人，中国地方官民均不得稍有阻挠、陷害等情；并准其采买中国各项书籍。”条约的签署使西方人有了更加宽松的汉语学习环境，也使他们有了更多与中国人和中文书籍接触的机会。鸦片战争后，西方外交官被派往各大通商口岸，与中国官员和百姓的接触也让他们更迫切地需要掌握汉语来展开日常交流和工作，因此对汉语学习教材的需求量更大。有需求就有创作，各类汉语教材的编写量随之增大，涉及的方言种类更多，包括粤方言、闽方言以及清朝官员的通用语，即“官话”。

本章通过初步回顾、梳理与分析《西人论中国书目》中 19 世纪西方人的汉语学习与研究文献目录，可以清楚地观察到西人汉语研究脉络从 16 世纪以来的传承与发展。随着近代语言学的发展和外语教学体系的成熟，这一阶段西方的汉语研究已从汉字、语音、词汇、语法等多个层面对汉语展开了更为系统的研究，包括编写教材、改进拼音方案、编撰词典、研究方言、分析语法、探讨语言比较问题等，为后世留下了一大批种类繁多的论著。这些作品既是世界汉语教育史上值得关注的珍贵历史文献，又是研究汉语语音、词汇和语法体系历史演变极有价值的材料，无论是在深度、广度还是科学性上都达到了当时的最高水准，不乏经典之作，至今仍有许多值得我们借鉴和参考的地方。

第三章 Chapter 03

法国国家图书馆所藏明清西人汉语研习文献[1]

一、引　言

数百年来，这些外国人为学习与研究汉语而编写的一大批教材、语法书、词典和工具书，既是世界汉语教育史的重要原始资料，也是对几个世纪以来汉语历史演变的实录，在中外语言学史上都具有参考价值，同时也是反映历史上中外语言接触与汉语教育方面交流史实的珍贵史料。高第的《西人论中国书目》为研究者们解答了最原初的问题：什么文献值得研究？而且也使学界初步意识到了这些文献体量之庞大，内容之重要。然而，目录受限于仅提供题目和提要，不能使读者得窥原貌，因此域外这批西人汉语研究原始文献的收集、发掘和整理是展开后续研究最基础的工作。

以法国国家图书馆为例，该馆是欧洲收藏中文图书数量最多的图书馆之一。从 14 世纪法王查理五世下令将近千种文献移至卢浮宫图书馆收藏开始，由此奠

① 本章内容曾以《法国国家图书馆所藏明清西人汉语学习文献述略——从傅尔蒙目录到儒莲目录的考察》为题发表于《或问》（*WAKUMON*）第 40 号，日本：近代东西言语文化接触研究会，日本：白帝社，2021 年 12 月，收入本书内容有增补。

定了法国皇家图书馆的藏书基础，自 1368 年始建迄今已有 650 多年的历史。中文图书作为其馆藏的精华，自十七世纪末十八世纪初即已陆续进入该馆，囊括了 15 万余册（卷）雕版、石印、铜（铅）活字印刷品，几百件抄本和 500 多种期刊，是东方分部数量最大的典藏。（罗栖霞 2019）这批中文文献涉及历史、哲学、语言、文学、数学、天文、地理、农业、医学等多个学科，还包括 17、18 世纪中学西传和西学东渐时期欧洲来华传教士汉学研究的相关出版物。

二、法国国家图书馆中文藏书溯源

法国国家图书馆汉籍的入藏历史最早可追溯到 1668 年，彼时红衣主教马扎然（Jeles Mazarin, 1602—1661）捐赠了一共 16 册稿本给图书馆，开该馆汉籍收藏之先河。之后首批入华的“国王数学家”之一、耶稣会士白晋（Joachim Bouvet, 1656—1730）奉康熙帝之命从中国返回法国时，带回了 312 册（22 种）古籍，才真正拉开了法国国家图书馆中文藏书的大幕。到了 18 世纪，图书馆馆长比尼昂（Jean-Paul Bignon, 1662—1743）和金石与美文学院院士傅尔蒙委托在华的法国耶稣会士傅圣泽（Jean-François Foucquet, 1665—1741）、马若瑟和钱德明（Joseph-Marie Amiot, 1718—1793）等人，着手在中国购买了不少图书典籍寄回法国；加之图书馆得到了比尼昂馆长个人收藏的捐赠，他本人后从巴黎外方传教会搜求的一批中文书籍也悉数入馆。此外，旅法华人黄嘉略去世后遗留的中文图书也进入此馆，这些珍贵的书籍和资料都进一步充实了该馆的中文馆藏。19 世纪到 20 世纪，法国国家图书馆则以收购汉学家、东方学者的私人藏书，以及获取其他图书馆、机构的捐赠为主要收集途径，收藏了包括儒莲、柯恒儒、鲍狄埃（一译颇节）、伯希和等著名学者的藏书。此外，图书馆还从中国书店定期购买新书，以及直接接受中国学者的赠书。[①] 通过三百多年的持续努力，法国国家图书馆逐渐丰富并成就了在欧洲首屈一指的中文馆藏，为法国汉学的发展、中欧文化的交流以及中国学术界的海外汉学研究提供了非常宝贵的一手文献资源。

---

① 有关法国国家图书馆汉籍收藏的相关研究，可参阅：谢辉（2016）、陈恒新（2018）、Héraud（1993）。

有关法国国家图书馆历代入藏的中文典籍情况，有多部书目可供查阅参考，包括早期汉学家傅尔蒙在旅法华人黄嘉略帮助下所编的《皇家图书馆写本目录》（*Catalogus Codicum Manuscriptorum Bibliothecae Regae*, 1739）；以及后来再版的《皇家图书馆藏中国图书目录》（*Catalgogus Librorum Bibliotheae Regae Sinicorum*, 1742）；欧洲第一位专业汉学家雷慕沙将其增补修订为《皇家图书馆中文藏书录》（*Mémoire sur les livres chinois de la Bibliothèque du roi*, 1818）；雷慕沙的弟子儒莲于 1853 年编纂了《皇家图书馆汉、满、蒙、日文新藏书目录》（*Catalogue des livres chinois et mantchoux, mongols et japonais du nouveau fonds de la Bibliothèque royale*）；进入 20 世纪，伯希和为带回的敦煌文献编纂了《国家图书馆中文藏书伯希和 A 藏和 B 藏引得》（*Répertoire des "collections Pelliot A et B" du Fonds chinois de la Bibliothèque nationale*, 1913）[①]；当然，法国国家图书馆中文书目的集大成者当属 20 世纪初的东方学家古朗（一译古恒，Maurice Courant, 1865—1935）所撰的书本式目录《中、韩、日等国出版中文书籍目录》（*Catalogue des livres chinois, coréen, japonais, etc.*, 1902—1912），至今仍是查阅法国国家图书馆中文藏书的权威指南。

正是由于有了国家图书馆如此丰厚的中文藏书，为法国本土学术界开展对中国的各种研究奠定了坚实的文献基础，使得法国汉学在欧陆各国虽非筚路蓝缕的开拓者，但却后来居上成为了名副其实的领头羊。法国汉学研究由 18 世纪赴华的天主教传教士开创，自路易十四时代向中国派出有“国王数学家”美誉的法国传教团，以白晋、马若瑟、宋君荣（Antoine Gaubil, 1689—1759）、钱德明等耶稣会士为代表，逐渐过渡到 19 世纪成长起来的专业汉学家如雷慕沙、儒莲、巴赞，之后又涌现出沙畹、伯希和、马伯乐（Henri Maspero, 1883—1945）、戴密微等这些世界级汉学大师。几代传教士和学院派汉学家深耕于此，对中国展开了全方位的探寻与研究，经过他们的不懈努力，法国逐渐成为欧洲汉学研究的学术高地，地位举足轻重。在 20 世纪中叶以前，国际汉学界几乎由法国学派一统天下，尤以巴黎为中心向欧美各国辐射和传递着来自中国的各类报道和有关中国研究的最新进展。20 世纪 20 年代留学法国的历史学家李思纯（1923）曾精辟地指出：“西

---

① 王重民先生 1934—1939 年在法国国家图书馆工作期间，用中法文编写了《伯希和 A 藏和 B 藏目录》（*Catalogue des collections Pelliot A et B*），至今仍是检索“伯希和 A 藏和 B 藏”的唯一书目工具书。参阅罗栖霞（2019）。

人之治中国学者，英美不如德，德不如法。”几个世纪以来，法国在欧洲作为汉学重镇的地位可见一斑。

三、从傅尔蒙目录、雷慕沙目录到儒莲目录

在法国汉学界数百年的学术传统中，遵循传统语文学（古典文献学）的路径与取向，重视对中国语言文字的学习与研究一直是重中之重。这一传统，不仅体现在从业余到专业的几代法国汉学家于汉语的教与学方面所取得的丰硕成果上，也同样体现在法国国家图书馆所收藏的一大批近代西人汉语学习文献上。这批珍贵的文献包括了自 17 世纪以来陆续入藏的汉外词典、中文文法、汉语教材、词汇手册、文选编译等手稿、抄本或出版物，至今还有不少宝贵资料尚未得到系统的整理，成为明清中西文化交流史和世界汉语教育史研究中一个亟待开发的宝库。在对法图所藏近代西方人汉语学习文献进行考察的过程中，有四个由早期汉学家编纂的目录可供参考。①

第一份就是《皇家图书馆写本目录》(1739)(以下简称《写本目录》)。这份目录并非傅尔蒙独立完成，是他在旅居巴黎的华人黄嘉略的帮助下编纂的。目录用拉丁文写成，所录的中文书名没有汉字，均以西文注音代替。傅尔蒙以黄嘉略之前受命编纂的皇家图书馆中文藏书的书目草稿为基础，进一步整理完善形成的。按傅氏（2020）之说法，其中主要包括了六大类藏书，按入藏时间排序——

（1）截至 1711 年的首批入藏的汉籍，据《写本目录》记载，约在 68 种。分别来自马扎冉主教的赠书②以及后来由白晋③和洪若翰（Jean de Fontaney, 1643—

---

① 有关法图汉籍收藏及早期目录的最新研究，可参阅谢辉：《法国国家图书馆早期入藏汉籍述略》，《国际汉学》2021 年第 1 期。

② 傅尔蒙（2020）曾言：“1647 年之前，皇家图书馆仅有四册中国图书，而且它们是红衣主教马扎冉的藏书。”另据谢辉（2021）考证，此处“1647”当为“1697”之误。因为在 1668 年，柯尔贝尔（Jean-Baptiste Colbert, 1619—1683）提议皇家图书馆与马扎冉学院图书馆进行图书交换，马扎冉的这批汉籍（四种 16 卷）即于此时进入皇家图书馆。

③ 傅尔蒙在 1742 年目录的前言中说：“1697 年 5 月 27 日和 6 月 2 日，白晋自中国归来时带来另外 49 册。”但经法国学者郭恩（Monique Cohen, 1990）考证，白晋于 1697 年返法时携归汉籍实有 22 种、45 函、312 册。

1710)，[①] 还有比利时耶稣会士柏应理（Philippe Couplet, 1623—1693）[②] 等传教士带回欧洲的汉籍。

（2）由皇家图书馆馆长比尼昂 1716 年任职前后捐赠以及通过多种渠道获取的一批藏书。据《写本目录》记载，比尼昂本人所捐藏书的中文典籍约 46 种。

（3）1720 年，经比尼昂多方努力，[③] 将巴黎外方传教会的一批藏书收入图书馆，此批中文典籍约 139 种，其中以传教士所撰之中文的西学书籍为主，这一部分多达 80 余种；此外，还收入十几种喃文典籍。

（4）1722 年、1723 年皇家图书馆委托在华传教士购入，由傅圣泽神父带回的图书。《写本目录》中统计有 85 部、205 函、1845 册。

（5）1727 年，比尼昂和傅尔蒙委托在华的法国耶稣会士马若瑟神父代为购入的一批图书。这批图书数量据马若瑟写回之信札里所言约为 11 种，另据谢辉在东方手稿部目验，并与《写本目录》对照，明确可考者有七种。

（6）若按 1742 年再版之《中国图书目录》序言中傅尔蒙的说法，这批书是 1730 年、1731 年和 1732 年马若瑟神父从自己藏书中赠予比尼昂和傅尔蒙的。然而据《写本目录》所统计，马若瑟寄归之汉籍总共约 34 部（件），但这一数字与马若瑟 1733 年 10 月 6 日给傅尔蒙私人信札中所言“寄回包括十三经、《康熙字典》等在内的中文书籍共 217 部”（龙伯格 2009）[80] 相去甚远，具体原因有待进一步考证。令人更加困惑的是，按傅氏此说法去核对《写本目录》实际书目内容中所标注的六大分类之标题和书名，第六类却明显与他在 1742 年再版的《中国图书目录》序言中所言不符。这类标题下确写“黄的中国书籍和遗稿”[④]，共 16 种，含有旅法华人黄嘉略从皇家图书馆借出来的中文图书以及他自己留下的手稿。在其去世后一起被收归图

---

① 据傅尔蒙（2020）记载，耶稣会士洪若翰带回满汉文图书十二卷本；但后来雷慕沙认为洪若翰带回的其实是一部十二册的满文词典。另据钟鸣旦（2021）所言，洪若翰向皇家图书馆捐赠的是清廷武英殿刊行之正品殿版书。

② 柏应理 1685 年返回欧洲时携带大量耶稣会士在中国刊行的中文著述，以宗教和科学主题为主。其中捐出了约 155 种赠予教宗依诺森十一世（Innocent XI），还把一部分书存放在巴黎的皇家图书馆。（钟鸣旦 2021）

③ 此事主要是由比尼昂促成，但傅尔蒙在前言中称是在他个人的努力之下，巴黎外方传教会才捐赠了藏书，颇有些抢功之嫌。参阅谢辉前文。

④ 此处系原拉丁文分类标题之中文参考译文。

书馆，此事由傅尔蒙经办。众所周知，黄嘉略在巴黎长期襄助傅氏学习汉语，共同编纂汉语词典，两人私交颇深。傅尔蒙在再版的《中国图书目录》序言中为何只字不提黄嘉略的这批书籍，却以马若瑟的第二批赠书代之，背后的原因耐人寻味。

具体来看，在目录的第一类首批入藏汉籍中，傅尔蒙列出“Dictionaria”一类，收入了像《字汇》《正字通》《许氏说文》《海篇朝宗》《字汇补》《西儒耳目资》《翰林重考义韵律》[①]共七种中国小学类和传教士编纂的音韵学作品；奇怪的是他竟然将《天主实义》《七克》《天主降生言行纪像》《圣教信证》等宗教类书籍和《脉经》《本草通玄》等八种医学方面的书籍以及《春秋》也放到了这一类下面。可见当时傅氏本人的汉语水平和对于中国文献典籍的认识着实有限，才会出现了这样的分类偏差。

在第二类由比尼昂馆长捐赠及协助获取的汉籍中，暂未发现收入字典或语法的专门书目。

在第三类巴黎外方传教会捐赠的汉籍中，傅尔蒙列出“Grammatici”（语法）一类，收入《字汇补》《字汇》《四言杂字》《千字文注解》四种；另有一种未写书名，解题里说明这是一部词汇和短语手册，收入二字到六字的简洁文雅的短语（P. 400, LIII）。

在第四类委托在华传教士购买、由耶稣会士傅圣泽返欧带回之汉籍中，傅尔蒙列出“libri Grammatici. Dictionaria”（语法和字典）一类，收入了《悬金字汇》《品字笺》《正字通》《康熙字典》《字学津梁》《摭古遗文》《正韵通》《许氏说文》《篆字汇》《传字草书》共 10 种，以中国小学类书籍为主。

在第五类由马若瑟寄回的汉籍中，傅尔蒙未列出单独的语法或字典，但是我们找到了《康熙字典》和《篆字汇目》两部，却被他归入“哲学”类。另有马若瑟本人所撰关于从索隐学理论解读汉字的《六书实义》也在这一大类中。

在第六类即黄嘉略的中文图书中，相关主题的有三种。其中第 12 种是一部按照偏旁部首编撰的汉语字典，一卷；第 14 种是一个对话手册，包括一个和尚和传教士，两个中外商人之间的对话；第 15 种是一个汉语词汇表，但是仅有拉丁字母注音没有汉字。

第二份目录是《皇家图书馆藏中国图书目录》（以下简称《中国图书目录》），在 1742 年作为傅尔蒙本人的汉语语法书《中国官话》（*Linguae Sinarum*

---

① 该书目只有“翰林”二字的注音。

Mandarinicae Hieroglyphicae Grammatica Duplex）的附录出版，收书 378 种。该目录以 1739 年《写本目录》为基础编写，每一种书目之上还标有 1739 年汉籍目录的索引号，供读者查阅。经过傅尔蒙修订的《中国图书目录》比第一本《写本目录》的进步之处在于在编目时尽量给出了汉籍的中文书名，实在没有的才用注音标注，这给使用者提供了比较大的便利。这一版的分类较 1739 年目录也有所创新，将第一份目录中涉及的藏书重新进行了整理编目，不再以入藏法国国家图书馆的时间先后顺序，而是以类别对这批图书做了归类，分为十类（傅尔蒙 2020）：

（1）语法书（字典编撰者和语文学家优先）
（2）地理书籍
（3）历史书和编年史书
（4）经典和典籍
（5）道德、法律和义务方面的图书
（6）不同派别的神学书籍，主要由基督徒撰写
（7）哲学书籍
（8）医学书籍
（9）数学书籍
（10）其他技艺类书籍

这个目录中的第一大类明确标明是“Grammatici”（语法书），从傅尔蒙《写本目录》的第 378 页开始，据查共列 35 种书籍，其中前 25 种为字典或文法，收入《字汇》、《悬金字汇》（2 种）、《字汇补》（2 种）、《正字通》（2 种）、《海篇朝宗》、《许氏说文》（2 种）、《品字笺》、《康熙字典》（2 种）、《字学津梁》、《篆字汇目》、《传字草书》、《千字文注解》、《四言杂字》、《西儒耳目资》、《六书（实义）》、《翰林重考义韵律》、《蒙学法》、《篆字汇》、《摭古遗文》、《正韵通》；第 26 种为《中国书》，无铭文，内页均为中国字，傅尔蒙称这些汉字可以从他提到的各种字典里找到。①

① 原文拉丁文参考译文：“《中国书》无铭文，其中纸页几乎都是中国字，你当可在我所提及的多种词典中找到。此外，阿拉伯文字形式，非自极古者，即 Kuphica 式，而是 Mauritanica 式，系在非洲人中间继承 Kuphica 者。第一卷。”

从编号27开始为“故事和罗曼史”这样的文学作品，收入《山海经》《好逑传》《玉娇梨》《三才子》《平山冷燕四才子》《雅谜》《拍案》《元人杂剧百种》《西厢记琵琶记》。在“Grammatici”类的这批书籍中绝大部分在第一个《写本目录》均能找到对应的书目，基本上是把《写本目录》分散在六大类中的中国小学文字音韵类书籍集中到一个类别之下。

第三份是《皇家图书馆中文藏书录》。这个目录是雷慕沙于1818年受法国内政部长所托，为更好利用法国国家图书馆的中文图书而撰写的。雷慕沙在傅尔蒙所编的两个目录基础上，重新对中文藏书做了整理，重点是补充和修订了傅氏的一些编目疏漏和错误。这部书目其实由两部分构成，前一部分主要是对中文藏书的一个整体性介绍，类似为法图中文书籍所做的分类提纲，没有涉及具体书目信息，缺乏指向性。后一部分则集中评述了傅尔蒙所编目录的不足和失误，甚至援引了多达362处例证来针对其疏漏做具体点评分析。（王辉2019）其中对傅尔蒙所翻译的一些重要古籍的名称提出了批评，认为傅氏没有真正了解这些汉籍的实际情况，包括作者、主要内容以及该书在中国文献中的地位，如雷慕沙说傅氏目录中像《许氏说文》的译名和编目提要就出现了明显的错误。故1818年雷慕沙这本目录或可视为对傅尔蒙所编书目之补正，却难以作为专门的文献指南来供读者使用查找；也许雷慕沙原本亦有对这批藏书重新编目之计划，却由于染病英年早逝，未能细化原有方案并按汉学文献学之体例来编制自己这份目录，不能不说是法国汉学史上的一件憾事。

直到雷慕沙的亲传弟子、著名汉学家儒莲于1853年手抄整理的《皇家图书馆汉、满、蒙、日文新藏书目录》出版，才将法国国家图书馆的汉籍目录编写推向了一个新高度。这部目录因其资料丰富、翔实，加之大多为儒莲亲自目验辑录，分类合理，遂成为了解法国国家图书馆截止到19世纪中叶的中文收藏的一部重要参考书目。

这份目录共分为四卷，主要整理的是法籍耶稣会士带回的和巴黎外方传教会捐赠给法国皇家图书馆的汉籍。前三卷目录又分八个大类，[①] 按正典、经典、法律

① 第一卷包括“正典”“经典”“法律判例”和“宗教”以及“历史”的第一部分；第二卷包括“历史”的后三部分、“地理”、“科学与艺术”、“文学”的前五部分；第三卷均为“文学”。

判例（细分 2 小类）、宗教（细分 3 小类）、历史（细分 4 小类）、地理（细分 2 小类）、科学与艺术（细分 9 小类）、文学（细分 15 小类）等类别将藏书分门别类；第四卷主要是对中国基督宗教文献的整理，所录书籍没有明确分类和标注，因此也没有出现在第一卷卷首的总目录中。儒莲的这份目录跟前述其他几个目录所不同的特点是非印刷本，全部由他本人手抄卡片目录，然后粘贴在空白页书上，装订成书，汇集成册。书目的基本体例是卡片式目录，书目信息包括书名、[①] 扼要解题、[②] 编号几个部分。儒莲在每张卡片上著录一种书，偶有两种书的情况，书目合计有 1000 余种，4700 余册。

根据整理，儒莲书目前三卷的索引如下所示：

卷一

正典

经典

法律判例

–政治和行政

–伦理道德和哲学

宗教

–佛教

–道家文人的哲学

–道教经典

历史（第一部分）

–年表

卷二

历史（第二、三、四部分）

–传记

① 在儒莲目录中，如果是西文书，直接写西文书名；如果是中文书，则先著录书名的西文注音，如有确定的中文原书名则写上汉字；如不确定，则略过不写汉字。

② 有的书只有书名和编号，有的附上了简要的几句解题。

–目录学

–考古学

–古币学

地理

–水文地理

–游记

科学与艺术

–数学和几何学

–天文学

–军事艺术

–农业和园艺

–医学和药剂学

–神秘学：占星术、风水和堪舆

–绘画、雕刻和纹饰

–音乐

–艺术和手工艺品

文学（前五部分）

–汉字字体

–汉语的书写及写作技艺

–修辞学：雅语选段

–诗歌

–长篇小说

卷三

文学

–短篇与中篇小说

–悲剧、喜剧和对话体小说

–书信体文学

–历史题材文学

–文学杂纂

–百科全书

–回忆录与作品集

–中欧词典

–满语文章及译文

–日语

四、儒莲目录所辑西人汉语学习资料

据儒莲《皇家图书馆汉、满、蒙、日文新藏书目录》第三卷“文学”第13类“中欧词典”所录书目信息统计，截至他编撰年代的1853年，图书馆东方手稿部共藏有144部中国和欧洲的词典，笔者将这些文献初步分为如下几类：中国小学类（含字书和韵书）、西人撰汉语文法和音韵学著作、汉外对照词典（含词汇手册）、日语词典，[①] 参见表3-1：

表3-1　儒莲目录所收法国国家图书馆藏“中欧字典”类

中欧词典（144）	中国小学类（字书、韵书）	78		
	汉外对照词典（含词汇手册）	60	汉法（法汉）词典	30
			汉拉（拉汉）词典	19
			汉西词典	4
			汉英词典	2
			贸易专用翻译词汇手册	5
	西人撰汉语文法、音韵学著作	4		
	日语词典	2		

从表3-1可以看出，这批文献中入藏最多的是中国小学类文献，有78部，包括历代字书，如明清时期较为流行的字典《玉篇》《正字通》《品字笺》《字汇》《康

① 这一类其实只有两部作品，一部是编号为1094的汉和对照词典（同时也标注了日语藏书的编号341）；一部是编号为1118的荷兰语日语对照词典，但因有一个汉文名称《译键》，可能儒莲在辑录时就误以为是中文词典，于是归入此类。因与本书主题关系不大，故不做探讨。

熙字典》等，以及各种韵书《五车韵府》《五方元音》《古今韵略》《一切经音义》等。这与该时期欧洲各图书馆的汉籍收藏与欧洲早期汉学家的私人中文藏书情况大致相同；也是当时欧洲汉学界的风气使然，普遍偏好明清通俗字书。原因无他，因为这些作品在中国都常见易得，收字较多，检索方便，可以为西方人阅读中文典籍时查阅汉字提供便利。这种对中国小学类典籍的收藏与重视从来华传教士的时代开始就成为欧洲汉学研究的一个传统，在他们的汉语学习与汉学研究的过程中，这类典籍起到了一定的推动作用。

受此风气影响，欧洲本土学者在自身学习和研究汉语的过程中，也开始利用中国小学类文献，尝试从中汲取编纂汉语学习工具书的经验，在儒莲的这份目录中可以看到数量次之的就是西人编撰的汉外双语对照词典或词汇手册，计有 60 部，其中主要包括汉语—法语对照、汉语—拉丁语对照、汉语—西班牙语对照和汉语—英语对照四种，比较著名的如意大利方济各会士叶尊孝（Basilio Brollo da Gemona, 1648—1704）的《汉字西译》(*Han Çu Si Ye*)、西班牙多明我会士迪亚兹（Francisco Diaz, 1602—1699）的汉西词典、傅尔蒙的拉汉词典、黄嘉略的汉法词典等。此外，由于当时欧洲与中国的贸易激增，为从事对华贸易人士的日常实用所需，还出现了专为中外商业往来所编的贸易词汇手册，如《红毛番话贸易须知》《红毛买卖通用鬼话》等。

最后一类是传教士或汉学家所撰的汉语文法、音韵学著作，这一类数量在当时虽不多，仅入藏四部，但都是早期西人汉语学习历史上具有重要意义的作品，分别是比利时耶稣会士金尼阁的《西儒耳目资》、马若瑟的《汉语札记》、傅尔蒙的《中国官话》和雷慕沙的《汉文启蒙》。

五、小　结

在历代传教士与汉学家的不断努力下，从傅尔蒙 1739 年的《写本目录》、雷慕沙 1818 年的《皇家图书馆中文藏书录》到 1853 年儒莲《皇家图书馆汉、满、蒙、日文新藏书目录》编成，法国国家图书馆从其前身皇家图书馆开始，历经一百余年，到了 19 世纪中叶，基本已经建立起了一个颇具规模的汉籍专门收藏。虽在种类分布上还并不十分均衡，但总体而言，与梵蒂冈图书馆、柏林皇家图书馆等馆藏相比，在当时的欧洲仍可谓首屈一指。一方面，从中文原始资料来获取关于中国的信息和知识，成为了法国国家图书馆逐步扩充其中文藏书的一个重要原因；另一方面，也确实在客观上推动了欧洲本土学者对汉语的学习，为当时的欧洲学术界提供了一个了解异域语言和文字的最直接的渠道。在这批早期入藏的汉籍中，尽管有关西方人汉语学习的相关文献在数量上尚无法与其他种类相媲美，但也从一个侧面奠定了法国国家图书馆汉籍收藏的基础，开启了欧洲本土特别是法国学者的汉语学习之路，并在此后法国学者的汉学研究中，发挥着日益重要的作用。这些文献为世界汉语教育史提供了珍贵的历史资料，有助于多维度地全面梳理明清时期西方人学习汉语的文献特点。

中 编

历史篇

第四章 Chapter 04

明清入华传教士的汉语学习观

一、引　言

16—17世纪，随着欧洲向全球的殖民扩张进程，天主教各个修会的传教士也踏上了海外传播福音的道路。远东地区特别是中国，是他们的一个重点传教区。传教士们踏上中国土地之时，首先面临的就是语言不通，这种全然不同于任何一种欧洲语言的东方语言给他们留下了深刻的印象。对他们而言，学习并掌握好中国语言既是在此生存的基础，同时也是传播教义，归化教众的重要工具。

明清之际来华传教士对陌生的汉语充满着矛盾和困惑的感情，在他们眼中，这是一种神秘和另类的语言，令人爱恨交加：恨它者，认为它如同天书，是世界上最困难最复杂难学的语言；爱它者，又觉得没有哪种语言会比它更丰富和高雅，学习汉语是一种最美好也最能给人以慰藉的学习。正由于汉语作为表意文字、象形文字、孤立语的独特性，决定了它带给明末清初初次来华的西方人强烈的震撼和冲击。

在早期来华传教士寄回欧洲的书信与报告当中，散见有若干关于汉语的记述和学习汉语的切身感受，这些材料是当时西方人对于汉语初步认识和理解的集中体现，对了解那一时期西人眼中汉语的语言特点和外国人学习汉语的重点难点都会有所裨益；同时，对于后来入华传教士和欧洲学者的语言学习与研究也有着重要的指导和借鉴意义。基于此，本章尽可能地收集了相关资料，以耶稣会中国书简为主要研究对象，加以归类总结，探讨传教士认识、初学汉语后对汉语汉字所形成的早期观念，以期能对当时西方人的汉语学习观略做梳理；其他来华修会如多明我会、方济各会的材料有待今后加以补充完善。

16 世纪西方人对于汉语汉字的最早记载，主要可见于各种早期的西文文献，包括由在远东地区活动的葡萄牙、西班牙商人、使节、传教士、旅行家等所著的关于东方诸国的著作、书信、日记、报告和游记等。这些记载关于中国语言文字的只言片语，多为浮光掠影式的描述，还不能算作是真正经过语言接触后对一种全新的东方语言的了解与认知。

耶稣会士对于汉语的认知过程，最早可以追溯到远东传教事业的开创者沙勿略的时代。当时在日本的一些耶稣会士通过学习日语进而对日语和汉语的关联性有了一定程度的认识，例如沙勿略在与日本教徒翻译教义书的过程中对汉语（主要是汉字）产生了极大的好奇，他注意到了汉字和西方字母的巨大差异，并且观察到了汉字作为象形文字的基本特点。在 1552 年他写给耶稣会创始人罗耀拉的信中这样说："……中国的汉字有许多种类，每一个文字意为一个事物……虽然是同一个文字，日本人读此字时用日本语，中国人就用中国语来读。因此，虽然说话时不能互通，但在书写的时候仅凭文字就能相互理解。他们的口头语言不同，但文字意义相通，双方都能理解。"（戚印平 2007）[173]

沙勿略发现："彼与有学识的日本人，尤与僧人辩论之中，辄惊日本人对其比邻大国之文学哲理深致敬佩，盖此为日本全部文化之本也。"（费赖之 1995）[1] 他意识到要在东方弘扬福音，汉语就是他们必须跨越的第一道长城，于是萌生了归化中华的宏愿，虽然沙勿略最终倒在了离澳门只有一步之遥的上川岛，没有实现传教中国的愿望，但他已然意识到了掌握当地语言是东方传教的有力工具。

当来华传教士试图开辟中国传教事业之时，正值明末海禁甚严时期，严拒外国人入境，更勿论传播一种外来的宗教了。多明我会、方济各会以及以沙勿略为代表的耶稣会多次努力均告失败，被挡在了中国的国门之外，以至于发出了感叹："岩石，岩石，你何时才能开裂?"[①]然而，后来的传教士们没有因此而消减热情，他们以前辈的奋斗为榜样，继续争取进入中国内地传教。

1556—1557年，时任远东耶稣会最高负责人的巴雷托（Melchior Nunes Barreto, 1519—1571）两度进入广州，在他提出的在中国传教的方案中，有一条重要建议是：要寻找可能的机会学习中国的语言，以达到顺利传教的目的。此后，耶稣会远东地区视察员范礼安于1574年赴澳门，在此逗留10月之久，得以有机会透彻地研究在中国的形势及未来的发展远景，他深刻地意识到只有精通中国的语言和文字，才能说服中国人同意让外国人居留内地，进而有机会传播天主教福音。于是他最早确定下了在中国教区传教的策略，"委派几个人学习中国语言和文字，并作好准备利用可能出现的时机把福音传入这个新的世界"（利玛窦 1983）[142—144]。于是，明末最早进入中国内地的传教士罗明坚、利玛窦遵循范礼安的指示，将学习汉语，特别是官话作为第一要务来执行，以此为传教之重要手段，并且最终取得了成功。他们后因"善华语"得以获准居留广东肇庆，拉开了入华传教的序幕，也同时开启了欧洲语言与中国语言的真正接触。

从罗明坚、利玛窦等人成功进入中国内地开始，耶稣会士终于摆脱了对这门语言学习与研究那种雾里看花的局面，可以零距离地直面汉语了。他们长年生活在中国内地各省，为传教而苦练自己的语言能力，自然成为研究中国语言文字最合适的人选。随着语言学习的精进，他们对汉语自身特点的了解也在逐步地加深和细化，进而推进了早期西方人对汉语的研究。

二、学习的初步体验

耶稣会士在早期寄回欧洲的信札中都不约而同地描述了对汉语的总体印象和语言学习的过程，其中一个重要问题就是："汉语到底难不难学?"这是传教士们反复论述、不断争论的话题。由于在来华初期，传教士极难找到本地授课教师，

---

① 沙勿略是最早尝试进入中国传教的耶稣会士，他于1552年达到澳门附近的上川岛，但最终因病猝死，死前曾对着中国大陆喊道："岩石，岩石，你何时才能裂开？"［参阅钟鸣旦，孙尚扬（2004）[110]］

又没有适合西方人语言学习的教材，辅助学习的工具书也比较缺乏，这些困难使得“汉语难学”的声音占了上风。

罗明坚、利玛窦后来在汉文的学习上取得了很大的进步，甚至能用中文写诗著书，但他们对于汉语的认知与掌握并非一朝一夕之功，而是建立在不断熟悉语言技巧和实践语言功用的基础上的，是一个逐步发展和深化的过程。在接触汉语之初，他们亦反复强调学习汉语的艰难。罗明坚在1581年的信中写道：

> “汉语非常难学，超出其他任何国家的语言。因为它无字母，字数又极其多，即便要达到阅读的程度也需花费很长的时间。据说即使中国人也要读书十五年后方能读通书写文章、阅读书籍。由此可知是何等地难学了，因此开始时我没有信心能把它学好。”①

利玛窦（1983）[29] 也有同样的感受，认为中文发音的一个特点就是含糊不清：

> “每个发音的字的确切意义是由它的声调质量决定的，这就当然增加了学习说这种语言以及听懂别人的困难。我要冒昧地说，没有一种语言是像中国话那样难于被外国人所学到的。”

后来陆续来华的不少传教士对汉语的最初印象也大多延续了类似观点，即中国语言无论是听起来还是读起来都是最困难复杂的。汉语学习对他们来讲，更是一个漫长而颇有些痛苦的过程。法国耶稣会士傅圣泽致贵族院议员德·拉福尔斯（de la Force）公爵的信中曾言汉语艰深难学：

> “……这些从欧洲到这里不久的神父专心致志地学习这里的语言和文字，这是长期和艰巨的任务。我敢担保，世界上再没有比这更困难更烦人的工作了。中国字如同天书，开始似乎不可能辨认。然而经过多看、多想和多记，它变清晰了，人们开始有点弄懂了。和当地中国人相比，这些困难对于欧洲

① 1581年11月12日罗明坚致麦尔古里亚诺神父书。（利玛窦 1986）[431]

人来说大得无法比拟。”（杜赫德 2005a）第一卷 226

另一位法国耶稣会士李明（Louis Le Comte, 1655—1728, 2004[167]）关于汉语学习的负面感受就更为强烈，他在写给法国第一重臣、大主教兰斯公爵大人的信中毫不掩饰自己在学习中所遭受的沮丧和灰心：“我不知是否很多传教士宁肯下矿井做苦工，也不愿数载如一日地辛辛苦苦致力于学中国语，这真是一个人所能经受的最苦、最易气馁的学习了。当一个外国人在中国呆上一段时间后，我不明白还会有别的什么感觉。”

和李明比起来，葡萄牙籍耶稣会士安文思（Gabriel de Magalhães, 1609—1677）则走向了另一个极端。他是传教士中少数认为汉语简单易学的人之一。在他看来，中文比其他外国语都更容易学习，而且非常优美、丰富，极富表达力，在其代表作《中国新志》①中相当乐观地为新来的传教士勾画了一幅关于学习汉语的轻松场景：

> “不管怎样我不得不断言：中国语言比希腊、拉丁或其他欧洲的语言都容易。……根据我的看法，它既符合理性，又符合经验。首先，无疑的是，没有比记忆更有助于学习语言的了；由此可见语言必须是字词越少越容易学，因为少量的词汇比大量的词汇容易掌握。中国语言是所有语言中最简明的，它由 320 个单音节组成，而希腊语和拉丁语则有无数的词、时态、语态、数、人称，等等。而中国语言只需用脑子记住用以区别词义形式的音调，并学会怎样读 300 个单音节字。其次完全可以肯定，勤奋的人用有效的方法去学习中国语言，可以在一年内学会，而且讲得很好……”（安文思 2004）49—50

事实上，安文思过于强调汉字的象形功能和汉语语法规则较少的特性，夸大了中文的易学性，忽略了罗明坚、利玛窦等传教士为学习汉语所付出的艰辛，也忽略了当时中国的翻译和文人对传教士学习汉语所提供的帮助。那他为什么要强调汉语汉字易学呢？一个重要原因是他的这部《中国新志》原本是为新来的传教

① 该书中译本由英译本转译，书名从英文名翻译为《中国新史》。

士熟悉中国国情而作，希望他们学习语言的热情不受影响，以此来树立学好汉语的信心。然而，安文思没有想到的是，他的这种观点反而影响了当时欧洲某些正在寻求所谓“中文之匙”的学者，对他们追求人类原初的语言和欧洲的普遍语言学运动起到了推波助澜的作用。

当然，李明、安文思对汉语学习态度的极端对立实属个案。就多数情况来看，由于利玛窦等人的努力和他们成功学会汉语的榜样作用，后来的传教士逐渐改变了汉语绝对难学的先入观。更多的耶稣会士对待汉语学习的态度趋于客观，既不讳言学习的艰苦，也不夸大学习的难度。如来自捷克的严嘉乐（Karel Slavíček, 1678—1735, 2002[16]）觉得汉语的发音并不像通常所说的那样困难，并在学习中摸索出了一些适合自己的方法：

> “汉语的语音使世界各国的人都感到了十分困难，唯独对捷克人或波兰人却几乎一点也不难。一位波兰的方济各会士编的汉语语法书证明了这一点。[①] 而且在我弄到这本语法书之前，我亲身的经验和中国人的首肯也证实了这一点——这些中国人发的音我很快都能听懂并且能模仿他们说的字句。但我并不是说捷克语或波兰语包含了汉语的所有音素（因汉语中有许多喉音，也有许多完全像希伯来语的音），但是……请您想一想，要学会一万二千甚至更多的汉字以及它们的不同字调（字调变了词义也变），这是多么不简单呀！不过，有一个特点却使困难大为减少，这就是在表示某种职业或工具时汉语使用的组字法，与德语的组字法几乎完全一致，例如 Haus-knecht（家奴、家仆）、Scher-Messer（刮刀）等等。”

又如，法国耶稣会士马若瑟跟随白晋神父于 1698 年到达中国，两年后，他在寄回欧洲的信中就提到自己已粗通中文，能大致明白中国人的意思，并顺利表达自己的思想；在后来的信件中又再次说明学习中文并不难，自己花了大约三四年时间就能阅读和理解中国的书籍。从他的信中可以推断出，来华传教士在大约

① 在波兰关于传教活动的文献中没有提及波兰方济各会士编写的中文文法书，大概是一本手抄本。

一到两年后基本能过口语关，而通过三到四年持续艰苦的学习，能突破阅读和写作关。这两个时间点，在严嘉乐的信中也有同样的佐证。[①]也许正是由于这种循序渐进的学习方式和积极客观的学习态度，使得马若瑟最终成为耶稣会士中汉语最为精通者，其汉语水平备受同辈推崇。他曾经隐晦地批评了某些同会神父将汉语难学归咎于这门语言本身的偏颇看法：

> “有几个（中文）不太熟练的欧洲神父觉得（中文）有好些模棱两可、意义不明朗的东西。他们中文词的送气发音都很好，没有多大困难，可是他们听中国人说话往往只能听懂一半，他们也很难让（中国人）听懂他们说的话。这是他们本身的过错，而不是语言的过错，他们应该更努力学习语言……”（杜赫德 2005c）[282]

三、汉语学习难点

学习任何一门新的语言都并非易事，汉语也不例外。在耶稣会士初识汉语的过程中，他们总结出汉语中较难掌握的五个方面：一是汉字数量庞大，二是发音与声调，三是同音异字现象，四是口语与书面语的脱节，五是语法。

从他们来华初期寄回欧洲的书信中我们可以找到若干相关的论述。

（一）汉字数量巨大

由于中文是象形文字，有多少图像就有多少汉字，耶稣会士对这一点深感头疼，“中文的方块字数目多得不得了（据说字的数目与词的数目一样多）”（严嘉乐 2002）[38]。利玛窦（1986）[31]的最初印象是：“……不过中国文字的构造实难以形容，除非亲眼见、亲手去写，就如我们今天正学习的，真不知从何说起。有

---

① 1719 年 8 月 22 日，严嘉乐（2002）[38—39]从北京寄给捷克托马什·马透什的信中说“中文的方块字数目多得不得了（据说字的数目与词的数目一样多），使外国人学习中文十分困难。但耶稣会士编了一本中文语法书，这样，新来的欧洲人就可以在四年内学会中文，做到词能达意。”

多少话、多少事，便有多少字，好像七万左右，彼此都不一样，非常复杂。”[①]他们普遍认为汉字的总数量在五万到八万之间，这和欧洲的字母语言比起来，如同天文数字般令人惊讶。如安文思认为中国人使用的字有五万四千四百零九个字，卫匡国、曾德昭（Alvaro Semedo, 1585—1658）、沙守信（Emeric de Chavagnac, 1670—1717）等认为汉字数量达六万，利玛窦觉得在七万左右，李明、马若瑟、晁俊秀（Francois Bourgeois, 1723—1792）说有八万多个。神父们对汉字总量的记载多半是受到了他们当时所见的不同中文字典所收字数的影响，如《海篇》收字55665个，《篇海》[②]收字62236个，《正字通》收字33549个，《康熙字典》收字47035个等。可见，中国历代统计的汉字总数量也在五六万之多。如此看来，耶稣会士们的记载尽管有些出入，但差别并不十分夸张。

汉字在中国乃至整个东亚地区占据非常独特的地位，但由于汉字数量庞大，给西方人学习汉语造成了极大的困难，有时甚至成为个别神父望而生畏的学习禁区。杨嘉禄（J.B.Charles Jacques, 1688—1728）就很无奈地表示：

> “令人头疼的是这里的语言非常难讲，阅读和书写就更难了，然而又必须学它。这种语言与欧洲正在使用的任何语言均毫无关系，其读音对最资深的传教士都是一种障碍。近八万个字，每一个都由许多无序的笔画构成，怎么能学会这一切呢？我们尽力而为罢了，上帝也不会苛求。要熟练掌握必须多年时间，而且能做到的人仅凤毛麟角。”（杜赫德 2005b）[275]（1722）

虽然汉字数量惊人，但与此同时，传教士们在实际的学习中也惊讶地发现，实际上只要学会四五千个常用的汉字，就能进行日常的交际和一般性的阅读。因此为学习便利，他们强调了掌握常用汉字的必要性，沙守信说：

> “我每天八小时抄写词典，整整花了五个月的时间，才使我最终能够阅读汉语书籍。十五天前，我在这里找了一个中国文人，早晚各三个小时跟随

① 1583年2月13日利氏致巴都阿德·富尔纳里神父书。
② 即《类玉篇海》，金代第一部大型词典。

他辨识中国汉字，像小孩那样费力地朗读。中国常用字约四千三百个，但总数达到六万。对于我们，只要掌握布道、传教和听忏悔的一些词句就够了。”（杜赫德 2005a）[243]（1703）

马若瑟觉得汉字本身不表示任何的音，用不着求助于任何语言就能辨认它们，明白它们要向人们展示的含义，他总结的方法是通过大量阅读来反复记忆和学习常用字：

“……要求愿学中文的人记住八万个字是吓唬吓唬他们。我学习中文并不难，在三四年中，我就能阅读和理解中国的书。识了五千至六千单字以后，阅读就不成问题了。阅读时，单字不断重复出现，就能逐渐学会这些单字，用不着再费脑筋了。”（杜赫德 2005c）[281]（1724）

（二）发音和声调

神父们在观察和使用中注意到汉语是由单音节组成，中国人用声韵和音调来变化字义，在汉语中声调决定一切。如果外国人“不知道这些声韵就会产生语言混乱，几乎不能进行交谈，因为没有声韵，谈话的人就不能了解别人，也不能被别人了解”（利玛窦 1983）[336]。由于各个声调之间的差别细微，难以分辨，“为了让别人听懂自己说的中国话，必须把每个词的特殊音调读出来，稍一变化就可能落在另一声上，而造成可笑的误解”（李明 2004）[167]。

可见，汉语的声调对于绝大多数西方人而言是难点中的难点。如晁俊秀在信中就坦承学习语音的困难：

“对所有欧洲人来说特别困难而且永远是一种障碍的是汉语的读音。它似乎是一道难以逾越的门槛。首先，每个字有五种不同的读法。但不要认为，它们的读音非常分明，我们的耳朵可以轻易识别。这些单音节词发出来出奇地快，害怕很容易让它们逃走而不得要领。……”（杜赫德 2005d）[164]（1769）

有的传教士认为中国语言犹如音乐一般，而汉字本身又不是发音的符号，不仅需要像音乐家一样敏锐的耳朵才能捕捉到语音与语音之间的差异，还需要超强的记忆力来牢记数千音节的组合，需要丰富的联想力来完成从音到义的衔接，否则无论是流利地表达自己，还是顺利地听懂对方都将难以实现。

由于汉语和欧洲以字母为基础的语言体系截然不同，汉字本身并不代表发音和声调，只代表形象或含义。在佛教进入中国之前，汉语字音还在自然的分解和拼合上，汉字的注音往往采取打比方的方法，叫作“譬况”或者“读若”“读如”。从汉代开始，有一种直音法，即用同音字给某字注音。后来借鉴了佛教梵文，发明了“反切”来解决汉字的字音问题。通过这种方法，人们能自然地把汉字分解为声母、韵母，并由二者拼合形成另一个字音。

鉴于汉语语音给初期入华的传教士带来的巨大挑战，为了便于他们学习发音和声调，利玛窦、金尼阁、钟鸣仁（Sebastien Fernandez, 1562—1622）①、郭居静（Lazare Cattaneo, 1560—1640）等神父集众人之力，考虑到西方人的发音习惯，充分地利用了欧洲字母的优势，在1598年前后发明了用拉丁字母来给汉字注音的系统，同时用五个记号来标注汉语的声调，以西音之法，通中国之音，这就是汉语拉丁拼音化的开端。明末传教士入华带来的西方拼音文字，也给中国古代音韵学开启了一道西方拼音理念之门。

（三）同音异义现象

汉语中同一个发音由于声调不同，加上送气和不送气的区别，所以相同音节却有不同的汉字。当然，对于母语者来说，这种区别是自然而然、司空见惯的事情，不用特别费心即可以轻易地知道同一音节的不同意义，但这种语言现象对学习汉语的外国人容易造成理解上的较大障碍。传教士在接触汉语之初，会自觉不自觉地将其与自己的母语进行比较，通过这种萌芽状态下的语言对比，他们注意到了两种语言各自的特殊性：欧洲的文字字母少，词却非常多；汉语的字音少，通过音节组合而能确定词义的汉字却很多。晁俊秀曾经生动地描述过学习同音字

---

① 钟鸣仁是第一位中国籍耶稣会士，洗名为钟巴相。（费赖之 1997）[59—60]

的复杂情景：

“人们告诉我：‘chou’①就是书的意思。我想，如果只要‘chou’这词一出现，我就可以认定它和‘书’有关。但事情决不是这样：当‘chou’再出现时，它的意思却是‘树’。于是我将‘chou’分解成两种意思，一是书，一是树。但事实上远不止这些：‘chou’可以是‘署’，可以是‘述’，可以是‘曙’，可以是（雨）‘水’②，可以是‘恕’，可以是‘熟（熟悉）’，可以是‘输’等等。”（杜赫德 2005c）[第五卷 163]

由于汉语同音多义的特点，传教士们不得不反复强调多看、多听、多记的学习方法，并以自己的实践经验总结一些学习的窍门：

“一音多义在书写时可有汉字的写法不同而得到限定。但在口语中各种重音和无声往往还不足以区别全部不同的词义，还必须靠聪明才智和实践经验来帮忙。如果还不能解决问题，那就只好用写出（有时用手在空中比划）汉字的方法来解决了。”（严嘉乐 2002）[15]

（四）口语和书面语脱节

汉语及其方言在发展中的一个重要特性就是书面语统一，但却与口语脱节，两者距离甚远。对于这一点，传教士深有体会。利玛窦（1983）[27]最先注意到文白两种语言的不同风格：

“在风格和结构上，他们的书面语与日常谈话中所用的语言差别很大，没有一本书是用口语写成的。一个作家用接近口语的体裁写书，将被认为是把他自己和他的书置于普通老百姓的水平。然而，说起来很奇怪，尽管在写作时所用的文言和日常生活中的白话很不相同，但所用的字词却是两者通用

---

① 此处原文“书”标注的拼音是当时传教士的注音法。
② 此处是他将“水”与“书”的读音弄混而导致的错误。

的。因此两种形式的区别，完全是个风格和结构的问题。”

马若瑟也在信中提到了通俗语言和书面语言的区别：

“这两种语言表达方式，一种是老百姓使用的，他们说话不加斟酌；另一种是官员们和文人们使用的，是来自于书中，书面语言完全不是白话，运用这种书面语言要经过好几级才能达到所谓经书中精炼高超的水平。这里所说的语言已经不是口头上说的了，而只是书写用的了。眼前没有文字相助的话，是不太容易懂的，这种文字读起来很有兴味，因为很朗朗上口，让人不觉得刺耳，抑扬顿挫，很是和谐、柔顺。”（杜赫德 2005b）[第三卷 283]

早期入华的神父们虽接触汉语时间不长，但已经敏锐地观察到了汉语文言和白话各自的特点，甚至还细分出了老百姓说的口语，文人阶层说的口语和书面的语言三类。虽然中国人在口语和写作中使用同样的汉字，但是在日常谈话和古代典籍中所使用的语言还是有很大差别的。传教士发现仅仅掌握口语用来布道讲经是远远不够的，还必须练习用中文阅读和写作的能力，强调语言学习中同时掌握口语和书面语的重要性，因为“这方面的知识对他们来说是绝对必要的，不管他们如何聪明能干，不懂中国的语言文字，就无法进入帝国显要人物的圈子”（杜赫德 2005a）。在这一点上，身处宫廷的神父比外省传教士更具优势，他们能找到最优秀的文人请教书面语的用法，同时还能与使用地道官话的士大夫进行日常口语的交谈练习。

（五）语法自成体系

汉语语法自成体系，与欧洲语言大相径庭。传教士最先注意到了汉语语法的若干特殊性，例如词没有因性、数、格等变化而带来的词尾变化，“中国语言是所有语言中最简明的，它由三百二十个单音节组成，而希腊语和拉丁语则有无数的词、时态、语态、数、人称等等”（李明 2004）[49]。通过传教士的描述，他们已观察到汉语中“词无定类”的现象以及动词形态没有主动被动之分等特点。

“汉语与世界上其他已知语言没有丝毫相似之处。同样的字永远只有一种词尾。其中找不到我们讲话中通常所见的性、数、格的变化。在动词上，没有任何东西能帮助我们发现这是谁发出的动作、他如何动作和何时动作以及他是一个人动作还是和其他人一起动作。总之，汉语中同一个词，它既可以是名词，也可以是形容词，可以是动词和副词，可以是单数，也可以指复数，可以是阳性，也可以是阴性等等。全凭你根据上下文去听取猜度。”（杜赫德 2005d）[163]（1769）

可以说，此时传教士对汉语语法的认知还略显零乱，尚未形成较为完备和严整的语法体系，有待进一步的补充与提炼，但这些表述为后来西方人在语法方面对汉语进行系统和全面的梳理与总结奠定了基础。

在早期耶稣会士寄回欧洲的报告和书简中，关于中国的语言和文字是他们着墨颇多的一个重点。通过以上的分析，我们可以看出来华传教士对于汉语学习的认知是矛盾而复杂的，从最初一些零星的浮于表面的粗浅记载，逐渐有意识地从语言比较角度对汉语进行较为深入和全面的考察，这是一个不断积累和深化的过程。

传教士固然有着个体语言天赋的差异，但入华早期缺乏汉语教学的师资，没有实用的教材和工具书，在客观上造成了汉语难学的外部条件，加上汉语在汉字、语音、词汇和语法上的特殊性，又进一步增加了学习的内部难度。“语言和文字上的障碍要求我们热爱学习。这样的学习并不轻松，也不引人入胜，除非您希望某天成功地利用它们为上帝增光”（杜赫德 2005a）[19]。这个学习的过程显然是有些冗长而枯燥的，然而激发传教士们掌握中国语言文字的原动力，即传播基督福音的虔诚信仰推动着他们不断想方设法来克服这些学习上的困难，正如利玛窦（1983）[686] 所总结的那样：“只懂得我们的文字而不懂得他们的文字是没有用处的……就我个人而言，我认为它比多发展一万名基督徒还更有价值，因为这是为整个帝国的全面归化在作准备的。”

四、小　结

早期来华耶稣会士以天主教海外传教的语文学传统为基础，对汉语特性的描述及其学习过程的经验总结，可以说是早期中欧两种语言首次接触后所产生的语言对比研究的一个萌芽。在他们之前，中国和欧洲的语言之间，几乎没有任何可以借鉴的语言接触的信息和语言学习的资料，东西方思维方式的不同以及传教士西方学术背景的知识体系，使得传教士的汉语观与中国人几千年所形成的对本民族语言的认知方式有着极大的差异。这种差异，尽管还只是一些不太成熟的朴素思想，尚未最终形成系统而缜密的思考与研究，但对后来无论是天主教还是新教传教士以及欧洲本土汉学家和语言学家所展开的更为深入的汉语研究来说，确实是非常难得的铺垫和积累。

从早期对汉语的初步认知开始，通过几代传教士的不断努力，在四百余年的时间里，西方人已经从汉语的音韵、词汇、语法等诸多方面对近代汉语进行了较为全面的分析与总结，在语言学习方面贡献了数以千计的教材、语法书、双语词典等。这些珍贵的文献和史料，不仅促进了西方人的汉语研究，在客观上也推动了近代汉语本体的研究和汉语作为第二语言教学的发展，是世界汉语教育史研究中不可或缺的重要一环。

第五章 Chapter 05

来华耶稣会汉语研究的传承与发展[①]

一、引　言

在世界语言的丛林中，汉语属于孤立语，形态较少变化，语体复杂，词类界限模糊，字词之间既有重合又有区别；加上汉字不同于欧洲字母文字，属于较难掌握的会意字符，凡此种种，使得中国自古以来语言学研究偏重文字学、训诂学，字典编纂尤为发达。后因佛教传入，为译经之便有了反切，诞生了音韵学。到了清乾嘉时代，小学家在音韵、文字、训诂方面取得了空前的成就。然而，在中国传统学术架构体系中，对语法问题一直缺少持续而深入的思考，仅有数部讨论虚词用法的论著。中国人自己撰写的第一部语法专书《马氏文通》迟至 1898 年才面世，作者马建忠毫不讳言自己是受西洋“葛郎玛”（Grammar）的范式启发，进而自创体系撰就此书，遂有中国本土首部现代意义的汉语语法。反观马氏之前数百年，由于 16 世纪东西交通之畅通早已触发中西语言之接触，那这一起点源自哪里呢？担纲这一历史重任的正是明清之际入华的欧洲传教士。姚

---

① 本章曾以《来华耶稣会汉语研究传统述略》为题发表于《或问》（*WAKUMON*）第 38 号，日本：近代东西言语文化接触研究会，日本：白帝社，2020 年 12 月。收入本书时有部分增补。

小平先生（2020）曾言："晚明西洋传教士趁欧亚海路开启之机前来中国，由学说汉话、写方块字、读经籍与小说起步，逐渐认识汉语、进而沉浸探索。从此汉语研究不再是中国人自家的事情，在本土小学的路径之外添出一条西洋汉语研究的线索。"

溯流而上，自明万历年间，以利玛窦为代表的耶稣会士不远万里，航海至东亚，为在内地落脚安住，完成传教使命，将努力学习中国语言、了解中国文化视为首要要务。面对陌生的汉语，西方传教士如重返童蒙学语之时，从跟读发音到习练汉字，从诵读四书到尝试翻译，进而沉浸语言内部加以探索解构，点滴积累，持之以恒，开创了近世所谓之传教士语言学。在此过程中，为学习便利，传教士开始尝试用罗马字母为汉字注音、拼读和转写；与中国文人合译书籍时创造出一批译词新词；借用熟悉的拉丁语法概念、范畴、框架来描写、归纳汉语的语法规则……凡此种种，推动了近代欧洲语言与中国语言的正面相遇与相互影响，从而也正式开启了西方人学习和研究汉语的第一个历史高潮。

二、耶稣会的汉语学习传统与分期

明清西人对汉语的研习之路，从一开始就呈现出耶稣会与其他修会、中国大陆与远东其他地区，以及学习官话和其他方言的两条取径。在菲律宾及中国南方沿海地区，以多明我会、方济各会为代表的托钵修会长期深耕于此，俨然是闽粤方言学习当之无愧的开拓者。而在中国内地省份和首都北京，由于利玛窦所制定的习官话，着儒服，结交士大夫阶层的传教策略，使得耶稣会在学习和研究中国语言文字的传教士群体中发挥了核心作用，基本上代表了这一传教士语言学的主流。面对迥异于欧洲语言的语音、词汇和句法，耶稣会士发挥了他们的集体智慧，不仅创制和改进了以罗马字母为汉语注音的方案，还贡献了相当数量的汉外对照字典、文法、教材、词汇手册、文选编译等。

大致来说，耶稣会的入华历程可谓是一波三折，从1552年沙勿略到达上川岛始，范礼安、罗明坚、利玛窦等人筚路蓝缕创辟荒途，明清之际一度中兴。然康熙后期到雍正、乾隆年间经历了延续百年的"中国礼仪之争"，在华传教事业遭遇前所未有的困境。1773年耶稣会在欧洲被教宗下令解散后，于中国相应引发了一波传教士语言研究和汉学研究的衰退；直到 1814 年教宗恢复耶稣会，新一批耶稣会士于 1842 年再度来华，重新开展福音传布。到鸦片战争前，入华天主教传教士已基本沦为宫廷技师，不能公开传教。清廷只用其技艺，而禁其教务，在无形中消磨了他们学习语言的热情。从乾隆后期开始，精通中国典籍的传教士人数比之前已经大大减少。伴随着远东传教事业的由盛转衰和起起落落，在华耶稣会士内部有关汉语研究的学术变化也贯穿其中，可大致划分为四个阶段：草创——发展——繁荣——复兴。

三、草创期的特点

第一阶段是草创时期，以编撰最早的汉语与欧洲语言对照的词典，创制汉语注音方案雏形，编写问答体的语言学习材料，创立汉语新词为主要特征。虽均为起步尝试，却为此后耶稣会来华传教士从语音、词汇、语法、语言教学等多个方面进一步探索汉语打下了重要的基础。第一代耶稣会士罗明坚、利玛窦、郭居静、庞迪我（Diego de Pantoja, 1571—1618）等人的首创之功不可磨灭。

罗明坚与利玛窦一边学习口语，一边利用收集的语料在 1584 至 1588 年间编写了葡语和汉语对照的《葡华词典》，这是第一部欧洲人所编的汉外双语词典，开创了中国按拉丁字母编排外文词汇并对照注音和汉语的双语词典排列法，通过词典所收词条的语音明确反映出明代官话是以南京音为基础的。《葡华词典》中所尝试使用的注音草案，亦成为用西文字母给汉语注音的滥觞。在此基础上，利玛窦在郭居静、庞迪我的帮助下进一步构拟了一套改进后的汉语注音方案，在他后来编写的《西字奇迹》中得以完整呈现。

这一时期，为了指导传教士向中国士人介绍西学，以利玛窦为首的耶稣会士还集体编写了一部对话体汉语文献《拜客问答》，后有多个版本传世。它记录了耶稣会士与来访的中国士大夫之间的对谈，话题涉及世界地理知识、欧洲人文风俗、伊索寓言故事等内容，同时反映了明朝末年士大夫阶层拜客会友的交际礼仪。

利玛窦还通过绘制中文版世界地图，与中国士大夫合作翻译西学书籍，撰写天主教相关作品，在地理、数学、天文学、哲学、宗教等方面创译了不少新词。通过来华传教士的译介活动，由外来的西学知识涌进引发了近代中文词汇的重要变迁，一批欧语外来词自晚明开始进入中国语言词汇系统。

除了以上这些开拓性工作之外，首批入华耶稣会士已注意到汉语与当时西方人以往所了解的其他任何语言类型都不一样。在他们留下的日记、信札、报告和手稿中，观察到了汉语的不少独特性，如音节构造、声调特征、同音现象、文白异体、官话方言等，也涉及个别语法的描述，但多从语用和修辞角度出发，属于较为零星的粗浅印象，与完整成形的专门语法描写相比尚有一定距离。

四、发展期的特点

第二阶段是发展时期，以深化中西语音比较和开创汉语语法研究为主要特征。金尼阁、卫匡国等人在前人基础上，继续推进了汉语语音和文法方面的研究，均有突出贡献。

金尼阁真正开启了耶稣会对中国音韵学研究之先河，他改进了利玛窦的注音方案，系统使用罗马字母为汉字注音，在中国学者王徵等人的帮助下，参照《洪武正韵》《韵会小补》等中国传统韵书，编撰了《西儒耳目资》，最终完善了著名的“利玛窦—金尼阁注音方案”（简称“利—金方案”）。这是第一部由西人撰写的、最早分析汉语语音的韵书，从中西语言比较的角度解析汉语的音理，首次运用“西字”标注汉语音节，并进行音素分析，为三百年后中国现行汉语拼音方案的创制奠定了基础，被称为是一部具有划时代意义的著作。（何九盈 1995）

卫匡国在 1652 年到 1654 年返欧述职途中，编撰了耶稣会第一部汉语语法《中国文法》（*Grammatica Sinica*），虽体系尚显粗疏，却是首次借助拉丁文法之框架对汉语进行解构分析，为中国语言学打开了一扇语法与逻辑的窗口。《中国文法》为汉语构拟了一个语法大纲，全书无汉字，正文部分共 26 页，三个章节。第一章论语音，包括汉字音节表及释义，总数为 318 个音节；介绍了五个声调。第二、三章是语法部分，介绍了名词、代词、动词、介词、副词、感叹词、罕用连词、名词的原级（及比较级和最高级）、代词、数量词。另有两个附录字表。《中国文法》语言简约，举例不多，罗列了不少汉语的语法要点，遗憾的是尚未展开深入细微的分析与说明。不过，作为西人所写的第一部分析汉语官话口语著作，从 17 世纪下半叶开始，该书在很长时间里为欧洲对汉语感兴趣的学者所倚重，是许多业余汉学家案头必备之书。

之后，以领衔翻译《中国哲学家孔子》(《西文四书直解》)[①]而闻名的殷铎泽（Prosper Intorcetta, 1625—1696）神父据说也有一部《汉语文法》问世，但目前不知所踪。[②]他还撰写了一篇文章《论中国文字》，详细介绍了汉字创制的历史起源、六书、异体字、发音和声韵调的特点，并附录一些汉字的写法和构架。此外，文章还兼论了各代著名书法家的逸闻传记，文房四宝笔墨纸砚的发展历史等内容。（龙伯格 2014）这部手稿影响了欧洲著名学者、德国耶稣会士基歇尔（Athanasius Kircher, 1602—1680）的汉语汉字观，在他关于东方和中国研究的重要作品《中国图说》(*China Illustrata*）中有关汉字的介绍亦对殷铎泽该文有所参考。同时，《中国图说》里还全文发表了另一位波兰耶稣会士卜弥格（Michal Piotr Boym, 1612—1659）[③]有关《大秦景教流行中国碑》的拓片以及他与中国助手沈安德一起转录整理出来的全部汉字，包括罗马注音和拉丁文释义，这也是在 17 世纪欧洲的公开出版物中第一次展示如此众多的中国文字，成为汉字西传历史上的一个重要文本。

五、繁荣期的特点

第三个阶段恰逢有“国王数学家”美誉的法籍耶稣会士入华，他们带动了对中国全方位的深入考察，亦成就了耶稣会汉语研究的繁荣时期。随着汉语水平的精深，来华耶稣会对中国语言研究亦在不断深入和推进。无论是语法研究还是词

---

① 该书拉丁文书名为《中国哲学家孔子》，中文标题为《西文四书直解》，由 17 位神父署名：殷铎泽、郭纳爵、刘迪我、利玛弟、成际理、何大化、聂伯多、潘国光、李方西、洪度贞、聂仲迁、穆迪我、毕嘉、张玛诺、柏应理、鲁日满、恩理格。

② 据费赖之书中所言，该文法藏于里尔（Lille）图书馆，还引用了法国汉学家雷慕沙的注说，提及该书曾刊行于 17 世纪，附在《中庸》译本之后，并曾编入法国东方学家特维诺（Thévenot）所编的游记中。然查证该文集以及《中庸》译本，均无归于殷铎泽名下的这部语法。故有待进一步考证。

③ 卜弥格名字西文拼写有“Michal”“Michael”“Michel”三种，此处使用波兰文的拼写“Michał”。

典编撰和汉字研究均达到了一个高峰；除汉语外，也推进了对中国境内少数民族语言如满语、蒙语等的学习和研究。

在第三代和四代耶稣会士中，主要以法籍耶稣会士对中文的研习为重，像冯秉正（J. A. M. de Moyiac de. Mailla, 1669—1748）曾给巴黎友人苏熙业（Etienne Souciet, 1671—1744）[①] 神父去信，撰文介绍了汉字的演变历史，从仓颉造字开始，分别论说了各类汉字字体，还谈到《说文解字》《字汇》等重要的中文字典。该文后被宋君荣发表在他的《书经》译文之后的附录中。此外，钱德明将乾隆《盛京赋》（1748）的译文寄回法国印制，原意是想配合《盛京赋》原书的 32 种满汉文篆体书写，为此撰写了一篇长达 70 页的论文《论汉字源流》，对古代汉字的字体进行了详细解说；遗憾的是巴黎方面未及等到中文原书就先期刊行了钱德明的这篇文章，与宋君荣《书经》译本同年出版。此外，还有韩国英（Pierre-Martial Cibot, 1727—1780）撰写的《试论中国语言和文字》《再论中国语言和文字》两篇长文重点探讨了中国文字的创造演变过程，并介绍了六书及其内涵，中国书籍和学习汉语的若干方法，同时辅以对一词一言所涉及之中国地理、历史、文化、艺术、宗教、科技、风俗等诸多方面详略不等的介绍，别具巧思。

除关注汉字历史外，耶稣会士在前期双语词典基础上，进一步合作编纂了多语言对照的词典巨著。比如应乾隆帝要求，魏继晋（Florian Bahr, 1706—1771）和在京的其他几位传教士一起合编《中法意葡德拉六种语言大词典》，至今仍藏北京故宫博物院。钱德明在张诚（Jean-François Gerbillon, 1654—1707）神父未完稿基础上编撰了《满语语法》，还完成了《满法词典》以及《梵藏满蒙汉多种语文字典》。还有孙璋（Alexandre de La Charme, 1695—1767）也精通满汉文，著有六卷本的《中满蒙法四种语言字典》。

和他们相比，若从专攻中国语言方面而言，马若瑟当为其中的佼佼者。他不仅写作了《六书实义》《论象形文字字典》等书，还撰写了汉语语法研究的代表作《汉语札记》。[②] 继卫匡国《中国文法》（1652）、多明我会士万济国《华语官话语法》

① 苏熙业，一位颇具影响力的巴黎耶稣会士。1732 年，在巴黎出版了来华耶稣会士关于中国数学、天文学方面的研究著作。

② 可参阅笔者对该书的研究：李真（2014）。

（*Arte de la Lengua Madarina*, 1703）[①] 之后，该书是来华传教士撰写的第三部专论汉语语法的著作。马若瑟没有因循前人套用拉丁文法框架解说汉语的传统做法，更关注汉语的特殊性，力图以更为接近汉语事实的方式来描写汉语语法。这在当时实属首创。《汉语札记》手稿有 300 多页，上下两编，第一次将汉语分成白话和文言两部分进行论述；并首次使用了带汉字的中文例句，引用量多达一万两千余条，堪称来华传教士汉语研究集大成之作。

另有郭中传（Jean-Alexis de Gollet, 1666—1741）撰《发语虚字》专讲虚字在不同句子位置上的不同含义，很有可能是西方汉语研究史上第一部虚字专书。

六、复兴期的特点

1773 年耶稣会被解散后，在华传教士的汉语学习和研究也陷入低谷，出现了一个短暂的真空期，少有可传世的代表性作品。因此，语言研习的第四阶段差不多要迟至 19 世纪中叶新耶稣会士来华后才到来。在这一复兴阶段，为了帮助同行学习中国语言，了解中国文化，再度入华的耶稣会内部着重编撰了一些大部头的综合性语言文化教材，亦出现了以研究河间府方言为基础的北方官话文献。这一阶段的代表人物分别是在江南地区传教的意大利耶稣会士晁德莅（Angelo Zottoli, 1826—1902）和在河北献县传教的法国耶稣会士戴遂良。

晁德莅五卷本的《中国文化教程》(*Cursus Litteraturae Sinicae*）为中拉对照本，融语言学习与文化教学于一体，囊括了文字、词汇、修辞、文选、历史文化知识，尤其是书中对中国各种文学作品的选编和翻译，形成了中国古代通俗文学拉丁文译介的独特翻译模式。由于该书内容丰富，规模宏大，被称为晚清时期江南传教士汉学研究最为重要的成果之一，于 1884 年获得了欧洲汉学界的最高奖

---

① 西班牙原本《华语官话语法》共十六章，99 页正文。第一章总论汉语言的特点；第二章论述了汉语的声调；第三章阐述名词和代词的格变及复数形式；第四章介绍体词（含副词）及比较级和最高级；第五章分析动词、指示词、反复动词、职业名词及词的性别；第六章谈到代词；第七章论述叹词、连词、否定词、疑问词和条件式；第八章叙述动词及动词变化；第九章主要讲被动句式；第十章论介词、副词；第十一章分析构成句子的方式；十二章论数词；十三章论助词；最后三章介绍官话中的礼貌用语和习俗。

项儒莲奖。

戴遂良长期在河北献县地区传教，他编撰的《汉语入门》(*Rudiments de Parler Chinois: Dialecte Du 河間府*) 堪称巨作，共有十二卷，分为上下两部。上部六卷，以河间府方言写成，主要探讨北方官话口语；下部六卷，以介绍中国民俗和传统文化为主。仅语法部分就有多达22万余字的句子和对话，书中所记录的河间府方言的声、韵、调，描写了一百多年前生动、自然的北方口语面貌，为了解这一地区方言的语音、文字、词汇和语法的历时演变提供了绝佳的语言学材料。

此外，戴遂良还编写有一本1000余页的巨著《汉字》(*Caractères Chinois*)，书中所列出的每个汉字均配有罗马字母注音和法语释义，同时借助《说文解字》《康熙字典》等中文字典首次展开了对汉字字源的系统研究，迄今为止仍然是西方汉学界研究汉字的里程碑作品。

与戴遂良同在献县的另一位法国传教士顾赛芬（Séraphin Courveur, 1835—1919）被誉为"汉籍欧译三大家"[①]之一，在中国古代典籍翻译和汉法双语词典编纂方面着力颇深。他曾三度（1886、1891、1895）获得汉学界最高奖项——儒莲奖，其中两次获奖作品为其编纂的双语词典。《法文注释中国古文大辞典》(*Dictionnaire Classique de la langue Chinoise*) 是顾赛芬影响力最大的词典作品之一。

七、小　结

以上为耶稣会在华汉语研究从框架草创到体系初成的简要梳理，每个阶段的关注点虽各有侧重，但从学术史脉络来看自有其修会内部语言研究继承、发展和创新的内在联系。尽管耶稣会士关于汉语特性的论述描写和规律的归纳总结并非尽善尽美，甚至亦有不确之处，但他们从创制注音转写中文、辑录字词编撰词典，到解析语法、探索内部规律；从基本以欧语框架为分析手段和观察视角，到愈加关注汉语自身特质及内涵……历经三百余年的摸索发展，在汉语语音拉丁化、汉语语法梳理、双语词典编纂、近代汉语新词嬗变等方面贡献良多。

---

① 另外两位分别是英国的理雅各和德国的卫礼贤。

当然，任何一项人文学术史的考察，除了对整体面貌进行全面梳理外，单个文本的发现、阐释与比较仍然非常重要。傅斯年先生（1928）当年曾说："上穷碧落下黄泉，动手动脚找东西。"在明清耶稣会汉语研究的学术传承之中，仍有不少原始文献有待学界去挖掘、收集、整理和解读，在重构一个可靠的文本自身的语言和历史语境下去做更为细致的考察分析，去比较和它相关的所有其他文本，包括理解这些传教士当时创作的想法与动机，了解作品产生的历史背景，作者特定的学术背景，他们的文化传统、修会特点和语言观在作品中如何呈现，以及反过来对近代中西语言接触的历史产生了何种影响等，努力开创一种融合了中西语言学所长，将学术史、文献史和个案研究有机结合起来的语文学研究路径，进一步推动近代西洋汉语史研究。

下　编

个案篇

第六章 Chapter 06

《汉语札记》与《汉文启蒙》之比较研究[①]

一、引　言

从18世纪法国耶稣会士在华所开展的汉学研究开始，对中国语言文字的研究成为法国汉学界的学术传统之一。1814年，法兰西学院正式设立"汉、鞑靼-满语言与文学讲座"，这不仅标志着汉学作为一门学科在欧洲的确立，同时也标志着汉语教学在法国高等院校的正式确立。作为该讲座的首任教授，雷慕沙在东方语言研究、中国宗教哲学研究、中国通俗文学译介、中西交通史等诸多领域卓有建树，成为欧洲第一位真正意义上的专业汉学家。

在法国专业汉学正式诞生之前，被誉为"早期法国传教士汉学三大家"之一的耶稣会士马若瑟[②]与第一位专业汉学家雷慕沙虽相隔百年时空，但二人之间

---

① 本节内容曾于2014年6月，在法兰西学院与北京外国语大学共同举办的"纪念法国专业汉学200周年"国际学术研讨会上作为主题报告宣读，后部分内容以《雷慕沙与马若瑟汉语语法著作比较研究》为题发表于《国际汉学》（冬之卷），总第1期，2014年12月，收入本书时有增补删改。

② 马若瑟的生平详见本书后文：《汉语札记》中译本"译者序"，此处不再赘述。

却有着特殊的渊源。雷慕沙（1829）[272—273] 对马若瑟的汉语水平十分推崇，称赞“传教中国诸教士中，于中国文学造诣最深者，当推马若瑟与宋君荣二神甫。兹二人之中国文学，非当时之同辈与其他欧洲人所能及”。他本人正是马若瑟语法研究代表作《汉语札记》手稿的发现者，并在自己的语法书《汉文启蒙》1822 年首版之际的前言部分介绍这部作品，向前辈致敬，坦承自己的写作以马若瑟的研究为基础和参考，不少例句都选自《汉语札记》。雷慕沙还精心誊写了《汉语札记》的抄本，① 几次在欧洲发表关于该书的书评，后来又与英国新教入华第一人马礼逊合作，最终促成了 1831 年由马六甲英华书院正式出版《汉语札记》的拉丁文版。

对于法国汉学史上不同时期的代表性人物马若瑟和雷慕沙，以及他们两人汉语研究代表论著之间的关系，中外学者此前已有一定关注。法国汉学家戴密微（1998）[27] 在《法国汉学史》中曾言“《汉语札记》手稿的发现者，法国著名汉学家雷慕沙在法兰西学院主持汉学讲座时，没有合适的词典，而惟一一本能用的语法书，就是马若瑟的《汉语札记》手稿”。挪威汉学家、语言学家何莫邪（Christoph Harbsmeier）在李约瑟主编的《中国的科学与文明》（*Science and Civilisation in China*）一书《语言与逻辑》（*Language and Logic*）卷也指出，雷慕沙深受马若瑟启发，他的《汉文启蒙》在很大程度上是以马若瑟《汉语札记》的研究为基础和参考的，其程度远比他在书中所承认的，也远比世人通常所认为的要大得多。② 雷慕沙在前人研究基础上构建了一个简明凝练的汉语教学语法体系，受到了广泛的承认和肯定，从而奠定了 19 世纪法国作为欧洲中国语言学研究中心的地位。

---

① 大英图书馆东方手稿部至今还保留着雷慕沙所作的《汉语札记》抄本，编号为 ADD.11708。

② 何莫邪指出“在马若瑟的时代，这部作品作为一部绝对令人惊叹的博学之作，大大超过了马若瑟前辈们的成就；此外，尚有争议的是，它的价值也超过了那些比它更为有名的著作，例如雷慕沙的《汉文启蒙》，正如我们看到的，雷慕沙的这本书也有选择性地摘抄了马若瑟《汉语札记》的内容”。雷慕沙的学生，德国汉学家、历史学家诺依曼（Carl Friedirch Neumann, 1793—1870）于 1834 年在《巴伐利亚编年》（*Die Bayerische Annalen...*）发表一篇论文，通过详细的考证和比较，认为雷慕沙语法书的“古文”部分是从马若瑟的《汉语札记》摘录出来的。参见 Harbsmeier（1998）[16—18]。

本章以《汉文启蒙》与《汉语札记》两书的关系研究为基础，通过对作者背景、写作宗旨、写作对象、参考资料、语料来源、框架安排等方面初步的分析比较，以期能更好地把握传教士汉学时期和专业汉学时期的两部汉语语法名著的特点及其在西方汉学史上的学术地位与贡献。

二、《汉语札记》及《汉文启蒙》概述

《汉语札记》[①] 是马若瑟汉语研究的代表作，也是在西方汉学史、西洋汉语语法研究史以及世界汉语教育史上具有奠基意义的一部作品。马若瑟没有因循前人套用拉丁文法框架解说汉语的传统做法，更关注汉语语法的特殊性。这在当时实属首创，雷慕沙就曾指出："昔人为此研究者，泥守拉丁文法原则。若瑟则不然，其所用全为新法，勿宁谓其摒除一切方法，即以语句之结构代替文法规则。质言之，习华语者重实习而不重理论。"（费赖之 1995）[531]《汉语札记》于 1728 年完稿，以拉丁文写成，例句用中文表述，带注音和译文。1831 年由英华书院在马六甲出版，1847 年由《中国丛报》社在广州出版英译本；1893 年由巴黎外方传教会在香港重印拉丁文版。[②] 这是世界上第一部既讲解汉语白话，也讨论文言的语法作品，例句多达 1.2 万多个，印刷的汉字超过 5 万个，内容覆盖文字、音韵、语法、修辞、语用、典籍等诸多方面，就其规模而言，堪称早期西洋研究汉语语法的一部巨著。

这部著作不仅对法国本土早期汉学家和学者如傅尔蒙、弗雷烈（Freret Nicolas）等人的汉学研究产生过或多或少的影响，也启发了后来专业汉学家雷慕沙的研究和教学。雷慕沙的《汉文启蒙》出版于 1822 年，以他在法兰西学院开设的汉学课程讲义为基础精心修订而成。这部语法结合当时语言学发展的新进

---

① 《汉语札记》原书只有拉丁文书名，没有中文书名，前辈学者所译中文书名甚多，除《汉语札记》外，如费赖之《在华耶稣会士列传及书目》的冯承钧译本中将其译为《中国语言志略》，梅乘骐译本译为《中国文范》，方豪译为《中文概说》（见《中西交通史》，1955），后改译为《中国语札记》（见《中国天主教史人物传》，1974）。目前学界基本将译名统一为《汉语札记》，本书亦从此例。

② 1893 年由巴黎外方传教会重印拉丁文版，这次印刷的汉字均由左到右排列。

展，凝聚了雷慕沙近20年汉语学习与研究的心得体会，是他在汉语研究及汉语教学方面的代表作。该书分为“古文”和“今文”两部分对汉语语法进行归纳总结，介绍了文字、语音、词法、句法等内容，构拟了一套简明、实用、系统的汉语语法教学体系。该书出版后深受欢迎，成为19世纪法国高等院校汉语教学的新起点，得到了欧洲汉学界和汉语教学界的广泛承认和肯定。

三、《汉语札记》与《汉文启蒙》的比较

（一）作者背景

马若瑟与雷慕沙分别是法国汉学史上传教士汉学家和专业汉学家的代表性人物，尽管彼此跨越近百年的时空，学习汉语的地点不同，学习条件亦有差别，但两人的汉语研习之路有一定的相似之处。

第一，两人都是成年之后才开始学习一门新的外语，对汉语的认识和理解不是一蹴而就的，而是一个逐步发展和深入的过程。马若瑟入华后已过而立之年，雷慕沙也已步入18岁的青年时期，都不处于学习外语的黄金期，但凭着如小学生般虚心求教的精神和持之以恒的毅力，加上在语言学习方面具有一定天赋，两人都只用了四五年时间就基本掌握了汉语，为日后用汉语传教、教学和进行学术研究打下了基础。

第二，在学习之初，两人都面临缺乏师资、教材、必要工具书的艰苦条件，需要克服种种困难来学习这门东方语言。

1710年，马若瑟曾在《经传议论》中描述过自己像中国儿童读书启蒙一般初习汉语的情况：

> 瑟也西土欧罗巴人，七年而入小学，辨色乃赴共院，昏而罢归。喜为文辞，好赋新诗。……三十有三，航海仰东，……即至中华，口吃目瞽，一字不识，一言不出，乃再反孩提之童蒙，有人在旁，指天曰天也；指地曰地也，指人曰人也，瑟也欣然从之，而跬步不敢离，日复一日，朝学而暮习，问一以知二，稍稍而积。

由于身在中国，马若瑟比雷慕沙有目的语环境的便利条件。他按照在华耶稣会的语言学习传统，能直接找到“四书五经”的经典读本作为学习汉语的必读课本，而后扩展至其他中文典籍，“是故瑟于十三经、廿一史、先儒传集、百家杂书，无所不购，废食忘寝，诵读不辍，已十余年矣”。相对而言，从未到过中国的雷慕沙在刚开始学汉语时的条件更为艰苦，不易获得一手的学习资料和文献，只能利用一些传教士提供的二手资料来辅助学习。

1806 年，雷慕沙在参观德·特尔桑修道院长的展品时，被一部中国植物书上的汉字吸引，萌生了学习这门东方语言的兴趣和想法。然而，要把这个愿望付诸行动困难重重。时任皇家图书馆东方手稿部主任的朗格莱拒绝给这个年轻的医学生提供该部所藏的几部有限的中文工具书字典；且当时巴黎并无教授中文的教学机构和老师，雷慕沙不得不依靠自己的力量开始了自学汉语和满语的进程。他先借助傅尔蒙已出版的汉语语法书《中国官话》，后参考师友从德国和俄国带回的一些论及中国的书籍，如德国耶稣会士基歇尔所撰《中国图说》，还有来华传教士翻译的中国儒家经典和编撰的字典，如殷铎泽《大学》拉丁文译本、南怀仁（Ferdinand Verbiest, 1623—1688）《满语基础》（*Elemanta linguae tartaricae*, 1676）、钱德明《鞑靼—满法词典》（*Dictionnaire Tartare-Mantchou français*, 1784）等。雷慕沙采用的学习方法是从汉字入手，先弄懂汉字的意思，然后分析这个字在句子中的位置、语法作用及如何与别的词搭配，按此方法掌握一定数量的汉字，再开始后续的语言学习。

（二）写作宗旨

传教士在中国的传教，需要以掌握中国语言为手段，才能更好地传播教义，归化教众。而他们初入中国，首先面临的就是如何在较短时间里跨越语言关，这成为人人需要迎接的一个挑战。作为过来人，马若瑟深刻地体会到一本实用的汉语文法书或教材对学习的指导和帮助有多么重要。因此，他写作《汉语札记》的显见目的是要使学习者全面掌握汉语的语法知识，旁及修辞和中国文化，既培养口头交际能力，也培养阅读古文能力，并进一步指导作文和翻译文本。在书的第一编即言明宗旨：

> 本书第一编旨在帮助传教士听懂中国人的谈话，并让与之谈话的中国人明白自己要表达的意思；同时能看懂通俗的文学作品，提高口语表达能力；如有机会，还可以用这种语体进行写作。本书第二编有助于传教士理解中国古代经典作品的精髓，开始学习正确的翻译，同时能用典雅语体写文章。（de Prémare 1831）[38—39]

作为来华传教士以及耶稣会“中国索隐派”（Chinese Figurism）的核心成员，马若瑟的宗教身份还直接影响了写作《汉语札记》的另一隐性目的，或者说他的终极理想，即希望欧洲读者通过汉语的学习与研究，提高汉语语言能力，进而研读中国经典，最终寻找到隐藏在经典中的基督教奥义。马若瑟对汉语语言特点的分析与探讨主要建立在引述中国经典的基础上，其基督教的立场在全书中藏而不露，隐而未现，但却透过不少例文的引述与解析做了非常巧妙的铺垫与阐发，在整个明清时期传教士撰写的语法书中是比较特别的。

1728 年 10 月他寄出手稿后写信给傅尔蒙，提到这部书不仅会帮助傅尔蒙如何理解和使用汉语，而且会“促使您的同事和朋友像您一样学习中国的书籍，让他们精通象征的学问。这是一门最古老而又最年轻的学问，也是在所有学问当中最有意思但最为人忽略的学问”（龙伯格 2009）[45]。那么何为“象征之学问”？其实就是白晋、马若瑟、傅圣泽等耶稣会士创立的索隐思想理论，即从中国古代经典中去寻找基督教的神圣教义，认为远古时期的中国人早已知晓上帝的奥义，只不过随着时间的流逝被逐渐掩盖了，他们的任务就是要为中国人揭示这些古籍中与基督教关联的深刻内容。所以，马若瑟绝不只是要单纯写作一本对汉语语法进行梳理、帮助欧洲人学习汉语的作品，其实其中也寄托了他的宗教信仰和学术理想，希望这本论著能真正成为一座沟通中西的桥梁，能够连接中国古代经典与基督宗教教义的桥梁。

与马若瑟的传教士背景所不同，雷慕沙作为一位在研究机构开设汉学讲座的世俗学者无须考虑宣教目的，创作宗旨很明确，即为解决当时欧洲汉语学习者教学与研究便利而编撰汉语语法。他的写作缘由在前言部分说得很清楚，自 1814 年法兰西学院开设“汉、鞑靼—满语言文学讲座”以来，缺乏一本简明实用的基础性汉语语法教材，不仅造成了初学者入门的困难，也使授课老师陷于繁重任务，既要总结语法规则，又要编写讲义授课，教学双方都受困于此。因此，在整理五年授课讲义的基础上，雷慕沙结合课堂教学实际和学生的反馈与需求，不断修订增补，最终完成了这部可供高校师生使用的教学语法书。同时，由于没有在中国生活和学习的经验，雷慕沙未像马若瑟那样以培养“听说读写译”全面发展的语言技能为宗旨；而是扬长避短，更偏重对学生阅读能力的培养与训练。不仅在内容上以书面语的语料为素材，还在附录中提供皇家图书馆的中文藏书目录，鼓励学生们在学习语法规则后，学以致用，通过阅读大量经典原文来加深对汉语的理解，增强语言实际运用能力。

（三）写作对象

虽然《汉语札记》和《汉文启蒙》都是为欧洲人汉语学习便利而作，但细究下来两书的写作对象还是略有区别的。

《汉语札记》成书后，马若瑟给傅尔蒙写信表示该书是为新来华的传教士和所有对中国感兴趣的欧洲学者所撰，相信能对他们深入理解汉语大有裨益：

> 我给您寄出一本比较长的作品，内容是关于对中国语言的理解。我用拉丁文写成，为的是让所有的传教士和感兴趣的人，无论国籍都能使用它，都能从中受益。因此我也是为您而作，而且这样的想法尤使我热爱我的工作。特别是书的第二部分，我希望您可以通过它欣赏到中文文风的优美（龙伯格 2009）[44]。

《汉语札记》并不局限于讲解汉语语法知识，书中提供了超过 1.2 万个从各类中文典籍中摘录的范例，为读者勾勒了一幅关于汉语的全景式图画。对初次接触这种完全不同于欧洲语言的外国学生而言，要理解书中所涉及的关于中国语言方方面面的知识点，确实有一定难度。正如雷慕沙点评的那样，这部作品不太适合初学汉语的人，而更适合已有一定基础的学习者，可以把这本书作为汲取中国语法、修辞及文学知识的一条捷径。

从读者群的定位来看，雷慕沙的《汉文启蒙》更适合零起点的汉语学习者，从汉语的基础知识开始入手，逐步扩展到语法体系的要点难点，并未做语法之外其他内容过多的延伸。这样做的好处是全书结构主线清晰，重点突出。他希望为初学者提供一部简明实用的语法参考书，帮助他们尽快突破语法难点，掌握阅读能力来理解中国古籍。《汉文启蒙》前言清楚地写明这部语法更多地考虑的是在欧洲学习初级汉语的学生，方便他们课堂听课和课后总结：

> 这个口述讲义应该出版，既是为了方便不能来听课的人，也是为了精益求精的听课者。这样一来，不能来听课的人将有一份口述讲义的概要，听课的人将从每次讲座后转写讲义的麻烦中得以解脱（Rémusat 1822）[v—vi]。

（四）参考资料

在欧洲传教士入华接触汉语之初，中国语言学本身还没有诞生真正意义上的汉语法学，也没有一本可供他们学习使用的本土语法书。为了能更为有效地学习或教授汉语，他们需要对汉语的语言结构、语法体系进行梳理、概况和总结。早期来华传教士自身最为熟悉的拉丁语法系统就为他们处理汉语的语法现象提供了一种可行的手段。在来华传教士所撰写的汉语语法论著中，所受到的来自欧洲学术传统的拉丁语言学影响是显而易见的。马若瑟也不例外，他与前辈卫匡国、万济国一样，先运用熟知的语言工具来增进对另一种语言的认识和理解，分析其结构，阐释其类别，归纳其范畴，确实在一定程度上化解了初创汉语语法体系的困难，减轻了当时外国人学汉语的难度。但早期传教士这种依赖原有理论框架解说汉语的方式也会带来一些不利，阻碍对汉语自身特点的探索。

除了所受到的拉丁语法传统的学术影响，来华传教士在编撰汉语语法论著时是否受到过中国传统语文学研究的影响呢？在写作过程中有没有参考借鉴过中国古代语言学的相关著作呢？马若瑟在《汉语札记》的结尾提到了一本中国古籍《古学钩玄》，并说明自己第二编关于句法和典故的不少例句是从中摘选的。这是一个重要的线索。经笔者考证，《古学钩玄》是明人托名南宋陈骙所撰的一部十卷本著作，集中梳理了写文的方法和原则，为读者提供古文章法的基本要点；这部书又以陈骙的另一部代表作、中国第一部系统而完整的修辞学专著《文则》为核心内容。本书第八章对《汉语札记》与《古学钩玄》进行详细的文本考察和互证，据书中相似内容所引例句的鉴别考订、归纳排比和统计分析，可知马若瑟在写作关于修辞和文风的部分时，重点参考了《古学钩玄》，特别是其中所收《文则》篇目的相关内容，这两部作品也是其第二编收录的例句和典故的主要语料来源。

到了雷慕沙的时代，西人汉语研究之路已经铺就，取得了很多成果，法国国内的中文藏书也有了一定的积累，这使得他在写作《汉文启蒙》时有了更多助力。雷慕沙所使用的参考资料主要包括两个方面：前人的语法著作和汉外字典。他在前言中梳理了欧洲人汉语语法研究的学术史，对多部已在远东和欧洲正式出版的语法专著及部分手稿作品进行了评介，包括卫匡国《中国文法》（1653）、万济国《华语官话语法》（1703）、马若瑟《汉语札记》（1728）、巴耶尔（T.S. Bayer）《中国博览》（*Museum Sinicum*, 1735）、傅尔蒙《汉语论稿》（1737）和《中国官话》（1742）、马士曼《中国言法》（1813）和马礼逊《通用汉言之法》（1815）等。尽管雷慕沙（1822）[xix] 对上述作品的评价较为严苛，但也毫不讳言这些早期作品各自的长处，并明确表示自己书中的很多例子摘自马若瑟的著作和其他作品。在工具书字典方面，雷慕沙重点参考了叶尊孝《汉字西译》、柯恒儒《汉字西译补》（*Supplement au Dictionnaire chinois-latin du P.Basile de Glemona*），以及马礼逊《华英词典》（*A Dictionaryof Chinese language*, 1815）。这几部作品在前言、附录及正文中多次被提及。同时也吸收了中国一些字典的编排方法，比如《字汇》《康熙字典》等。

（五）框架安排

马若瑟是第一个把汉语分为白话和文言两个语体分别进行处理的西方汉语研究者。在结构方面，马若瑟的安排是先“白”后“文”，第一编讲白话，第二编讲文言，根据汉语白话和文言语体的不同特点，在两个部分分别介绍词法、句法和修辞，进行比较详细的探讨。

笔者通过对《汉语札记》现藏在法国国家图书馆、英国大英图书馆和 1831 年拉丁文版三个本子的比较考察，整理出了该书的基本框架：

绪论

- 第一章　论中国典籍
    - 第一节　中国典籍概况
    - 第二节　阅读典籍的次序
    - 第三节　各类字典
- 第二章　论汉字
    - 第一节　论书写的汉字
    - 第二节　论说话的汉字
- 第三章　附录：汉语音节总表

第一编　论俗文学作品中的汉语

- 第一章　俗文学作品中的汉语语法和句法
    - 第一节　语法
    - 第二节　句法
- 第二章　汉语的特点
    - 第一节　论特定字的用法
    - 第二节　论谈话中常用的虚词
    - 第三节　修辞
- 第三章　论中国礼仪（此章存第一节，仅见于英国手稿）

第二编　论典雅文学作品中的汉语

- 第一章　书本中的语法和句法
    - 第一节　表多数的词
    - 第二节　代词
    - 第三节　词类活用
- 第二章　汉语虚词专论（共十八节）
- 第三章　论汉语的不同风格及撰写文章最好的方法
    - 第一节　不同等级的风格
    - 第二节　风格的通行规则
    - 第三节　带有评注的例句

第四章　论修辞
　　第一节　对比
　　第二节　反复
　　第三节　连文
　　第四节　辩论中的提问
　　第五节　描写
　　第六节　30 种不同的汉语风格
　　第七节　各类比喻
第五章　典雅句法汇编（缺第五节，仅余标题，法国手稿、英国手稿均未见内容）
　　第一节　一字句法
　　第二节　二字句法
　　第三节　三字句法
　　第四节　四字句法
　　第五节　五字句法

附录：索引（法国手稿、英国手稿无索引，1831 年出版本的索引为雷慕沙所编）

在马若瑟之后，19 世纪传教士和西方学者所编撰的汉语语法书各有侧重，或偏重书面语，如马士曼《中国言法》（1812）被称为是第一部专论文言语法的专著；或注重口语，像马礼逊《通用汉言之法》（1811）、艾约瑟《汉语官话口语语法》（1853）、《上海方言口语语法》（*A Grammar of Colloquial Chinese as Exhibited in the Shanghai Dialect*, 1868）、威妥玛《语言自迩集》（1886）等探讨的是汉语日常交际所使用的口语及传教区方言的实用语法。真正继承了马若瑟文白兼顾研究思路的有三位研究者，[①] 第一位就是雷慕沙。他在《汉文启蒙》中按照先“文”后

---

① 另两位分别是 19 世纪中期天主教传教士江沙维（Joaquim Affonso Gonçalves）和俄罗斯东正教传教士比丘林（ИакинфБичурин）。江沙维（1829）的《汉字文法》和比丘林（1835）的《汉文启蒙》都兼顾了口语和书面语的语法特点。

“白”的顺序，将汉语分成“古文”“官话”两部分来介绍语法规则，在论述中特别重视词法，每部分都按西方语言的词类划分系统，详细介绍文言和白话中不同词类的语法特征以及虚词的各种用法。

下面是根据《汉文启蒙》1822年版所整理的基本框架：

绪言

第一章　文字

第二章　语音

汉语语法

第一章　古文

第一节　名词

第二节　形容词

第三节　专有名词

第四节　数词

第五节　代词

第六节　动词

第七节　副词

第八节　介词

第九节　连词

第十节　叹词

第十一节　虚词

第二章　官话

第一节　名词

第二节　形容词

第三节　数词

第四节　代词

第五节　动词

第六节　副词
第七节　介词和连词
第八节　叹词
第九节　虚词

附录
第一章　标点符号
第二章　书籍的评注、编排和分类
第三章　诗歌
第四章　皇家图书馆主要中文藏书目录
《汉文启蒙》及《中庸》汉字表（按214部首排序）
难检字表（按笔画数字排序）
双音节词及本书所收复合词表（按字母顺序排序）
缩略语表
目录
勘误表

由两书的基本框架大致可见《汉语札记》与《汉文启蒙》在整体布局上的一些差异。

第一，在汉语中，白话是口说而又见于文的语言，虽不完全等同于口语，但是最接近当时口语的一种书面语，通俗易懂；文言则是以古汉语为基础加工的书面语，见于文而不能口说，主要是受教育阶层使用的书面语语体。马若瑟的安排是先“白”后“文”，依照语言使用的范围和主体为标准。传教士为了在中国立足生活，和中国人进行日常交际，因此需要先学口语；在此基础上，再学书面语，掌握和儒家学者士大夫沟通的工具，以达到学术传教之目的。雷慕沙遵循的则是中国语言从古代到现代的自身发展规律，采用先“文”后“白”的顺序，以便让欧洲学生在学习之初就能对汉语语法发展史有一个整体的了解。这两种安排都体现了两位作者在写作时充分考虑了当时具体的写作背景与阅读对象的特点，都具有很强的针对性。

第二，从目录中可以看出，《汉文启蒙》按照西方语言学的体系安排行文，更为严谨规范；《汉语札记》内容则包罗万象，略显庞杂无序。雷慕沙为汉语所构建的语法体系基本借用了拉丁语法的框架，在“古文”和“今文”两个部分又以西方语言的词类为统领语法内容的提纲，小节内容与顺序一致，通过讲解在不同语体下词类的概念、规则来使学习者了解汉语语法的基本知识。在这些西方人所熟悉的词类之后才单独列出了汉语特有的一类“虚词”。由于汉语没有拉丁语法中的词形变化，那么决定词与词之间语法关系的两个重要手段就是词序与虚词。虚词是汉语语法最重要的特点之一。与雷慕沙相比，马若瑟虽也借用了拉丁语法的词类范畴和句法原则，但基本草草略过，全书重点放在“虚词”和“修辞”两大部分。他吸收了中国传统语文学已有的研究成果，将小学中的“虚实之说”引入汉语的词法分类，使“实字”“虚字”的概念正式进入西方普通语言学的术语范畴，（姚小平 1996）这是对汉语语法学的一大贡献。书中有三分之一的内容专论虚词，分别讨论了上百个白话虚词和文言虚词的各种用法，列举了大量例句进行说明。此外，汉语的修辞也是《汉语札记》讨论的重点之一。在马若瑟看来，汉语中语法和修辞紧密结合，浑然一体难以分家。所以他打通语法和修辞，融修辞分析于刻板的语法分析中，结合修辞来讲解语法。这使得《汉语札记》如其拉丁文书名 *Notitia Linguae Sinicae*（直译：中国语言的知识）一样，看上去不那么像一本严格意义上的语法书，而更像是一本综合性的中国语言文学知识教材。

（六）语料来源

《汉语札记》全书的例句极为丰富，得益于马若瑟多年研读中国各类经典文本所做的大量读书笔记。他在例句的选择上有两个特点：

第一是选取不同语体的作品。他在写作时已将全书分为两个大的部分：白话和文言。白话部分的例句来自质朴通俗具有口语语体色彩的文学作品，如元杂剧、明代的白话小说和清初的才子佳人小说，包括《元人百种》《水浒传》《画图缘》《玉娇梨》《好逑传》等。这些白话作品反映了不同时期民间所用的口语，文本通俗易懂，有很多完全口语化的表达和生动的俚语俗谚，富有表现力。马若瑟认为，学习白话可以帮助传教士提高口语听说的能力。文言例句选自中国古代的典籍文献，如四书五经、先秦诸子散文、唐宋名家名篇等，这些作品语言精练，寓意深刻，长于概括和写意，对于传教士理解中国古籍和用中文写作文章以及进行翻译都有帮助。

第二是不拘泥于中国传统主流文化的儒家正统，尽可能选取不同时期不同派别的作品。尽管当时耶稣会学习汉语的传统是重视儒家经典，以“四书”作为标准读本；但是马若瑟却没有局限于此，以多年涉猎中国经史子集的功力，在《汉语札记》中为学习者真正打开了一扇通往中国古代典籍的大门。他不局限于一个时代或一个时期的著作，例句来源上溯至先秦，下探至康熙本朝，不拘于一朝一代一门一派，既有儒家经典，也有诸子各家，力图通过考察汉语中最优秀最有代表性作者的语言风格和语言结构，从中揭示这种语言典型的语法现象和主要特征。马若瑟认为这种在语言材料中把规则具体化，通过学习大量范例来掌握语言技巧的途径，能使学习者举一反三、触类旁通，其效果远比只学习枯燥的语法规则要快捷。

马若瑟所创建的这种以经典例句来讲解古汉语语法的方法，被雷慕沙所沿用和发扬，《汉文启蒙》在此处明显借鉴了马若瑟的经验。雷慕沙（1822）[xxii] 批评万济国、卫匡国和傅尔蒙的语法书中未采用源自经典作品中的原句，而是编造例句，这些随意性很强的句子带有欧洲人思维痕迹，会大大削弱语法规则的权威性。因此他推崇马若瑟及马士曼的方法，要从原典中摘录典型例句来说明和阐释语法。他指出，《汉文启蒙》官话部分所收录的例句并非完全口语化随意编造的句子，而是选自当时最流行的白话小说《水浒传》《画图缘》《玉娇梨》《金瓶梅》等。古文部分也同样选取中国古代经典中的例句，包括《论语》《孟子》《中庸》《大学》《书经》《易经》《孝经》《史记》《左传》《道德经》等。雷慕沙在前言中坦承自己书中很多例子都来自马若瑟的语法书。而且为了确保例句的准确性，他都一一核查了原文，认为这是《汉文启蒙》区别于前人的一大优势。（Rémusat 1822）[xix]

四、两书的学术特点与价值

通过对《汉语札记》与《汉文启蒙》所做的初步分析和比较，我们大致能对两书各自整体上的特点与学术史地位的做一简要总结。

由于时代的局限，马若瑟对于汉语的考察、分析和认识更多是出于认识和学习一种陌生语言的直觉，尚未形成深刻的哲学思考，还不可能对汉语语法做出准确、全面、科学的系统梳理。作为一部语法著作，《汉语札记》的一个不足是未能对大量例句所体现的语法规则进行有效的概括与综合，在整体上还缺少系统性。全书例句丰富，但不重语法规则，提倡通过学习典型例句来掌握中文，重点关注汉语的虚词研究和修辞研究。这一点既是其区别于其他著作的特色，也成为一些欧洲学者批评的主要问题。

俄罗斯汉学家比丘林（1835）在他的语法书《汉文启蒙》的前言中，对欧洲人汉语研究中所产生的几部重要语法书进行了评介，其中特别赞赏马若瑟“不把汉语牵强地同与汉语没有任何相似之处的欧洲语言的语法特点相联系”，认为《汉语札记》运用丰富的语言资料建立的汉语语法体系，完全体现了汉语的规律，但在写法上却缺乏一部语法著作应有的形式。（柳若梅 2010）《汉语札记》举出多达上万条的例句，但多数是铺陈罗列，未能经由综合和抽象其内在规律，进而揭示其本质。英国国王学院的汉学教授萨默斯（自取汉文名佐麻须）（1863）[vii] 在《汉语手册》前言中也有类似的看法，一方面觉得马若瑟的书为学习者提供了一个巨大的宝库，留下很大的空间，由学习者自己去总结有关汉语的本质和特征；另一方面又认为总结规则并通过实例进行说明是语法学家的任务，不能指望这些学习语言的年轻人能从他们看到的例子中形成有关语法的结论。

文法研究探索需要“从多样性的语文现象中求得组织条理的共同性”（陈望道 1979）[117]。这种共同性，要经过深入的分析，考察语言结构、语法结构和语义结构之间的复杂关系，最终从具体中上升到抽象，形成一个有规律的逻辑系统。从17世纪早期来华传教士对中国语言文字朦胧零星的认知，逐步过渡到以马若瑟为代表的18世纪传教士深入语言内部进行的解析，最终为19世纪初欧洲专业汉学家或语言学家对汉语语法形成系统性的文本研究奠定了基础。到了法国专业汉学建立的时代，作为第一位专业汉学家的雷慕沙（1822）[xxv] 就明确指出，创作一部语法书通常可遵循两种形式：一种是全面、深刻地讨论语法体系的方方面面，力求避免模棱两可的解释；一种是尽可能以精练简洁的形式展示最主要和不可或缺的语法要素，以便让初学者迅速掌握基本规则。《汉文启蒙》就是采用第二种形式来编写的，在整体性上有了很大的提升，形成了自己的特色和优势。

雷慕沙将多年语法研究与教学实践相结合，将讲义修订结集成书，使这部教学语法具有非常明确的针对性和实践性。他一直希望打破欧洲人先入为主认为汉语难学的偏见，提供给教师和学生一部简明实用的语法书。全书紧紧围绕汉语阅读为中心，在有限的篇幅内尽可能增加知识点的容量，对于非语法知识之外的文化、国情等庞杂内容不做过多的铺陈介绍，以确保语法教材的简洁性。书中对于各知识点均采用了段落标号的方式，便于相同知识点的相互参照，简化了注释，避免重复性内容，便于读者使用和提高学习效率。此外，例句数量比起马若瑟的语法书大幅度减少，针对语法规则通常只给出一到两个典型例句加以说明，避免冗长。雷慕沙又请当时巴黎优秀的刻工师傅刻制了 1400 个字模[①]用于印刷，文字清晰美观，排版整齐有序，便于阅读和使用。书后另附有部首表、汉字索引表、阅读扩展书目等实用信息。简而言之，在雷慕沙的精心设计和编排下，《汉文启蒙》体现出作为一部实用教材的几大优点：写作宗旨的针对性、语法体系的系统性、语法内容的简洁性、实际教学的可操作性等，使得该书堪称 19 世纪学院派汉语语法教材的典范之作。

五、小　结

语言研究是对象国文化研究最基本的工具，非精通这门语言者不能为之。马若瑟与雷慕沙各自在自己学术生涯的高峰期，以多年学习与研究汉语和中国文化为积淀，含英咀华，出而授人，以示后学，分别著成代表自己汉语研究最高水平的《汉语札记》和《汉文启蒙》两部作品。在西方汉语研究史和法国汉学史上，《汉语札记》与《汉文启蒙》是两部承先启后的关键性著作，两者间有着不可忽视的继承与创新关系。本章在此只做了一些初步的梳理，尚有一些文本细节亟待进行深入分析，希望以此为开端起到抛砖引玉的作用，使两部作品受到中外学术界更多的关注和重视。

① 此套字模以 1817 年出版《中庸》而刻制的字模为基础，增加了其中没有的汉字，共计 1400 个。

第七章 Chapter 07

德国慕尼黑巴伐利亚公立图书馆藏《汉语札记》新抄本述略①

一、引　言

康熙年间法国来华耶稣会士马若瑟在华三十余年，精研汉语和中国典籍，新教传教士语言学家艾约瑟（1868）称赞他“深悟中文特具之美，非其他研究此道之学者所能及也”（参见方豪 2008）[670]。他 1728 年在广州完成汉语研究之代表作品《汉语札记》，全书以拉丁文写成，例句用中文表述，并附有罗马字母注音。这部著作是世界上第一部明确区分汉语白话和文言语体并分别加以论述语法特点的著作，也是第一部使用带汉字的中文例句的语法著作。

从广州完稿到最终付梓的百余年间，《汉语札记》曾以抄本的形式在欧洲各国汉学家之间流传，成为他们学习汉语的重要参考资料。随着 1831 年拉丁文本和 1847 年英译本的出版，该书影响越来越大，为当时在华传教士和研究中国的欧洲学者所倚重，被誉为“19 世纪以前欧洲最完美的汉语语法书”（戴密微

① 本节内容曾以《德国巴伐利亚公立图书馆藏〈汉语札记〉抄本述略》为题发表于《国际汉学》2019 年第 18 期，收入本书时略有删改。

1998）[27]。法国汉学家雷慕沙称其为“马若瑟所有作品中最重要、最瞩目的一部，也是欧洲人迄今为止在汉语研究方面最好的一部”（费赖之 1995）[531]。近代日本汉学家石田干之助（1941）[109] 也评价“这是一部最先将中国语言的性质与其构造，正确地传之于欧洲人的专书”。

表 7-1 《汉语札记》存世各类版本一览表 ①

	时间	版　本	语　言	作者 / 抄者 / 译者	藏地 / 出版地	文本概况
手稿	1728	第二稿	拉丁文	马若瑟	法国国家图书馆	三卷全本
	1728	第一稿	拉丁文	马若瑟	英国大英图书馆	残本
抄本	1825?		拉丁文	儒莲 / 雷慕沙	英国大英图书馆	残本
	1830?		拉丁文	儒莲	德国慕尼黑王室图书馆②	基本全本
刊本	1831	初印本	拉丁文	马若瑟	马六甲英华书院	法国手稿为底本
	1893	再版本	拉丁文	马若瑟	香港巴黎外方传教会	1831 年拉丁文版为底本
译本	1847	初印本	英文	裨雅各	广州《中国丛报》社	1831 年拉丁文版为底本

目前已知存世的马若瑟原始手稿有两部，分别藏在法国国家图书馆和大英图书馆。法国藏手稿为三卷，合订为一本，四小开本，共计 230 页，包括绪论、第一编前两章和完整的第二编。英国藏手稿为四小开本，共有 320 页，此手稿已经不全，没有绪论和第二编，只包括第一编前两章和第三章的部分内容。

除了公认的两份原始手稿，尚有几个 19 世纪欧洲汉学家制作的抄本存世。其中广为人知的一个抄本也在大英图书馆，大对开本，比大英所藏手稿本略大，用硬壳纸重新装帧过封面和封底，内容页用的是质量上乘的厚吸墨纸。正文共有 489 页，包括绪论和第二编的内容，缺第一编。抄本原持有人柯恒儒和大英图书馆均认定该抄本的抄写者为法国汉学家儒莲，故在抄本书脊处注明有“Transcript Per Stan Julien”的字样，高第（1938）在《西人论中国书目》中却不同意这一说

① 表格主体引自李真（2014）。其中抄本这一部分，笔者在表中加入了新发现的慕尼黑抄本。
② 现为巴伐利亚公立图书馆。

法，认为该抄本应当为法国汉学家雷慕沙所作。

以上几个重要的原始手稿和抄本近年来已经得到了学界较多的关注，然还有一个抄本一直未曾面世。《西人论中国书目》中提到德国慕尼黑王室图书馆的东方特藏中有一个抄本入藏，编者高第对该本的描述是："Ne contient que ce qui a étéimprimé à Malacca; sans intérêt."（直译意思是"内容与马六甲刊本相同，无甚独特之处。"）那么，这个本子的具体情况究竟如何？到底是不是确如高第所言价值不高？制作抄本的又是何人呢？这个抄本与其他本子的关系如何呢？在没有实际考察过原始的文献之前，我们不敢妄下断言。

二、抄本基本情况

笔者在德国巴伐利亚公立图书馆找到了这个抄本并做了初步的研究，得以向学界公布该本的一些基本情况，为区别大英图书馆所藏之抄本，以下简称"慕尼黑抄本"。

抄本所在的巴伐利亚公立图书馆，其前身为慕尼黑王室图书馆，始建于1564年，藏书量多达五百万册，是德国最大的图书馆。[①] 从王室图书馆时期的16世纪晚期开始，该馆就比较关注远东地区藏书的收集工作，特别是17、18世纪欧洲传教士进入中国大陆之后，更加注重收藏中文图书和有关中国的论著。因为巴伐利亚地区的统治者是虔诚的天主教徒，支持在华传教的耶稣会，与当时在北京的耶稣会士关系密切，像南怀仁就曾襄助收集中国的图书，包括天文学、数学、通俗文学方面的刻本以及耶稣会刊行的一些中文著作等，奠定了该馆中文藏书的基础。到了19世纪30年代，德国汉学家卡尔·弗里德里希·诺依曼（Karl Friedrich Neumann, 1793—1870）曾任图书馆中文藏书的负责人，[②] 专程前往中国购

① 该馆的精华表现在三个方面：第一为手稿和早期木刻印刷品，手写稿件和手抄本五万二千余件，作者原稿二十万件；还有一万八千件十五世纪西方最早的初版木刻印刷品。第二是收藏了西方著名音乐家、作曲家的原谱约二万种，包括十五世纪的圣诗，莫扎特、海顿、舒伯特、巴赫、贝多芬等诸大师的手写原谱。第三为东方特藏，包括近东、中东和远东的各类藏书，中文藏书堪称其中最重要的组成部分，有13万册之多，为德国之首。关于巴伐利亚图书馆藏书情况，可参阅：汪钰（1986）、杨晓宁（1989）、张西平（2003）。

② 诺伊曼于1833—1852年担任慕尼黑大学汉语、亚美尼亚语及国情学和民族学教授。

入约6000册古籍（包括武英殿刊本、毛晋汲古阁十七史、佛经等）。1851年，意大利汉学家蒙突奇（Antonio Montucci, 1762—1829）的2700册藏书也被捐赠给图书馆，不乏众多民间通俗刊物，这都扩充了该馆的中文藏书。在这些中文藏书中，明清在华耶稣会士所著的中西文作品就成为其中的一个亮点，马若瑟的《汉语札记》恰在此列。

慕尼黑抄本封面为蓝灰色布面硬壳，左上角贴有一张小纸片，上面写着：Cod. Sin. 1，封面背后用铅笔同样在左上角标注编号：“Cod. Or mixt. ~~(625)~~ 109”，但这个原始编号又被划去，在下面重新写了：Cod. Sinol. 1。

扉页上第一行用拉丁文写有作者名：“P. Henrici a Prémare”；第二、三行用拉丁文写有书名：“*Notitia Linguae Sinicae*”；下面有一横线，横线下写着一行小字：“1830”[①]。后一页盖有书章：“Bibliotheca Regia Monacensis”，这是慕尼黑王室图书馆的印章。

正文部分行距很密，字迹偏小，较为潦草。内页有铅笔在左右两侧打线，每一页左上角标注页码，在侧边栏大约每20行会用阿拉伯数字依次标注一个序号，这是为了便于在书中迅速查找到附录索引中所列出的词条。例如“山海”这个词条，在附录的索引中显示在“245，293”。那么根据侧边栏的编号，可以很快在书中找到245栏中的例句“山珍海錯”以及293页中的例句“人山人海”，非常便捷。

慕尼黑抄本全书正文共计197页，附录26页。所有例句中的汉字均从右往左抄写。文本内容包括了《汉语札记》的绪论部分（缺汉语音节总表），第一编第一章、第二章，第二编（缺马若瑟自己所作文章《天主总论》的中文）。书后另附有两个抄写者制作的附录，一个是一份非常详细的目录（2页）；一个是一份按音序排列的重要词条索引（24页）。

三、抄本考察与研究

笔者经过对这一新面世抄本初步的考察和几个本子的对比研究，大致厘清了几个有关慕尼黑抄本的问题。

---

① 这一时间暂不能断定为抄本制作时间，后文会有详细说明。

第一，基本确定抄本的制作者是法国汉学家儒莲，抄写地点在巴黎，抄写时间约完成于 1825 年 10 月 7 日。

如前所述，高第（1938）《西人论中国书目》中对这个抄本的说明非常简略，只有三行：

> —P. Henrici a Premare *Notitia Linguae Sinicae,* 1830.
>
> Ms.in-fol., pp.197, Bib.royale, Munich, Chin.Cod.Or, mixt.109. Ne contient que ce qui a été imprimé à Malacca; sans intérêt.①

此条目只说明了作者为马若瑟，书名是 *Notitia Linguae Sinicae*，时间：1830 年（需要注意的是这个时间不是马若瑟的成书时间，也不是抄写时间，其实是笔者上文提及在这个本子扉页上标注的时间，这个时间从何而来还不得而知），全书总页数为 197 页，藏地为慕尼黑王室图书馆，编号为东方特藏 109。高第对该本的简单题注是："该本内容与马六甲刊本相同，无甚独特之处。"比较遗憾的是，此处高第并未提到抄写者为何人，抄本的具体情况，以及与其他抄本有何区别。

笔者通览全书，最后在索引的结尾处发现了这样一小段拉丁文，里面明确提及了抄写者、抄写地点及完成时间：

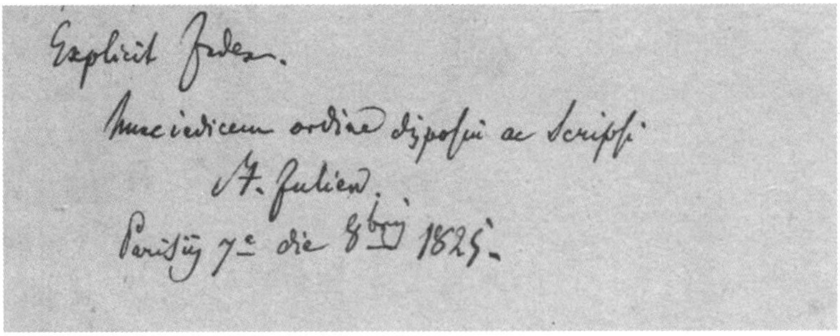
Explicit Index.
Hunc indicem ordine disposui ac Scripsi
St. Julien.
Parisiis 7a die 8bris 1825.

图 7-1②

---

① 见《西人论中国书目》，第 3 卷，第 1668 栏。

② Joseph de Prémare, *Notitia Linguae Sinicae*, Bibliotheca Regia Monacensis, p.226.

手稿转写：Explicit Julien. Hunc indicem ordine disposui ac scripsi. St. Julien. Parisiis 7a die 8bris 1825.

参考译文：儒莲就此搁笔。这个目录是我整理和写下来的。儒莲，1825年10月7日，巴黎。

如按语所言，目录的整理编纂者和抄录者是儒莲的话，根据文中笔迹的对比，目录的笔迹与抄本正文的笔迹相似度极高，由此可以基本推断出抄本也是由儒莲本人完成的；正文完成的时间应还要早于1825年10月7日目录完成的时间。

第二，在这个抄本中笔者发现了跟法国国家图书馆藏手稿本和大英图书馆手稿本、大英图书馆藏雷慕沙抄本中不太一样的内容。

（一）慕尼黑抄本删去了原书中的《汉语音节总表》

在绪论部分第三章马若瑟原手稿中附录了一个《汉语音节总表》，该表按照汉字拉丁字母注音的韵尾排列，划分成：a, e, i, o, oŭ, ou, u, n, ng 共九类，然后依次按照 a、ya、oua、e、ie、oue、yue、i、ai、ouai、yai、ei、uei、oui、o、ao、yao、ouo、ŏ（oŭ）、ou、eou、yeou、u、yu、l、an、en（yen、ouen、uen、in、yun）、ng（yang、ouang）、eng、yng、ong 顺序排列，共计 39 个韵母。全表共收录 1334 个字音，每页分两栏排列，每栏分三列，第一列是一个注音，[①]第二列是对应的汉字，[②]第三列是对应的拉丁文或者法文的释义。他建议学习者以这个“音节表”为基础，当碰到字表中没有的生字时，随时进行添加，逐步扩大自己的词汇量，最终形成一部带有自己个人特色的学习字典。

---

① 其中有 16 个汉字旁边标注了两个读音，包括：師、時、屎、是、直、尺、微、尾、味、唆、些、慶、王、罔、望、朋。标注三个读音的有一个：物。

② 其中有 18 个字音对应有两个汉字，有的是通假字，有的是同音字，有的是异体字，有的是词组，包括：咱（咱家）、泄（洩）、杓（勺）、呵（打）、（一）个、娜（婀）、唆（哄）、摸（模）、蘇（甦）、睹（覩）、受（授）、番（一）、版（板）、嘔、嗔（謓）、唱（倡）、顷（刻）。

这个汉语音节总表在法国藏手稿、大英藏抄本和1831年马六甲的刊本中均有出现，但在慕尼黑的抄本中却没有抄录这个“音节表”。儒莲在这一部分的开头有一个自己撰写的说明：

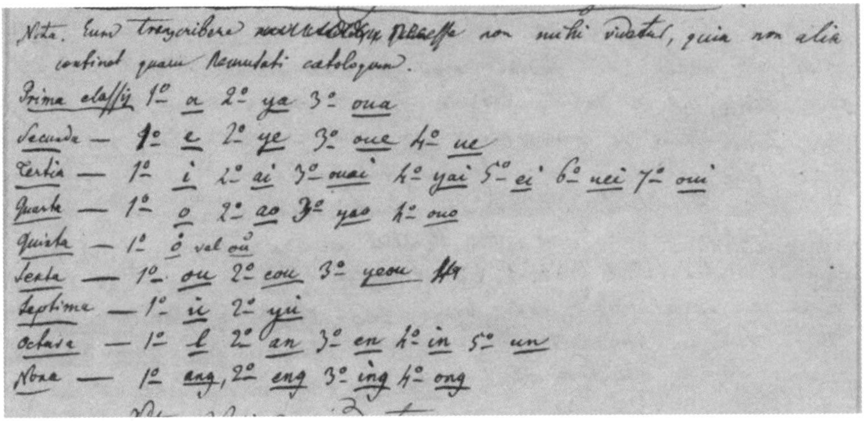
Nota. Eum transcribere non mihi videtur, quia non alia
continet quam Remusati catalogum.
Prima classis 1° a 2° ya 3° oua
Secunda — 1° e 2° ye 3° oue 4° ue
Tertia — 1° i 2° ai 3° ouai 4° yai 5° ei 6° uei 7° oui
Quarta — 1° o 2° ao 3° yao 4° ouo
Quinta — 1° ô vel oû
Sexta — 1° ou 2° eou 3° yeou
Septima — 1° u 2° yu
Octava — 1° l 2° an 3° en 4° in 5° un
Nona — 1° ang, 2° eng 3° ing 4° ong

图 7-2[①]

手稿转写：Nota. Eum transcribere non mihi videtur, quia non alia continet quam Remusati catalogum

参考译文：注：在我看来，无须转写之，因为除雷慕沙的目录外，其不包含别的内容。

我们知道在传教士早期编撰的汉语语法书中，附有一份音节和常用字表是通行的做法。在此不禁产生一个疑问，儒莲为什么誊抄时要删去马若瑟的这个音节表呢？众所周知，儒莲是与他的老师雷慕沙齐名的大汉学家，精通汉、满、梵等多种东方语言，以对中国文学典籍翻译而享誉国际汉学界。他本人在法兰西学院教授汉语，还编写了专论汉语语法的著作《汉文指南》(1869—1870)，法文标题就叫《汉语新句法，立足于词的位置》(*Syntaxe nouvelle dela langue chinoise fondée sur la position des mots*)。儒莲对新教传教士马士曼的汉语研究思路颇为推崇，《汉文指南》的书名页上，铭有马士曼说过的一句话，被儒莲视为汉语语法研究的不

① Prémare, *Notitia Linguae Sinicae*, Bibliotheca Regia Monacensis: 12.

易之论："整个汉语语法就取决于位置。"（姚小平 2015）由此可见，在儒莲看来，学习汉语的关键是掌握词序，句法的重要性远远高于汉语的其他语法要素，对他而言汉语的语音并不是重点。也许正是基于这样的考虑，他在这里删去了整个音节表及常用字，但为了保留马若瑟编纂音节表的思路，儒莲将 34 个韵母归入从马若瑟原表中归纳出来的九类韵尾：a、e、i、o、oǔ、ou、u、n、ng，分类加以展示。这个简略版的音节类别列表，是目前其他各个本子都没有的内容，属于儒莲本人的原创：

Prima classis: (1) a; (2) ya; (3) oua

Secunda: (1) e; (2) ye; (3) oue; (4) ue①

Tertia: (1) i; (2) ai; (3) ouai; (4) yai; (5) ei; (6) uei; (7) oui

Quarta: (1) o; (2) ao; (3) yao; (4) ouo

Quinta: (1) ǒvel oǔ;

Sexta: (1) ou; (2) eou; (3) yeou

Septima: (1) ǔ; (2) yǔ

Octava: (1) l; (2) an; (3) en;②(4) in; (5) un

Nona: (1) ang; (2) eng; (3) ing; (4) ong

（二）慕尼黑抄本比其他几个本子多了两个附录，包括一份目录和一份索引

马若瑟本人并没有为《汉语札记》编写目录，而此书在早期西方人的汉语研究论著中确属煌煌巨著，内容之广泛，例句之丰富，无人出其右，如果没有目录或者索引，对于使用者查找书中的各条语法阐释或字词用法都相当不便。尽管雷慕沙在制作第一个抄本时，曾为该书编制了一份 24 页的索引，但相对于 1.2 万余条中文例句的庞大规模而言也仍显简略。

慕尼黑抄本附录一的目录，虽然只有 2 页，但按照章节顺序逐一编排，后面

① 《汉语札记》1831 年刊本写为 yue。
② 《汉语札记》1831 年刊本又细分为 en, yen, ouen, uen。

列出了具体页码和栏数，简明扼要，逻辑清楚，非常方便查找。若儒莲不将此放在文末，而放在正文之前，显然会更为实用，给读者一开篇就呈现出一个完整的全书框架和纲要。这个部分在马若瑟的手稿和雷慕沙的抄本，以及 1831 年马六甲刊本中均未见，确系儒莲首创。

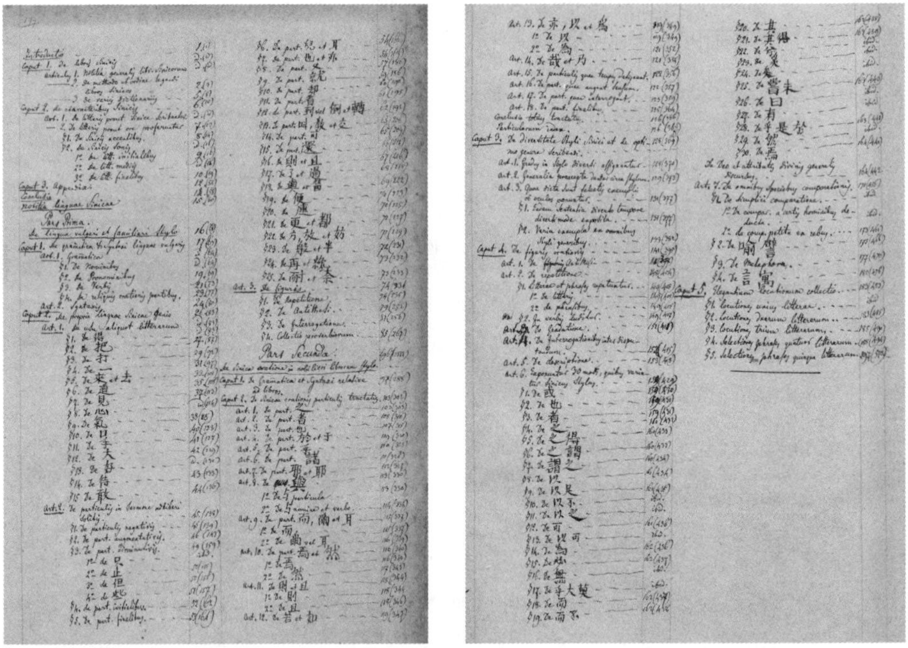

图 7-3

（三）抄本中儒莲的注解佐证了笔者之前对于《汉语札记》全书框架的推断

此前一些研究者对《汉语札记》全书基本框架多有误解，即认为全书由四个部分组成：绪论、第一编、第二编、第三编。如费赖之（1995）[531] 转引高第说法，在《来华耶稣会士列传及书目》中说“其中第三编谓《论中国人在应酬谈话中之礼仪》，凡 42 页，然则为傅尔蒙本矣。现藏英国博物馆。高第曾见此写本，‘然仅存残缺不完全之第二编与第三编之一部分’”。丹麦汉学家龙伯格（1991）[102] 在《耶稣会士马若瑟：中国语文学与索隐学派》[*Joseph de Prémare (1666—1736)*

S. J. Chinese Philology and Figurism］[①]中介绍《汉语札记》基本内容时也表述为全书结束于第二编第五章第四节，第五节“五字短语汇编”缺失；最后一编关于礼貌用语，未见于法国国家图书馆所藏的手稿中。

笔者（2014）在拙著《马若瑟〈汉语札记〉研究》中通过对法国、英国藏原始手稿的比较研究，已经确定原来学界公认包含有“中国礼仪”内容的第三编正是在英国原始手稿中发现的后 42 页内容，根据编排的页码顺序可以清楚地知道，这一部分是紧跟在第一编第二章后面的，应当属于第一编第三章，而不是全书的第三编。另一个佐证是，马若瑟（1831）[38]在介绍第一编的主要内容时也说本编分为三章，第一章介绍日常使用的汉语语法，第二章讲解虚词和修辞法，第三章是这些知识在实际生活中的运用，其中包含两个部分：一是各种礼貌用语的汇编，二是一些对话和小故事。

非常有意思的是，这次在儒莲的这个抄本中找到了进一步的资料予以证明笔者的这一推想。在第一编第二章结束后，儒莲写下了如下文字：

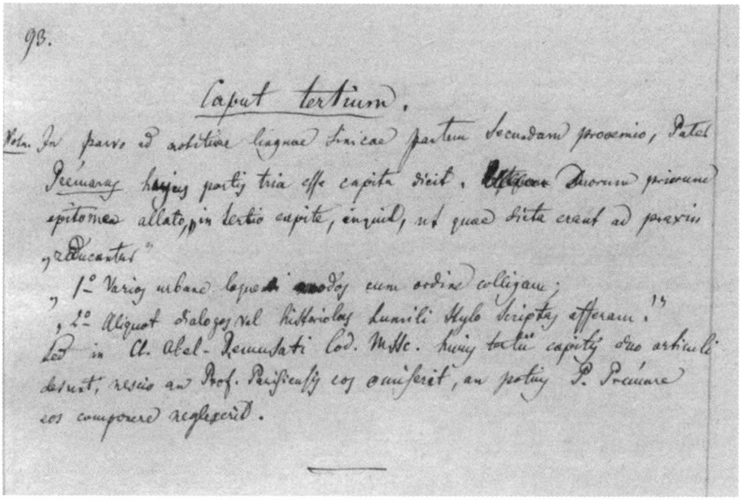
93.

Caput tertium.

Nota. In parvo ad notitiae linguae Sinicae partem secundam prooemio, Pater Prémare hujus partis tria esse capita dicit. Duorum priorum epitome allata, "in tertio capite, inquit, ut quae dicta erant ad praxin reducantur"
"1° Varios urbane loquendi modos cum ordine colligam;
"2° Aliquot dialogos vel historiolas humili stylo scriptas afferam."
Sed in Cl. Abel-Remusati Cod. Mss. hujus tertii capitis duo articuli desunt; nescio an Prof. Parisiensis eos omiserit, an potius P. Prémare eos componere neglexerit.

图 7-4[②]

① 该书中译本名称有所改动，参见龙伯格（2009）。

② Joseph de Prémare, *Notitia Linguae Sinicae*, Bibliotheca Regia Monacensis, p.90.

手稿转写：Caput Tertium

Nota: in parvo ex *Notitiae Linguae sinicae* partem secundam proemio pater Premari huius partis tria esse capita dicit, duorum priorum epitomen allato, in tertio capite, inquit, non quae erant ac praxis producantur

1. Varios urbane loquendi modos cum ordine colligam

2. Aliquot dialogos vel historiolas humili stylo scriptas afferam

3. In ch Abel Remusati loco fuisse. huius tertii capiti duo articuli desunt, nescio an prof Parisiensi eos auferat an potius P. Prémare eos componere neglexerit

参考译文：第三章

注：在《汉语札记》第二部分的一个简要介绍中，马若瑟神父提到这部分包括三章内容，前面两章的精华已经呈现在这里了；第三章论述的不是语言知识，而是一些实际应用。

（1）我将用一定的规则汇总相当多礼貌用语的表达法

（2）我将展示一些对话，还有采用通俗语体写成的小故事

在雷慕沙的抄本中，这个第三章的两部分都没有了，我不知道是这位在巴黎的教授删去了它们，还是马若瑟神父根本就没有将此章放上去。

从儒莲本人这段说明中，有几个有意思的发现：

首先，马若瑟的“论中国礼仪”这一章确实是放在第一编第三章的位置，内容包括两节，这与大英图书馆所藏的手稿残本实际情况能对应起来。所以不存在所谓的“第三编”，这与笔者对于全书框架的推断是一致的。而且他说明了所参照的雷慕沙抄本中并未出现第三章“论中国礼仪”的内容，这也确实是法国国图所藏手稿的实际情况。

其次，儒莲明确提到自己所作的抄本并未以马若瑟原始手稿为底本，而是转抄自他的老师雷慕沙的抄本。雷慕沙当年在王室图书馆的东方手稿部找到了马若瑟的手稿，并在自己的语法书《汉文启蒙》前言介绍了这部作品。随后以手稿为底本誊写了一份精确的抄本，并编制了一个索引。1823 到 1825 年，马礼逊回英国期间，在金斯博鲁勋爵（Lord Kingsborough, 1795—1837）的资助下，准备在马六甲出版《汉语札记》。他委托儒莲来誊写雷慕沙的抄本，据称儒莲在抄写时没

有依照雷慕沙从左到右的汉字书写方式，而是按所谓的“中国方式”从右到左排列，导致 1831 年的出版本也如法炮制。儒莲为马礼逊出版所作抄本历经 600 小时之艰辛工作，1825 年 8 月 25 日完成于巴黎，该本后附有雷慕沙作的 28 页索引［高第（1938）曾言及此事］。

本文所讨论的慕尼黑抄本此前已经确认完成时间在 1825 年 10 月 7 日以前，那么根据上述分析，很有可能这个本子其实是儒莲所作第一个抄本的副本，而且两个抄本完成的时间相距不到两个月，这也许正是慕尼黑抄本字迹潦草的原因之一，笔者推断第二个抄本极有可能是儒莲为自己日常研习汉语所用。

通过以上对慕尼黑巴伐利亚公立图书馆所藏《汉语札记》抄本的考察，可以对这个本子的基本情况得出如下几个结论：

抄本的作者为法国汉学家儒莲，大约在 1825 年 10 月 7 日在巴黎完成抄写工作。该抄本所用底本为雷慕沙的抄本。儒莲在抄写过程中对马若瑟原书做了少许调整和删节，并加上了自己编写的目录和索引。

四、小　结

姚小平（2008）在《海外汉语探索四百年管窥》的序言中写道：“我们距离澄清海外汉语研究史的目标还很远，然而每一篇文本的发掘，每一条线索的考辨，每一种关系的厘清，都能让我们往前推进一步。”这对做好近代西方汉语研究文献的整理具有深刻的指导意义，个案考辨、文本诠释是学术史研究的基础。

《汉语札记》是西方汉语研究史和世界汉语教育史上一部具有开创意义的重要论著，对中国近代语言学史也是一个重要的补充。这部论著同时也是西方汉学史上的重要作品，从 1728 年完稿到 1831 年正式刊行的曲折过程亦成为欧洲早期汉学发展过程中的典型案例。故对该书的研究应该包括两个部分，文本研究和文本史研究。通过对《汉语札记》不同手稿、抄本、刊本、译本的发掘、整理和校勘，能够帮助我们逐步考证出一个最接近原本的文本，在纷繁的汉学史料中梳理出该书各个版本流传的脉络，使该书完整的历史面貌得以清楚呈现，为深入研究打下坚实的文献学基础。

第八章 Chapter 08

中国古籍《古学钩玄》与《汉语札记》文献关系考辨[①]

一、引　言

如前文所言，法国来华耶稣会士马若瑟创作于1728年的《汉语札记》是世界范围内由西方人撰写的，第一次使用多达上万个中文例句，全面讨论汉语文言和白话语法的文法书；在西洋汉语研究历史上具有奠基性的重要意义。马若瑟特别提倡学习汉语要通过典型例句来归纳语句搭配，通过文本细读来探究字词的灵活运用。

明清时期来华传教士接触汉语之初，势必要利用一切已知的手段来描述这种新的语言，以便更好地掌握它。在当时选择拉丁语法来分析汉语并非完全是不得已为之，而是充分利用一种对于西方人来说熟知的语言工具去增进对另一种语言的认识和理解，在一定程度上化解了初创汉语语法体系上的困难，减轻了外国人学习汉语

① 本章为李真、谢辉（北京外国语大学国际中国文化研究院副研究员）合著，曾以《从〈古学钩玄〉到〈汉语札记〉——来华传教士马若瑟中国语文学知识来源考》为题发表于《国际汉学》2022年第1期，收入本书时有部分删改。

的难度。因此，这批西人撰写的汉语语法和语言教材中所受到的拉丁语言学影响是显而易见的。学界在研究时通常更关注他们是如何使用拉丁文法的概念、术语和方法来描述和分析汉语，忽略了这些文本中可能隐藏着的“中国元素”，即中国的语文学理论是否也影响了传教士的研究？目前大部分西人汉语研究论著，甚少直接列出中文参考书目，线索有限，对于这一问题的探讨尚未取得实质性进展。

有幸的是，马若瑟恰在《汉语札记》结尾提到使用了一本中国古籍《古学钩玄》，并以汉字书写其书名，坦陈不少例句摘自这本中国古书。这是该书第一次明确所用的中国传统语文学方面的参考资料，甚至可以说是早期传教士有关汉语的论著中对中文参考书的首次提及。笔者意识到这是一个重要线索，顺藤摸瓜，或许能从中梳理出传教士汉语研究中所受之中国语文学的影响。在拙著《马若瑟〈汉语札记〉研究》(2014）曾有专章讨论，惜当时未能亲见原书，只能利用二手资料，尚有一定缺憾。2022 年终获《古学钩玄》一手文献，并通过考证和比较研究，对《古学钩玄》的真伪及与《汉语札记》之间的内在联系进行深入探讨；由此对马若瑟参考《古学钩玄》的情况以及两个文献的关系有了新的认识，并进一步梳理出马若瑟所获得的中国传统语文学的知识来源。

二、《古学钩玄》小考

现存中国国内各种文献目录对《古学钩玄》一书均鲜有著录。清代马国翰《玉函山房藏书簿录》是为数不多的记载有此书者，其著录如下：

《古学钧元》十一卷　此观堂藏本

陈观文殿学士临海陈骙叔进撰，元高庞[①]传校订。一集《文则》，二集句法附典实，三集章法，四集摘段。附刻《黄石公素书》。盖举之以为文式，名“钧元”者，取昌黎文“纂言者必钩其元”语也。论文□率准经以立制。有隆兴十六年翠微精舍自序。（马国翰 2001）

① 按：“庞”字疑误。

马氏藏本不知今在何处。目前所知，本书传世者仅有四部。其一藏日本尊经阁文库，《尊经阁文库汉籍分类目录》(1934) 697 著录曰："《古学钩玄》十卷，宋陈骙。附刻《黄石公素书》。明崇祯版。"另外东北师范大学图书馆藏明刻本一部。(中国古籍总目编纂委员会 2010) 1645 此二本未能亲见。其余二本分别藏我国台湾地区"国家图书馆"与宁波天一阁博物馆。

经目验，我国台湾藏本十卷四册，半页九行十八字，白口，四周单边，单白鱼尾。版心上题书名"古学钩玄"，下题卷数、篇章与页数。卷端题"宋陈骙纂辑，元高耻传校订，明华亭陈继儒仲醇甫重校，新都门生潘虎臣二猷、元凯顺臣甫参阅"。卷前有陈骙《叙古学钩玄》、陈继儒《重刻古学钩玄序》，陈序末署刻工"黄大年刻"，又有《古学钩玄目录》。卷末附《黄石公素书》，前有潘虎臣《附刻黄石公素书小引》。钤有"罗临思""罗印所见""罗鱼之印""钦文"等印。(李国庆 2014) 282 书中夹有"泽存书库藏书"签，乃民国时陈群旧藏。宁波天一阁藏本为残本，仅存一册卷一至卷五。其版式行款、卷前序跋、卷端题名等，皆与台湾藏本同，唯断板处较多，似为较后印之本。

如对此书详加考察，便可发现，其书是否出于陈骙之手，实际存在相当大的疑问。对此疑问，学界尚未有所察觉，如台湾学者蔡宗阳(1993)即直接将此书列入陈氏著作中，① 故有必要加以考辨。

通观全书，其卷前所载陈骙序文，是学者论定其为陈氏所编的重要依据，但此序文本身即存在问题。现转录如下：

> 余不慧，僻嗜篇籍，孜孜记诵，每朝在而夕不存。因忆古人读书不如写书之语，遂锐意于笔札。凡涉猎群书，见一事一辞之美善者，则必录之。积十有余年，以册记者三百余，以纸记者莫知数。乙亥壬午，两遭郁攸之厄，所存者仅十之二三。掇拾灰烬之余，得治群②邑之善者千余条，辑而名之曰《政鉴录》。赵太常见之，遂为登之梨枣，业已播传海内矣。自是而后，耑究

① 因当时未能亲见文献，笔者在拙著《马若瑟〈汉语札记〉研究》(2014)中亦曾引证该书，采用了这一说法。

② 按："群"字原误，当作"郡"。

心于古文辞，上溯太古，下及近代，祇觉文风世运，互相推移，而典则章程，莫之或易。综核博识，是则皆然。殚精五稔，纂辑此书，名曰《古学钩玄》，盖取韩昌黎文"纂言者必钩其玄"之谓也。文选诸古，句遴其精，典载其实，执柯取则，一以贯之，文章大要备于斯矣。夫有意于学古者，无事多求，于此而讽诵焉，玩索焉，则理洽心融，龃龉顿化，出语自然高古，自然合法，自然成章。行且并驱秦汉，又何逊于韩柳欧苏也哉？若夫务博学厖，诞放无纪，即令学冠五车，书穷二酉，是犹之经纬甚多，无机可织，何以成锦绣乎？博雅君子，幸其鉴余之婆心云。隆兴十六年莫春月天台陈骙题于翠微书舍。

此序中最明显的问题，是序末所题"隆兴十六年"。按宋孝宗（赵昚，1127—1194）的年号隆兴仅二年（1163—1164），其后又改乾道（九年，1165—1173）、淳熙（十六年，1174—1189），以此计算，所谓"隆兴十六年"实际已经到了淳熙五年（1178）。且其文辞拙劣，如"学冠五车，书穷二酉"等俗套之语，尤不似出于陈氏之口。由此不得不使人怀疑此序文之真实性。经查考，此序实在元人高耻（2005）传《群书钩玄序》的基础上增改而成。高序录下：

余少嗜书，苦于质鲁，朝记忆而夕忘之。遂锐意于笔札，凡涉猎群书，见一事之美、一辞之善，必录之。积四十余年，箧笥不能容，徙置他室，以册记者三百余，以纸记者莫知数。乙亥壬午，两遭郁攸之厄，所存者十之二三。掇拾灰烬之余，得治郡邑之善者千有余事，条而辑之，名曰《为政龟鉴》，归之赵侯伯常父（名知彰）。其他片言只字，脍炙人口者，尤不忍弃，亦汇而成之，凡十卷，见者多笔之。居数日，而一旧友出示数纸，则已取第三卷刊之矣。竟弗能止，复请曰："此皆群书之精粹，昔昌黎韩子有言：纂言者必钩其玄。愿以《群书钩玄》名之。"予无以易，遂用冠诸编首，或可以资初学之万一，非敢以示大方之家也。时至正七年孟秋望，临邛后学高耻传书于虎林之连鳌书舍。

两相比较之下，可以很明显地看出，《古学钩玄叙》的前半部分即是从《群书钩玄序》改窜而来，且特别对原序中的人名书名做了处理，如将“为政龟鉴”改为“政鉴录”、“赵侯伯常父”改为“赵太常”等。按赵知彰，一作“知章”，字伯常，归德人。至治三年（1323）为中书掾。（宋褧 1991）[184] 天历二年（1329）为江南行御史台监察御史（张铉 2006），巡历海南，召为左司都事，分司上都（宋褧 1991）[184]。出为淮西宪副，约在后至元三年（1337）任同知两浙都转盐运使司事。（陈旅 2004）[429—430] 除宋褧外，与虞集、泰不华、张雨等当时名人都有交往。《古学钩玄叙》的作者，虽未必知其人，但大概以为书名人名有资考证，容易露出破绽，故特意点窜，不知恰恰暴露出作伪的痕迹。

循此线索进一步查考，可见《古学钩玄》不仅卷前序言，其书之主要内容也都是自《群书钩玄》改头换面而来。《群书钩玄》十二卷乃“剌取群书成语隽词”（傅增湘 2009）[708]，以字数分编之。卷一为一字、二字，卷二为三字二句、三字，卷三为四字二句，卷四为四字，卷五为五字二句至七字二句，卷六为八字二句、三字四句、四字四句、五字、六字，卷七为七字，卷八、卷九为字数多寡不等的《脍炙句》，卷十、卷十一为《建制沿革》，卷十二为陈骙《文则》。

《古学钩玄》十卷的内容为：卷一选录《文则》从甲条至庚条的内容，但并非 68 条全录，一共有 39 条未选入，且排列次序有一定改动。① 卷二《古文章法》，选录《伏羲氏策辞》（出自伪《三坟书》）《帝尧政典》（即《尚书·尧典》）等十篇文章，附以夹批、尾批与天头批注等。卷三至卷七，依次选录二字至八字句法，并附典实。卷八选录脍炙句、长短句法。卷九至卷十《名文摘段》，为名句名段摘录。选文范围很广，上起先秦两汉《淮南子》《左传》《国语》《尔雅》等，下至唐宋时期《酉阳杂俎》《玉蟾集》等，不一而足。十卷之外，另附刻《黄石公素书》。

经过对两书的比对考查可知，《古学钩玄》的编者主要从四个方面对《群书钩玄》做了改编。

第一，删去卷十、卷十一的《建制沿革》与卷一的“一字”部分。《建制沿

① 未选入者包括：甲二、甲八、乙四、乙六、丙二、丁一、丁三、丁四、丁六、戊一至戊七、戊九、戊十、己三至己六、庚二、辛一至辛八、壬一至壬七、癸一。己二、己七、戊八列为最后三条。

革》为上起先秦、下至五代的简明通史。“一字”则主要是从《玉篇》中摘出古字，予以注音释义。这两部分都与文章撰述没有直接关系，故《古学钩玄》予以删去。

第二，将原本居于全书之末的《文则》改为首卷。

第三，新增卷二《古文章法》与卷九、卷十《名文摘段》。

第四，将《群书钩玄》之二字至八字部分删减合并，编为卷三至卷七，又将《脍炙句》二卷合编为卷八。《群书钩玄》所收文句，仅标若干字者为单句，尚有所谓“二句”“四句”者。如“三字”部分收“三素云”“随车雨”等，“三字二句”收“云从龙，风从虎”“河出图，洛出书”等，“三字四句”则收“玉不琢，不成器，人不学，不知道”等。《古学钩玄》则统一以字数编排，同时又删减了不少内容。如《古学钩玄》卷七《七字句法》，自开篇“爱子教之以义方”至“帝喾作鼓鼙之乐”，皆取自《群书钩玄》卷七。而《群书钩玄》其下尚有“酒酣喝月使倒行”等唐宋人诗词摘句甚多，《古学钩玄》一概删去，自“忠佞易明如玉石”至“论语六经之菁华”复取之。其下“大乐与天地同和，大礼与天地同节”至“清名登而金贝入，信誉显而然诺亏”，则取自《群书钩玄》卷五“七字二句”部分。

综上所述，可以得出如下结论：明代托名陈骙所编的古书《古学钩玄》，其书之主要内容皆取自元代高耻传《群书钩玄》，卷前序文亦是在高序的基础上点窜而成，冒题陈骙之名。实际其书除首卷《文则》之外，与陈骙毫无关系。明代后期作伪风行，《四库全书总目》(2003)[1087] 称：“明季士风浮伪，喜以藏蓄异本为名高。其不能真得古书者，往往赝作以炫俗，其不能自作者，则又往往窜乱旧本，被以新名。如是者指不胜屈。”《古学钩玄》即明人“窜乱旧本，被以新名”之一，并非南宋陈骙之作。

三、对比研究

马若瑟(1831)[262] 本人在《汉语札记》卷末写有一小段话：

这些例句都选自一本叫《古学钩玄》的书。这本书分为上下两卷，我手

> 里目前只有上卷，上卷到四字句法结束；下卷还包含有五字、六字、七字和八字的句法，但我现在还未获得下卷，因此只能暂时搁笔，直到以后得到书后才能继续完成后面的内容……

尽管马若瑟所参考的《古学钩玄》尚不是全本，但上卷显然已经为他撰写《汉语札记》提供了大量的典型例句和写作思路。而且从目前掌握的文献来看，当年马若瑟确有将句法典实部分补充完整的想法，但因种种原因未能完成，成为憾事。一本明代教人写作章法的书，在一位清初来华西方传教士撰写的汉语文法中，会产生什么样的"化学反应"，酝酿出什么样的中西学术火花呢？今天，我们有机会发掘出这份文献，通过这样两个看似相隔遥远实则有着千丝万缕联系的中外文本之比较，或许可以还原明清来华西士的中文学习状态与中国语文学知识来源。

笔者对两个文本进行了鉴别考订，辨析文本与文本之间的关系，从而得到了比较确凿的结论：《古学钩玄》所收录之卷一《文则》篇是《汉语札记》第二编涉及古汉语修辞和文风的重要参考资料，《古学钩玄》的二字到四字句法是《汉语札记》第五章辑录的例句和典故的主要语料来源。

具体来看，一方面，《汉语札记》对《古学钩玄》有关中国古代文体的重要理论和修辞方法进行了合理化引介。

如前所述，《古学钩玄》卷一选录了南宋陈骙《文则》的核心要旨和大部分内容。该书是中国古代第一部谈文法修辞的专书，对古汉语修辞条分缕析，初步建立了大修辞学体系。其中在论及各类文体特点和经典文选、文章形式与内容的关系等方面，都对《汉语札记》第二编颇有影响。如《古学钩玄》所引《文则》内容，提出文章的形质上要注重写文记事简洁有力，"且事以简为上，言以简为当。言以载事，文以著言，则文贵其简也。文简而理周，斯得其简也"。陈骙本人正是提倡力求语辞精练扼要的简约辞体；而非任意衍说言辞富余的繁丰辞体。随后举出了一个经典例句，即刘向《说苑》卷一里谈及泄冶的名言："夫上之化下，犹风靡草，东风则草靡而西，西风则草靡而东，在风所由，而草为之靡。"此句用了32个字将要论说的观点讲清楚。接着又引用《论语》里跟它同样意思的一句话："君子之德风，小人之德草，草上之风必偃"，只用了与泄冶之言相比少一半的16个字，却已将内涵清晰表述。最后又以《书经》中的"尔唯风，下民唯草”一句为例，将《论语》的话再减去9个字，仅用精简到不能再简的7个字，凸显的是同样深邃的意义。陈骙于是点评如何避免冗长，以简约取胜才是作文中的难点。

马若瑟极为推崇陈骙的观点，力荐“简约”为汉语文风之最高境界。他在书中盛赞中国最古老的几部经典《易经》《尚书》《诗经》，语言特点简约庄重，内涵深刻丰富，都是通过最精练的句子来表达最深奥的道理，故而十分赞赏这类写作风格。故他也采用《书经》“尔唯风，下民唯草”，到《论语》，再到刘向的典型例子来说明古代文风是如何随着文句长短之演进从简约到繁丰的，并明确指出《书经》的这句名言其言之简，其义之深，当为简约文风之表率。有趣的是，《文则》所辑录的三个例子是按先繁后简的递减顺序，将最简约的例句放在最后展示；而马若瑟则反其道而为之，先简后繁，展示了因文句逐步递增所呈现的繁丰文辞的特点。作为对比，马若瑟（1831）[194]还对《孟子》行文爱用华丽繁复的辞藻提出隐晦的批评，以《孟子·告子上》的“牛山之木”作为反例来说明，如果使用太多比喻和虚词，反而会失去汉语的美感，让文章语句啰嗦，甚至主题不明。[①]也就是说在古文写作时事理和文辞要相称，避免过度铺陈，才能达到文质统一言简意赅的境界。无独有偶，修辞学大家陈望道先生（2006）[252]在《修辞学发凡》第11篇“文体或辞体”中跟马若瑟一样，分析的思路也是从简到繁，采用了完全一样的三个例句来说明简约体和繁丰体的特色。

在古汉语修辞法小类的论析中，《文则》所阐释的类别较为丰富，马若瑟在处理时做了合理取舍，选取像复迭、排比、譬喻等与欧洲古典修辞法类似，同时更具中国特色的修辞格进行解说；还对分类做了一定的调整和合并，使之更符合欧洲人语言学习之习惯。如《文则》（陈骙1998）[12]对“喻”的阐释为“易之有象，以尽其意，诗之有比，以达其情。文之作也，可无喻乎。博采经传，约而论之，取喻之法，大概有十”。将“譬喻”再分十类加以叙说，包括直喻、隐喻、类喻、诘喻、对喻、博喻、简喻、详喻、引喻、虚喻等。中国古代繁复的修辞法

---

① “牛山之木尝美矣，以其郊於大国（也）。斧斤伐之，可以为美乎？是其日夜之所息，雨露之所润，（非）无萌蘖之生焉；牛羊又从而牧之，是以若彼濯濯也。人见其濯濯也。以为未尝有材焉，此岂山之性哉？……”

如在介绍时不加甄别拣选而完全照搬，这样的细类对西方汉语初学者而言确实是较为复杂且难以掌握的；马若瑟对此做了策略性处理，将其精简提炼为相对简要的五类，分别为直喻、类喻、暗喻、“比”“兴”手法和借喻，对应了《文则》所分的直喻、类喻、简喻、博喻、对喻几类。如此一来，既保留了汉语修辞手法“喻”的典型用法，又与西方修辞格有一定对应联系，便于理解。

另一方面，《汉语札记》充分借鉴了《古学钩玄》的典型例句和文本细读法来解说古汉语的语法与修辞。

《古学钩玄》偏重教人习得古文章法，注意收集某类典型的修辞格和作文法则，再辑以例文例句，并从中归纳出每类的特点或意义。马若瑟颇为认同这种方法，尤其是当他站在一个西方学习者的视角来观察汉语的时候，更加强烈地感受到汉语中有很多语法现象是很难用传统西洋文法的理论和规则来进行解构的。在那个时代，他似乎已经有了一些朦胧的意识，发现中文不像西文那样严格遵循主谓二分、动词中心的框架，更多讲究的是事理铺陈、意尽为界的流动性；而且在中国，事实上语法与修辞往往合二为一，难以绝对分开。德国语言学家洪堡（Wilhelm von Humboldt, 1767—1835, 1990）[69] 也说过：“在汉语的句子里，每个词排在那儿，要你斟酌，要你从各种不同的关系去考察，然后才能往下读。由于思想的联系是由这些关系产生的，因此这一纯粹的默想就代替了一部分语法。”中文由于没有过多严格的形式限制，可以充分利用说话的语言环境以及语言内部的相互衬托等条件，使得表面看语法形式松弛，但内涵却更富有弹性。这个时候，如果一味用西洋语法的理论和框架去规范汉语，反而可能产生“削足适履”的困境。正是基于这样朴素的认知，马若瑟（1829）[153] 才会在书中告诫读者学习差异性较大的语言时，不要受缚于欧洲人头脑中固有的语言观念和成规：“我不想将我们的语法规则应用到汉语中。相反，我希望传教士们可以解放他们的思想，摆脱自己本国语言的影响。”

在撰写过程中，马若瑟尝试摈弃拉丁文法的陈规窠臼，去努力发掘中国传统语文学研究中已有的独特成果，比如他关注到了汉语中两个重要的语法手段即虚词和语序，并在《汉语札记》里首次向西方人做了介绍；再比如重视打通汉语语法和修辞的界限等。他进一步提出了学习汉语不要拘泥语法理论，要通过背诵和仿写中国古代经典作品中的典型例句，采用文本细读的方式来分析、提炼其中的语句结构或固定搭配。这种方法的特点在于并非按标准文法书编写惯例先给出通行的语法规则，而是辑录大量典型实例，使学生可以直接从一手的中文语料中进行系统的概括总结，从而获得有关中国语言全方位的认识，但这也对学习者的汉语水平要求较高。19 世纪中叶，任教于英国国王学院汉学教席的佐麻须对此曾评论说："马若瑟的书是一个巨大的仓库，留给学习者很大的空间，由他们自己去得出有关中文的本质和特征的结论……这部著作为汉语学习者提供了大量的实例和关于小说文体特征的介绍，虽然个别例子的译文有误，但由于绝大部分例句非常忠实于原文，能够帮助学生把握汉语语言的特性。"（Summers 1863）[vii]

通篇概览，《汉语札记》书中所使用的各类例句多达 1.2 万余个，规模惊人。在第二编讲解文言部分，笔者通过文本比对和数据统计，发现多次直接引用《古学钩玄》的例句。比如介绍修辞格"排比"，《汉语札记》选取了《古学钩玄》所引 45 个例词中的 30 个，[①] 约占 67%；使用的 48 个例句中有 36 句完全一样，相似度高达 75%。

最后一章"典雅句法汇编"的很多例句范文直接摘自《古学钩玄》，马若瑟认为这些丰富例句集合了中国古代读书作文的一些基本章法，西方读者可以从中领略到中国古文章法的精髓。《汉语札记》只有从一字到四字句法的内容，后面五字句法仅余标题，根据考察其中的二字、三字和四字部分与《古学钩玄》同。下面分别论述以飨读者。

（一）二字句法

本小节分三部分。首先是两个虚字连用的情况，用来表示不同的情感，有 10 个例子；其中与《古学钩玄》"二字句法"相同的有 7 个，占 70%，如下：

虽然。何则。于乎。于戏。呜呼。何故。何为。

① 《汉语札记》所选取的 30 个例词为：或、也、者、之、得之、谓之、之谓、以、足以、不以、之以、可、可以、为、必、无、莫大乎、而、而不、其、得其、兮、奚、矣、未尝、曰、有、於是乎、然、焉。

其次主要是两个字构成的固定搭配，有22个例子，其中有12个，将近55%来源于《古学钩玄》，包括：

美哉。诗云。首路。润笔。肤浅。下走。钓名。目送。饮泣。食言。平生。姑息。

汉语的典实是指古代写文作诗时使用的典故、史实。《古学钩玄》主要将典实分为三类，或注明典故出处，并加以解释；或只注明典故，或只做诠释。如“堪舆，地也，见《艺文志》”，就属于诠释、典故皆有。又如“曜灵、朱明、东君、烛龙，并日”，仅有诠释。再如“于乎，并处经传《四书》”，仅注明典故。有典实者多，无典实者少。

最后列举的二字典实共73个，跟《古学钩玄》相同的有65个，占例句总数的89%。辑录体例均为中文典实，附罗马字注音和拉丁文释义。例如：表示“月神”的“望舒、纤呵”；表示“葡萄树”的“红友、桑郎、兰生”；表示良驹的“追风、追电”；表示“贵族”的“世家”等。

（二）三字句法[①]

这一小节分为三部分，包括典实、疑问句式和平行句式。

（1）三字典实

三字典实共列29种事物的40个典实，其中与《古学钩玄》完全相同的有33个，约占总例句数的83%，如“人中龙”“孔方兄”“解语花”“一笔书”等。

（2）三字疑问词

关于三字连用的疑问词，包括7个例子，其中有2个“如之何”“何以哉”与《古学钩玄》同。

（3）平行句式的三字句法

马若瑟提到中国很多著名作家在文章中喜用平行的三字句法，很少使用单个

① 以下例句选自Prémare（1829）[252—254]。

的三字句，实为中国古代写作讲究句法整齐，对仗工整的要求。书中选择平行句法例句的标准，一般为句意呈并列或者相对、相反的关系，上下句字数相等，且句法结构也基本配对，例如："创业易，守业难""和其光，同其尘""重仁义，轻死亡""诵离骚，饮美酒""赏为表，罚为里"等。本节共举出了 42 个平行句式的例句，有 32 句与《古学钩玄》同，占比约 76%。

（三）四字句法

"四字句法"分成两部分，第一部分大多是以常见于文言文中的四字成语、熟语，或平行句式为主，兼有单独的四字句法。第二部分为四字典实。

（1）单句和平行句式的四字句法

180 个例句中平行句式的四字句法有 122 句，与《古学钩玄》相同的有 115 句，约占全部例句的 94%。比如像"己所不欲，勿施于人""见人一善，忘其百非""义动君子，利动小人""书不尽言，言不尽意"等，很多句子至今仍然耳熟能详，语言极具生命力。

单句的四字句法有 57 个例句，除了第一句"玩物丧志"外，其他 56 句全部照搬《古学钩玄》，占比达 98%，包括"人面兽心""唇亡齿寒""饮血茹毛""登山临水""江澄海静"等。①

（2）四字典实

四字典实给出的例句很少，只有八句"白水真人、青州从事、玄香太守、离石乡侯、长喙将军、长须主簿、绿衣使者、饮醴茹芝"，全部都出自《古学钩玄》。

综上，这一章共使用了 381 个例句，其中有 330 个都来源于《古学钩玄》，两个文本例句的相似度高达 86% 的比例，由此可以充分确定《古学钩玄》就是马若瑟编撰《汉语札记》第二编时所使用的重要蓝本。

① 这部分例句个别有改字和颠倒顺序的异文，笔者揣测可能由于马若瑟在写作时正羁居广州，多年来搜集的中国书籍均未能随身携带，只能凭记忆或部分读书笔记来回溯例文，无法一一核对原文出处，难免有失之确凿的地方。

四、小　结

马若瑟所生活的康熙年间，正值清代学术走向繁荣的时期，实学之风日盛，崇尚从复古求得思想的解放，又恰逢西方传教士带来近代西学新知，清代学者中的不少有识之士开始与传教士交往，翻译西学，欧洲的学术观念带给清代学术体系新的冲击。通过传教士与中国学者的学术晋接，中西语言也在此时开始了正面的接触与交流。汉语为欧洲普遍语言学运动的产生与发展提供了一个绝佳的参照物；而西方语言的逻辑体系与理性分析又给中国传统语言学研究带来了新的研究视角。这种来自知识层面的双向流动构成了自16世纪以来贯穿东西方语言接触与交流历史的一个主要特征。

此前，对于这批西洋汉语研究著作，学术界更注重其如何运用西方语言学方法和理论框架对汉语的语音、词汇、语法进行分析，较少反向关注“中国元素”对其的影响。本章通过详细考察《汉语札记》与中国古代诗文评类著作《古学钩玄》的具体关系，试图理解从西方人视角所归纳出的中国语言的一些基本特征和内在逻辑，并将这些内容与中国古代自身的语言研究成果联系起来，从而展示出中国传统语文学的方法和实践对传教士产生了哪些影响。事实上，当来华传教士初次面对汉语时，不仅要为生存和传教之目的，从零开始掌握听说读写的语言技能，还要为方便后来者的学习，从无到有创造一套供第二语言习得者所使用的汉语语法体系。他们几乎不太可能仅凭一己之力白手起家，或多或少会求助于自己的中国文人朋友、教徒。从晚明到晚清的诸多事例中，我们已经观照到他们在语言研习过程中得到了中国人的指导和帮助，像利玛窦与徐光启、李之藻，金尼阁与王徵，马若瑟与刘凝，马礼逊、米怜与梁发，理雅各（James Legge, 1815—1897）与王韬等。此外，他们还会借鉴自己曾学习过的中文文献，甚至完全可能直接利用现成的中国本土著述作为其成书蓝本，在此基础上加以合理化的选择、增删和改编。这一点从《汉语札记》的部分理论和语料素材直接取自《古学钩玄》就能得到佐证。

另一方面我们也应注意到，当时在各地学习汉语的传教士手里所掌握的中文资料不尽相同，有的是修会内部统一使用的“标准教材”，如儒家经典四书五经；有的个人学习资料则较为通俗随意，可能从中国文献学角度来看未必具有相当的权威性。比如本章已考证出《古学钩玄》一书实为明人假托南宋陈骙之名所作之“伪书”，并非官方认可的经典著作，可归为明清蒙学的“兔园册子”[①]一类，这从其流传至今仅有四个藏本就可推知其在历代的流播程度十分有限。但无论是通行的典籍作品，还是较为生僻的民间文本，甚至还包括一些各地的方言材料，这些来自不同地区不同阶层的历史语言文献通过文字书写或口耳相传，对揭示中国古代文学文化整体的内在风格和特定传统均有着各自不可取代的意义。在流传至今的传教士汉语研究论著中能够为国内学界提供一个“他者”的视角和富有价值的线索，使我们可以多角度地思考语言与文化的共生关系。

尽管在参考资料的权威性上尚有一定的缺憾，但我们仍然要肯定三百年前马若瑟反对照搬拉丁文法，尽可能以汉语本来面貌来描述其特点所做出的积极努力。他真正理解了中国语言的精髓，发现欧语的模式不完全适用于汉语，而在中国传统学术中亦有可取之处，于是通过对中国古代语文学的研究成果创造性地改造和利用，转化为西洋汉语论著中的部分理论依据和语料来源；同时又结合自身的西方学术背景框架，从他者视角出发探索思考中国语言的内部特点、语法规则。因此，可以说马若瑟这部中西合璧的作品《汉语札记》为当时的欧洲人了解汉语的独特性提供了一个具体而直观的呈现形式。

① 本来是指唐五代时私塾教授学童的课本，因为内容肤浅，故受一般士大夫轻视，后泛指读书不多的人奉为秘本的浅陋书籍，出自《新五代史·刘岳传》：“道行数反顾，楚问岳：‘道反顾何为？’岳曰：‘遗下《兔园册》尔。’《兔园册》者，乡校俚儒教田夫牧子之所诵也。”

附 录 Appendix

《汉语札记》中译本

译者序

清康熙年间来华的法国耶稣会士马若瑟（Joseph de Prémare, 1666—1736），汉文名“马龙出”，笔名“温谷子”，是西方汉学史上著名的传教士汉学家。他在中国语言文字研究方面的代表作 *Notitia Linguae Sinicae*（学界通行中译名《汉语札记》）是西人汉语研究史上第一部同时介绍白话和文言的语法著作，首次尝试突破拉丁文法的范式来描写汉语语法，对欧洲汉学史和世界汉语教育史都产生了深刻影响。

马若瑟于 1666 年出生在法国诺曼底科唐坦卡半岛北端的小城瑟堡。1683 年加入耶稣会，1693—1696 年在弗莱彻学院（Collège de la Flèche）学习神学。1698 年，马若瑟等七位法籍耶稣会士随同白晋神父搭乘安斐特利特号（L’Amphitrite）启程前往中国。从此在华传教三十余年，辗转江西、北京、广州、澳门等地，直至 1736 年在澳门耶稣会学院病逝。

马若瑟一生致力于研究中国的语言与文字，著作等身，汉学成就斐然，其成果主要集中在五个方面：第一类，传教文献。他早年用中文撰写了一些天主教教义小册子，如《圣母净配圣若瑟传》《信经真解》《圣若瑟演述》等。第二类，中国文学译介作品。其中最重要者为元杂剧《赵氏孤儿》的法译本，这是中国戏曲第一次被翻译介绍到欧洲。马若瑟的译本后来被收录于杜赫德所编《中华帝国全志》，伏尔泰以此本为基础，创作了五幕道德剧《中国孤儿》，在法国上演后引起巨大的轰动，成为中法文学交流史上的一段佳话。第三类，索隐学论著，如《六书实义》《易经理解》《经传议论》《中国古籍中之基督教主要教条之遗迹》等，试图在中国古代文字和古籍中去寻找天主教的奥义。第四类，汉文文学著述，马若瑟 1709 年写的《梦美土记》不仅是在华传教士所撰首部汉文小说，也开基督教在华布道小说的先河，被认为是中国小说史上第一部中西合璧之作。[①]1729 年创作的《儒交信》以章回体小说的形式宣传基督教教义，该书亦是目前已知第一部采用中国古典小说形式来介绍基督教思想的传教士作品。（张西平 2009）[595]。第五类，汉语研究作品。马若瑟以三十余年钻研中国语言文字的心得，撰写了 *Notitia Linguae Sinicae* 一书，成为世界上第一部系统研究汉语官话和文言的论著，被后世法国汉学家戴密微（1998）[27] 盛赞是“19 世纪以前最完美的汉语语法书”。

《汉语札记》[②] 的初稿拉丁文书名为 *Notitia Linguae Sinicae*。全书第一部分介绍“De lingua vulgari et familiari stylo”（直译为“论白话和通俗文体”），第二部分介绍“De sinica oratione in nobiliori librorum”（直译为“论经典著作中的中文辞藻”）。基本框架共分三卷：绪论、第一编、第二编。

绪论部分总论汉语的总体特征和语言要素，介绍了中文典籍、汉语学习的方法、中文字典、汉字构造、性质及音韵。绪论分三章，第一章概述中国古代经典的基本情况，并辅以各类代表作品和作家；第二章介绍汉字及音韵的基本知识；第三章附录了一份“汉语诸音总索引”[③]。

---

① 李奭学教授对该文献有深入研究，并考证了马若瑟对该文的著作权，参见李奭学（2011）。

② 目前马若瑟拉丁文原手稿存世两部，分别藏于法国国家图书馆和英国大英图书馆，其中大英图书馆所藏手稿仅存残缺不全的第一编。1831 年在马六甲由英华书院出版了拉丁文本，以法国所藏之手稿为底本。

③ 拉丁文本附录“汉语诸音总索引”，按照汉字罗马字母注音的韵尾排序，共计 39 个韵母，列举了 1334 种音节，每个音节列出一个汉字及其释义。而英译本的译者裨雅各用卫三畏《英华韵府历阶》的字表取而代之，按谐音字为小类收录，以汉字罗马字母注音的第一个字母排序，从 a 到 yung 共收入 533 个音节，4296 个汉字，无释义。

第一编首先论述汉语口语的语法原则和体例，接着重点分析了白话虚词，马若瑟把虚词分为两大部分，第一部分包括那些用途广泛、含义复杂、使用频率较高，经常分属两种或两种以上词类的兼类词，如："得""把""一""敢"等16个；第二部分是完全意义上的虚词，根据虚词的不同功能，分为否定、程度加深、限定、句首、句尾共五类，讨论了41个虚词的用法。接着又介绍了35个常用白话虚词的详细用法，如"也""又""就""却""着"等。在第一编的最后部分，他还列举了165条通俗文体的修辞法及民间俗谚，另外专有一章介绍了"中国的礼仪"（出版本未收入）。①

第二编主要介绍典籍中的高雅文体，首先论述文言词法、句法，接着继续探讨了18个代表性的文言虚词用法，如"之""者""也""與"等，引用了400多段例句；同时又按功能将文言虚词分类讨论，有时间类、加强语气类、疑问类和句尾类，以及虚词与虚词结合使用的情况。后一部分以汉语修辞法为探讨重点，目的在于指导西方人如何用中文写作，着重分析了汉语不同文体的风格，以及7种书面语的修辞法，并辅以大量从先秦散文和历代典籍中摘录的精彩例文。最后一章列举一、二、三、四字句法和典实，辑录了400多条例句。

1728年上半年，马若瑟在广州完成写作后，将五卷本手稿寄给法国金石与美文学院院士傅尔蒙，想请他代为帮助在法国出版；然傅尔蒙当时正在着手准备出版自己的语法书《汉语论稿》，收到这部作品后发现《汉语札记》无论是从规模上还是内容上都远胜于己，出于嫉妒他将手稿扣留在王室图书馆，并在自己作品的前言对马若瑟的《汉语札记》做了严苛批评。由于傅尔蒙的行为，手稿在图书馆中沉睡了差不多一个世纪，直到法国首位专业汉学家雷慕沙于19世纪初在东方手稿部找到该书，后于1822年在自己的语法书《汉文启蒙》序言中对其进行了郑重介绍。此事由雷慕沙为之揭露，真相始白。（石田干之助1941）[109]之后，英国的金斯博鲁勋爵出资，赞助新教入华第一人马礼逊出版该书。马礼逊遂委托雷慕沙的弟子儒莲誊写其师制作的抄本，之后寄往马六甲英华书院，耗时数年，以此为底本于1831年正式在远东出版《汉语札记》拉丁文本。此时距离马若瑟

---

① 此部分内容仅见于大英图书馆所藏的部分残稿，未见于法国国家图书馆手稿和1831年拉丁文出版本。

真诚地将自己的手稿寄给傅尔蒙已经过去了100多年，他呕心沥血写就的这部汉语语法从完稿到出版晚了整整一个世纪，但有幸的是最终得以问世，并对近代西方人的汉语学习与研究都产生了深远的影响。

1831年初版《汉语札记》拉丁文本正文有262页，附26页的索引①。1847年，由美国新教传教士将该书译成英文，略有删改，在广州由《中国丛报》社出版。英译本正文有323页，另附4页的简要索引②。《汉语札记》书中引用的中文例句多达一万两千余个，印刷超过五万个汉字。无论是之前的作品还是之后的作品，都罕有能与之媲美的，从其规模而言，堪称早期西洋研究汉语的一部巨著。该书在世界上首次将汉语白话与文言语法纳入研究视野，同时汇编了音韵、文字、词汇、民间俗谚、文学作品选编等多种内容，收录了含1334个音节的汉语语音总表③和含240个反义字的字表，内容极为丰富，称得上是当时西方人有关中国语言及文学的知识大全。

法国第一位专业汉学家雷慕沙评价《汉语札记》是马若瑟所有著述中最重要而应当引起重视的作品，也是欧洲人所撰写的此类著述中最佳者。新教传教士艾约瑟在《上海方言中所见之中国谈话文法》序言中曾说："马若瑟深悟中文特具之美，非其他研究此道之学者所能及也。"（转引自方豪2008）[670] 中西交通史研究专家方豪先生也对此书大加赞誉，称其为"西人对我国语文的性质与构造所作的第一部专著"（方豪2007）[431]，当得起"西人研究我国文字学之鼻祖"（方豪2008）[670]。

作为欧洲早期汉学的奠基之作，《汉语札记》从法国耶稣会士转到欧洲汉学家之手，然后又被尘封在图书馆长达百年，最后才由英国新教传教士圆其出版之梦，其过程不可不谓艰难曲折。值得庆幸的是《汉语札记》一书虽命运多舛，但总算得以出版刊行，不至于继续被束之高阁，或仅仅以手抄本形式流传于数个欧洲汉学家之手，其学术价值从此才真正为广大世人所知，并供学者们案头研究

① 该索引由法国汉学家雷慕沙在法国王室图书馆（现法国国家图书馆）誊写《汉语札记》抄本时所作。

② 该索引为英译者裨雅各翻译该书时所作。

③ 拉丁文本的语音总表共有1333个音节，英译本将原语音表删去，代之以一份新的语音表，共计4397个汉字。

之用。

到了19世纪，在西人汉语语法研究方面，已经有多部语法专著在远东和欧洲本土正式出版，包括新教传教士马士曼的《中国言法》（1813）[①]和马礼逊的《通用汉言之法》（1815），雷慕沙的《汉文启蒙》（1822），天主教传教士江沙维[②]的《汉字文法》（1829）等，其中不乏佳作，各有所长；但《汉语札记》作为早期来华传教士汉语研究的最高成就，仍然吸引了马礼逊和英华书院耗费巨资，耗时数年将其付梓出版，并用作该院教授汉语的教材；1831年拉丁文版出版后，为了方便更多的汉语学习者使用，《中国丛报》社又于1847年推出英译本，从而扩大了该书在远东地区和欧洲本土的影响。

《汉语札记》书中对于汉语特性的描述，深刻地影响了后来的传教士和语言学家对中国语言的进一步认识和分析，成为当时西方人理解和认识中国文化其他领域的基础和前提；实现了作者马若瑟在几百年以前写作该书的愿望：向欧洲人全面揭示了中国语言自身的特点和规律，让更多对中国感兴趣的人以一种更为行之有效的方法来学习汉语，而且更重要的是让该书真正成为一座连接中国文化与欧洲文明的桥梁。

因笔者外语能力所限，本译稿以1847年英译本为底本，同时参考了1831年拉丁文本和法国国家图书馆与大英图书馆的两部手稿，在翻译中对两个本子的主体内容进行了一些对勘，并以译者注的形式做了说明。同时，为更好地展示历史文献之原貌，以及新教传教士为该书在英语世界所作推广的种种努力，译稿特保留1847年译本全部中文例句的英式注音和英文翻译，以便读者参照了解英译本所呈现出的到19世纪中叶汉语在语音、词汇和语料方面之嬗变。由于译者学识有限，学力不逮，翻译中难免有各种疏漏，不当之处还请方家批评指正。

下面对这两个版本略做介绍。

1. 1831年的拉丁文初版本由马六甲英华书院出版。这是马礼逊在金斯博鲁

---

① 该书扉页还有一个拉丁文书名“Clavis Sinica”。郑梦娟博士论文《19世纪上半叶英国汉语语法研究的特点及启示》（中国传媒大学，2007）对该书有深入的研究。

② 又名公神甫。

勋爵[①]的资助下，委托儒莲誊写其师雷慕沙之抄本，以儒莲抄本为底本印刷出版的。全书由绪论、正文和附录三个部分组成，绪论分为三章，正文部分分为两编，第一编有两章；第二编有五章。绪论和正文部分共计262页。正文部分结束于第二编第五章第五小节，但仅余小节题名，没有内容。扉页上标有“Notitia Linguae Sinicae”的书名，题目下方用拉丁文标明“Auctore P. Prémare”，即“作者为马若瑟”。出版地为“马六甲”，出版机构为“英华书院”，出版时间为“1831年”，封面没有汉字。1831年拉丁文版的汉字从右到左排列，汉字注音所采用的是法式注音。[②]这一版本没有目录，书后附有由雷慕沙整理的28页索引，以汉字罗马注音的首字排序，共计1736个关键字，可以查找到书中绝大部分语法点及例字，同一个字如果在不同地方出现则标明多个页码。

2. 1847年英译本的译者是裨雅各（James Granger Bridgman, 1820—1850），他是新教来华的第一位美国传教士裨治文的堂弟，曾任《中国丛报》的主编。裨雅各与裨治文一起都来自美国马萨诸塞州的阿默斯特（Amherst）家族，1844年他作为美国公理会传教士派往中国。来华后，他应堂兄裨治文的请求，开始着手翻译《汉语札记》，历时三年，一直到1847年4月13日，终于完成了这项艰巨的工作。

1847年的英译本全书由前言、绪论、正文和附录四个部分组成，正文有323页，另附索引。扉页写有“The *Notitia Linguae Sinicae* of Prémare translated by J. G. Bridgman”，标明书名、作者名和译者名，题目下方用英文标注出版地为“广州”，出版机构为“《中国丛报》社”，出版时间为“1847年”，封面没有汉字。全书汉字改为从左到右排列，注音按新教传教士使用的英式注音方式重新转写。以例句“中国的人”为例，拉丁文本中注音为 *tchōng koüĕ tĭ gîn*，英译本中注音为 *chung kwoh tih jin*。英译本没有收入雷慕沙的索引，代之以裨雅各自己编制的一份

① 金斯博鲁勋爵在1824年9月14日写给雷慕沙的信中曾说：“……您所表达的遗憾，以及您关于这部著作不可能被出版的预言促使我和马礼逊博士安排了出版该书的机会。”（转引自龙伯格2009）[244]

② 马若瑟在绪论第二章第二节“论汉字的发音”时明确提到全书采用的是自己熟悉的法式注音，并为方便其他国家传教士阅读，还专门指出了法式注音与西班牙、葡萄牙注音的一些区别。

仅4页的简要索引，将目录标题和内容按英文字母排序，共计182个关键字。

尽管由于时代的局限和英译者本身汉学和汉语水平的限制，在今天看来1847年的英译本难免有着这样那样的一些缺憾①，甚至也有误译之处，但我们也不可否认，正是由于有了1847年英译本的出版，马若瑟的《汉语札记》才得以在更大的范围内被认识和接受、被研究和讨论，为这部经典之作在19世纪甚至之后更长时间里的推广传播，对远东和欧洲本土的汉语学习者、汉学家、专业语言学家的中国语言研究起到了推波助澜的作用。

本着将马若瑟在中国语言研究方面的这部代表作重新引介回中国——这位法国耶稣会士开始其三十年汉学研究的发源地之发心，译者希望通过《汉语札记》中译本，为国内学界进一步展开对这部西方汉学史和世界汉语教育史的奠基之作的深入研究尽一份绵薄助力。

---

① 当代挪威汉学家何莫邪在李约瑟（1998）[16]主编的《中国科学技术史》卷七《语言与逻辑》中谈到了对《汉语札记》英译本的意见，“对那些不熟悉拉丁文的人来说，只能借助于裨雅各1847年的英译本……译者常试图把马若瑟的原意理解为相反的意思，而且总是删略那些颇为有趣的题外话，那恰恰是马若瑟用拉丁语所要表达的绝妙的见解……”

中译本正文

《汉语札记》
1847 年英译本序言

在把以下这部著作介绍给公众之前，有必要说明的是，拥有这部原稿的译者，对原稿做了一些修改。该书的抄本，正如被发现的那样，不仅尚未最后完工，例如结尾部分并没有按照作者的计划补上去；且文中还充塞着相当多的排印错误，这也在一定程度上给推断文句的准确含义造成了困难，同时也会引起某些翻译上的差异。

一些看来不太实用的句子，以及原书作者绪论中的一部分内容都被删去了，[①]包括附录中所含的一张列举了汉语各种音节的简表。在书的正文部分，为了便于从左至右地阅读，汉字的顺序也做了相应的调整。在翻译中，基本上尽最大可能地表达了作者的意旨。少数例证改变了作者的原意，是为了更好地符合中文思想表达的准确形式。

原书的索引部分[②]由于内容的扩充超出了限度，因此也被删减了；而译者则使用了另一份更为简洁实用的索引。在修订的过程中，译者还注意到了这部作品便捷实用的特点。英译本的注音方式与卫三畏（Samuel Williams）的《英华韵府

---

① 英译本删去了“绪论”第二章“论汉字的发音”中的第二节“汉字的音韵”。这一部分在拉丁文本有 10 页内容，分别论述汉语的声母、韵腹和韵尾。英译本只保留了第一节“声调”部分，删去第二节“音韵”的具体阐述内容，在“汉语的音韵”小节标题下面只有短短两段对后面新字表的说明。——中译注

② 英译者所说的索引是雷慕沙所作抄本时编制的，儒莲誊抄也将索引一并抄写，但马若瑟本人《汉语札记》手稿没有索引，特此说明。——中译注

历阶》(*Vocabulary*)[①]相同，借用了该书“序言介绍”后的全部谐音字列表。其中，包括了绝大部分常用字和准确的注音；有 *ping*“平”、*sháng*“上”、*k'ü*“去”，*juh*“入”四声；亦有两类，即升调和降调。如下所示：“꜀边”“꜂贬”“变꜄”“必꜆”“꜁时”“꜃恃”“侍꜅”“十꜇”。

因为缺乏其他国家所拥有的印刷设备，一些印刷排版上的错误是无法避免的。尽管如此，这些错误丝毫不会减损这部作品的整体水平和内在价值。我没必要在这里特别强调这些。对那些学习中文的学生，特别是正要开始研习这门语言的学生而言，这本书的优点足以证明其重要性。像这样一部作品，我特地将它推荐给生活在这个伟大帝国土地上的宽容的人们。如果它能够给这个封闭民族指出一条通向他们家园和心灵的道路；如果它能促进中国与西方之间的交流；如果它能给长期生活在黑暗中的人们带去一盏文明与基督的灯火，那么，作为译者，他向上帝的祈祷便有了回应，同时他所付出的心血也得到了最高的奖赏。

裨雅各

一八四七年四月十三日于广州

---

① 该书是美国来华传教士卫三畏于 1844 年在澳门出版的一部工具书：*An English and Chinese Vocabulary*，中文书名为：《英华韵府历阶》，澳门香山书院 1844 年刊行。这是一部英汉词汇手册，按照英文字母顺序依次列出单词和词组，并给出中文的解释和官话注音。参顾钧（2009）——中译注

英译本目录[1]

① 英译本原书目录编排如此，个别与后文章节标题有少许差异，中译本为保留原貌，故不做改动，特此说明。——中译注

句首虚词

句尾虚词

论修辞

重叠

对偶

疑问

谚语集

第二编　书册的语言

语法和句法

汉语虚词

不同等级的文体

文体通则

不同文体的例句

修辞手法

对偶

重叠

层进（连文）

反诘（论辩中的疑问句）

素写（描写）

30 种不同文风

不同种类的比喻

比喻

隐喻

寓言

雅语集

索引

绪 论

这些章节旨在对中文典籍及其文字书写系统进行考察和介绍。

第一章 中国典籍

这一章包括三个部分。1. 首先会将中国典籍分门别类，这样可以对汉字有一个大致的了解；2. 作者的目的是指明阅读这些典籍的最佳方法；3. 将对字典做一些补充说明。

第一节 中国典籍概况

根据作品的年代、作品的可信度，以及写作风格的不同，中国典籍可以分为许多不同的类别。

1. 在这一类中，中国人通常把那些远古的书籍称为 *King*，“经”。“经”在中国文献里占有首要位置，包括三种：*Yih King*（《易经》）、*Shí King*（《诗经》）和 *Shú King*（《书经》）。

2. 第二类由于受到中国学者的重视，被称为“经典”，也就是通常所说的 *Sz' Shú*，“四书”，如下：*Chung Yung*（《中庸》）、*Tá Hioh*（《大学》）、*Lun Yü*（《论语》）和 *Mangtsz'*（《孟子》）。除此之外，还可以加上 *Ch'un Ts'áu*，（《春秋》）和 *Lí Kí*（《礼记》）。

3. 在这一类里有 *Táu Teh King*（《道德经》）、*Nán Hwá King*（《南华经》）、*I' Lí*（《仪礼》）、*Chau Lí*（《周礼》）及 *Shán Hái King*（《山海经》）。

4. 可以归入这一类的有 *Ts'ú Tsz'*（《楚辞》）、*Kwángyun tsz'*（《关尹子》）、*Liehtsz'*（《列子》）、*Suntsz'*（《荀子》）、*Yángtsz'*（《杨子》）和 *Mangtsz'*（《孟子》）。孟子被现在的中国人大加推崇，被抬高到了和孔夫子几乎同样的位置。

5. 我们可以把 *Tso Shí*（《左氏》）、*Kung Yáng*（《公羊》）、*Kuh Liáng*（《穀梁》）这三本解释《春秋》的书归于这一类。左丘明还留下了另一本书 *Kwoh Yü*（《国语》）。此外，还可以加上 *Lü Puhwei*（吕不韦）、*Hwái Nántsz*（淮南子）、*Sz'má Tsien*（司马迁）、*Hü Shin*（许慎）（字典 *Shwoh Wan*，《说文》的作者）以及 *Ching Ts'iáu*（郑樵）等人的书，他们的作品都涉及远古时代的事件。

6. 这一类包括很多文人雅士和评论家，如 *Hán Yü*（韩愈）、Three *Sú*（“三苏”）（父亲和两个儿子）、*Wáng Ngánshih*（王安石）、*Tsang Nánfung*（曾南丰）、*Ngauyáng Siú*（欧阳修）等。

7. 这一类里，我们把注经家包括了进来。从古至今，在这一领域杰出的代表人物有 Two *K'ung*（“二孔”）、*Wáng Suh*（王肃）、*Máu Ch'áng*（毛苌）、*Ching Hiuen*（郑玄）、*Wáng Peh*（王弼）。宋代以后，更是人才辈出。其中，集大成者当推 *Chú Hí*（朱熹）。在距今稍近的作品中，我们不能不首先提到盛世明君：康熙皇帝和集注 *Jih Kiáng*（《日讲》）；此外，特别是在他统治后期还刊行了一本 *Chau I' Cheh Chung*（《周易折中》）。

8. 这一类包括很多近代的教师，他们的箴言收录在 *Sing Lí Tá Tsiuen*（《性理大全》）一书中。代表人物首推 *Chau Lienk'í*（周濂溪），其次还有两个特别值得称赞的人，即 *Ch'ingtsz'*（程子）、*Cháng Tsái*（张载）；以及上文所提及的 *Chú Hí*（朱熹），还有 *Sháu K'ángtsieh*（邵康节）。

9. 在这一类里，我们列举的是史学家。把他们放到最后一类，并非因为他们不是好的作家，而是了解他们所记述的那些史实似乎并不是那么重要。在我看来，其他的一些作品具有更重要的影响。

考虑到以上提及的书籍都是以中国人所熟知的语言和风格成书，在本书的第一部分将会对此进行一些阐述。在第二部分我将会举出很多风格各异的文体，它们不仅在“经”中常用，而且在上面所提到的作家作品中也屡见不鲜。这些作品论辩有力，文辞隽永，是千古流传的美文。

第二节　阅读典籍的次序

本书作者马若瑟所采用的，并且也是他自己认为较好的一种读书方法是：

“当我开始中文学习时，我得到的是‘四书’（《孟子》《论语》《大学》《中庸》）

的白文本[①]。这一版本书写正确，并且不是写在适合中国毛笔的吸墨纸上，而是采用质量上乘的纸张，较适合欧洲的鹅毛笔。我把全部写本分行誊写，写一页、空一页，使每一页都很清楚；然后再把这些纸张装订成册，这样就有了一本完整的书；接着，我求教于翻译，开始仔细研究文本。

我在上面提到的空白页上记下读书笔记，在做笔记过程中，我一直牢记三个原则：1. 收集反复出现的佳句，以便更好地加深对原文的理解，以及培养对高雅文体的鉴赏。2. 用同样的方式来考察这些段落，可以看到释经家们的显著特点是翻译文雅；同时考虑到中国语言的特征，体现在他们身上的另一特点就是晦涩；此外，他们之间还常有一些无意义的小争论。3. 一定要注意那些被修订过的文句，以便可以在日后就这些问题与中国文人交流。在每一个确定的字旁边，都写下它的准确读音和意义。我现在有些后悔当初没有标注声调和送气音，其实这是很容易完成的。

任何人只要发现从这一学习方法中所获得的特别的益处，一定也会愿意遵循我所采用的方法。如果在每本书后加上按字母排序的索引，那么即使是零散地分布在一本书中各个角落的细枝末节，都可以毫不困难地加以借用和参考。

我很认真地建议那些有心学习中文的人士，应当从一开始就准备一些空白的本子，一是用来记录读书中所碰到的许多比喻；二是记录反义字，把它们写在相对的两行中加以比较；三是记录那些古代独特事物的名称；最后是用来记录有名的地区、树木、花草、动物和石头的名字，因为这些事物对文雅的作家甚为合意。

此外，更为重要的一点，我愿意提醒新来的传教士要引起足够的重视。我想及时给他们一些曾被我所忽略的建议，那就是他们应该尽最大的努力学习中国的‘四书’，就像中国的学童从小就用心学习那样。我们必须要使自己焕发青春的活力，向这里的人们宣讲耶稣基督的教义，使他们从中受益。也许有人会问，是不是这种信仰就会减轻繁重的工作？我将会就这一问题做一些必要的阐述，也许这可以激发我最亲爱教友们的热忱。”

学习汉语的方法：

1. 在熟记每本书内容的同时，一定要能准确地发好每一个单词的读音。每

① 即没有任何注释的古籍原文本。——中译注

个人要像小学生一样，仔细聆听他的汉语老师的发音。如果不直接通过耳朵来训练，是不会得到任何有关读音和声调的印象的。

2. 除了要熟记单词之外，还要注意每个字的字形和字义。例如，当读到（*sin*）"信"字时，反映在脑海里的不仅仅是它作为"美德"的这个含义，而且还应包括这个字本身以及衍生出字义的两个部分：（*jin*）"人"和（*yen*）"言"。就好像在一面光滑明亮的镜子前面，可以清晰地看到自己一样；能准确地诵读单音节词，也应该立刻联想到它的字形。

3. 在做这项练习时，默写上次学过的文段中的生字是相当有用的。默写完之后，第二天对照书仔细检查是否有错漏之处，再逐一改正。

4. 这样一来，汉字就会被牢固地记在大脑中。用这种方法哪怕只是学习一百个字，其效果也远比大多数传教士用通常的方法学习一千个字要好得多。

5. 在三到四年以后，如果你希望开始用中文写作，你就会发现最初的艰辛劳作已经化作了甜美的果实。在写作中，汉字将会自然而然地出现在你的脑海里，并且你也会非常熟悉它们相互之间的搭配。

然而，我几乎不指望欧洲人会被劝说开始学习这门课程，因为他们所要面对的是一个如此平淡乏味而又漫长的过程。但是，在这里，我仍然要坚持强调非常重要的两点。首先，那些美文锦句一定要全部背下来，尽管这种方法尚有不足，但是它所产生的优势却是不容忽视的。如果一个外国人可以根据自己的理解评价中国的典籍，对那些名家名篇信手拈来，而且还能把中国的经典讲得头头是道，甚至比他的老师还好，那么他将很快得到中国人的认同和接纳。其次，要尽快地开始练习写汉字，最好是用毛笔，或者是鹅毛笔。当然在一开始，汉字不可能写得那么规矩整齐，而且可能大小不一，但是熟能生巧，多练习就会很快熟悉汉字的写法。此外，注意观察中国人是如何写汉字也是一种有效的方法。例如，hioh，"學"字的笔顺是这样的：先是"爻"，然后是"E""ヨ"，第四画是"冖"，接着是"了"，最后是"一"。以上两种练习的好处是不言而喻的，练习者不仅可以做好自己的笔记，还可以摘抄那些使他陶醉的文段。一定要坚持像专业抄写员一样，随身常备毛笔，因为准备工作总会无端耗费我们宝贵的时间。

学习中国典籍的顺序应当是这样的：首先读《孟子》，因为其文风不如其他几部著作简洁；然后让学生继续阅读《论语》；第三部应为《大学》；最后才是《中庸》。由此逐步进入到更高的一级，依次是《诗经》《书经》和《易经》。

我们先做一个关于选择典籍注解本的调查。在明朝，为了便于太子学习，*Cháng Koláu*（张阁老）[①] 对“四书”、《书经》及《易经》做了注解。清朝皇家教育机构的先生们，在教授少年康熙时，采用了同样的方法。张居正用当时通行的语言解释经典的集子，被称为 *Ching Kiái*（《正解》）；清朝这套更为典雅的注解本叫作 *Jih Kiáng*（《日讲》）。拥有这两本集注本，是非常有帮助的，而且我们在阅读当中，还可以比较两者不同的风格。

如果谁还想获取更多关于古代典籍的正确知识，那么他应当去看一看 *Shih Sán King*（《十三经》）。这本长达一百三十四卷的巨著，有很多的注解本，特别是在汉朝和唐朝；此外，五百五十九卷的 *Sin Kán King Kiái*（《新刊经解》）也是值得一读的。在这本书里，收集了几乎所有的集注本，尤其是盛行于宋、元时期的注本。

第三节　字典介绍

对初来乍到的传教士们而言，没有比拥有一部字典更值得令人高兴的了，因为看来这似乎是学习一门新语言的唯一途径。于是，他们花很多时间抄写所接触到的不同字典，这可能会有助于他们日后专心阅读和牢记“四书”。在此，我把这本《汉语札记》推荐给他们，其实是给了他们一种学习的自由。一旦掌握了本书的知识，就完全可以不需要字典了。尽管如此，字典仍有比较重要、值得一读的地方。

1. *Ching Tsz' T'ung*（《正字通》）。这部作品在某些地方尚需推敲，特别是在对字的研究方面还不太确凿。

2. *K'ánghí Tsz' Tien*（《康熙字典》）。这其实是康熙皇帝下令修订和改进《正字通》之后的版本。但就博学这一层次而言，它意义不大，也不太可信。

3. *Pin Tsz' Tsien*（《品字笺》）。在这部作品中，汉字以一种新的方法排序，即

---

① 即张居正。——中译注

以读音排序。它非常便于阅读和查找，且有一些很好的特点。不过，作者在采用一些例子来证明其解释时，似乎是比较晦涩和困难的。

4. *Shwoh Wan*（《说文》）。只有那些想了解和研究汉字真实意义的人，才会花很长时间并且很仔细地学习这部著作，但能真正读懂的人却是少数。

有人会问，怎样从中文字典里查找汉字呢？当汉字是由读音排序时，应当熟记107个首字[①]，就好像背字母表一样。这107个首字又被五声分为几个部分，故而归于第一声（ˉ）的有15个字[②]；有15个字属于第二声（^）[③]；30个字属于第三声（ˋ）[④]；30个字属于第四声（ˊ）[⑤]；最后17个字属于第五声（ˇ）[⑥]。但由于欧洲人不熟悉汉语的声调，使用这类字典会觉得比较困难。

《正字通》和其他一些字典则设定了214个部首，由它们衍生出其余的汉字。这些字就是构字的根本，中国人称为*pú*（部），其他的就是在这些根本上长出的枝节。两个部分都是根据组成的笔画［汉语中称为*hwáh*（画）］来排序的，越前面的就越简单。但需要注意的是，当我们开始数枝节的笔画时，不能把“部”的笔画计算在内。比如*jin*（仁）字，只有四画，但当去掉部首之后，就只剩下两画。另一点需要重视的是，“部”对于了解由其组成的字的意义是很有用处的。例如带有*jin*（人）部，就表示一些与人有关的事物；带有*sin*（心）部，表示与人的心或头脑有关，其他的当同此理。

不过这种排序的方法亦有其不足，在此不做赘述。不过如果真的用读音来排序的话，另外的缺点就会即刻显现。所以，不管是采用何种方法排序，都需要清楚每一个字到底有多少画。为了能够准确地数笔画，首先需要注意的是让学生仔细观察中国人是如何用毛笔来书写汉字的，这样一切问题很快就可以迎刃而解了。

---

① 即一〇七韵。
② 即上平十五韵。
③ 即下平十五韵。
④ 即上声三十韵。
⑤ 即去声三十韵。
⑥ 即入声十七韵。

第二章 论 汉 字

汉字有双重性，一是汉字本身的形体不涉及发音或声调；二是当它们被读出来时，又可以代表不同的声音。

第一节 论书写的汉字

汉字与我们接触过的其他语言文字所不同的是：第一，每一个汉字都有其确定的含义，因此有多少字就有多少词；第二，汉字自身不表示本字的发音或声调，只表示形象和语言符号，它是针对反映在头脑中的印象而言的，不与我们的听觉相关。例如，汉字 *jin*（人），不管在希腊语中读作“αυθρωπος”，在拉丁语中读作“homo”，还是在汉语里习惯读作“jin”，但意义都是表示“人”，就好像数字 1、2、3、4……在不同的语言中的发音是不一样的，但语言形式却是相同的。所以汉字有可能可以去对应世界上各种语言的不同表达形式。

谈到文字，或者确切地说这一类象形文字，中国老师教的许多要点确实值得了解。但为了简洁起见，以及出于其他的考虑，我还是决定略过不提。最简单或最基本的六个字是：“丶”“一”“亅”“㇀”“丿”“乙”。我习惯把合体字分为两类。我归纳出的第一类字是那些表示一个确定的部件，且包含一定数量的笔画。例如：*Jin*（人），两画；*k'au*（口），三画；*sin*（心），四画；*muh*（目），五画；*hiueh*（血），六画；*kien*（見），七画；*mun*（門），八画；*shau*（首），九画；*shú*（書），十画；等等。而我把那些一看就能拆分成独立部分的字归入另一类。例如：*lin*（林）这个字由两个 *muh*（木）字组成；*ming*（明）这个字包括 *jih*（日）和 *yueh*（月）两个字。

虽然从最初开始汉字字形在本质上是一样的，但是因为它们的组成部分写法各异，所以在不同时期汉字的字体是不一样的。比较普遍的书写体是 *lí*（隶），不过保存在《说文解字》中的字体却是 *ch'uen*（篆）。这两种哪一种更古老，尚不得而知。关于 *k'o tau*（科斗）这种字体，没有确切的说明。在汉代出现了 *ts'áu shú*（草书），至今仍可在文人们的笔记、序诗和题字中见到。可以确定的是，这种字体并未盛行起来，因为汉字在这种书写中太缩略，也太紧凑，以至于它们的组成部分变得不明显。因此，就无法通过分析汉字来体会其真正和恰当的意义。

在“隶书”中，现在仍很流行同一个汉字有不同的写法。

1. *kú tsz'*（古字）

例如：

fáh，“**[illegible]**”，同“法”。

jin，“**忎**”，同“仁”。

2. *pan tsz'*（本字）

例如：

tsái，“**扗**”，常习惯写作“在”。

k'ü，“**厺**”，常习惯写作“去”。

tsung，“从”，同“從”。

chú，“処”，更常见是“處”。

k'í，“气”，同“氣”。

yü，“与”，常习惯写作“與”。

3. *ching tsz'*（正字）

这一类里没有多少字可以写成不同的字，故举例省。

4. *suh tsz'*（俗字）

有识之士认为，不见于《说文》里的字都是俗字，但这部作品中的字不超过 9313 个[①]。

5. *sang tsz'*（省字）

kwán，“观”是“觀”的省字。

pien，“变”是“變”的省字。

lí，“礼”是“禮”的省字。

shing，“圣”是“聖”的省字。

6. *wei tsz'*（伪字）

sz'，“思”也写作“**恖**”。

① 《说文》收字数量实际是 9353 个，这里的数字有误。——中译注

由于有这六种字体，使得汉字的数量大大增加。人们常说，读中文书籍和用中文写作，至少需要掌握四千到五千汉字，这是有道理的。但又有哪一个传教士会承认自己没有足够的记忆力或能力去熟记五到六千个汉字呢？

第二节　论汉字的发音

中国人在教授任何一个字的准确发音时，都习惯于将另外两个字的发音结合起来，这样第三个字的读音就产生了。例如：如果我们想知道 *t'ien*（天）字的读音，那么只需要将 *t'á*（他）和 *nien*（年）两个字的读音结合，取“他”字读音的前半部分“t”和“年”字读音的后半部分“ien”，就得出“天”字的读音“*t'ien*”。其他字的发音方法也与之类似。就我们而言这种拼读方法非常容易，但对那些不了解我们字母的中国文人来说就有相当的难度了。

让我们充分利用字母带来的优势，因为对帮助记忆而言，没有比字母更好的了。因为当利用欧洲字母在汉字旁边标出读音的话，即使有所遗忘，还可以查阅记录，而且查多少次都可以。如果整页用这种字母注音却不写上任何汉字，依然无济于事。原因在于，几天之后我们会根本读不懂用注音法写的句子。西班牙人记作“*chi*”，意大利人记作“*ci*”，法国人记作“*tchi*”。当然，没人会禁止使用注音法；但因为有很多字发与之相同的音，在同一个音下又有相同的声调。如果加注汉字“知”，就表示“知道”；加注汉字“支”，则表示“分支”；加注汉字“之”，则表示“语法的属格”；加注汉字“蜘”，则指的“蜘蛛”。很明显，这四个字意思各异。无论注的音是“*tchi*”“*ci*”还是“*chi*”，都始终代表同一个读音，这本身没有任何意义。

不管上文如何阐述，有一点非常明显，那就是汉字必须通过嘴说出来，才兼有读音和声调。音为发音的本质，而声调在某种程度上就是形式。因此，汉字的正确读音应同时注意以下两点。首先，学习汉字不仅要学习字的含义，还要学习正确的读音；其次，正确的声调也是需要掌握的。对于这两点，我们将分别加以学习。我们将从声调开始，这样，就能更好地利用附录了。

1. 论汉语的声调

单纯的声音好似汉字的躯干，声调则更如同其灵魂。例如：*k'án*（看），其读音为“*kán*”，非常简单；一旦加上送气音和声调，就能正确地读作“*k'án*”。因此，读音、声调和送气音对一个正确的发音有着十分重要的意义。尽管有其他发音相同，意义不同的汉字，但中国人一般都能从语言场景、谈论主题以及上下文来识别出所说的是“看见”的“看”字。如果只读这一个字的音，而不考虑声调和送气音，也无法准确判断出此字的含义。事实上，正是由于欧洲人缺乏对这一问题的关注，才导致即使长期努力学习这种语言，仍然常常被中国人误解。虽然他们是那么的学识渊博，那么的聪慧敏捷，并且勤勉努力，但终其一生还是结结巴巴地说着汉语。与此同时，有一些不太聪明的黑奴却在很短的时间内学会汉语，并能说得和中国人一样好。可喜的是，那些一抵达中国下船后就被带到一些驿站的传教士，不得不扔掉笔，强迫自己使用当地的语言。他们只能用中文，而不是其他语言进行交流。

汉语的声调分为 *ping*（平）、*tseh*（仄）两种。平调又分 *ts'ing*（清）、*chuh*（浊）。仄调则分为 *sháng*（上）、*k'ü*（去）、*juh*（入）。这三类使得汉语的声调从平直开始，到上声，就成了升调；到去声，就是降调；而入声短促，戛然而止。虽然我们难以描述这些语言上的变化，但必须更加注意仔细去聆听中国人的发音，以便更好地学习和区分这五种声调的变化细节。不同的字有不同的读音，不同的声调有不同的用法，这样的字不在少数。中国人在教授儿童时，习惯在字的任意四角上画上一个小圆圈，以便于区分。例如：*wei*（꜀爲）读作平声时，表示去做某事；*wei*（爲꜄）读作去声时，则表示解释。*ngoh*（惡꜆）读作入声时，表示邪恶；*wú*（惡꜄）读作去声时，表示厌恶；*wú*（꜀惡）读作平声时，则为询问虚词。同样，*yü*（꜀與）是虚词；*yü*（꜂與）表示给予；*yü*（與꜄）表示在场。有些人认为，当名词用作动词时，其声调也会发生变化。

2. 论汉语的读音 ①

采用英文字母来表示汉语的读音时，为了正确发音，学习者要特别注意在读音

① 马若瑟 1831 年拉丁文本在这一部分借用了西文字母，将法式注音与西式、葡式注音进行比较，对中国古代音韵学包括声母、韵母做了集中阐述，并对汉语音节的特性做了精准的剖析，指出“汉语的语声是由单音节构成的”。遗憾的是英译本将这部分几乎全部删节，同时删去了原书的“汉语音节总表”及附注和说明，另附一个“谐音字表”，以卫三畏《英华韵府历阶》里面所附的谐音字表为基础，按谐音字为小类收入 533 个音节，4296 个汉字，特此说明。——中译注

的首字母、中间字母和末尾字母。[①] 章末的谐音字表介绍了口语中出现的各种读音。

在前言里所谈到的两点建议，其一，也许最好的办法是熟悉中国书籍，最起码要了解书籍的名字；其二，还应知道如何按照中国人的发音来读出汉字是必要的。除非我们能全面地掌握中国语言的特点，否则是不可能说一口地道的汉语，也不可能写出优美的中文文章的。不过为了更好地了解有关汉语音调的知识，我希望下面这个简表能有一些用武之地。

附：谐音字

á

亞꜄

án

꜀安

áu

澳꜄

chá

詐꜄ ꜀渣 乍꜄ 痄꜄ 榨꜄

ch'á

꜀查 ꜀差 ꜀叉 ꜀茶 ꜀搽 ꜀楂 詫꜄ 吒꜄

cháh

閘꜆ 扎꜆ 札꜆ 劄꜆ 剎꜆

ch'áh

察꜆ 插꜆

chái

債꜄ ꜀齋 寨꜄

ch'ái

꜀柴 ꜀釵 ꜀猜 ꜀豸 ꜀差 ꜀儕 ꜀豺

① 原书注：后附的简表，来源于原书作者的计划，通过西文字母排序来展示汉字的发音，同时兼有音序索引。由于原表对现在的学生而言意义不大或无甚用处，因此我认为在英译本中省略它是权宜之计。

chán

꜂斬 ꜀潺 ꜀孱 ꜂盞 撰꜄ 饌꜄ 棧꜄ 賺꜄ 站꜄ 綻꜄ 聴꜄

ch'án

꜀産 ꜀讒 ꜂剷 懺꜄

cháng

꜀章 ꜀嫜 ꜀彰 ꜀慞 ꜀樟 ꜀張 ꜀常 ꜀裳 ꜀嘗 ꜂掌 障꜄ 帳꜄ 漲꜄ 脹꜄ 賬꜄ 賑꜄ 瘴꜄ 丈꜄ 仗꜄ 杖꜄

ch'áng

꜀長 ꜀昌 ꜀娼 ꜀菖 ꜀倡 ꜀場 ꜀腸 ꜀償 ꜂廠 ꜂愴 唱꜄ 暢꜄

chau

꜀舟 ꜀洲 ꜀周 ꜀賙 ꜀週 ꜀州 ꜂肘 縐꜄ 咒꜄ 詶꜄ 晝꜄ 宙꜄ 胄꜄

ch'au

꜀紬 ꜀抽 ꜀籌 ꜀酧 ꜀讐 ꜀仇 ꜀綢 ꜀儔 ꜂丑 ꜂醜 臭꜄

cháu

召꜄ ꜀招 ꜀昭 ꜀朝 ꜀嘲 ꜂爪 ꜂抓 ꜂笊 ꜂找 罩꜄ 燋꜄ 照꜄ 詔꜄ 兆꜄ 旐꜄ 趙꜄

ch'áu

꜀抄 ꜀超 ꜀潮 ꜀巢 ꜂吵 ꜂炒 鈔꜄

ché

꜂者 ꜀遮 ꜂赭 蔗꜄ 鷓꜄ 這꜄

c'hé

꜀車 ꜀奢 ꜂扯

cheh

折꜆ 浙꜆ 摺꜆ 轍꜆ 輒꜆ 哲꜆ 讋꜆

ch'eh

撤꜆ 徹꜆

chen

꜀占 ꜀毡 ꜀沾 ꜀瞻 ꜀蟬 ꜀蟾 ꜂展 ꜂輾 戰꜄ 佔꜄

ch'en

꜀廛 ꜀纏 ꜂諂

chí

꜀知꜀蜘꜀之꜀支꜀枝꜀肢꜀脂‘紙‘旨‘指‘止‘趾‘祉 智’至’致’志’制’製’痣’治’稺’

ch'í

‘始꜀痴꜀卮꜀遲꜀池꜀墀꜀馳‘耻‘齒

chih

直꜆汁꜆隻꜆執꜆職꜆質꜆陟꜆只꜆炙꜆織꜆櫛꜆植꜆姪꜆擲꜆值꜆

ch'ih

尺꜆赤꜆叱꜆斥꜆勅꜆

chin

꜀眞꜀珍꜀斟‘箴꜀鍼꜀針꜀臣‘枕 鎮’振’賑’震’朕’陣’

ch'in

꜀沉꜀塵‘診 趁’

ching

正’꜀征꜀貞꜀徵꜀烝꜀誠‘整 政’症’証’盛’

ch'ing

꜀成꜀稱꜀呈꜀程꜀城꜀丞꜀澄‘逞‘拯

chóh

棹꜆酌꜆琢꜆捉꜆着꜆勺꜆灼꜆啄꜆擢꜆

ch'óh

卓꜆

chú

‘主‘朱꜀珠꜀硃꜀誅꜀猪꜀諸꜀樞꜀殊꜀除꜀厨‘煮 住’註’鑄’注’駐’

ch'ú

處’‘貯‘佇‘杼‘柱

chueh

叕꜆拙꜆啜꜆歠꜆

chuen

꜀專꜀磚꜀喘‘轉‘囀 篆’

chu'en

꜀川 ꜀穿 ꜀傳 ꜀船 ꜂舛 釧꜄ 串꜄

chuh

竹꜆ 竺꜆ 築꜆ 觸꜆ 粥꜆ 燭꜆ 囑꜆ 黜꜆ 濁꜆ 逐꜆

ch'uh

畜꜆ 蓄꜆ 出꜆

chui

꜀追 ꜀錐 ꜀垂 毳꜄ 喙꜄ 綴꜄ 墜꜄ 贅꜄ 腄꜄

ch'ui

꜀推 ꜀吹 ꜀炊 ꜀鎚 ꜀槌 ꜂揣

chun

꜀諄 ꜀惇 ꜀肫 ꜂准 ꜂準

ch'un

꜀春 ꜀椿 ꜂蠢

chung

꜀中 ꜀忠 ꜀盅 ꜀鍾 ꜀終 ꜀舂 ꜀鍾 ꜂腫 種꜄ 眾꜄ 仲꜄ 重꜄

ch'ung

꜀充 ꜀冲 ꜀衷 ꜀衝 ꜀虫 ꜂寵 ꜂冢 銃꜄

chwá

꜀撾 ꜀檛

ch'wái

嘬꜄

chwáng

壯꜄ ꜀粧 ꜀莊 ꜀裝 ꜀樁 戇꜄ 狀꜄ 撞꜄

ch'wáng

꜀床 ꜀瘡 ꜀窓 創꜄ 闖꜄

fáh

法꜆ 發꜆ 髮꜆ 乏꜆ 伐꜆ 罰꜆ 筏꜆

fán

꜀分 ꜀紛 ꜀奔 ꜀芬 ꜀焚 ꜀墳 ꜂粉 ꜂憤 ꜂奮 糞꜄

fán

꜀凡꜀番꜀翻꜀旛꜀繙꜀帆꜀蕃꜀礬꜀煩꜀繁꜂反꜂返 販꜄泛꜄汎꜄飯꜄犯꜄範꜄

fáng

꜀方꜀芳꜀坊꜀妨꜀防꜀房꜂倣꜂紡꜂舫꜂訪꜂仿 放꜄

fau

꜂否꜀缶꜀浮 阜꜄埠꜄覆꜄

fi / fei

꜀非꜀飛꜀妃꜀肥꜂匪꜂篚꜂斐꜂翡꜂菲 肺꜄費꜄廢꜄吠꜄

fóh

縛꜆僙꜆

fú

父꜄꜀夫꜀孚꜀敷꜀膚꜀扶꜀符꜂斧꜂俯꜂府꜂腑꜂甫꜂黼꜂脯꜂撫꜂婦 富꜄副꜄賦꜄訃꜄赴꜄付꜄腐꜄附꜄傅꜄負꜄

fuh

弗꜆佛꜆腹꜆覆꜆福꜆蝠꜆咈꜆祓꜆幅꜆拂꜆服꜆復꜆伏꜆袱꜆

fung

꜀風꜀丰꜀峯꜀蜂꜀封꜀楓꜀瘋꜀豊꜀鋒꜀逢꜀縫꜀棒꜂俸 諷꜄奉꜄鳳꜄

hái

害꜄꜀孩꜀咳꜂海 亥꜄

han

恨꜄꜀痕꜂报꜂狠 艮꜄

hán

꜂旱꜀酣꜀涵꜀含꜀咸꜀喊꜀寒꜀銜꜀函꜀喻꜂罕꜂悍 扞꜄汗꜄憾꜄頷꜄翰꜄漢꜄

hang

꜀衡꜀亨꜀恒꜀桁꜀莖 杏꜄

háng

꜀杭꜀航꜀行

hau

後꜃ ꜀吼 ꜀候 ꜀喉 ꜀猴 候꜃ 厚꜃ 后꜃ 逅꜃ 詬꜃ 鱟꜃

háu

꜂好 ꜀豪 ꜀壕 ꜀濠 ꜀蠔 ꜀毫 ꜂皜 耗꜃ 號꜃ 浩꜃

heh

赫꜁ 嚇꜁ 黑꜁ 核꜁

hi

꜀希 ꜀稀 ꜀嘻 ꜀嬉 ꜀犧 ꜀熙 ꜀羲 ꜀唏 ꜀奚 ꜀兮 ꜂喜 係꜃ 繫꜃ 戲꜃ 餼꜃ 謑꜃

hia

下꜃ ꜀蝦 ꜀霞 ꜀瑕 嚇꜃ 罅꜃ 暇꜃ 夏꜃ 厦꜃

hiáh

狹꜁ 哈꜁ 匣꜁ 呷꜁ 峽꜁ 陜꜁ 洽꜁ 轄꜁ 瞎꜁

hiái

械꜃ ꜀駭 ꜀骸 ꜀諧 ꜀鞋 ꜂蟹 祄꜃

hiáng

向꜃ ꜀鄉 ꜀香 ꜂餉 ꜂享 ꜂嚮 ꜂饗 降꜃ 項꜃ 巷꜃

hiáu

孝꜃ ꜀哮 ꜀枵 ꜀囂 ꜀爻 ꜀淆 ꜀僥 ꜀殽 ꜀驍 ꜂曉 効꜃ 效꜃ 傚꜃

hieh

協꜁ 勰꜁ 脇꜁ 俠꜁ 挾꜁ 叶꜁ 歙꜁ 頁꜁

hien

陷꜃ ꜀謙 ꜀軒 ꜀嗛 ꜀閒 ꜀閑 ꜀嫌 ꜀鹹 ꜀賢 ꜀弦 ꜀絃 蜆꜃ ꜂顯 ꜂險 ꜂憪 現꜃ 憲꜃ 獻꜃ 俔꜃ 檻꜃ 限꜃ 縣꜃

hih

檄꜁ 吸꜁ 覡꜁ 噏꜁ 闟꜁ 迄꜁ 肸꜁

hin

꜀忻 ꜀欣 釁꜃ 衅꜃

hing

꜀興 ꜀馨 ꜀行 ꜀刑 ꜀形 ꜀型 脛꜃ 幸꜃ 倖꜃

hióh

學꜆ 謔꜆

hiú

꜀休 ꜀鵂 ꜀兽 ꜂朽

hiueh

穴꜆ 靴꜆ 血꜆ 洫꜆

hiuen

꜀玄 ꜀喧 ꜀諠 ꜀衒 ꜀萱 ꜀垣 ꜀眩 ꜀懸

hiuh

頊꜆ 旭꜆ 勗꜆

hiún

꜀熏 ꜀勳 ꜀薰 ꜀燻 ꜀醺 訓꜄

hiùng

꜀凶 ꜀兇 ꜀匈 ꜀胸 ꜀兄 ꜀雄 ꜀熊 ꜂迥 ꜂洞

hó

꜂火 ꜀呵 ꜀苛 ꜀訶 ꜀禾 ꜀和 ꜀何 ꜀荷 ꜀可 ꜂河 ꜂伙 ꜂夥 貨꜄ 賀꜄ 禍꜄

hóh

合꜆ 曷꜆ 喝꜆ 貉꜆ 鵠꜆ 壑꜆ 涸꜆ 盒꜆ 盍꜆ 鶴꜆ 斛꜆ 榼꜆ 嗑꜆ 闔꜆

hú

꜀湖 ꜀呼 ꜀怙 ꜀弧 ꜀瓠 ꜀狐 ꜀胡 ꜀瑚 ꜀糊 ꜀蝴 ꜀葫 ꜀衚 ꜀醐 ꜀鬍 ꜀乎 ꜀壺 ꜂虎 ꜂琥 戽꜄ 扈꜄ 户꜄ 互꜄ 護꜄

hü

꜀吁 ꜀迂 ꜀虛 ꜀墟 ꜀紆 ꜀响 ꜂許 ꜂煦

hung

꜀紅 ꜀薨 ꜀烘 ꜀黌 ꜀虹 ꜀洪 ꜀弘 ꜀鴻 哄꜄

hwá

化꜄ ꜀花 ꜀嘩 ꜀華 話꜄ 畫꜄

hwáh

滑꜆ 猾꜆ 畫꜆ 劃꜆

hwái

壞꜄ ꜀淮 ꜀懷 ꜀槐

hwan

꜀昏 ꜀昬 ꜀婚 ꜀閽 ꜀葷 ꜀惛 ꜀魂 棍꜄ 混꜄ 渾꜄ 諢꜄ 溷꜄

hwán

喚꜄ ꜀歡 ꜀讙 ꜀丸 ꜀紈 ꜀援 ꜀桓 ꜀圜 ꜀寰 ꜀環 ꜀還 ꜀鬟 ꜀擐 ꜂莞 ꜂澣 換꜄ 緩꜄ 宦꜄ 患꜄ 幻꜄

hwang

꜀横 ꜀轟

hwáng

꜀黃 ꜀慌 ꜀荒 ꜀謊 ꜀皇 凰 蝗 遑 惶 ꜀簧 况꜄

hwóh

活꜆ 豁꜆ 或꜆ 惑꜆ 獲꜆ 蠖꜆ 穫꜆ 鑊꜆

hwuh

忽꜆ 笏꜆ 惚꜆ 揔꜆

hwui

꜀囬 ꜀灰 ꜀揮 ꜀暉 ꜀煇 ꜀徽 ꜀徊 ꜂賄 ꜂毀 ꜂絵 ꜂潰 ꜂諱 ꜂晦 誨꜄ 悔꜄ 噦꜄ 惠꜄ 會꜄ 慧꜄

i

꜀衣 ꜀依 ꜀伊 ꜀醫 ꜀噫 ꜀怡 ꜀詒 ꜀眙 迤 夷 姨 宜 誼 睨 蜺 疑 移 儀 彛 匜 ꜀倪 ꜂倚 ꜂椅 ꜂已 ꜂以 ꜂苡 ꜂矣 ꜂擬 ꜂議 ꜂詣 ꜂蟻 ꜂意 薏꜄ 翳꜄ 懿꜄ 易꜄ 曳꜄ 裔꜄ 肆꜄ 藝꜄ 義꜄ 謚꜄ 異꜄ 毅꜄

jáng

讓꜄ ꜀壤 鬤 ꜀嚷

jau

꜀柔 ꜂揉 肉꜄

jáu

꜀僥 ꜀嬈 ꜂遶 ꜂繞 ꜂擾

jé

꜂惹 ꜂偌

jeh

熱꜆ 爇꜆

jen

꜀然 ꜀燃 ꜂冉 ꜂髯 ꜂姌 ꜂染

jih

日꜆ 廿꜆ 馹꜆

jin

꜀人 仁 壬 ꜀妊 ꜂忍 ꜂稔 ꜂飪 ꜂荏 認꜄ 刃꜄ 任꜄ 賃꜄ 衽꜄ 韌꜄

jing

꜀仍 ꜀迈

jóh

若꜆ 弱꜆ 篛꜆

jü

꜀如 ꜀濡 ꜀儒 ꜀孺 ꜂汝 ꜂乳 茹꜄

juen

꜂软 愞꜄

juh

辱꜆ 褥꜄ 肉꜆ 入꜆

jui

蕊꜄ ꜀甤 ꜀蕤 蝻꜄ 痿꜄ 銳꜄ 睿꜄

jun

潤꜄ 閏꜄

jung

꜀戎 絨 宂 ꜀茸

kái

꜀該 ꜀改 ꜀垓 蓋꜄

kán

꜀開 ꜂凱 ꜂剴 ꜂鎧 丐꜄ 概꜄ 嘅꜄ 慨꜄

kan

꜀跟 ꜀根 ꜂墾 ꜂懇 艮꜄

kán

꜀干 ꜀奸 ꜀杆 ꜀竿 ꜀肝 ꜀甘 ꜀柑 ꜀疳 ꜀堪 ꜀秆 ꜂鹼 ꜂刊 ꜂赶 ꜂嵌 ꜂敢 ꜂矙 ꜂坎 ꜂砍 ꜂感 幹꜄ 勘꜄ 磡꜄

k'án

꜀看 ꜀矙

kang

꜀更 ꜀庚 ꜀耕 ꜀羹 ꜀鏗 ꜀亘 ꜂哽 ꜂耿

k'ang

꜂肯 ꜀坑 揹꜄

káng

꜀缸 ꜀杠 ꜀肛 ꜀扛 ꜀罡 ꜀剛 ꜀綱 ꜀康 ꜀糠 ꜀鋼 ꜀匟

k'áng

抗꜄ ꜀慷 ꜀炕 ꜀亢 ꜀忼 伉꜄

kau

꜀鉤 ꜀勾 ꜀溝 ꜂苟 ꜂狗 ꜂垢 ꜂姤 ꜂詬 媾꜄ 搆꜄ 購꜄ 彀꜄ 構꜄ 覯꜄

k'au

꜂口 扣꜄ 叩꜄ 寇꜄ 蔻꜄

káu

꜀高 ꜀篙 ꜀羔 ꜀膏 ꜀餻 ꜀皋 ꜂槁 稿꜄ 告꜄ 誥꜄ 犒꜄

k'áu

꜂考 ꜂拷 靠꜄

keh

革꜆ 格꜆ 膈꜆ 隔꜆

k'eh

客꜆ 克꜆ 刻꜆

ki

꜂紀 ꜀譏 ꜀飢 ꜀基 ꜀箕 ꜀綦 ꜀璣 ꜀機 ꜀姬 ꜀雞 ꜀羈 ꜀肌 ꜂几 ꜂己 ꜂幾 記꜄ 寄꜄ 計꜄ 既꜄ 繼꜄ 季꜄ 暨꜄ 忌꜄ 伎꜄ 妓꜄ 技꜄ 偈꜄

k'i

꜀其 ꜀欺 ꜀稽 ꜀溪 ꜀岐 旗 期 棋 奇 騎 ꜀麒 ꜀祈 ꜀耆 ꜂起 ꜂豈 ꜂啟 企꜄ 氣꜄

契꜃ 棄꜃ 器꜃

kií

꜀加 ꜀家 ꜀嘉 ꜀枷 ꜀袈 ꜀迦 ꜂假 架꜃ 駕꜃ 嫁꜃ 稼꜃ 價꜃

kiáh

甲꜅ 恰꜅ 夾꜅ 挾꜅ 俠꜅

kiai

꜀皆 ꜀偕 ꜀楷 ꜀階 ꜀街 ꜀佳 解꜃ 介꜃ 价꜃ 芥꜃ 戒꜃ 誡꜃ 界꜃ 届꜃ 廨꜃ 懈꜃

kiáng

꜀江 ꜀薑 ꜀疆 ꜀韁 ꜂講 ꜂港 降꜃

k'iáng

꜀强 ꜀襁

kiáu

꜀交 ꜀蛟 ꜀茭 ꜀跤 ꜀郊 ꜀鮫 ꜀儌 ꜀嬌 ꜀驕 ꜀澆 ꜀膠 ꜀敲 ꜀儌 ꜀梟 ꜂狡 ꜂絞 ꜂繳 ꜂矯 攪 ꜂咬 校꜃ 較꜃ 鉸꜃ 窌꜃ 教꜃ 叫꜃ 酵꜃ 轎꜃

k'iáu

꜂巧 ꜀喬 ꜀橋 ꜀翹

kié

꜀茄 ꜀伽 ꜀迦

kiéh

刦꜅ 孑꜅ 怯꜅ 結꜅ 詰꜅ 潔꜅ 羯꜅ 篋꜅ 竭꜅

ki'éh

揭꜅ 挈꜅ 契꜅

kieu

꜀兼 ꜀謙 ꜀間 ꜀監 ꜀堅 ꜀慳 ꜀肩 ꜀奸 ꜀姦 ꜀艱 ꜀牽 ꜀緘 ꜀愆 ꜂譴 褰 ꜂簡 ꜂遣 ꜂繾 ꜂柬 ꜂揀 ꜂減 ꜂繭 ꜂蹇 見꜃ 建꜃ 鑒꜃ 諫꜃ 劍꜃ 歉꜃ 件꜃ 儉꜃ 健꜃

k'ien

欠꜃ ꜀鈐 ꜀鉗 ꜀黔 ꜀虔 ꜂撿 ꜂檢

kih

及꜅ 級꜅ 訖꜅ 亟꜅ 吉꜅ 拮꜅ 桔꜅ 隙꜅ 給꜅ 急꜅ 擊꜅ 激꜅ 棘꜅ 泣꜅ 極꜅

k'ih

乞꜆ 笈꜆ 汲꜆ 屐꜆ 劇꜆ 喫꜆ 吃꜆

kin

꜀巾 ꜀斤 ꜀今 ꜀欽 ꜀金 ꜀筋 ꜂謹 ꜂僅 ꜂錦 ꜂緊 覲꜄ 禁꜄ 近꜄

k'in

꜀芹 ꜀襟 ꜀衿 ꜀琴 勤 禽 ꜀擒 ꜂妗

king

꜀京 ꜀經 ꜀驚 ꜀荆 ꜂景 ꜂竟 ꜂境 ꜂頸 ꜂儆 ꜂警 鏡꜄ 徑꜄ 逕꜄ 競꜄

k'ing

꜀輕 ꜀傾 ꜀矜 ꜀卿 ꜀擎 ꜂頃 慶꜄

kióh

角꜆ 脚꜆ 覺꜆ 桷꜆ 矍꜆

k'ióh

却꜆ 确꜆

kiú

꜀鳩 ꜀蚯 ꜀邱 ꜀鬮 ꜂九 ꜂久 ꜂糾 ꜂韮 ꜂臼 ꜂舅 究꜄ 柩꜄ 救꜄ 廐꜄ 舊꜄

k'iú

꜀求 毬 球 ꜀裘

kiueh

拙꜆ 闕꜆ 譎꜆

k'iueh

决꜆ 缺꜆ 訣꜆ 厥꜆ 橛꜆

kiuen

꜀捐 ꜀鵑 ꜀圈 ꜂犬 ꜂畎 ꜂卷 ꜂捲 ꜂綣 券꜄ 勸꜄ 蠲꜄ 絹꜄ 眷꜄ 倦꜄

k'iuen

꜀拳 ꜀權

kiuh

菊꜆ 屈꜆ 曲꜆ 橘꜆ 掬꜆ 鞠꜆ 局꜆

kiun

꜀均 ꜀鈞 ꜀君 ꜀軍 ꜀困

k'iun

꜀羣꜀裙

kiung

꜀窮 筇 蛩꜀瓊

kó

꜀戈꜀鍋꜀柯꜀哥꜀歌꜀科꜀蚪꜂果꜂顆꜂裹 個꜄課꜄

kóh

各꜆恪꜆擱꜆鴿꜆蛤꜆渴꜆割꜆葛꜆殼꜆

kú

꜀姑꜀沽꜀鴣꜀辜꜀孤꜀箍꜂古꜂估꜂罟꜂詁꜂鼓꜂皷꜂瞽꜂股꜂蠱 故꜄固꜄僱꜄顧꜄庫꜄痼꜄

k'ú

꜂苦꜀枯꜀骷 褲꜄

kü

꜀居꜀車꜂矩꜂距꜂舉 鋸꜄巨꜄句꜄倨꜄据꜄據꜄屨꜄遽꜄具꜄颶꜄懼꜄

k'ü

꜀拘꜀俱꜀區꜀摳꜀駒꜀驅꜀劬꜀衢꜀渠꜂拒 去꜄

kuh

谷꜆鵠꜆骨꜆窟꜆穀꜆轂꜆梏꜆

k'uh

哭꜆酷꜆

kung

꜀工꜀攻꜀弓꜀躬꜀宮꜀公꜀供꜀恭꜂拱 貢꜄共꜄

kung

꜀空꜂恐꜂孔 控꜄

kwá

꜀瓜꜀蝸 寡꜄卦꜄掛꜄褂꜄

k'wá

꜀誇꜀跨

kuáh

刮꜆

kwái

꜀乖 ꜂拐 ꜂枴 怪꜄

kw'ái

快꜄ 憒꜄ 塊꜄ 劊꜄ 膾꜄

kwan

꜀昆 ꜀滚

kw'an

困꜄ ꜀坤 ꜀崐 ꜀崑 ꜂綑 ꜂閫 ꜂菌 棍꜄

kwán

꜀官 ꜀棺 ꜀冠 ꜀觀 ꜀寬 ꜀關 ꜀鰥 ꜂管 ꜂館 ꜂盥 ꜂欵 ꜂舘 貫꜄ 灌꜄ 罐꜄ 慣꜄

kwang

꜀肱 ꜀觥

kwáng

꜀光 ꜀胱 ꜂廣

kw'áng

꜀匡 ꜀筐 ꜀誆 ꜀狂 ꜀恇 ꜀眶 壙꜄ 曠꜄

kwei

꜀圭 ꜀傀 ꜀瑰 ꜀閨 ꜀魁 ꜀歸 ꜀龜 ꜀詼 ꜀詭 ꜂鬼 ꜂軌 ꜂晷 匱꜄ 櫃꜄

kw'ei

꜀葵 ꜀虧 ꜂揆 ꜂睽 ꜂跬

kwó

꜂果 ꜀蜾 過꜄

kwóh

國꜆ 槨꜆ 濶꜆ 蛞꜆ 郭꜆ 廓꜆ 活꜆

kwuh

圣꜆ 佸꜆

lá

꜀拉

láh

喇꜃ 剌꜃ 拉꜃ 邋꜃ 辣꜃ 蠟꜃ 臘꜃

lái

꜀來 賴꜂ 睞꜂ 賚꜂ 癩꜂

lán

꜀蘭 ꜀闌 ꜀攔 ꜀嵐 ꜀藍 ꜀籃 ꜀襤 ꜀婪 ꜀欄 ꜁欖 ꜁攬 ꜁覽 ꜁懶 纜꜂ 爛꜂

lang

꜁冷 ꜀稜 ꜀棱

láng

꜀狼 ꜀廊 ꜀蜋 ꜀琅 ꜁朗

lau

꜀樓 ꜀髏 ꜀蔞 ꜀摟 陋꜂ 漏꜂

láu

꜀勞 ꜀撈 ꜀牢 ꜀癆 ꜁老 潦꜂

leh

勒꜃ 肋꜃ 肆꜃

li

꜀離 ꜀厘 璃 犁 黎 梨 狸 俚 ꜀漓 ꜀籬 ꜁里 ꜁娌 ꜁理 ꜁悝 ꜁鯉 ꜁李 ꜁禮 ꜁履
礪꜂ 勵꜂ 吏꜂ 利꜂ 俐꜂ 痢꜂ 莉꜂ 例꜂ 涖꜂ 戾꜂ 淚꜂ 厲꜂ 麗꜂ 詈꜂ 荔꜂ 隸꜂

ling

꜀良 ꜀涼 糧 梁 ꜀粱 ꜁両 ꜁兩 ꜁倆 ꜁輛 諒꜂ 亮꜂ 量꜂

liáu

꜁了 ꜀聊 僚 寮 寥 撩 ꜀遼 料꜂

lieh

列꜃ 烈꜃ 裂꜃ 獵꜃ 躐꜃

lien

꜀連 ꜀蓮 廉 奩 聯 帘 憐 ꜀簾 ꜁殮 臉꜂ 輦꜂ 煉꜂ 練꜂ 鍊꜂

lih

力꜃ 笠꜃ 粒꜃ 礫꜃ 瀝꜃ 鬲꜃ 曆꜃ 靂꜃ 立꜃ 栗꜃ 歷꜃ 慄꜃

lin

꜀林 痳 淋 鄰 鱗 ꜀麟 ꜂廩 ꜂凜 吝꜄ 藺꜄

ling

令꜄ ꜀伶 綾 玲 翎 苓 ꜀鈴 ꜀零 靈 凌 ꜀陵 ꜂領 ꜂嶺 另꜄

lióh

略꜆ 掠꜆

liú

꜀流 琉 留 榴 劉 ꜀旒 ꜀柳 ꜂綹 溜꜄

liueh

劣꜆ 埒꜆ 捋꜆

liuen

戀꜄ ꜀攣 ꜀臠

liuh

侓꜆ 律꜆ 繂꜆

ló

꜀羅 鑼 螺 囉 籮 邏 ꜀騾 ꜂裸

lóh

落꜆ 洛꜆ 絡꜆ 酪꜆ 樂꜆

lú

꜀盧 ꜀爐 ꜀蘆 ꜂魯 ꜂櫓 ꜂鹵 ꜂擄 路꜄ 露꜄ 賂꜄

lü

꜂旅 ꜀閭 ꜀盧 ꜂呂 ꜂屢 濾꜄ 慮꜄

luh

陸꜆ 碌꜆ 六꜆ 祿꜆ 鹿꜆ 戮꜆ 錄꜆

lui

꜀雷 蕾 瘰 縲 ꜀擂 ꜂壘 累꜄ 類꜄ 淚꜄ 耒꜄ 誄꜄

lun

꜀掄 淪 綸 輪 ꜀倫 論꜄

lung

꜀龍 隆 嚨 瓏 礱 籠 ꜀聾 ꜂寵 ꜂攏 弄꜄

luán

꜂卯 ꜀鑾 ꜀鸞 亂꜄

má

꜂馬 ꜂麻 ꜂痲 ꜀蟆 ꜂媽 ꜂瑪 ꜂碼 罵꜄

máh

帓꜆ 抹꜆

mái

꜀埋 ꜂買 賣꜄ 邁꜄

mán

曼꜄ ꜀蠻 慢꜄ 謾꜄ 蔓꜄

mang

꜀萌 ꜀氓 ꜂猛 孟꜄ 蜢꜄

máng

꜀忙 茫 ꜀盲 ꜀芒 ꜂莽 ꜂蟒

mau

꜀謀 矛 眸 ꜀袤 ꜂某 ꜂牡 ꜂畝 貿꜄ 茂꜄

máu

꜀毛 茅 貓 錨 ꜀旄 ꜂卯 冒꜄ 帽꜄ 耄꜄ 貌꜄ 悄꜄ 眊꜄

mé

乜꜄

meh

麥꜆ 陌꜆ 貊꜆ 脉꜆ 默꜆ 墨꜆ 嘿꜆

mei

꜀梅 眉 枚 媒 煤 莓 霉 楣 ꜀湄 ꜂美 ꜂袂 ꜂浼 ꜂每 妹꜄ 昧꜄ 寐꜄ 媚꜄ 瑁꜄

mí

꜂米 ꜀迷 靡 彌 ꜀麋 ꜂靡 謎꜄

miáu

꜀苗 ꜀描 ꜂藐 ꜂渺 ꜂杳 ꜂眇 妙꜄ 廟꜄

mieh

滅꜆ 威꜆ 蔑꜆ 篾꜆ 蠛꜆

mien

꜀眠 棉 ꜀绵 ꜂免 ꜂緬 ꜂勉 ꜂娩 面꜄ 麵꜄

mih

密꜆ 覓꜆ 蜜꜆

min

꜀民 泯 緡 閩 ꜀旻 ꜂敏 ꜂悯 ꜂黽

ming

꜀名 冥 盟 螟 鳴 銘 蓂 詺 ꜀明 ꜀溟 ꜂茗 ꜂酩 ꜂瞑 ꜂皿 命꜄

miú

謬꜄ 繆꜄

mó

꜀摩 ꜀麽 ꜀磨 ꜀魔

móh

末꜆ 抹꜆ 邈꜆ 莫꜆ 幕꜆ 膜꜆ 茉꜆ 漠꜆

mú

꜀模 ꜀謨 ꜂母 募꜄ 墓꜄ 暮꜄ 慕꜄ ꜀摹

muh

木꜆ 沐꜆ 目꜆ 睦꜆ 歿꜆ 牧꜆ 穆꜆ 沒꜆

mun

꜀門 ꜀捫 ꜀們 ꜂懣 悶꜄

mung

꜀蒙 ꜀檬 ꜀濛 ꜀矇 ꜂懵 ꜂冡 夢꜄

mwán

꜂滿 ꜀瞞 ꜀鏝 漫꜄

ná

꜀拿 拏 ꜀詉 ꜂乸 ꜂那

náh

納꜆ 衲꜆ 捺꜆

nái

꜂乃 ꜂奶 耐꜄ 奈꜄

nán

꜀南 楠 難 男 ꜀喃 ꜂赧

nang

꜀能 ꜀獰

nang

꜀囊 ꜂攮 ꜂囊

nau

耨꜄ ꜂懦

náu

꜀鬧 橈 鐃 ꜀譊 ꜂腦 ꜂惱 ꜂撓 ꜂呶 ꜂瑙

ngái

꜀哀 ꜀埃 ꜀呆 ꜂靉 ꜂欸 ꜂僾 ꜂薆 ꜂藹 愛꜄ 艾꜄ 碍꜄

ngan

꜀恩 ꜀蒽

ngán

案꜄ ꜀俺 ꜀庵 ꜀腌 ꜀菴 ꜀鵪 ꜀嚴 ꜂諳 ꜂闇 ꜂啽 按꜄ 晏꜄ 暗꜄ 岸꜄

ngang

硬꜄ 峺꜄

ngáng

꜀印 ꜀昂 ꜂仰

ngau

꜂耦 ꜀區 ꜀樞 ꜀歐 ꜀甌 ꜀謳 ꜂漚 ꜂毆 ꜂嘔 ꜂藕 ꜂偶

ngáu

꜀傲 翱 鼇 嗷 ꜀螯 懊꜄ 拗꜄ 奧꜄ 澳꜄ 墺꜄ 熬꜄ 鶩꜄ 沃꜄

ngeh

額꜆ 扼꜆ 阨꜆ 軛꜆ 栀꜆

ngó

꜀訛 囮 娥 誐 蛾 俄 峩 ꜀鵝 ꜂我 餓꜄ 卧꜄

ngóh

鄂꜆ 惡꜆ 哈꜆ 咢꜆ 愕꜆ 諤꜆ 噩꜆ 鱷꜆

ní

꜀尼 ꜀呢 ꜀泥 ꜀霓 ꜀禰 ꜀倪 ꜂你 膩꜄

niáng

꜀娘 釀꜄

niáu

꜂鳥 ꜂嬲 ꜂嬈 ꜂嫋 尿꜄

nieh

攝꜆ 業꜆ 孽꜆ 涅꜆ 聶꜆ 櫱꜆ 捻꜆ 齧꜆ 捏꜆ 臬꜆

nien

꜀年 ꜀拈 ꜀粘 ꜀撚 念꜄

nih

匿꜆ 鶂꜆ 逆꜆ 搦꜆ 溺꜆

nin

紉꜄

ning

꜀寧 嚀 擰 ꜀濘 佞꜄

nióh

虐꜆ 瘧꜆

niú

꜀牛 ꜂扭 ꜂鈕 ꜂紐

nó

꜀挪 儺 ꜀挼 ꜂娜 懦꜄ 糯꜄

nóh

諾꜆

nú

꜀奴 孥 ꜀弩 ꜀努 怒꜄

nü

꜂女

nuh

訥꜆ 恧꜆

nui

内꜄ 餒꜄

nun

嫩꜄ 媆꜄

nung

꜀農 儂 濃 ꜀膿

nwán

꜂暖 ꜀煖 ꜀餪

ó

꜀痾 ꜀猗 ꜀阿

óh

惡꜆ 遏꜆ 閼꜆ 頞꜆

pá

꜀巴 ꜀吧 ꜀笆 ꜂把 ꜂弝 霸꜄ 罷꜄

p'á

꜀爬 鈀 杷 ꜀琶 怕꜄ 帕꜄

páh

八꜆ 捌꜆ 拔꜆ 撥꜆

pái

꜂拜 ꜂擺 敗꜄

p'ai

꜀排 ꜀牌 ꜀俳 ꜀派 憊꜄

pan

꜂本 ꜂奔 逩꜄ 笨꜄

p'an

꜀盆 噴꜄

pán

꜀班 ꜀斑 ꜀頒 ꜀般 ꜂板 ꜂版 扮꜄ 辦꜄

p'án

꜀扳 ꜀攀 盼꜄ 瓣꜄

pang

‹崩

p'ang

‹朋 ‹烹 ‹棚 ‘蟛 ‹鵬 ‹硼

páng

‹邦 ‹鞤 ‹梆 ‘榜 ‘綁

p'áng

‹旁 ‹徬 ‹傍 ‹滂 ‹膀 ‹螃 ‹磅 ‘蚌 ‘胖 ‘棒 謗’

pau

‹裒

p'au

‘剖

páu

‹包 ‹胞 ‹褒 ‘保 ‘寶 ‘飽 ‘褒 ‘抱 報’ 爆’ 暴’

p'áu

‹袍 ‹抛 ‹刨 ‹庖 ‹匏 ‘跑 炮’ 咆’

peh

白› 百› 伯› 迫› 栢› 北› 匐› 葍›

p'eh

拍› 珀› 魄›

pei

‹悲 悖’ 背’ 輩’ 貝’ 狽’ 焙’

p'ei

‹倍 ‹培 ‹陪 ‹賠 佩’ 沛’

pí

‹卑 ‹碑 ‹篦 ‘比 ‘妣 ‘彼 ‘俾 蔽’ 秘 閉 臂’ 避’ 備’ 俻’ 鼻’ 敝’ 辔’ 偹’ 陛’

p'i

‹皮 ‹批 ‹披 ‹枇 ‹琵 ‹疲 ‹脾 ‘鄙 ‘被 ‘婢 嬖’ 屁 譬’

piáu

꜂表 ꜀票 ꜀剽 ꜀標 ꜀鑣 ꜂裱

pi'au

꜀漂 ꜀飄 ꜀嫖 ꜂殍 ꜂縹

pieh

別꜆ 鱉꜆ 瞥꜆

p'ieh

撇꜆

pien

꜀邊 ꜀鞭 ꜀邊 ꜀辮 ꜀編 ꜀蝙 ꜂貶 ꜂砭 變꜄ 卞꜄ 弁꜄ 便꜄ 辯꜄ 辨꜄

p'ien

片꜄ ꜂篇 騙꜄

pih

必꜆ 筆꜆ 偪꜆ 擘꜆ 逼꜆ 畢꜆ 箄꜆ 碧꜆ 壁꜆ 弼꜆

p'ih

匹꜆ 辟꜆ 僻꜆ 劈꜆ 癖꜆ 疋꜆

pin

꜀賓 ꜀彬 ꜀檳 ꜀濱 ꜂稟 ꜂牝 殯꜄ 鬢꜄

p'in

꜂品 ꜀貧 ꜀頻

ping

꜀兵 ꜀冰 ꜂餅 ꜂秉 柄꜄ 病꜄ 並꜄ 併꜄ 凭꜄

p'ing

꜀平 ꜀娉 ꜀萍 ꜀屏 ꜀滮 聘꜄

piú

꜂彪 ꜂髟 ꜂飆

pó

꜀波 ꜀玻 ꜀菠 播꜄ 叵꜄

p'ó

破꜄ ꜀婆 ꜂頗 簸꜄

póh

泊꜆ 膊꜆ 博꜆ 缽꜆ 駁꜆ 剝꜆ 鈸꜆ 跋꜆ 薄꜆ 撥꜆ 爆꜆ 雹꜆ 鉑꜆

p'óh

撲꜆ 樸꜆ 璞꜆

pú

꜀布 ꜀哺 ꜀補 ꜀圃 ꜀抪 ꜀怖 步꜄ 部꜄ 捕꜄ 簿꜄ 暴꜄

p'ú

舖꜄ ꜀鋪 ꜀匍 ꜀葡 ꜀苦 ꜀蒲 ꜂普 ꜂譜

puh

卜꜆ 不꜆ 勃꜆ 僕꜆ 瀑꜆

pung

꜀筆 ꜀逢 ꜀縫

p'ung

꜀篷 ꜀篷 ꜀髼

pwán

半꜄ ꜀搬 伴꜄ 叛꜄ 畔꜄ 絆꜄ 拌꜄

p'wan

꜀盤 ꜀番 ꜀磐 判꜄ 泮꜄

'rh

꜀而 ꜀兒 ꜀輀 ꜂耳 ꜂爾 ꜂邇 二꜄ 貳꜄

sáh

撒꜆ 颯꜆ 薩꜆ 褨꜆ 鈒꜆

sái

꜀腮 帥꜄ 賽꜄

san

꜀森 ꜀參 滲꜄

sán

꜀三 散꜄ 傘꜄

sang

꜀生 ꜀笙 ꜀牲 ꜀僧 ꜀甥 省꜄

sáng

꜀桑꜀喪꜂顙

sau

꜂叟꜂搜꜂擻꜂溲꜂藪 瘦꜄嗽꜄漱꜄

sáu

掃꜄꜀搔꜀騷꜀臊꜂稍꜂嫂 掃꜄噪꜄

seh

色꜆虱꜆瑟꜆嗇꜆塞꜆濇꜆穡꜆

shá

꜀沙꜀紗꜀砂꜀鯊꜂灑꜂洒 嗄꜄

sháh

殺꜆歃꜆霎꜆箑꜆煞꜆翣꜆

shái

晒꜄꜀篩 曬꜄

shán

꜀山꜀刪꜀衫꜀珊꜀姍 疝꜄杉꜄

sháng

上꜄꜀傷꜀商꜀殤꜀觴 賞꜄尚꜄

shau

꜂手꜀收꜂守꜂首 獸꜄受꜄壽꜄售꜄授꜄綬꜄

sháu

꜂少꜀燒꜀梢꜀筲꜀捎꜀韶 哨꜄紹꜄

sheh

舌꜆涉꜆攝꜆韘꜆設꜆

shen

善꜄꜀閃꜀贍꜀禪꜀蟾꜀嬋꜂陝꜂鱔 扇꜄煽 [石扇] 搧 騸꜄擅꜄饍꜄繕꜄

shí

꜀尸꜀屍꜀詩꜀施꜀匙꜀柹꜀時꜀弛꜂始꜂史꜂屎꜂使꜂駛꜂豕꜂市꜂恃 勢꜄試 弑 世꜄誓꜄筮꜄噬꜄視꜄豉꜄諡꜄示꜄氏꜄舐꜄侍꜄是꜄

shié

꜀佘 ꜀賖 ꜀蛇 ꜂捨 ꜂社 赦꜄ 舍꜄ 射꜄ 麝꜄

shih

十꜆ 失꜆ 式꜆ 石꜆ 飭꜆ 識꜆ 釋꜆ 濕꜆ 室꜆ 拾꜆ 實꜆ 食꜆

shin

꜀神 ꜀身 ꜀忱 ꜀深 ꜀申 ꜀伸 ꜀呻 ꜀紳 ꜀辰 ꜀娠 ꜀宸 ꜀晨 ꜂審 ꜂嬸 ꜂哂 ꜂矧 腎꜄ 蜃꜄ 甚꜄ 慎꜄

shing

꜀升 ꜀昇 ꜀陞 ꜀聲 ꜀乘 ꜀繩 聖꜄ 勝꜄ 剩꜄ 盛꜄

shóh

槊꜆ 勺꜆ 杓꜆ 鑠꜆

shú

꜀書 ꜀舒 ꜀殊 ꜀輸 ꜀樞 ꜀薯 ꜂鼠 ꜂黍 ꜂暑 ꜂署 戍꜄ 恕꜄ 庶꜄ 樹꜄ 豎꜄ 澍꜄

shuh

术꜆ 倏꜆ 束꜆ 叔꜆ 術꜆ 述꜆ 淑꜆ 菽꜆ 蜀꜆ 鐲꜆ 屬꜆ 孰꜆ 塾꜆ 熟꜆ 贖꜆

shun

順꜄ ꜀純 ꜀淳 ꜀唇 ꜂瞬 ꜂吮 舜꜄

shuá

꜂耍

shuáh

刷꜆

shuái

꜀衰 ꜀⿸疒衰

shuáng

꜀爽 ꜀霜 ꜀孀 ꜀双

shwoh

說꜆

shwui

꜂水 ꜀誰 稅꜄ 睡꜄

sí

꜀西 ꜀撕 ꜀犀 ꜀枲 ꜂徙 ꜂洗 ꜂葸 ꜂璽 細꜄ 婿꜄

shing

꜀相 ꜀襄 ꜀鑲 ꜀廂 ꜀箱 ꜀佯 ꜀詳 ꜂想 象꜄ 像꜄

siáu

꜂小 ꜀銷 ꜀簫 ꜀宵 ꜀消 ꜀硝 ꜀鞘 ꜀霄 ꜀蕭 ꜀瀟 笑꜄ 肖꜄ 嘯꜄

sié

꜀些 ꜀斜 ꜀邪 ꜂寫 卸꜄ 瀉꜄ 謝꜄

sieh

屑꜆ 泄꜆ 燮꜆ 洩꜆ 褻꜆ 紲꜆

sien

꜀先 ꜀仙 ꜀纖 ꜀躚 ꜀涎 ꜂跣 ꜂鮮 ꜂銑 ꜂霰 ꜂癬 線꜄ 羨꜄

sih

息꜆ 析꜆ 蟋꜆ 隰꜆ 昔꜆ 錫꜆ 悉꜆ 膝꜆ 汐꜆ 惜꜆ 媳꜆ 熄꜆ 蓆꜆ 夕꜆ 習꜆ 席꜆ 襲꜆

sin

꜀心 ꜀新 ꜀辛 ꜀莘 ꜀薪 ꜀尋 ꜀鱘 汛꜄ 訊 迅 信꜄

sing

꜂性 ꜀腥 ꜀猩 ꜀醒 ꜀星 ꜂省 姓꜄

sióh

削꜆

siú

꜀修 ꜀羞 ꜀饈 袖꜄ 繡꜄ 秀꜄ 銹꜄

siueh

雪꜆

siuen

꜀宣 ꜀旋 ꜀璿 ꜀璇

siuh

戌꜆ 恤꜆

siun

꜀旬 ꜀詢 ꜀殉 ꜀恂 ꜀洵 ꜀循 ꜀巡 ꜂筍 浚꜄

só

꜂所 ꜀唆 ꜀娑 ꜀蓑 瑣꜁ 鎖꜁

sóh

索꜁ 朔꜁ 搩꜁

sú

素꜃ ꜀梳 ꜀甦 ꜀蘇 ꜀蔬 ꜀疎 ꜀穌 ꜀酥 訴꜃ 數 塑 疏 愫꜃

sü

序꜃ ꜀須 ꜀鬚 ꜀徐 ꜂絮 ꜂緒 敘꜃

suh

夙꜁ 帥꜁ 率꜁ 蟀꜁ 速꜁ 宿꜁ 縮꜁ 粟꜁ 肅꜁ 俗꜁ 續꜁

sui

꜀綏 ꜀雖 ꜀胥 ꜀嶼 ꜀荽 ꜀隨 ꜂髓 ꜂悴 歲꜃ 碎꜃ 粹꜃ 遂꜃ 瑞꜃ 檖꜃ 彗꜃ 穗꜃

sun

꜂損 ꜀孫 ꜂榫 遜꜃ 巽 飧꜃

sung

宋꜃ ꜀松 ꜀崇 ꜀嵩 ꜀鬆 ꜀慫 ꜀悚 ꜂竦 送꜃ 訟꜃ 誦꜃ 頌꜃

swán

꜂算 ꜂酸 ꜀狻 蒜꜃

sz’

士꜃ ꜀嘶 ꜀廝 ꜀司 ꜀思 ꜀師 ꜀斯 ꜀絲 ꜀私 ꜀獅 ꜀使 ꜂死 ꜂似 ꜂兕 四꜃ 肆꜃ 伺꜃ 飼꜃ 仕꜃ 巳꜃ 祀꜃ 事꜃ 嗣꜃ 俟꜃ 寺꜃ 耜꜃

tá

大꜃ ꜂打

t'á

꜀他

táh

答꜁ 搭꜁ 獺꜁ 蹋꜁ 達꜁ 踏꜁ 沓꜁

t'áh

塔꜁ 塌꜁ 榻꜁

tai

꜂歹 ꜂獃 帶꜄ 戴꜄ 待꜄ 代꜄ 逮꜄ 袋꜄ 貸꜄ 黛꜄

t'ái

太꜄ ꜀台 ꜀胎 ꜀抬 ꜀苔 ꜀臺 ꜂怠 ꜂殆 ꜂迨 泰꜄ 態꜄ 汰꜄

tán

꜀丹 ꜀坍 ꜀單 ꜀擔 ꜂胆 旦꜄ 誕꜄ 但꜄ 淡꜄ 蛋꜄ 憚꜄

t'án

꜀談 ꜀貪 ꜀覃 ꜀潭 ꜀壇 ꜀痰 ꜀彈 ꜀檀 ꜂攤 ꜂灘 ꜂癱 ꜂坦 炭꜄ 探 嘆꜄

tang

꜂等 ꜀登 ꜀燈 凳꜄ 戥꜄ 蹬꜄

t'ang

꜀疼 ꜀藤 ꜀謄 ꜀騰

táng

꜀當 ꜀璫 ꜂擋 ꜂黨 宕꜄ 蕩꜄ 盪꜄

t'áng

꜀堂 ꜀湯 ꜀唐 ꜀螳 ꜀糖 ꜀棠 ꜀塘 ꜂倘 ꜂帑 ꜂搪 ꜂熨

tau

꜂斗 ꜀兜 ꜂抖 ꜂陡 ꜂骰 鬬꜄ 竇꜄ 讀꜄ 豆꜄ 痘꜄ 逗꜄ 荳꜄

t'au

꜀頭 ꜀偷 ꜀投 透꜄

táu

꜀刀 ꜂倒 到꜄ 道꜄ 盜꜄ 蹈꜄ 導꜄ 稻꜄

t'au

꜀桃 ꜀叨 ꜀滔 ꜀慆 ꜀韜 ꜀萄 ꜀幬 ꜀韄 ꜀饕 ꜀淘 ꜀陶 ꜀逃 ꜂討 ꜂禱 ꜂擣 ꜂島 套꜄

teh

得꜆ 忒꜆ 慝꜆ 特꜆ 德꜆

tí

地꜄ ꜀低 ꜀羝 ꜂底 ꜂抵 ꜂邸 帝꜄ 遞꜄ 弟꜄ 娣꜄ 悌꜄ 第꜄

t'i

꜀題 ꜀稊 ꜀梯 ꜀提 ꜀醍 ꜀啼 ꜀蹄 ꜀堤 ꜂蒂 ꜂體 ꜂涕 替꜄ 剃 嚏꜄

tiáu

꜀刁 ꜀凋 ꜀貂 ꜀雕 ꜀髫 弔꜄ 釣꜄ 笤꜄

t'iau

꜀條 ꜀挑 ꜀秭 ꜀迢 ꜀佻 ꜀誂 ꜀調 糶꜄ 眺꜄ 跳꜄ 窕꜄

tié

꜀爹

tieh

瓞꜆ 餮꜆ 跌꜆ 撜꜆ 堞꜆ 耋꜆ 絰꜆ 蝶꜆ 褶꜆ 碟꜆ 疊꜄ 迭꜆ 軼꜆

t'ieh

鐵꜆ 帖꜆ 怗꜆ 貼꜆

tien

店꜄ ꜀顛 ꜀癲 ꜂點 ꜂典 ꜂腆 店꜄ 玷꜄ 佃꜄ 蜔꜄ 殿꜄ 墊꜄ 電꜄ 靛꜄ 奠꜄

t'ien

꜀天 ꜀添 ꜀田 ꜀甛 ꜀填 ꜀畑 ꜀恬 ꜂忝 ꜂殄

tih

的꜆ 滴꜆ 鏑꜆ 嫡꜆ 狄꜆ 廸꜆ 敵꜆ 糴꜆ 滌꜆ 覿꜆ 笛꜆

t'ih

剔꜆ 惕꜆ 踢꜆

ting

꜀丁 ꜀仃 ꜀町 ꜀疔 ꜀釘 ꜂鼎 ꜂酊 ꜂頂 訂꜄ 定꜄ 錠꜄

t'ing

꜀亭 ꜀廳 ꜀廷 ꜀停 ꜀婷 ꜀庭 ꜀蜓 ꜂挺 ꜂艇 聽꜄ 听꜄

tiú

꜀丟

tó

꜀多 ꜂朵 ꜂垛 ꜂躲 惰꜄ 墮꜄

t'ó

꜀拖 ꜀駝 ꜀跎 ꜀佗 ꜀舵 ꜀駞 ꜀鼉 ꜀砣 ꜂妥 唾꜄

tóh

奪꜆ 度꜆ 鐸꜆ 籜꜆

t'oh

託꜆ 脱꜆ 托꜆ 囊꜆

tsáh

襍꜆ 咱꜆ 卡꜄ 剎꜆ 雜꜆ 唼꜆

tsái

再꜄ ꜀哉 ꜀災 ꜀栽 ꜂宰 ꜂仔 載꜄ 在꜄

t'sái

꜀才 ꜀財 ꜀裁 ꜀纔 ꜀材 ꜂采 ꜂彩 ꜂採 ꜂睬 ꜂綵 菜꜄

tsán

꜀簪 臢 ꜀拶 ꜂趱 贊꜄ 讚 蘸 暫꜄

ts'án

꜀殘 ꜀参 ꜀蠶 ꜀湌 ꜂慘 燦꜄

tsang

꜀曾 增 爭 憎 ꜀繒 ꜀崢 ꜀睜 ꜂怎 甑꜄ 踭꜄ 諍꜄ 贈꜄

ts'ang

꜀撐 ꜀橙 ꜀層

tsáng

葬꜄ ꜀臟 贓꜄

ts'áng

꜀倉 ꜀蒼 艙 瑲 鶬 滄 ꜀藏

tsau

꜂走 ꜀愁 奏꜄ 皺꜄ 縐꜄ 輳꜄

ts'au

湊꜄

tsáu

꜂早 ꜀糟 ꜀遭 ꜂棗 ꜂蚤 竈꜄ 皂꜄ 造꜄

ts'au

꜂草 ꜀澡 ꜀操 ꜀曹 ꜀嘈 ꜀槽 ꜀漕 ꜀艚 ꜂藻 燥꜄ 糙꜄

tseh

則꜆ 嘖꜆ 昃꜆ 仄꜆ 側꜆ 窄꜆ 責꜆ 柵꜄ 謫꜆ 澤꜆ 宅꜆ 摘꜆ 擇꜆ 賊꜆

ts'eh

折꜆ 策꜆ 冊꜆ 測꜆ 惻꜆

tsí

祭꜄ ꜀賫 剤 ꜀擠 ꜀鰿 ꜂際 ꜂濟 ꜂霽

t'si

꜀妻 ꜀棲 ꜀悽 ꜀淒 ꜀齊 ꜀臍 砌꜄ 切꜄

tsiang

꜀將 ꜀漿 ꜀祥 ꜂槳 ꜂奬 匠꜄

ts'iang

꜀牆 ꜀鎗 ꜀斨 ꜀檣 ꜂搶

tsiáu

꜀焦 ꜀蕉 ꜀噍 ꜀鷦 ꜀椒 ꜂勦 ꜂剿 醮꜄

ts'iau

俏꜄ ꜀瞧 ꜀憔 ꜀樵 誚꜄ 俏꜄

tsié

꜀姐 ꜂借 嗟꜄ 唶꜄

ts'ié

꜂且

tsieh

接꜆ 楫꜆ 卩꜆ 節꜆ 櫛꜆ 竊꜆ 浹꜆ 緁꜆ 捷꜆ 截꜆

tsieh

妾꜆ 切꜆

tsien

꜀尖 ꜀箋 ꜀煎 ꜂剪 ꜂戩 箭꜄ 洊 薦 餞꜄ 漸꜄ 倩꜄ 賤꜄

ts'ien

꜀千 簽 遷 韆 ꜀籤 ꜀前 ꜀潛 ꜀錢 ꜂淺 僭꜄

tsih

即꜆ 戢꜆ 績꜆ 積꜆ 刺꜆ 稷꜆ 跡꜆ 鯽꜆ 瘠꜆ 疾꜆ 脊꜆ 寂꜆ 集꜆ 籍꜆ 藉꜆

ts'ih

七꜆ 漆꜆ 緝꜆ 輯꜆ 戚꜆

tsin

꜂進 ꜀津 ꜀臻 ꜂儘 ꜂燼 ꜂贐 晋꜄ 浸꜄ 縉꜄ 盡꜄

ts'in

꜀侵 ꜀親 ꜀秦 ꜀鱘 ꜀尋 ꜂寢 櫬꜄ 襯꜄

tsing

꜂井 ꜀晶 旌 ꜀精 晴꜄ 靚꜄ 阱꜄ 靖꜄ 淨꜄ 靜꜄

ts'ing

꜀青 清 菁 ꜀蜻 ꜀情 ꜀晴 ꜂請

tsióh

雀꜆ 鵲꜆ 爵꜆ 嚼꜆

tsiú

꜂酒 ꜀揪 ꜀啾 泅꜄ 就꜄ 鷲꜄

ts'iu

꜀秋 愀 鍬 鞦 ꜀鰍 ꜀囚 ꜀愁 ꜀酋 ꜀遒

tsiueh

絕꜆

tsiuen

꜀痊 ꜀銓 ꜀詮 ꜀牷 ꜀拴 鐫꜄

ts'iuen

꜀全 ꜀泉

tsiun

俊꜄ ꜀逡 竣꜄ 峻 駿꜄

tsó

꜂左 佐꜄ 坐꜄ 座꜄ 做꜄

ts'ó

錯꜄ ꜀瑳 嵯 磋 搓 瘥 ꜀蹉 剉꜄ 挫꜄ 銼꜄

tsóh

作꜆ 怍꜆ 昨꜆ 鑿꜆ 酢꜆

ts'oh

撮꜆ 錯꜆ 鵲꜆

tsú

꜂祖 ꜀租 ꜂俎 ꜂組 ꜂詛 ꜂阻 ꜂助 胙꜄ 祚꜄

ts'ú

꜀初 芻 粗 麤 ꜀雛 ꜀鋤 楚꜄ 醋꜄ 措꜄

tsü

聚꜄ ꜀蛆 ꜀趄 ꜂咀 ꜂沮

ts'ü

꜂取 ꜀諏 ꜀趨 娶꜄ 趣꜄

tsuh

足꜆ 卒꜆ 猝꜆ 噈꜆ 捽꜆ 粹꜆ 族꜆ 促꜆ 蹙꜆

tsui

罪꜄ ꜀摧 ꜀毳 ꜂嘴 最꜄ 醉꜄ 萃꜄

ts'ui

꜀催 ꜀嗺 翠꜄ 脆꜄

tsun

꜀尊 遵 鐏 ꜀壿

ts'un

寸꜄ ꜂忖 ꜀村 ꜀存

tsung

꜀宗 崇 椶 ꜀騣 ꜀踪 ꜂總 ꜂粽 縱꜄

ts'ung

꜀従 ꜀匆 ꜀聰 怱 憁 ꜀蔥 ꜀叢

tswán

攢꜄ ꜂篡 ꜂纂 ꜂鑽 纘꜄

tsw'án

꜂竄 攛꜄ 爨꜄

tsz'

꜂子 ꜀孜 兹 錙 咨 姿 恣 資 孳 滋 鷀 緇 ꜀輜 ꜂仔 ꜂滓 ꜂梓 ꜂紫 ꜂姊 ꜂秭 字꜄ 自꜄ 嗣꜄

ts'z'

‘此 ˓差 疵 訾 訾 雌 髭 ˓祠 ˓詞 ˓慈 ˓磁 ˓辭 ˓茨 次’ 刺 賜 厠’

tú

妬’ ˓都 ‘堵 ‘睹 ‘賭 度’ 蠹’ 杜’ 渡’ 鍍’

t'ú

‘土 ˓塗 ˓途 ˓徒 ˓圖 ˓荼 ˓酴 ˓屠 ‘肚 吐’ 兔’

tuh

督˒ 篤˒ 牘˒ 犢˒ 讀˒ 毒˒ 突˒ 瀆˒ 凸˒ 纛˒ 獨˒ 髑˒

t'uh

秃˒ 鵚˒

tui

兑’ ˓堆 碓’ 對’ 隊’ 蛻’

t'ui

退’ ˓推 ˓煺 ˓隤 ˓頹 ‘腿

tun

˓屯 敦 墩 ˓鐓 燉’ 沌’ 頓’ 遯’ 鈍’ 腯’

t'un

˓吞 ˓盹 ‘盾 褪’

tung

˓冬 鼕 ˓東 ‘懂 凍’ 棟 蝀’ 動’ 洞’

t'ung

˓同 ˓通 ˓蓪 ˓童 ˓橦 ˓瞳 ˓僮 ˓侗 ˓峒 ˓桐 ˓筒 ˓衕 ˓銅 ˓桶 統’ 痛’

twán

叚’ ˓端 ‘短 煅’ 鍛’ 斷’ 緞’

tw'an

˓團

uh

兀˒ 屋˒ 握˒ 踼˒ 渥˒ 齷˒ 沃˒ 杌˒

ung

˓翁 ˓蓊 甕’

wá

꜂瓦 ꜀蛙 娃 ꜀鼃 ꜂搲 ꜂窊

wáh

穵꜁ 挖꜁ 襪꜁

wái

外꜃ ꜀歪

wan

꜀文 ꜀溫 ꜀瘟 ꜀紋 ꜀呡 ꜀蚊 ꜀聞 ꜂媪 ꜂揾 ꜂蘊 ꜀稳 ꜂緼 ꜂刎 ꜂脗 ꜂抆 ꜂紊 慍꜃ 問꜃

wán

萬꜃ ꜀灣 ꜀丸 ꜀元 ꜀頑 ꜀完 ꜀紈 ꜂輓 ꜂碗 ꜂浣 ꜂皖 ꜂捥 ꜂蜿 ꜂腕 ꜂挽 ꜂晚 玩꜃ 緩꜃

wáng

꜀王 ꜀汪 ꜀亡 ꜀忘 ꜂枉 ꜂往 ꜂罔 ꜂惘 ꜂網 ꜂魍 望꜃ 妄꜃ 旺꜃

weí

꜀爲 ꜀威 ꜀桅 ꜀幃 ꜀圍 ꜀緯 ꜀違 ꜀危 ꜀巍 ꜀遺 ꜀闈 ꜀壝 ꜂委 ꜂逶 ꜂倭 ꜂痿 ꜂諉 ꜂韋 葦꜃ 穢꜃ 畏꜃ 慰꜃ 喂꜃ 餵꜃ 尉꜃ 彙꜃ 猬꜃ 僞꜃ 衛꜃ 胃꜃ 謂꜃ 位꜃ 魏꜃

wí

未꜃ ꜀惟 ꜀微 ꜀帷 ꜀維 ꜀薇 ꜂唯 ꜂尾 味꜃

wó

꜂我 ꜀窩 ꜂婐

wóh

嚄꜁ 斡꜁ 擢꜁

wú

꜂五 ꜀污 ꜀烏 ꜀吾 ꜀梧 ꜀吳 ꜀鼯 ꜀廡 ꜀誣 ꜀無 ꜀巫 ꜀蜈 ꜀母 ꜀捂 ꜂塢 ꜂舞 ꜂姆 ꜂伍 ꜂午 ꜂武 ꜂侮 ꜂忤 ꜂鵡 惡꜃ 寤꜃ 悟꜃ 誤꜃ 霧꜃ 務꜃ 晤꜃

wuh

物꜁ 勿꜁ 卼꜁

yá

꜀丫 ꜀鴉 ꜀牙 ꜀呀 ꜀芽 ꜀衙 ꜂啞 ꜂瘂 ꜂雅

yáh

押꜁ 鴨꜁ 壓꜁ 軋꜁

yái

隘꜄꜀埃꜀挨꜀崖꜀捱꜀涯꜀厓꜂矮

yáng

꜂仰꜀央꜀殃꜀泱꜀鞅꜀鴦꜀佯꜀羊꜀揚꜀陽꜀徉꜀洋꜀楊꜀颺꜀暘꜂癢꜂養樣꜄恙꜄漾꜄怏꜄

yáu

要꜄꜀夭꜀腰꜀邀꜀殀꜀麼꜀么꜀凹꜀喓꜀搖꜀愮꜀遙꜀颻꜀鷂꜀猺꜀瑤꜀窰꜀謠꜀堯꜂妖꜂窈꜂咬 坳꜄拗꜄耀꜄

yé

꜂也꜀椰꜀耶꜀爺꜂冶꜂野 夜꜄

yeh

葉꜆咽꜆謁꜆噎꜆

yen

꜀言꜀淹꜀醃꜀閹꜀嫣꜀饜꜀胭꜀煙꜀焉꜀筵꜀莚꜀閻꜀研꜀延꜀顏꜀嚴꜀塩꜀簷꜀妍꜂蝘꜂睍꜂掩꜂偃꜂演꜂衍꜂儼꜂眼꜂蚺 嚈꜄嬿꜄厭꜄黶꜄嚥꜄宴꜄燕꜄諺꜄炎꜄硯꜄雁꜄驗꜄艷꜄沴꜄

yih

一꜆益꜆憶꜆揖꜆抑꜆億꜆邑꜆唈꜆挹꜆鎰꜆溢꜆乙꜆弋꜆域꜆亦꜆易꜆液꜆嗌꜆翼꜆驛꜆逸꜆疫꜆弈꜆佚꜆奕꜆掖꜆腋꜆翌꜆射꜆繹꜆譯꜆佾꜆泆꜆

yin

꜀因꜀氤꜀茵꜀絪꜀慇꜀裀꜀垠꜀姻꜀欣꜀音꜀殷꜀陰꜀齗꜀夤꜀婬꜀吟꜀銀꜀寅꜀淫꜂隱꜂飲꜂引꜂蚓꜂尹 印꜄蔭꜄

ying

應꜄꜀嚶꜀瀴꜀癭꜀纓꜀鸚꜀英꜀罌꜀鶯꜀嬰꜀鷹꜀盈꜀楹꜀瑩꜀營꜀蠅꜀贏꜀迎꜀凝꜂影꜂映 穎꜄孕꜄胤꜄

yóh

約꜆虐꜆樂꜆藥꜆嶽꜆獄꜆躍꜆鑰꜆瘧꜆龠꜆

yú

又꜄꜀憂꜀優꜀耰꜀幽꜀由꜀油꜀柚꜀尤꜀猶꜀攸꜀游꜀遊꜀郵꜀鼬꜀遒꜂友

‘有‘酉‘誘‘莠 幼’右’侑’囿’宥’佑’祐’

yü

꜀于꜀於꜀淤꜀余꜀蜍꜀妤꜀圄꜀漁꜀隅꜀諛꜀腴꜀圩꜀盂꜀迂꜀餘꜀予꜀魚꜀愚꜀虞꜀臾꜀愉꜀榆꜀窬꜀覦꜀輿‘宇‘語‘羽‘雨‘與‘禹‘圉 飫’嫗’遇’喻’逾’諭’譽’禦’馭’籲’芋’寓’愈’御’裕’

yueh

曰꜆月꜆刖꜆越꜆悅꜆閱꜆粵꜆鉞꜆

yuen

꜀元꜀鴛꜀娟꜀冤꜀捐꜀淵꜀原꜀源꜀員꜀沿꜀援꜀鳶꜀緣꜀黿꜀莞꜀垣꜀圓꜀鉛꜀媛꜀園꜀轅꜀猿꜀圜‘婉‘宛‘苑‘遠 怨’院’愿’願’

yuh

玉꜆郁꜆毓꜆浴꜆欲꜆育꜆鬱꜆役꜆慾꜆鬻꜆

yun

꜀云꜀氳꜀暈꜀紜꜀雲꜀勻꜀昀꜀耘꜀芸‘醞‘尹‘允 殞’隕’韻’運’

yung

用’‘雍꜀癰꜀雝꜀饔꜀容꜀榮꜀融꜀庸꜀榕꜀溶꜀蓉꜀鎔꜀熒꜀螢꜀傭꜀墉‘甬‘俑‘湧‘壅‘擁‘永‘勇 泳’咏’詠’

《汉语札记》引言

虽然中国人在日常谈话和精心写作的文章中使用的是同样的汉字，但是，口头语言与古代典籍里所保留下来的书面语还是有很大差别的。因此，为了获得有关中国语言全面的知识，我们应当采取的方法是：首先，掌握口语；其次，对书面语进行精确的研究。本书成书正是建立在完成这两个目标基础上的。

第一部分会在很多方面对传教士有所帮助。在谈话时，他们会更容易被别人理解，他们自己也容易理解别人所说的内容。通过学习，传教士们将会饶有兴趣地去阅读一些通俗书籍。而且，还能有助于传教士提高口语的流利程度。此外，如果需要的话，他们还可以充分利用这种写作手法。

第二部分也将为传教士提供很多帮助，帮助他们理解古代典籍的精髓，将这些典籍正确地翻译成另一种语言，还可以帮助他们写作优美的中文文章。正因为如此，我愿意将这部作品推荐给率直而宽容的公众。

第一编：口语与通俗文体

中国语言，不管是保留在古代典籍中的，还是日常使用中的，都有其独特适宜的美感；绝大多数传教士并未能对此引起足够的重视。因此，别说中文写作了，就连能说一口地道口语的传教士也寥寥无几。故在此，我要开始阐述中国语言独有的特质和内在的美感。第一部分将只限于论述上层人士和受教育阶层所通行的"官话"，所以我认为先提及一些作品是比较合适的，我将从这些作品中摘选要表达的内容。当然，我只能提到那些比较重要的作品。所有的作品都限于戏曲和 *Siáu Shwoh*（小说）范围内。第一本是 *Yuen Jin Peh Chung*（《元人百种》），这部作品包括一百个剧本，每个剧都不超过四到五出戏。这本书最早是在元代刻印的。第二个作品是 *Shwui-hú Chuen*（《水浒传》）。最好能得到刊行的金圣叹批本，因为他第一个揭示出了《水浒传》作者高超的写作技巧。这部传奇小说实乃鸿篇巨著，共有十五卷之多。此外，还有其他一些短篇小说，如 *Hwá-tú Yuen*（《画图缘》）、*Sing Fung Liú*（《醒风流》）、*Háu-kiú Chuen*（《好逑[①]传》）、*Yoh-kiáu Lí*（《玉娇梨》）等。每本小说有四或五卷，从十六回到二十回不等。

本书的第一编分为三章，第一章将介绍通言的语法原则和结构；第二章举例说明汉语的特质，即表现对虚词和修辞的运用；第三章将展示前面所述语法现象在实际中的应用，我们先按顺序介绍各种礼貌用语，之后是用白话写成的民间俗谚。

① 英译本此处汉字为"求"，应为"逑"，中译本改之。——中译注

第一章 口语的语法和句法

中国语言，无论口语还是书面语，都是由确定的部分组成的，这就是所谓的词类。每个完整的句子，一定要有动词（没有动词，句子就失去了意义）、名词（指明谁是行动者，做了什么）。它还包含介词、副词及其他一些虚词，这些虚词更多是用于增强表达的清晰与美感，而非绝对有必要用来传达句意。中国的语法学家将构成语言的字分为两类：*hü tsz'*（虚字）[①] 和 *shih tsz'*（实字）[②]，即（字面意义上）就是空或虚的字，以及实的字。虚字构成句子的非基本组成成分，虽然从严格意义上讲，任何字都不能被称为“虚字”，因为每个字肯定都是有其意义所指的。因此，一旦汉字被用作纯粹的虚词（即绝对虚化）时，必须理解为是通过 *kiá tsié*（假借），或者说比喻的方式，使它们的意义从本义转换为引申义。实字就是句子中必要的组成成分，又可分为 *hwoh tsz'*（活字）[③] 和 *sz' tsz'*（死字）。活字即动词，死字即名词。

在每个句子里，我们必须首先确定动词是否被明确表达或是隐含在语境中；接下来，我们需要确定动词的主语，最后确定它的宾语。一旦确定了这三个对句子表达至关重要的要素，我们就可以推断出其余的字（词）是非基本的。这个议题同样适用于口头交流和书面写作两部分，因此应及早引起高度重视。

第一节 语 法

这个主题分为以下四个小节来论述：1. 论名词；2. 论代词；3. 论动词；4. 论其他词类。

第一小节 名词

名词在汉语里没有因格或数的变化而引起的词尾变化，但这些变化可以清楚

---

① 英译本此处汉字为“虚子”，应为“虚字”。——中译注
② 英译本此处汉字为“实子”，应为“实字”。——中译注
③ 英译本此处汉字为“活子”，应为“活字”。——中译注

地借由使用特定的虚词体现出来。

1. *tih*（的）在名词后，表示属格。例如：

Tien-chú tih ngan，[①] 天主的恩。God's beneficence.

但如前所言，所有的字如果用作虚词采用的是假借法，那么，在白话中对这类字应更多关注其读音，而非意义。因此，有时候就可以用 *tí*（底）、*tí*（地）来替换"的"。

当两个名词连用而意义非常明确时，虚词"的"就可以省略。例如：

Chung Kwoh，中国。the Middle Kingdom. 不会说"中的国"。

但如果有另一个名词跟在后面，"的"要放在最后一个名词的前面。例如：

Chung Kwoh tih jin，中国的人。A Chinese. *Chung Kwoh tih hwá*，中国的话。The Chinese language.

不过即使在这种情况下，"的"也常被省略。

2. 与格由虚词 *yü*（於）（也写作"于"）来表示

尽管这个虚词不只用来表示与格，也可用于表判断。有时可以省略，或者根据经验临时选用其他类似的虚词。下面提及的虚词，和"於"的用法相似。作为与格的标志，中国人也用 *yü*（與）、*ho*（和）、*tui*（对）、*t'í*（替）等字。例如：

yü t'á sz' kien，與他厮见。To make evident to him. *ho t'á shwoh*，和他说。Say to him. *tui t'á shwoh*，对他说。Say to him. *t'í t'á shwoh liáu*，替他说了。I said to him.

在这些短语中，有必要使用一些虚词来表达"说"这个动词的与格，因为"说他"并不意味着对他说的意思，而是斥责他；而"他说"则表示"他说话，他讲"的意思。

3. 受格没有甚么特殊的标志，经常放在动词之后。例如：

wo tá ní，我打你。I strike you. 你打我。You strike me.

当然，也时常放在动词之前，我们将在另一节里讲到这一问题。

4. 呼格有时是由虚词 *o*（阿）来标志的。"阿"放在名词或是有身份的人的称呼之后。例如：

---

① 英译本的中文例句注音存在大小写不统一的情况，为全书体例统一，中译本将所有专有名词保留首字母大写，其余则均予小写，特此说明。

láng kiun o，郎君阿！ O my spouse!

当人名被重复时，特别是有 ní（你）字跟在后面，这时肯定是呼格。例如：

Tán Sien, Tán Sien, wo ho ní háu wú yuen yé，淡仙，淡仙，我和你好无缘也。O *Tán Sien*，you and I are very unhappy! *Cháng-ngo! Cháng-ngo! ni&c*，嫦娥，嫦娥，你……O Luna! Luna! You, &c.

中国人称月亮为“嫦娥”，称太阳为 *I' ho*（義和），就如同我们的诗人称太阳为“阿波罗”，称月亮为“黛安娜”一样。

5. 夺格与被动式动词相关。任何事物的材料在拉丁文由夺格来表示，在汉语里则是用虚词“的”。例如：

tieh tih，铁的。Of iron.

当提到某些具体的事物时，“的”可以省略。例如：

tieh ho，铁锅。An iron caldron. *tung lo*，铜锣。A copper gong. *yin pei*，银盃。A silver goblet.

这些词也许会被看作形容词。短语“铁的”与“铁”字单独用作形容词，意思其实是一样的。一旦学会用这种新的方法来分析我们的思想，就会发现，以前很多强加给我们的那些令学者望而生畏而非有吸引力的规则毫无实际用处。

6. 复数的标志是与表示数字的词连用。例如：

sú jin，数人。Many men. *kí kü*，几句。Some words.

tú（都）表全部，放在名词后。例如：*shing jin tú tsai t'ien*，圣人都在天。All holy men are in heaven. *tú shing jin*（都圣人）则是错误的用法。

tú lái liáu，都来了。All came. *tú yáu*，都要。to desire them all；*tú puh yáu*，都不要。

这几种说法却是正确的。因为在这些短语中，很容易理解谈论的对象（人或事物）是什么。

kiái（皆）也放在名词后。*jin kiái yú ping*，人皆有病。All men are subject to disease.

chung（众）放在名词前。*chung jin*，众人。All men. *chung shwoh*，众说。All sayings.

chú（诸）也放在名词前。例如：*chú pwán*，诸般。In every manner.

mun（们）和 *tang*（等）也表示复数。例如：*tá mun*，他们。They. *yé mun*，爷们。My lords. *ní tang*，你等。Ye or you.

mei（每）字也放在名词后。例如：*wo mei*，我每。We.

当一个名词叠用时，也表示复数。例如：*jih jih*，日日。Every day. *kiá kiá*，家家。All houses or families.

在这种情况下，常会加上“都”字。例如：*jin jin tú lái liáu*，人人都来了。The men all came.

当数字不确指时，也常表复数。例如：*wán wuh*，万物。Ten thousand things. *peh pwán*，百般。In a hundred manners. 即处处的意思。

7. 物质名词单独使用或用作短语的结尾时，需要加词缀来使其完整。

fáng tsz'，房子。A house. *shih tau*，石头。A stone. *hoh 'rh*，盒儿。A chest. *nü hái 'rh*，女孩儿。A little daughter. *siáu hái tsz'*，小孩子。A little son.

在列举中，每一个名词或事物都有相应的标记（或分类词）①。例如：*sán wei láu yé*，三位老爷。Three gentlemen. *yih ting kiáu tsz'*，一顶轿子。One sedan. *yih cháng choh tsz'*，一张桌子。One table. *yih wí yü*，一尾鱼。One fish. *yih kau chú*，一口猪。One swine. *liáng cheh niú*，两只牛。Two oxen. 举这些例子足矣，其余关于量词的知识则需要在实践中去获得。②

名词在表示一种职业或行当时，要在后面加虚词“的”。例如：*tuh shú tih*，读书的。A student or scholar. *tí tau tih*，剃头的。A barber. *tá tieh tih*，打铁的。An iron-smith.

不过这些也可以被看成是分词，第一个字做动词，第二个字是它的宾语。就如同在别的情况下作为属格的标志，“的”字在这里则是分词的标志。

8. 形容词后也经常加“的”字。例如：*hau tih*，好的。good. *tái tih*, 歹的。bad. *peh tih*，白的。white. *heh tih*，黑的。black. 不过当形容词的意思比较明显

---

① 即量词。——中译注

② 原书注：作者对量词的介绍有点草率，从这短短的几行文字中，初学者对量词的数量、用途和重要性会产生非常错误的认识。要想得到更详细的叙述，可以参阅 *Easy Lessons in Chinese* 一书第七章第 173 页。

时，“的”可以省略。例如：*shing jin*，圣人。a holy man. *tá páng*，大邦。a great kingom. *ming yen*，明言。illustrious words.

如果一个形容词叠用，应当加上“的”。例如：*tá tá tih fáng tsz'*，大大的房子。a very large house.

如果两个形容词意思相近或是同义词，用不用“的”均可。例如：*fú kwei jin*，富贵人；富贵的人。a rich and honorable man.

动词性的名词，由 *ko*（可）表示。例如：*ko king*，可敬。Honorable, or to be honored. *ko wú*，可恶。detestable, or to be hated. 在这种情况下可以加上“的”字，但只跟在人或事物之后。例如：*ko ngai tih hwá*，可爱的花。 a delectable flower. *ko wú tih tsien jin*，可恶的贱人。a vile man, worthy of detestation.

第二小节　代词

1. 代词有“*wo*，我，I”。“*ní*，你，thou”，［极少情况下用 *lin*（您）］，还有“*t'á*，他，he”。中国人在谈话中用“我”“你”被认为是不礼貌的用语，只有关系极亲密，或是说到下等人，或上级对下级说话时才可以用。因此，我们应当了解中国人是如何称呼对方的。由于许多礼貌用语的例句将在后面的章节中列举，或在专门讨论这一主题的最后一章中找到，因此在这里所举的例句就比较扼要。例如：

mun sang，门生。（或 *hioh sang*，学生或 *wán sang*，晚生）I，a disciple. *siáu tí*，小弟。I，your younger brother. *siáu tih*，小的。I，your obedient servant. *tsui jin*，罪人。I，a sinner. 再如：*láu yé*，老爷。you master，teacher，governor. *láu tá jin*，老大人。thou great man，or master. *tá láu sien sang*，大老先生。my noble master. *siáng kung*，相公。thou，a sholar. *láu jin kiá*，老人家。thou aged. *láu sz'*，老师。master. *shin fú*，神父。spriritual father.

2. *wo tih*，我的，mine；*ni tih*，你的，thine

当谈到自己的事物时，我们说：*kiá fú*，家父。my father. *kiá mú*，家母。my mother. *hán kiá*，寒家。my house. *shié ts'in*，舍亲。my kinsman. *siáu kiái*. 小价。my servant. *tsien yáng*，贱恙。my disease. *pí ch'ú*，敝处。my residence. 在此情况下，人或物前的几个词都是形容词的缩略词。

另一方面，谈论对方的东西时，则用表尊敬的形容词，例如：*ling tsun*，令尊。 your father. *ling t'áng*，令堂。 your mother. *t'ái láu yé*，太老爷。 your father. *láu t'ái t'ái*，老太太。your mother. 当与地方官吏谈话时，我们用 *t'ái t'ái*（太太）来称呼对方的妻子。

其他的例子如：*sháng sing*，上姓。your illustrious family name. *fáng ming*，芳名。your given name. *tsun yen*，尊颜。your countenance. *kwei t'i*，贵体。your person.

3. *ki*（已）、*tsz' ki*（自己）, myself or himself，或是 *tsz' kiá*（自家），都表示本人。我们也说：

ts'in shau，亲手。with my own hand，表示用自己的手。*ts'in k'au*，亲口。with my own mouth; *ts'in pih*，亲笔。with my own pencil. 均同此理。

4. 指示代词：*ná*，那，he, she, it or that. 例如：*ná shí hau*，那时候。At that time. *ná yih jih*，那一日。On that day. *ná yáng tih sz'*，那样的事。Things of that sort. *ná yih pun shú*，那一本书。That book. 指示代词：*ché*（这），he, she, it or this. 例如：*ché*，这人。This man. *ché sz'*，这事。This business. *ché sán jin*，这三日。These three days. 有时也会用 *ts'z'*，"此"字。例如：*k'i yú ts'z' lí*，岂有此理。Is there any such right, or reason? 偶尔出于礼貌，也会说：*k'i kán*，岂敢。 How could I dare? Or how presume [to receive this honor which you would confer on me]?

5. *ko*（個）也可以写作"箇"和"个"。在标准书面语中，谈到人时，用"個"，谈论事物时，则用"箇"。至于"个"，它无关紧要，但这种形式很少使用，除非是在通俗书籍中，因为这些书籍充斥着简写体。

1）"個"的例子：

háu yih ko jin'rh，好一個人儿。That is a distinguished person. *ché ko yú puh chung í, ná ko yú puh chung í*，这個又不中意，那個又不中意。This does not please you, nor does that please you. *t'á shí ko yú sin tih jin*, 他是個有心的人。He is a man possessing a mind. *wí pih shí ko háu jin*，未必是個好人。 It is not certain that he is a good man. *puh yáu shwoh yih ko, yih peh ko yé yú*，不要说一個，一百個也有。Say not only one, but rather a hundred or more.

2）"箇"的例子：

puh tsang yú ko siáu yung，不曾有箇笑容。He has never yet been in a pleasing mood. *tsang mo shwoh ko puh shí*，怎么说箇不是。How can you say it is not thus?

tsz' yú ko ch'uh t'au tih jih tsz'，自有箇出头的日子。He will one day lift up his head, or get his just awards. *shí ko fi cháng tih kwái wuh*，是箇非常的怪物。Never was there a monster of this sort. *puh kwo shí ko hü wan*，不过是箇虚文。It is nothing but an empty ceremony. *joh shwoh ché ko shi, ná ko yú puh shí liáu*，若说这箇是，那箇又不是了。If we call this true, that must of course be false. *jin ko puh shí*，认箇不是。To confess that it is not thus.

简写体“个”字的例子，如：

siáu ko puh liáu，笑个不了；或是 *siáu ko puh chú liáu*，笑个不住了。He cannot refrain from smiling. *tuh tsz' yih ko*，独自一个。Alone, without a companion. *wei ho t'ien puh tsái sang yih ko ts'ái jin, tso ko tui shau*，为何天不再生一个才人，做个对手。Why did not heaven create another man of talents that I might have a compeer!

在这里，我不得不强调几点，希望学生们在学习全书的过程中时时牢记。我认为，首先，似乎没有比典型例句更好的中文教学方法了。因此，本书罗列了如此众多的例句，读者千万不要觉得奇怪。通过举例，学习的途径开始变得便捷；而相比之下，学习规则就显得冗长和乏味。其次，列举的例句其实都体现了某种语法规则或原理，但如果一定要用语言来详细地阐释反而会比较困难和费劲。最后，要注意的是，这些中文短语或句子不能逐字逐句地翻译。尽管它们可能会被逐字翻译，有的用一种语言，有的用另一种语言，但每一个学生自己或在中国老师的帮助下，都应该学会在任何情况下，根据短语或句子中字词的前后连贯关系将其意思翻译出来，而不是强求逐字逐句的翻译。

6. 代词 *k'i*（其）经常同时出现在白话和文言中。例如：*wo puh kiaí k'i kú*，我不解其故。I cannot explain the cause of it. *sháng wí chí k'i lí*，尚未知其故。Nor yet do I know the cause of it. *joh lun k'i lí*，若论其理。If you speak according to the rights of the case. *k'i chung wei kiuh láu fú k'i shih puh chí*，其中委曲老夫其实不知。I am not fully initiated into the secrets of this business.

第三小节 动词

在西方语言和字母语言中，我们习惯了把动词分为三类：主动、被动和中性，每一个动词还因不同的时态、语气和人称及单、复数的变化而引起相应的词形变化。汉语却不具备这样的变化规则，但正如下面将提到的那样，我认为这并不是太实质性的缺陷。

1. 在汉语里有很多词是系动词

① *shí*（是）。例如：

shí siáu'rh，是小儿。He is my son. *shí ko háu jin*，是個好人。He is a good man.

② *wei*（为）。例如：

wei jin láu shih，为人老实。He is a true and honest man. *wo wei hiung láu shih*，我为兄他为弟。I am the elder brother, he is the younger.

③ *tsái*（在），用于提及场所。例如：

puh tsái kiá，不在家。He is not at home.

④ *yú*（有）。例如：

muh yú jin，没有人。There is no man.

"有"也是助动词。例如：

muh yú shwoh，没有说。I have not said.

2. 主动动词很容易从意义上进行区分。例如：

t'ien chú ngái jin，天主爱人。God loves men. *jin king t'ien chú*，人敬天主。Men worship God.

但是，动词及其宾语的主格，并不会总是这样表达出来。因此必须要靠句与句的前后关系来推知。在所举的大多数例子中，只要没有明确提到人称（这种情况经常发生），就可以不加区分地使用第一人称、第二人称和第三人称；但只要联系上下文，一般都能清楚是指哪一个人称。不过，对于初学者，以及那些习惯了本国语言精确性的人而言，由于没有表达主格，导致指代说话人或被说话人时的不确定性，往往令人非常困惑。

3. 被动动词，如果真的要认为是属于汉语中的一类的话，那么只能是在句首由虚词 *p'í*（彼）来表示。例如：*p'í hú k'ih liáu*，彼虎喫了。He was devoured by a tiger. *p'í ní hí sháh wo yé*，彼你喜杀我也。You make me die with joy. I am rejoiced to death on your account. 也常用 *k'ih*（吃）字。例如：*k'ih liáu tá king*，吃了大惊。

（字面上的意思）He ate great fear, or he was greatly terrified. *k'ih tá*，吃打。To be wipped. *k'ih jin siáu hwá*，吃人笑话。To be ridiculed by man.

也用 *kien*，“见”字。例如：*kien sháh*，见杀。To see death. 不过在这些类似的用法中，我们应当注意汉语里特殊的惯用语。例如：*p'í wo shwoh ní háu*（彼我说你好），这个短句就是难以理解和粗俗的。因此，在讲中文时要注意避免使用外国的惯用语，相反要利用汉语惯用语的特色来修饰自己的讲话。

4. *liáu*（了）表示过去时。例如：*kiáng liáu ming peh*，讲了明白。Clearly spoken. 也可以用 *kwo*（过），这个字恰当地表示过去时。例如：*shwoh kwo liáu*，说过了。I have already said. *lái liáu*，来了。he came, or I came, or I will come.

不管在这里，还是别的地方，都要注意词语的关系。例如：*k'ü liáu*，去了。He depated, or I departed.

yú（有）也可以表达过去时态，就像助动词“have”。例如：

muh yú shwoh，没有说。I have not said. *wán*，“完”也表过去时。例如：*sié wán liáu*，写完了。I have written.

5. 将来时是根据词语的前后连贯的关系来理解的。例如：*wo ming jih k'ü*，我明日去。I go tomorrow, or I will go. *yáu*（要）字经常用于将来时。例如：

wo yáu k'ü，我要去。I will go.［*yáu wo k'ü*（要我去）的意思则是他希望我去。he wishes me go.］

tsiáng（将）字是有事将要发生的标志。例如：*tsiáng sz'*，将死。About to die. *hwui*（会）字也表示将来时。例如：*shen jin hwui shing t'ien*，善人会升天。Good man will go to heaven. 前面提到的“了”字，在不少短语里也有某种表将来的意思。例如：*ming jih tú tso ching liáu*，明日都做成了。Tomorrow I shall have finished the whole. 但是如果加上“要”，变成“明日都要……”，意思就变成：“I wish all done tomorrow.”（我希望明天就能全部完成）不过，这种表达法很容易通过搭配关系来理解。例如：*sui ní lái wo puh k'ü*，虽你来，我不去。Although you come, I will not go.

6. 关于祈使动词

中国的礼仪禁止命令式，除非是对下级或地位低下的人说话。在这种情况下，可以说：*ní*，你来。Come. *ní lái sié*，你来些。Approach. *ní k'ü*，你去。

Depart. *ní k'ü pá*，你去罢。You may go. *ní puh yáu hung wo*，你不要哄我。Do not deceive me.

在这里，我们发现 *yáu*（要）是祈使动词的一个标志。

当同身份高贵的人说话时，要用 *ts'ing*（请）字。这个字的含义更像是恳请，而非命令，位置是在动词之前。如果是同关系较熟悉的人说话时，"你"字用不用皆可。例如：*ts'ing tso*，请坐。Please sit. *ts'ing ní k'án*，请你看。Pray look. 在后面我们还会更清楚地解释类似的观点。

hiú（休）、*moh*（莫）都表示不允许。例如：*hiú k'ü*，休去。Do not go. *moh shwoh*，莫说。Say not.

7. *pá puh teh*（巴不得）或 *han puh teh*（狠不得）表示一种愿望，与我们语言中的"would that"相似，因此符合祈愿语气。

汉语里的不定式，在我们看来，有时似乎用作名词。例如：*tso kwán nán*，做官难。to act the magistrate is difficult。

不过，在我看来，用我们的语法学家所使用的术语来套用汉语的语法现象是非常不恰当的。最好是把语法中那些不自然的牵强附会和无意义的专门术语统统放到一边，而选取大量的例子，引导毫无经验的学生可以通过更加便捷而非沉闷的课程，来掌握中国语言的基本原则和语文学的实际运用。

第四小节　其他词类

1. 副词的例子。例如：

ché lí, 这里。Here or hither. *tsái ché lí*，在这里。He is there. *ché lí lái*，这里来。I have come hither. *ná lí*，那里。There, or thither. *tsái ná lí*，在那里。He is there. *táu ná lí k'ü*，到那里去。To go thither.

或是用于疑问句。例如：那里去？ *wáng ná lí k'ü*，往那里去？ Whither are you going? 可以回答：*puh wáng ná lí k'ü*，不往那里去。I am not going thither, I don't know where I am going. *ní shí ná lí jin*，你是那里人？ Whence (or of what place) are you? *wo shí ná lí jin*，我是那里人。I am thence, or from that place.

再如：*tsái tsz'*，在此。He is here. *táu tsz'*，到此。He has come hither. *ché yang*，这样。或是：*ché pw'án*，这般。Thus, or in this manner. *ná yang*，那样。In that manner, of that sort. *kw'ái*，快。Quickly. *kw'ái sié lái*，快些来。Make haste, come. *mán*，慢。Gently. *mán mán*，慢慢。By and by. *tsái sán*，再三。Repetition. *tsái lái*，再来；或是：*yú lái*，又来。he comes again. *tsái sán tsái í*，再三再矣。Again and again, or repeatedly. *jü ho*，如何；或是 *ho jü*，何如，in what manner. *cháng*，常。Always. *ts'ái*，才；或是：*fáng ts'ái*，方才，then. *hwán*，还。Hitherto. *shih*，实。Truly. *wei shih*，唯实。Certainly. *lioh*，略。Somewhat. *kwá*，寡。A little.

2. 介词的例子。例如：

kiá lí，家里。At home. *t'áng chung*，堂中。In the hall. *heh ngán chí chung*，黑暗之中。In darkness. 在书面语中，多用 *chí*，"之"字；而在口语中，*tih*，"的"字更常用。再如：*t'ung*，同。and, with. *ho*，和。With , at the same time. *sháng*，上。Above. *hiá*，下。Beneath. 例如：*t'ien sháng*，天上。In heaven, or above heaven. *yweh hiá*，月下。Beneath the moon, or in the evening air. *mien ts'ien*，面前；或 tang mien，当面。Openly, before the face. *wo kan ts'ien*，我跟前。In my presence. *sán t'ien hau*，三天后；或 *kwo liáu sán jih*，过了三日。after three days.

由于常常有这样的情况：把两个字放在一起用，是为了把意思解释得更清楚，因此就有必要了解两个字换位之后，意思是否会改变。其实我最好是完整地列出那些换位后意思不变的词和换位后意思改变了的词，但这里只列出一部分例子。

换位后意思不变的例子。例如：

hwán hí，欢喜。—— *hí hwán*，喜欢。To rejoice.

tá chung，打重。—— *chung tá*，重打。To strike forcibly.

wáng lái，往来。—— *lái wáng*，来往。To go and return.

t'ung sang，童生。—— *sang t'ung*，生童。Scholars who have not taken a degree.

chú cháng，主张。—— *cháng chú*，张主。A free decision.

mú kí，母鸡。—— *kí mú*，鸡母。A hen.

fú lí kü ch'ú，府里居处。—— *kü ch'ú fú lí*，居处府里。He remains in the service of the stale.

换位后意思改变的例子。例如：

kiá chú，家主。a householder. —— *chú kiá*，主家。 To be at home.

t'ien tí，天帝。the lord of heaven. —— *tí t'ien*，帝天。To rule the heaven.

shwoh hwá，说话。to speak. —— *hwá shwoh*，话说。The history says.

lú sháng，路上。up the way. —— *sháng lú*，上路。 To enter upon the way.

t'ien sháng，天上。above heaven. —— *sháng t'ien*，上天。The highest heaven. 还有一个含义是 ascend up to heaven.

pwán kin，半斤。half a catty. —— *kin pwán*，斤半。 A catty and a half.

hiá má，下马。to alight from a horse. —— *má hiá*，马下。 Under the horse's feet.

mien ts'ien，面前。Openly, in the presence of. —— *ts'ien mien*，前面。 The front face, or yonder before us.

t'í hiung，弟兄。brothers. —— *hiung t'í*，兄弟。 Younger brother.

yih tsiú pei，一酒杯。A porcelain cup in which wine is drunk. —— *yih pei tsiú*，一杯酒。A cup of wine.

yin sán pei，饮三杯。To drink three cups.

第二节　句　法

1. 形容词通常置于名词前，如果在名词后，那么意思完全不一样。例如：

ngoh jin，恶人。A wicked man. ——*jin ngoh*，人恶。The man is vile.

tá fang tsz'，大房子。A large house. —— *fang tsz' tá*，房子大。The house is large.

shen sing，善性。A good disposition. —— *sing shen*，性善。The disposition is virtuous.

其他的例子均同此理。

2. 关于比较。

有很多表达比较的方式，每一种都值得我们注意。

① *háu shí háu, tán yin tsz' kang háu*，好是好，但银子更好。 This is good, but money is still better.

② *yü to yü háu*，愈多愈好。The more, the better. *yih fáh háu*，一发好。Much better. *yueh fáh háu*，越发好。Very much better.

③ 下面四个句子的意思是完全一样的：

tsiú pí shwui háu teh to，酒比水好得多。*tsiú háu yü shwui*，酒好於水。*shwui pí puh teh tsiú*，水比不得酒。*tsiú pí shwui kang háu*，酒比水更好。Wine is much better than water.

④ *ning sz' puh ko pei lí*，宁死不可背理。It is better to die than to do wrong. 或是：*ning ko sz' puh kán pei lí*，宁可死不敢背理。I would rather die than do wrong.

⑤ *chí k'au k'í tsih teh yú shán yih pwán káu, hái yih pwán shin*，这口气积得有山一般高，海一般深。This anger has increased till it has become as high as the mountains, and as deep as the sea.

⑥ *to sán fan*，多三分。Three parts too much. *shih to nien*，十多年；或是：*shih lái nien*，十来年。more than ten years. *káu yih ch'ih*，高一尺。One foot higher. *yih ch'ih káu*，一尺高。One foot high.

3. 最高级。例如：

háu teh kin，好得紧；*háu puh kwo*，好不过；*sháng háu*，上好；*kih háu*，极好；*tsiueh háu*，绝好；*shih fan háu*，十分好；等等，这些例句的含义在我们的语言中意味着：the best, the most excellent, most excellently, & c.

这些示例可随时适用于其他的例子。例如：*kih miáu*，极妙；与 *miáu tsiueh*，妙绝 most admirable. *sháng tang tih*，上等的；与 *shang p'in tih*，上品的；of the highest order. *háu kiú*，好久；与 *liáng kiú*，良久 a very long time.

4. 关于关系代词

① *so*，所。例如：

wú so puh nang，无所不能。There is nothing which cannot be done, or there is nothing which be cannot do. *yú so puh chí*，有所不知。There is something of which you are ignorant. *wo so shwoh*，我所说。That which I said.

② 关系词不出现在两个动词之间；或者即使表达了相对关系，也是多余的。因此我们用 *shí ní shwoh tih*（是你说的）代替“是你所说”（this is what you said.）。

5. 提问与回答。例如：

ní shwoh liáu mo，你说了么？回答：*shwoh liáu*，说了，或是 *muh yú shwoh*，没有说。I did not speak, or have not spoken，或是 *puh tsang shwoh*，不曾说。I have not yet spoken.

再如：

k'ang puh k'ang，肯不肯？Are you willing or not? *liáu puh liáu*，来不来？Will you come or not? *háu puh háu*，好不好？Is it good or not?

还有其他一些提问方式，我们将在适当的地方继续阐述。

6. 关于动词

如上文已提及的那样，主格习惯放在动词前面；有时连宾格也要提前。因此，我们发现在上层人中常用这样的形式：*'rh puh wo hü*，而不我许。And do not permit.

同样地，用“*shwui ná lái*，水拿来，bring water”代替“*ná shwui lái*，拿水来”，或“*k'án shwui lái*，看水来，look water，come”，也是把水拿来的意思。再如：*tsiú ná kü*，酒拿去，take away the wine.

本章关于口语语法的介绍已经足够了，尤其是同样的内容还将在下一章反复讨论。在学习其他语言的过程中，使学习变得枯燥的那些正式的语法规则，在汉语里没有用武之地。我们将通过例句来指导汉语的学习。

第二章　中国语言的特征

中国语言的丰富性、美感和表现力，主要源于以下三点：第一，对特定字的运用；第二，对众多虚词的运用；第三，语言中丰富的修辞手法。这些因素共同作用，使我们对汉语的钦佩之情油然而生。因此，在下面的章节里，这三个要点将会得到详尽而精确的阐述分析。

第一节　特定字的使用

我选择了一些在日常谈话中用途广泛、意象多样、含义复杂、使用频率高的字，目的既是为了展示汉语的丰富性，也是为了帮助学者学会更好地讲汉语，同时把翻译当作一场消遣乐事而非艰苦的工作。

第一小节　“*teh*，得，to be able”的用法

“得”字表示 to obtain, to have, to be able. 下面的评述中将会更清晰地分析“得”字的用法范围。

1.“得”几乎可以与所有的动词搭配，至于它在词义上有何增加，则必须从每个例子的翻译和逐渐积累的经验中加以了解。例如：

tsoh teh，作得。It can be done.

tsoh puh teh，作不得。It cannot be done.

lái teh，来得。He will, or may come.

lái puh teh，来不得。He will not come.

puh teh lái，不得来。He cannot come.

shwoh teh，说得。It can be said.

shwoh puh teh，说不得。It cannot say. 这个短语常常表示木已成舟，事已至此，再说什么也没有用了。

puh teh shwoh，不得说。I cannot say.

moh yú teh shwoh，莫有得说。It is not in my power to say. 或者更好的说法是：

muh yú teh shwoh，没有得说。There is nothing to say.

shwoh teh liáu，说不得了。I cannot speak.

shwoh puh teh t'á，说不得他。He cannot be impeached, or I cannot speak to him.

hing teh puh kw'ái，行得不快。He walks slowly.

hing puh teh kw'ái，行不得快。He cannot walk fast.

Kiáng the choh，讲得着；*kiáng teh yú lí*，讲得有理；或是 *shwoh teh shí*，说得是。this is said with reason.

puh t'ung teh，不通得。He does not perceive, or does not understand.

t'ung puh teh，通不得。He cannot perceive.

teh í，得意。He is contest, or has succeeded.

teh í liáu，得意了。He has obtained his desire.

ting puh teh kwei kü，定不得规矩。No certain mode can be determined.

teh hien，得闲。He is free, or at leisure.

puh teh hien，不得闲。He is not at leisure.

puh teh í，不得已。He cannot restrain himself, he has no power over himself.

puh teh liáu，不得了。It cannot be finished, or there is no end.

k'án teh kien，看得见。Visible.

puh nang kau，不能够。It is not enough. *nang kau*，能够。To be able to.

teh kau，得够。enough or sufficient.

má teh hiáng，骂得响。He was rewarded with curse.

ngo teh chin shí ko lien，饿得真是可怜。He is pitiably pressed with hunger.

jé teh mwán lien jü ho，惹得满脸如火。He was so incensed that his whole countenance seemed to burn.

hí teh sin hwá tú k'ái，喜得心花都开。Like an opening flower his heart expands with joy.

heh teh hwan puh tsái shin，吓得魂不在身。He was unnerved with fear, he was frighted out of his wits.

heh teh mien jü t'ú she，吓得面如土色。Through fear his visage became like the color of earth.

jü ho lí lun teh t'á kwo，如何理论得他过。How shall we order our attack upon him?

chin ko nán teh，真箇难得。Truly difficult to be obtained.

nán teh táu ts'z'，难得到此。It is difficult to arrive hhither.

shwoh puh teh, hwá puh teh，说不得，活不得。We must not even whisper in his presence.

sz' puh teh, hwoh puh teh，死不得，活不得。we can neither live nor die. 或者较流行的说法是：*yáu sz' puh teh sz', yáu hwoh puh teh hwoh*，要死不得死，要活不得活。

2. “得”与 *sang*（省）字，与 *mien*（免）字搭配。例如：

t'á yé mien teh shau k'í, wo yé sang teh láu sin，他也免得受气，我也省得劳心。In this manner both he and I shall be free from trouble.

liáng ko tú hü t'á, sang teh háu liáu yih ko, kw'ei liáu yih ko，两個都许他，省得好了一個，亏了一個。Let him have both, for thus, one will be happy, and the other will not be miserable.

sang teh hau lái mái yuen，省得后来埋怨。To avoid subsequent hatred.

sang teh lú sháng ní hwáh hwáh tih pah háu tsau，省得路上泥滑滑的不好走。You will avoid the difficulties of a muddy and slippery road.

sang liáu hü to shí fi k'au sheh，省了许多是非口舌。Many disputes have been avoided.

在最后这个例句中，由于用了过去时，“得”字就没使用。

3. *puh teh*，“不得”放在 *pá*（巴）或 *han*（恨）的后面，表示愿望，意思同我们的语言中的“would that”。例如：

wo pá puh teh yáu lái，我巴不得要来。I heartly desired to come.

pá puh teh mái t'á kw'ái kwoh，巴不得买他快活。He desired nothing more than to give him joy.

han puh teh shin sang liáng yih，恨不得身生两翼。Would that I had wings.

wo han puh teh kú ch'uh t'á tih sin kán pá yü kau k'ih. 我恨不得刳出他的心肝把與狗吃。Would I could tear out his liver, and give it to be devoured by dogs.

4. “得”与形容词、副词搭配。例如：

miáu teh kih，妙得极 Wonderful in the highest degree, most excellent.

sháu puh teh，少不得。Infallibly.

5. 我们发现 *tih*，“的”和“得”的用法完全相同。例子是非常多的，如：

yü tá tih kin，雨大的紧。A very great rain.

t'á sz' wan jin, k'ih puh tih，他斯文人，吃不的。He is an erudite man, and will not touch these viands.

shwoh tih shí，说的是。You say the truth.

táu tih kih shí，道的极是。You speak the perfect truth.

lí hwui tih，理会的。I take your meaning, I understand.

hioh tih yih ko fáh 'rh，学的一箇法儿。I have learned one method.

pá puh tih t'á ch'uh k'ü liáu，巴不的他出去了。Would that he had already gone.

hiáu tih，晓的。I know, it is enough.

shwoh puh tih liáu，说不的了。No more must be said of this, it is needless to say more.

táng puh tih muh kwáng jü ho，当不的目光如火。he cannot endure the glances that flash from his eyes.

第二小节 “*pá*，把，to take”的用法

这个字通常表示用手拿取或抓住，但在实际生活中，中国人将其运用到了很多方面。下面将逐一阐述。

1. 在以下的例子中，“把”可以翻译为“to take”。例如：

pá shau，把手。To take the hand. 就像鞑靼人在接待客人或送别客人时习惯做的那样。也说 *lá shau*，拉手。To seize or snatch with the hand.

pá chí 'rh ch'é teh fan sui，把纸儿扯得粉碎。He took the paper, and tore it to pieces.

pá nán t'í muh k'ü nán t'á，把难题目去难他。He selected a difficult subject in order to give him exercise, i.e. he proposed to him a grave difficulty.

pá mun sháng sieh sháng kwán，把门上拽上关。He closed the door with a bolt.

pá t'á lá táu fáng nui，把他拉到房内。He seized him and drew him into the bedchamber.

ní mun p'a chw'áng t'ái lái ché li tso cheh，你们把床抬来这里坐着。Do you take and bring the couch and recline here, or bring it here.

pá wo peh pwán chau má，把我百般咒骂。He received me with a thousand rebukes, he loaded me with execrations.

pá soh tsz' foh páng liáu，把索子缚绑了。He took a rope and bound it fast.

pá náu kái p'í teh fan sui，把脑盖劈得粉碎。He broke his skull to atoms.

pá ché tang tu ch'ui sháh liáu，把这灯都吹杀了。Extinguish all those lamps.

pá sheh t'au shin tsiáng ch'uh lái，把舌头伸将出来。He put out his tongue. 就像当一个人看到或听到一些不寻常的、奇怪的事时，常做的那样。

在以下类似的例子中，“把”不需要用英语翻译出来。例如：

pá ché muh t'au náu tih sz' wan t'á yih shing，把这没头脑的事问他一声。Question him a little in regard to this compplicated affair.

pá ngoh k'i 'rh ch'ui tsái hwái lí, tsiáng ch'uh háu k'i 'rh lái k'án t'á. 把恶气儿揣在怀里，将出好气耳来看他。Concealing his anger in his own bosom, he smiled upon him with a joyful countenance.

ts'ié pá tsiú lái t'ang hán，且把酒来烫寒。Bring forward wine to expel the cold.

pá t'ien lái tih yih fán chung jin, tán tsái t'á yih ko kien t'au，把天来的一番重任，担在他一个肩头。He imposed a most heavy burden upon his shoulders.

2. 在下面的例子中，“把”字并不表示“to take”，而是指代后面动词的动作。例如：

kin jih pá yih t'ien kung fú ts'iuen fei liáu，今日把一天工夫全费了。Spent all this day at leisure, or to no good purpose.

pá ts'iú po yih chuen，把秋波一转。He gently turned his eyes. “秋波”是用来形容美丽的眼睛。

pá yeu t'au tsiun，把眼偷俊。To steal a look.

yu shí pá tseh sí tih nien t'au, hieh sih liáu，于是把择婿的念头，歇息了。Then his thoughts of choosing a son-in-law ceased.

pá wo mun tih sang í, lung teh ché pwán lang t'an，把我们的生意，弄得这般冷淡。He has caused our business to become dull, or he is the occasion of our intercourse becoming cold.

pá háu sz, fán ch'ing nieh cháng，把好事，翻成孽障。The affair which was in the best condition, he has reduced to the worst. *fán*（翻）指变化得突然，*nieh*（孽）指破坏毁灭，*cháng*（障）表示阻碍。

pá yen jau teh fi hung，把眼揉得绯红。He made his eyes red by rubbing them.

pá yáu yih shin，把腰一伸。Extending his arms he stretched his whole body.

pá chin sin hwá tú tui t'á shwoh liáu，把真心话都对他说了。He declared to him his whole mind.

pá wo ché ko láu jin kiá, tiáu tsái náu pei hau liáu，把我这個老人家，丢在脑背后了。Because I have grown old, he turns his back upon me, or takes no further care of me.

wo ho ní pá liáng kien tá sz', koh jin yih chun, fan t'an k'ü tso，我和你把两件大事，各任一椿，分头去做。Let us divide these two weighty matters between us, one taking one, the other the other, and each be done separately.

pá sin ch'áng kái pien liáu，把心肠改变了。He has changed his purpose, or I have changed my mind.

pá sin mo yih mo，把心摩一摩。Place the hand to heart, i.e. examine your heart, or reflect.

pá yen seh tí yü t'á，把眼色递與他。He cast his eyes upon him, he gave him a hint by a wink.

pá lien fi hung liáu，把脸飞红了。His whole countenance blushed.

pá t'á kwán tsui liáu，把他灌醉了。He made him drunk against his will.

3.“把”也常常表示“have for / corsider as”(视作、看作)。例如：

pá wo mun k'án teh jin tsien，把我们看得恁贱。You consider us as of no importance.

pá fü kwei tso fau yun ko pí，把高贵做浮云可比。He considers riches and honors as a passing cloud.

pá kin yin shí wei fan t'ú，把金银视为粪土。He counts riches but dung.

t'á pá wo jin tso chin tih, wo pá t'á táng kiá tih，他把我认做真的，我把他当了假的。He thinks me to be sincere, but I consider him as feigning.

pá ná tseh tsz' táng tso háu jin，把那贼子当做好人。I mistook these thieves for good men.

pá keh táng kiá, pá kiá táng keh，把客当家，把家当客。They remain abroad as if they were at home, and are at home as if they were abroad.

4. 在列举事物时，"把"字用作量词，用于在手中拿着或使用的物品，如扇子、钥匙等。例如：

yih pá so，一把锁。One padlock.

pá yih pá so so liáu，把一把锁锁了。Take a lock and lock it.

第一个"把"是动词，第二个"把"是名词，同样地，第一个"锁"是名词，第二个"锁"是动词，英语里的表达也是一样的。

yih pá ho，一把火。A fire, or a lighted torch.

fáng k'i yih pá ho, pá ché miáu sháu tso peh tí，放起一把火，把这庙烧做白地。He applied a torch, and reduced that whole temple to ashes.

fáng k'i yih pá wú tsing ho, pih pih poh poh sháu teh lieh yen t'ang tien，放起一把无情火，必必剥剥烧得烈焰腾天。He applied the remorseless fire, and the flamme rising higher and higher, at length reached the very sky.

ché liáng pá kuh chih，这两把骨殖。These are the bones of your parents.

í tsz' sán pá，椅子三把。Three chairs.

yih pá san，一把伞。An umbrella.

yih pá ts'ái，一把菜。A bundle of herbs.

yih pá shen，一把扇。One fan.

yih pá táu，一把刀。One sword, or cleaver.

5. 由于考虑到"把"字的其他用法，因此下面的例句也需要引起足够的重视。例如：

yih ko pá cháng tá tsái lien sháng，一個巴掌打在脸上。He gave him a blow with the palm of his hand.

kái tá kí pá cháng，该打几箇巴掌。He must be received with the palm of his hand.

pá（巴）的意思与 *pá*（把）比较接近，有时可以互换。例如：

pá puh teh，巴不得；或是 *pá puh teh*，把不得 would that.

teh liáu pá ping，得了把柄。It has now a handle or foundation.

ts'iuen wú pá ping，全无巴鼻。This thing is without foundation.

muh liáu pá pí，没了把臂。He had nothing on which he could rely.

tso ch'uh pá hí，做出把戏。To excite commotion.

tso pá hí，做把戏。To play tricks, to juggle.

chú liáu nien pá，住了年把。More than a year.

peh pá yin tsz'，百把银子。More than a hundred pieces of silver. 不过通常人们说 *yih peh yin tsz'*（一百银子）或 *yih peh kin*（一百金）。A huandred piece of (current) money.

yen pá pá tih wáng choh，眼巴巴的望着。to look forward with eager eyes.

第三小节 "*tá*，打，to strike"的用法

这个字通常表示"to beat，to strike"，但在实际运用中，意义的范围有所扩展。我们会首先列举一些表示上述意义的例子，然后再考虑其他的用法。

1. 在以下的例子中，"打"是指官员们下令实施的一种使身体痛苦的处罚。例如：

puh tá puh cháu，不打不招。Without blows the criminal will not confess his guilt.

tá yih peh king t'iáu，打一百荆条。To inflict a hundred blows.

koh tá 'rh shih máu pán，各打二十毛板。 Let each one receive twenty strokes. "板"是把竹子劈成两半制成的处罚用的笞鞭，罪犯以臂部承受击打。

tá sán peh hwáng sáng páng，打三百黄桑棒。Let three hundred blows be given him with square rod of yellow mulberry.

tá the pí k'ái juh chán，打得皮开肉绽。The strokes broke the skin, and laid bare the flesh.

wo ná lí shau teh ché pwán k'áu tá，我那里受得这般拷打。How could I suffer so severe an infliction of blows.

下面的例子不涉及犯罪案件。例如：

wo tá ní, ní tá wo，我打你，你打我。I strike you and you strike me.

puh tá puh ch'ing siáng shih，不打不成相识。No friendship arises till blow.

ní chung sié tá，你重些打。Strike with much more force.

tsang mo tá? 怎么打？ Wherefore or how shall I strike?

ché pwán tá，这般打。Strike in this manner.

tá puh ní, k'ü tá kau puh ch'ing，他不打你，去打狗不成。If he does[①] not beat you, he will most likely go and beat some dog, i.e. he cannot but beat you, he must beat you.

yü wo tá ná sz' ch'uh k'ü，與我打那厮出去。Drive out this rascal from my sight.

yü wo yih pú yih kw'an tá sháng t'ing l'ai，與我一步一棍打上厅来。Bring him to me at the office with my blows.

yih k'iuen tá táu lí，一拳打倒地。To prostrate him with a single box.

yoh choh shwáng k'iuen lái t'a，搭着双拳来打。With doubled fists to come to blows.

pá chuh káu lái tá，把竹篙来打。Seizing a spear he approached to strike.

tá the yih fáh ch'uh shí，打得一佛出世。He received a very deserved castigation.

tá p'o ní tih pí tsz'，打破你的鼻子。I will break your nose.

chih yih k'iuen ching tá tsái pi tsz' sháng, tá the sien hiueh ping liú, pí tsz' wái tsái pwán pien，只一拳正打在鼻子上，打得鲜血迸流，鼻子歪在半边。With a well directed blow he struck his nose, the blood flowed profuselu, and his nose was bent one side.

puh shí tá pien shí má，不是打便是骂。 If he is not beating me, he is reviling me, i.e. he is continually beating or scolding me.

puh tsang tá teh sáu p'i，不曾打得噪脾。I have not yet chastised him sufficiently to the purpose. 也用 *tsau p'i*（燥脾），表示喜悦，或对自己满意。

lien tá kí ko ho 'rh kwáng tsz'，连打几箇耳光子。In quick succession he inflicted many blows [with the hands upon his face].

---

① 原文此处为“do”，应为“does”。——译者注

下面的例子是“打”在论及无生命事物时的用法。例如：

k'í puh tá puh ch'ing，器不打不成。No vessel is finished wirhout repeated blows.

tá t'ieh tih，打铁的。An ironsmith.

t'ieh tá tih，铁打的。Made of iron.

tá shih t'au，打石头。To work out stones, or to throw stones.

2. “打”常常等同于法语词“faire”，表示去做某事。例如：

tá lí，打礼。To do reverence.

tá ho 'rh k'ü，打伙儿去。To start together upon the way.

tá kieh，打结。To tie a knot.

tá ko sz' kieh , ní yueh sing kih t'á yueh puh k'ái，打箇死结，你越性急他越不开。It is a hard knot, themore you are in haste, the greater will be the difficulty of loosening it.

tá tung t'á tih sin，打动他的心。To agitate his mind.

tú tá tsái wo shin sháng，都打在我身上。The whole business turned, or devolved, on me.

tá mung，打梦。to dream.

以下的例句是随意选择的，并没有针对特定的模式。其中，“打”在有一些例子中的用法如同一个助动词，用来表示现在的时态和动作。例如：

tá shwui，打睡。To sleep.

tá kú tsz'，打痞子。To be sick with a fever.

tá lái t'ái，打擂台。To wrestle, the exercise of the palestra.

tá p'ái，打牌。To play cards.

tá ts'iu ts'ien，打秋千。To swing.

tá hú，打呼。To snort.

pí k'au nui tá hán shwui，鼻口内打鼾睡。To snore in sleep.

tá kú tá lo，打鼓打锣。To beat the drum and gong.

chui tá，吹打。To blow and strike. 因此人们用来形容那些吹喇叭和打鼓的人，*tá chui tá tá*，大吹大打。to make noise with all kinds of instruments.

tá pán，打扮。To ornament themselves.

tá pán teh ju t'ien sien yih pwán，打扮得如天仙一般。She was ornamented like a goddess.

tá t'ing，打听；或是 *tá t'án*，打探。To inquire, to investigate.

tá hwá，打话。To speak.

tá kw'áng yü，打诳语。To speak nonsense.

tá hwáng，打谎。To lie.

tá liáng ko pan t'í，打两箇喷涕。To sneeze twice.

tá fáh，打发。To dispatch, or to dismiss.

tá fáh t'á k'ü liáu，打发他去了。To dismiss any one, to let one go, to give one what he demands in order to get rid of him.

yü wo tá ko cháu mien，與我打箇照面。He turned his face towards me.

ní tá yü wo ko chwáng 'rh，你打與我个状儿。Give me some sign, some notion of it.

tá mo ping k'í，打磨兵器。To polish armor.

tá mun ts'ien king kwo，打门前经过。To pass before the gate or house.

tá láu k'í lái，打捞起来。To take out of the water.

tá sáu，打扫。To sweep.

p'eh shau tá cháng，拍手打掌。To clap the hands in applause.

tung teh yá ch'i siáng tá，冻得牙齿相打。The teeth chattering with cold.

tá hiá ní tih lü shau lái，打下你的驴首来。I will cut off thine asinine head.

tá tien，打点。To take care, or to prepare.

yáu sié hwui lú tá tien t'á，要些贿赂打点他。Some money must be offered to secure him.

tá shwui，打水。To draw water.

tá tsiú，打酒。To procure wine, or to draw wine from a vessel.

tá ho，打火。To prepare food.

tá liáu chung ho，打了中火。They prepared dinner, or they took dinner.

tá kiá kieh shié，打家劫舍。To commit depredations, to usurp.

tá pú yé wí，打捕野味；或 *ta wei shié lieh*，打围射猎。to hunt.

tá fú shau，打扶手。To provide a support for the hand.

puh tá kin，不打紧。The thing is easy, or not very important.

k'ioh tá shin mo kin，却打甚么紧。Pray what is the great difficulty.

第四小节 "*yih*，一，*one*"的用法

通过以下的例子，"一"字的各种常用法将会很清楚地表现出来。例如：

yih ko，一個。One. 字面上可以表示：one piece, one thing, specimen, &c. 例如：*yih ko jin*，一個人。One man.

tí yih，第一。First.

tí 'rh，第二。Second.

yih liái，一来。In the first place.

'rh liái，二来。Secondly.

yih ting，一定。Certainly.

yih ting shí t'á wú í liáu，一定是他无疑了。It is verily he, without doubt.

ché chwáng tsz' yih ting yáu tih káu liáu，这状子一定要的告了。It is fixed and determined to proceed in this controversy.

yih ting shí t'á mun tih kwei k'í，一定是他们的诡气。Their fraud is certain.

yih sié，一些；或 *yih háu*，一毫；或 *yih tien*，一点。a very little.

puh kien yih sié hiá loh，不见一些下落。He saw not the slightest trace of him, or it.

ping muh yú yih háu chú í，并没有一毫主意。He cannot determine upon any fixed course.

yih háu kiá tsié shí muh yú tih，一毫假借是没有的。There is no fiction in all this.

ná yú yih tien chin ts'ing shih í，那有一点真情实意。He has not a single particle of friendship or goodwill.

yih ts'ieh，一切。All, alltogether.

yih ts'ieh wan wú kwán yuen tú，一切文武官员都…… All the civil and military officers were, & C.

yih ts'ieh pí teh ts'í pí，一切备得齐备。all things were prepared.

wán yih（万一）。ten thousand to one. 意思确实是肯定的，但也隐含着一些犹豫。例如：

wán yih ts'ien yen puh ying hau yü，万一前言不应后语。Possibly the last words will not agree with the former.

koh ch'ú k'ü fáng wan t'á wán yih fáng teh choh，各处去访问他万一访得着。Explore in all drection, I desire nothing more than to discover the truth.

wán yih lung teh sháng shau tsang mo liáu teh，万一弄得上手怎么了得。If he once get it into his hands, what shall we do?

如果不表示疑问，人们就不会用"万一"，而用"万万"或类似的词。例如：

wán wán puh nang，万万不能。it can in no matter be done.

yih fáh（一发）。yet more. 例如：

yih fáh shwoh teh háu siáu，一发说得好笑。That which you say is still more impertinent, or much more to be ridiculed.

ní yih fáh hú shwoh，你一发胡说。You are yet more delirious.

joh shí t'á k'ang tso teh yih fáh háu liáu，若是他肯做得一发好了。It will be far better for him to attend to the affair himself.

yih fáh yáu han wo，一发要恨我。He may hate me much more.

ní tih mú yáng yih fáh k'án puh the liáu，你的模样一发看不得了。Your manner is still less seemly, or it is very indecorous.

ní yih fáh puh shí jin，你一发不是人。Begone, much less do you show yourself a man.

t'ien tsz' yih fáh choh king táu ché yih fáh k'í liáu，天子一发着惊道："这一发奇了。" The emperor yet more terrified, exchanged, this is still more wonderful.

这几个词 *yih mien*（一面）、*yih pien*（一边）、*yih t'au*（一头）在使用时都是需要重复的。例如：

yih mien yih tsiú yih mien sin lí siáng，一面饮酒一面心里想。Drinking wine and at the same time pondering in his heart.

yih mien shwoh yih mien chih kwán tí t'au tsoh yih puh k'í，一面说一面只管低头作揖不起。Saying this, bowing down his head, he saluted him, nor had he courage to rise.

yih pien yin tsiú yih pien wan táu，一边饮酒一边问道。Drinking his wine and at the same time he inquired, saying, &c.

yih t'au tsau yih t'au sin lí siáng táu，一头走一头心里想道。Going on, and at the same time thinking with himself, he said, &c.

sz' jin yih t'au shwoh yih t'au k'ih, yú k'ih liáu pwán jih，四人一头说一头吃，又吃了半日。The four men were engaged both in talking and drinking, and that for half of the day; or the four people now talking and now drinking, passed half the day.

有时候，特别是表达劝诫或提出建议时，"一"可以插在重复的相同的字中间。例如：

sien yáu ní k'ü fáng yih fáng，先要你去访一访。It is proper that you should first go and inquire into the nature of the business.

jü ho puh k'ü tsiun yih tsiun，如何不去晙一晙。Why do you not go and see?

ní tsang k'ái yen k'án yih k'án，你睁开眼看一看。Open your eyes and see.

tsing ní kwo k'ü t'án yih t'án，请你过去谈一谈。He invites you to a conference.

yih fán yih ching，一反一正。Now reversed now direct.

yih sháng yih hiá，一上一下。Now high, now low.

yih lái yih wáng，一来一往。Going and returning.

lung tih yih cheh yih mo，弄的一折一磨。He utterly failed, or he treated him in an unworthly manner.

"一"也表示整个、全部。例如：

peh peh tih tso liáu yih yé，白白的坐了一夜。I sat waiting in vain the whole night.

yih yé wú mien，一夜无眠。To spend the whole night without sleep.

wo yé t'i t'á heh ch'uh yih shin hán lái，我也替他吓出一身汗来。I was so much frightened on his account, that my whole body was covered with perspiration.

wo mun yih ts'í tung shau，我们一齐动手。Let us all rush upon him at once.

yih yih tú shwoh liáu，一一都说了。One by one he mentioned all.

yih yih ling kiáu pá liáu，一一领教罢了。I will perform all your commands.

"一"有时亦能表达"之后，然后"的意思，那么在第二分句里要使用 *tsiú*（就）字。例如：

ní jü kin yih shwoh, wo tsiú ming peh liáu，你如今一说，我就明白了。As soon as you had thus spoken, immediately I understood the affair.

yih k'án tsiú chí táu liáu，一看就知道了。When you see, then you will know.

tang t'á yih táu tsiú，等他一到就…… wait until he comes, then, &c.

下面还补充一些"一"的例句：

yih kü tá twán ní tih kau kin，一去打断你的狗筋。If you do go, I will break your doggish ribs.

puh kioh k'ih liáu yih páu，不觉吃了一饱。Inconsiderately be eats to satiety.

k'ih liáu yih king，吃了一惊。He was seized with fear.

yih sháh shí，一霎时。In a moment.

yih hiá pih，一下笔。Just took up the pencil, or commenced writing.

yih k'au，一口。With one mouth.

yih sang，一生。During the whole life.

yih sin，一心。With the whole heart.

yih mang，一萌。As soon as it begins to sprout.

第五小节 "*lái*，来，to come"、"*k'ü*，去，to go"的用法

"来"的准确的意思是"to come"，"去"是"to go，to proceed"，但这两个字的用法如此广泛，因此将在几个不同的标题下加以说明。

1. 它们常常以连贯或不连贯的形式出现在同一个句式里。

第一种：

siáng lái siáng k'ü，想来想去。Thinking of this and of that, or turning the mind in every direction.

fáng lái fáng k'ü，访来访去。To explore in every direction.

shwoh lái shwoh k'ü，说来说去。Speaking again and again.

第二种：

ní ná lí k'ü lái，你那里去来。Where have you been?

这一类短语的正确关系是由词语的适当搭配决定的。

ní ché sz'，*shwui kiáu ní k'ü liái*，你这厮，谁叫你去来？Vile wretch, who bade you go?

k'án hwá k'ü lái，看花去来。I have been to look at the flowers.

wo'rh ní p'ei siáng kung tso liáu, wo k'ü liáu lí ch'á lái，我儿，你陪相公坐了，我去料理茶来。My son, you remain and attend to the gentleman (our guest), I will go and prepare the tea.

chih the k'ü liáu k'ü kien，只得去了去见。It was necessary to go and see. 学者会发现在这类例句中“去”字的重复使用。

2. 它们会特别用于命令句式里。例如：

ná lái，拿来。Take, come, and i.e. bring.

ná k'ü，拿去。Take, go, and i.e. carry away.

k'í lái，起来。Arise.

ch'uh lái，出来。Bring forth, or come forth.

ch'uh k'ü，出去。Go forth, or depart.

k'án tsiú，看酒 或 *k'án ch'á lái*，看茶来。Bring wine, or bring tea.

k'ü p'áu ch'á lái，去泡茶来。Prepare and bring tea.

yü wo ná kwo lái，與我拿过来。Take and bring it to me.

3. 例如：

lái nien，来年。In the coming year.

k'ü nien，去年。The past year.

lái shí，来世。The coming age.

k'ü shí，去世。He has departed from the world, i.e. he is dead.

tsiáng lái，将来。Hereafter.

tsiáng lái pih king yáu sháng ché t'iáu lú，将来毕竟要上这条路。Hereafter it will be necessary to enter upon this way.

4. 极少数情况，"来""去"可以表示"能够"，to be able。例如：

hioh puh lái，学不来。I cannot learn.

shwoh puh lái，说不去。It cannot be said, or I cannot say.

mái puh lái，买不来。I cannot buy it.

mái puh k'ü，卖不去。I cannot sell it.

chung jin ní k'án wo, wo k'án ní, ná lí táh ying teh lái，众人你看我，我看你，那里答应得来。All the men looked at each other, waiting for some one to make a reply.

lung t'á yin tsz' puh lái，弄他银子不来。It is not possible to cheat him of his money.

fei liáu wán ts'ien k'í lih, táu tí ts'ü puh liái，费了万千气力，到低娶不来。He made every effort, but yet could not get her to wife.

5. "来"常与 *k'í*（起）字搭配，意思跟动词"to begin（开始）"相近。例如：

t'í k'í k'iuen lái，提起拳来。He began to raise his fist.

t'í k'í pih lái，提起笔来。Taking up his pencil.

t'á tsíu shau wú tsuh táu k'í lái，他就手舞足蹈起来。He began to clap his hands, and stamp his feet.

k'uh tsiáng k'í lái，哭将起来。Immediately he began to weep and groan.

mái yuen k'í lái，埋怨起来。He begins to curse and execrate.

shwoh k'í lái，说起来；或 *lun k'í lái*，论起来。Beginning to speak or discourse.（这一短语常常表示"如此，照这样"或"因此"的意思。）

siáng puh k'í lái，想不起来。I cannot recal to memory.

mwán mien siáu lien k'í lái，满面笑脸起来。Suddenly showing a glad countenance, he began to smile.

p'eh shau siáu k'í lái，拍手笑起来。Clapping his hands, he began to laugh.

liáng hiá tá k'í cháng lái，两下打起仗来。On both sides the fighting comenced.

pá k'í lái，爬起来。To rise, to elevate himself.

tú pái lieh k'í lái，都摆列起来。He begaan to take out and arrange all things.

sú sing k'í lái，苏醒起来。Having recovered from his decline.

cháu ní ché tang shwoh k'í lái，照你这等说起来。According to what you say.

yú lung k'í kwei lái，又弄起鬼来。Again he has thrown all things into confusion.

在同样的情况下，"起"字可以省略。例如：

shwoh lái puh ch'á，说来不差。This is indeed true, he has not erred.

shwoh lái shin shí yú lí，说来甚是有理。What he says is very agreeable to reason.

k'án lái（看来）同"说来"的意思一样。这两个短语同 *kü ní shwoh lái*（据你说来）的意思也相近。According to what you relate.

ní ts'ié t'ing wo táu lái，你且听我道来。Hear now what I am about to say.

6."来"也常常与 *ch'uh*（出）搭配，表示"bring forth, go forth"。例如：

ná ch'uh lái，拿出来。Draw out and bring.

fáh ch'uh lái，发出来。To bring forth.（也用于道德意义层面。）

k'ung jé ch'uh ho lái，恐惹出火来。I fear you will raise a disturbance.

jé ch'uh ho lái，惹出火来。He provoked misfortune.

lung ch'uh pá hí lái，弄出把戏来。He began to rage and create disturbance.

máng tsin k'ü tsin liáng kien í fuh ch'uh lái，忙进去寻两件衣服出来。He entered in haste to seek and bring forth the rament.

shwoh puh ch'uh shin mo lái，说不出甚么来。He could not even open his mouth.

tái wo yung ko fáh tsz' lung t'á ch'uh lái，待我用箇法子弄他出来。Wait, I will use my influence to get him to come out.

sang ch'uh ché ko kwái wuh lái，生出这箇怪物来。He has brought forth this monster to the light.

sháu puh teh sang ch'uh ping lái，少不得生出病来。You will most certainly become sick.

wan tsz' shí t'ú lí tso ch'uh lái tih，文子是肚里做出来的。This composition proceeded from my stomach, or it is the product of my brain.

ché yáng k'ú sz' shí wo tsz' kiá jé ch'uh lái tih，这样苦事是我自家惹出来的。I have mysself provoked this misfortune.

lú ch'uh pan siáng lái，露出本相来。He has at length revealed himself.

lú ch'uh má kioh lái，露出马脚来；或是 *lung hwái liáu sz'*，弄坏了事。He has put off the mask, or revealed what should have been kept secret, and thus brought ruin upon the whole affair.

7. “来”还与 *yuen*（原）字或 *yuen*（元）字搭配，以下的例子表明其意义为“原来如此”。例如：

wo chih táu shí shwui, yuen lái ching shí ní，我只道是谁，原来正是你。I was saying with myself, who is that; and lo! It was yourself; or, while I was thinking who it might be, lo! You made your appearance.

yuen lái shí ní, káu wo chih kú jin liáu pwán jih, peh siáng puh k'i，原来是你，教我只顾认了半日，白想不起。O! It is yourself; I had been trying for half the day to learn who it was, and have only now succeeded.

yuen lái ché ts'ái shi chin ching ngan jin，原来这才是真正恩人。Yes indeed, this is a true benefactor.

yuen lái ming chung yuen kái jü tsz'，原来命中原该如此。And yet this was a part of my allotment.

yuen lái ts'z' sz' yú hü to wei kiuh，原来此事有许多委屈。There are many intricacies in this business, which, truly is sufficiently complicated.

yuen lái yú hü to so sui，原来有许多琐碎。I see there are many perplexing things in this.

yuen lái tsiú shí ní，元来就是你。It was then, you yourself.

ts'ung lái（从来）的意思与“原来”相同，特别是在后面接否定句式时。例如：

ts'ung lái puh k'ang kien mien tih，从来不肯见面的。No one ever sees his face.

yuen lái wú ts'z' lí，原来无此理。Never was there such a doctrine.

在这种情况下，“来”字可以省略。例如：

yuen yé puh kái，原也不该。This ought not to have been done.

yuen kw'ei liáu ní，原亏了你。I have caused you trouble.

ní yuen shí ko shin mo jin，你原是個甚么人。Say, who are you!

8.“来”也与其他动词搭配。例如：

hoh lung lái，合拢来。Come or approach altogether.

tsau lung lái，走拢来。He approached near.

yú lái hú shwoh，又来胡说。Again he has come to repeat his nonsense.

ché sz'yú lái liáu，这厮又来了。Behold this wretch has come again.

yú lái ch'en wo k'í lái，又来缠我起来。Again you begin to trouble me.

p'áu táu t'á kiá lí lái，跑到他家里来。He ran to his home.

p'áu táu fú lí lái，跑到府里去。He hastened to the magistracy.

yú liáng ko lái yueh，有两箇来月。It is now two months or more.

yih lien tsin liáu shih lái jih，一连寻了十来日。He sought for ten successive and more.

chí lái jih，至来日。On the following day.

ní háu muh lái t'au，你好没来头。You speak nonsense and adsurdity.

puh wan lái yú，不问来由。Not to ask whence this proceeds.

t'ing teh shwoh hwá yú sié lái lih，听得说话有些来历。Seeing that the remarks made were not without foundation.

lái lih puh ming，来历不明。It is not known where he is from, or who he is.

yung í juh teh lái, chih shí ch'uh puh k'ü，容易入得来，只是出不去。It is easy to enter, but to escape is the difficulty.

第六小节 “*táu* 道，to speak，reason”的用法

我们首先考虑的是“道”在日常谈话中的用法，它基本上就等于说、讲，而且经常与 *shwoh*，“说”连用。例如：

yin shwoh táu，因说道。Thus commencing his speech he said, or, regarding this business (before spoken of) he said.

yin wan táu，因问道。He therefore inquired of him and said.

shwui kán táu ko puh tsz'，谁敢道箇不字。Who would dare to contradict?

hoh táu，喝道。Raising his angry voice he says. 这个词也表示清除道路的意思，

就好像衙役们在行政长官前面喝道开路。

káu táu，告道。Informing him (or admonishing him) he said.

má táu，骂道。Cursing, he said.

“道”与 *ní*（你）搭配，经常表示询问句式。例如：

ní táu háu siáu puh háu siáu，你道好笑不好笑？Tell me I pray you, is not this ridiculous?

ní táu k'í yé puh k'í，你道奇也不奇？Say yourself, is not this wonderful?

ní táu wo kiáng teh shí mo，你道我讲得是么？Tell me, I beseech you; do I not speak the truth?

ní táu hí teh tsang sang mú yang，你道喜得怎生模样？Say, did you ever see him exulting with so great joy?

ní táu hwán shí ná yih shwoh háu，你道还是那一说好？Declare which of these opinions is preferable?

ní táu ché yang shau shih, pien kung ts'ien yé fí to sháu，你道这样首饰，便工钱也费多少。Say, how valuable is even the device in this headdress, or say, what must be the cost of such a headdress?

在这一类的例句中，宾语通常要前置。“首饰”指妇女头上的装饰品。

由于两者的意思相同，“说”也可以替换“道”。例如：

ní shwoh k'í teh kwo k'í puh kwo，你说气得过，气不过。I ask your own opinion. Can this be done? Or, tell me, is it right to be angry or not?

ní shwoh kiáu t'á k'í sz' puh k'í sz'，你说叫他气死不气死。Say, is it not enough to make him very angry?

ní shwoh kiáu t'á hí sháh puh hí shah，你说叫他喜杀不喜杀？Will not this cause him to die with joy?

ní shwoh hwán shí náu jeh tih háu, lang tán tih háu，你说还是闹热的好，冷淡的好？Tell me, is it better to be busy, or to be idle? Or, which please you more, a too ardent friend or one more cool? Or Hurry and bustle, or cold solitude?

“道”常常与 *lí*（理）连用，这样的例子比比皆是。例如：

shí ho táu lí，是何道理？What mode of action is this? Why or for what reason is this? Or, What do you relate to me?

táu pí tí ts'ái tsoh táu lí，到彼地再作道理。When we are there (or in that condition) we shall see what must be done.

“道理”通常指教义、原则等。

nán táu（难道）照字义来解释就是很难说，但是在实际运用中却表示疑问句式。这在汉语里极为常见，但在欧洲的语言中却罕见。例如：

nán táu shí wo yen tsing hwá liáu，难道是我眼睛花了？ Were my eyes indeed blinded? Or do you mean to say I've no eyes?

nán táu wo 'rh wan tih tsiú shí hü, ní 'rh wan tih tsiú shí shih，难道我耳闻的就是虚，你耳闻的就是实？ What I have heard with these ears is false for, sooth, and that only is true which you have heard with your ears.

nán táu jin pien muh yú kwei yé muh yú，难道人便没有鬼也没有？ What, is there not a man here, not a single soul! 学生应当注意“便”字和“也”字的用法。由于我们对汉语的精确性还不够重视，所以这些虚词常常会被忽视。

nán táu hwán siáng choh wo，难道还想着我？ Would he to this time think of me?

“难道”后跟“还”可以恰当地表示时间，如“他希望……”。

nán táu shí sháng yú ché tang ts'ung ming jin，难道世上有这等聪明人？ Could there be in the world a man so intelligent?

nán táu siáu tí tsiú puh shí t'ung nien，难道小弟就不是同年？ Was not I promoted to the doctorate the same year with you?

最好的作家会在“难道”后面加上 *puh ch'ing*（不成）两字，下面是一些例子。例如：

nán táu pá liáu puh ch'ing，难道罢了不成？ 或是 *nán táu tsiú ché tang pá liáu puh ch'ing*，难道就这等罢了不成？Do you think that this will pass off in this way?

ní nán táu wáng liáu puh ch'ing，你难道忘了不成？ Have you indeed forgotten him?

nán táu shí kiá tih puh ch'ing，难道是假的不成？ Will you not call this a fiction?

nán táu p'á t'á fí liáu puh ch'ing，难道怕他飞了进去不成？ Do you not fear he will proceed in haste and enter there?

nán táu p'á ní fí sháng t'ien k'ü puh ch'ing，难道怕你飞上天去不成？ Ought I not to fear lest you take your flight to heaven.

nán táu tsiú tá wo puh ch'ing，难道就打我不成？ Ought I on this account to be beaten?

nán táu tang chin ngo sz' puh ch'ing，难道当真饿死不成？ Must I then die with starvation?

nán táu shí wo t'ing ts'o liáu puh ch'ing，难道是我听错了不成？ Did I not hear correctly?

nán táu tú ná liáu k'ü puh ch'ing，难道都拿了去不成？ Has he packed up all the things?

nán táu wo hung ní puh ch'ing，难道我哄你不成？ Could I wish to delude you?

nán táu fung liú 'rh tsz', tú pí tsien mien jin chen tsin, puh liú yih sié yü wo hau mien jin shau yung puh ch'ing，难道风流二字，都彼前面人占尽，不留一些余地与我后面人受用不成？ 我冒险插入这个长句，由于它的字词组合十分恰当，因此理解起来没有太大的问题。我还要指出，那些真正“风流”的人非常憎恶各种可耻的欲望，而且举止行为都符合我们历史上所说的骑士风度。

“不成”在省略了“难道”的情况下，也可以与其他词搭配。例如：

moh puh k'ih liáu wo puh ch'ing，莫不吃了我不成？ Will he eat me alive?

wo moh fí shwoh huáng puh ch'ing，我莫非说谎不成？ Do you think I lie to you?

第七小节 “*kien*，见，to see，to perceive”的用法

这个字不光指视觉和听觉，还与精神感知有关。它的用法将通过以下的例子得以体现。例如：

k'án puh kien，看不见。I do not see.

t'ing puh kien，听不见。I do not hear.

ní kien kwei，你见鬼。You dream, you see ghosts.

k'án teh kien，看得见。Able to see, it is visible.

kien lí，见利。To watch for gain.

yü kien，愚见。My humble opinion.

káu kien，高见。Your opinion.

k'o kien，可见。To wit, it can be seen.

puh chí yú ho sz' shí kien kiáu，不知有何事见教。I do not know what you want of me. 这是一种礼貌用语，或者字面意义上是：I know not what your object is in teaching me.

mung tá jin kien cháu，蒙大人见招。Your lordship has deigned to plead for me. “蒙”表示 receive（接受），这句也是礼貌用语。

tsing kien kiáu yih fán，请见教一番。I pray you teach me.

lieh wei puh yáu kien siáu，列位不要见笑。I pray, sirs, do not smile. 中国人在文人学者面前诵读自己作品时，常用这种句子来表示礼貌。

puh kien kwán hí，不见欢喜。He expressed no sign of joy.

kien shí tau puh háu tsz' jen kái tsau，见势头不好自然该走。Since you was unable to resist, you ought at least to have fled.

wan t'á ho í kien teh，问他何以见得。Ask him why it appears thus to himself, or in what manner he will prove it, or cause it to be seen.

yé puh kien teh，也不见得。This is uncertain, or, perhaps it will thus occur, but I dare not assert positively. *yé puh kien teh*，也不可知。This is doubtful. 这两个短语一般是放在句子的结尾处。

kien t'á shwoh teh yú lí，见他说得有理。Seeing that he did not speak without reason.

在这些例句中，学生可以发现“见”用于其他动词前，有受动者的意思，因此是被动的一种形式。

第八小节 “*sin*，心，the heart，feelings，& c”的用法

“心”当然是指人体的一部分“心脏”，就引申而言“心”指的是头脑、思想、涉及智慧和情感，但多指后者。

（1）“心”表示头脑、思想。例如：

liú sin sí k'án，留心细看。To see, or read with attention.

ping sin lun lí，平心论理。To discourse upon any subject without prejudice or passion.

tsz' puh siáu sin，自不小心。He does not attend sufficiently to himself.

sü siáu sin choh í，须小心着意。We must proceed with caution.

t'á tih sin ch'áng shí kiueh puh kái pien tih，他的心肠是决不改变的。His mind cannot be changed in the least.

wo sin jü t'ieh shih, chí sz' puh í，我心如铁石，至死不移。My mind is like iron or marble, death itself would not cause it to change.

shí k'eh fang tsái sin táu，时刻放在心头。His mind is always dwelling upon this subject.

（2）“心”表示感受。例如：

wo sin sháng yú sz'，我心上有事。I am in great anxiety of mind.

wo yú yih kien sz' náu sin，我有一件事恼心。I have an affair which vexes my mind.

jih yé kwá sin，日夜挂心。Night and day harassed with cares.

t'á sin sháng pih jen puh loh，他心上必然不乐。He cannot be otherwise than grieved.

sin chung náh mun，心中纳闷。He is sorrowful in mind.

sin chung háu sang t'ung ts'ieh，心中好生痛切。He is very much troubled in mind.

sin hiá ché shí ch'au ch'ú，心下甚是踌躇。Very irresolute and unsettled in purpose, or, he is undecided what ought to be done.“踌躇”表示深思熟虑的，慎重的；或悬虑不安的。

ho sü ché tang sin tsiáu，何须这等心焦。Why are you (or why must you be) so sorrowful?

sin jü táu koh，心如刀割。As if a sword should cleave his heart.

nú ts'ung sin sháng k'í，怒从心上起。或 *sin t'au ho k'í*，心头火起。Anger inflamed his heart.

（3）“心”表示愿望。例如：

fan ming shí t'á yú sin k'ü ts'iueh wo liáu，分明是他有心拒绝我了。It is clear that he intends to forsake me.

ní sin sháng tih jin lái liáu，你心上的人来了。Behold he whom you love has come.

t'á sin sháng shih fan ngái ní，他心上十分爱你。He is violently in love with you.

ho jeh tih sin ch'áng，火热的心肠。An ardent fiery temper.

nán táu shí t'ieh tso tih sin ch'áng，难道是铁做的心肠？Has he a heart made of iron?

puh ko tso fú sin tih，不可做负心的。You should not be ungrateful.

wo tih sin kán，我的心肝。My dearest. 或者字面意义上是：my heart and liver。

ngan ts'ing sz' ts'ih sin í jü kiáu，恩情似漆心意如胶。Joined in a close relationship.

so kwei tsái sin t'au puh tsái hing kiáu，所贵在心投不在形交。Not the union of bodies but of minds is to be deemed of most importance.

k'au t'au puh shí sin t'au，口头不是心头。To say one thing and intend another.

（4）"心"表示感受或良心。例如：

sáu puh chóh sin t'au tih yáng，搔不着心头的痒。I cannot scratch him for the heart itch. 即"我无法满足他的不满"。

sin yang nán náu，心痒难挠。It is difficult to scratch for the heart itch. 即"难以压抑自己的热情"。

wo tih sin ts'ing chih ngái yih liáu puh ngan ts'ing，我的心情只爱银子不顾恩情。My mind loves money only. I have no delight in beneficence.

fí liáu to sháu sin kí，费了多少心机。Whatse hemes has he not contrived?

lau ní fí sin，劳你费心。I trouble you for your expenditure or exertion of heart; I thank you for your attention, or am obliged by your care.

shí ch'uh yü tsz' kiá tih pan sin，是出於自家的本心。It is his own will. 没人强迫他。

fú sin tsz' wan，抚心自问。To place the hand to the heart, and appeal to himself.

koh jin tsz' k'ü mú choh sin t'au，各人自去摸着心头。All departed in deep thought, placing their hands to their hearts.

ts'ü t'á sin kán lái tso hiá tsiú，取他心肝来做下酒。Tear out his heart and liver that I may eat them.

yáu koh fuh pau sin，要割腹剖心。I wish I could tear him open and cleave his heart in pieces.

tang t'á hwui sin，等他回心。Wait till he recovers his senses.

lang tán wú sin，冷淡无心。His cold heart loves nothing, or he gives no attention.

sin fuh p'ang yú，心腹朋友。A faithful friend.

chí sin fuh yih，知心腹的。An intimate friend.

nán teh ní ché yih pien háu sin，难得你这一片好心。It is difficult to find a good friend like you.

ching shwoh táu sin fuh siáng ngái chí ch'ú，正说到心腹相爱之处。They began to console each other with kind words.

yú sié sin sz'，有些心事。His mind is somewhat occupied.

ché yuen sin，这愿心。This vow.

shí wo tsz' yú hü tih sin yuen，是我自幼许的心愿。I made that vow in my youth.

jin mien niáu sin，人面鸟心。The face of a man and the heart of a bird; volatile, inconstant.

第九小节 “*k'í*，氣，air，breath”的用法

这个字严格写来应是“气”，表示空气，或是空气凝结时才感觉到的湿气。加一个表大米的“米”字，“气”变成“氣”，就指煮饭时冒出来的蒸气。原来的“气”字已经过时不用了。“氣”字的比喻用法，多与头脑、思想有关，同拉丁词anima、aura、spiritus非常相似。我们将通过学习例子来理解这个字。

1.“氣”字最原始的运用是与自然事物有关的。例如：

hán shú chí k'í，寒暑之氣。Cold and heat, unwholesomeness of the air, or morbid humors.

t'ien k'í，天氣。Weather, or season.

t'ien k'í nwán liáu，天氣暖了。The weather is warm.

t'ien k'í loh siueh，天氣落雪。The time in which snow falls.

í yú sán kang t'ien k'í，已有三更天氣。It was the time of the third watch of the night.

yun k'í，云氣。Clouds.

fung k'í，风氣。Wind.

ch'un k'í，春氣。Gentle spring.

ts'iú k'í，秋氣。Unhealthy antumn.

tí k'í，地氣。Climate effluvia.

shih k'í，湿氣。或 *ch'áu k'í*，潮氣。Moisture, dampness.

ch'au k'í，臭氣。Stench.

mei k'í，霉氣。Mold.

yuen k'í，元氣。Original essence.

lih k'í，力氣。Physical strength.

hiueh k'í，血氣。The blood and breath of animals.

hü k'í，虚氣。Feeble.

chwáng k'í，壮氣。Robust.

tsing shin k'í lih，精神氣力。A strong physical constenance.

wú k'í，雾氣。Hoarfrost, misty air.

k'í seh，氣色。（例如在生病时出现的脸色。）

hwá k'í yin wan，花氣氤氲。The delicate and pleasant odor of flowers.

páu yü chí k'í，鲍鱼之氣。A strong odor, such as is exhaled from fish.

k'í k'iú，氣球。Footballs (or bladders) used in play.

tsui shí t'ih teh háu kioh k'í k'iu，最是踢得好脚氣球。Kick the ball merrily.

k'í sih，氣息。Respiration.

chih kien yih ko jin k'í hü hü tih kán lái，只见一个人氣吁吁的赶来。He saw a man following him panting for breath.

k'í hü hü，氣吁吁。Out of breath.

2.“氣”表示心理上的一种情感，多指愤怒和生气。例如：

fan k'í，愤氣。To be angry. 或 *nú k'í*，怒氣。或 *fan k'í*，忿氣。Anger.

choh k'í，着氣。To be angry.

choh liáu chung k'í，着了重氣。To be greatly enraged.

fáh k'í，发氣。To betray resentment.

ch'uh k'í，出氣。To vomit rage, to get angry.

ts'ié cháng ko kiuh'rh, ch'uh ché yih t'ú tsz' puh p'ing chí k'í，且唱个曲儿，出这一肚子不平之氣。Sing me a song to quiet my mind, or, that the anger with which I am so greatly excited may be allayed.“一肚”的本义是指整个肚子，这里是使用常用的

修辞方法来表示头脑、思想。希伯来人也常常用这样的表达法。

shau liáu yih t'ú p'í tih mun k'í，受了一肚皮的闷氣。Sadness filled his heart. “肚皮”是一个短语，表示肚子在痛苦、难过的情绪影响下，好像膨胀起来一样。

kiáu jin pá t'ú p'í yé k'í p'o liáu，教人把肚子也氣破了。You make me burst with rage.

t'áu k'í，淘氣。To excite contention, to provoke resentment.

t'áu liáu yih ch'áng ngau k'í，啕了一场沤氣。He was constrained to void his ill humor.

ngau k'í，沤氣。This vexes me.

yen k'í，厌氣。This awaken indignation.

hwán yáu shau t'á tih ngau k'í，还要受他的呕氣。We must still endure his ebullitions of anger.

k'í puh siáu，氣不消。He has not yet abated his rage, his anger is not allayed.

tsang hien k'í，争闲氣。To be angry without cause.

kiáu t'á moh jé hien k'í，叫他莫惹闲氣。Advise him not to be angry in that which has no reference to himself.

puh yáu k'í náu，不要氣恼。Pray do not be angry.

yü t'á hoh k'í，與他合氣。To quarrel with any one.

k'í tih fáh hwan，氣的发昏。Pray do not be angry. “的”代替的是“得”。

jin k'í t'un shing，忍氣吞声；或 *jin shing t'un k'í*，忍声吞氣。To be patient and repress anger.

k'í sz' jin，氣死人。To drive to madness and death.

puh pá t'á puh hwoh hwoh tih k'í sz'，不怕他不活活的氣死。Rest assured he will die of chagrin.

k'í sang k'í sz'，氣生氣死。To be greatly enraged.

twán k'í，断氣。To die.

k'í í twán liáu，氣已断了。He is already dead.

3.“氣”的比喻用法。例如：

í k'í，义氣。Zeal for justice.

fuh k'í，福氣。Happiness.

ho k'í，和氣。Pacific.

ngáu k'í，傲氣。Pride.

tá k'í，大氣。Magnanimous.

siáu k'í，小氣。Pusillanimous, a narrow mind.

正氣。Uprightness.

háu k'í，豪氣。Strength of mind, or bravery.

k'í t'un yun mung，氣吞云梦。He would devour the whole sea. 这种比喻在西方语言里有不好的含义，但在汉语里却没有。"云梦"是中国最大的一个湖，又被叫作 *Tungting hú*（洞庭湖）。

siáu tí shí yú k'í，小弟是有氣。I am firm and decided.

mí k'í，迷氣。Stupid.

fung k'í，疯氣。Foolish.

tsing k'í，精氣。Intelligent, active.

pih k'íh，笔氣。Elegant composition.

k'í siáng，氣象。The demeanor, air, carriage.

shing jin chí k'í siáng，圣人之氣象。This has the appearance of sanctity, or thus the sage conducts himself.

4. "氣"在一些搭配中表示精神力量，灵魂。例如：

ling k'í，灵氣。The intellect.

shin k'í，神氣。The spirit.

chí k'í，志氣。A mind tenacious of its purpose.

chí k'í，知氣。An intelligent mind. 这些词是否能像中国的基督徒使用的 *ling hwan*，"灵魂"这两个字那样来指代人的灵魂，尚未可知。

第十小节　"*k'au*，口，the mouth"的用法

"口"指人的嘴巴，但它的用法之广不比"氣"字逊色。例如：

puh kái p'o k'au má t'á，不该破口骂他。It is not necessary to curse him so much.（字面意思是不需要动嘴骂他）。

yü t'á kioh k'au，與他角口；或是 *kiáng k'au*，讲口；或是 *sí k'au*，撕口；或是 *koh k'au*，各口。To use abusive language to towards any one.

kien k'í k'au，箝其口。To shut his mouth for him.（“箝”表示钳子。）

kiáu k'au sz' tsang，交口厮争。To contend with each other.

shí fi k'au sheh，是非口舌。A controversy of words.

k'au k'ih，口吃。Stammering having an impediment of speech.

hwáng k'au，簧口。An imposter, a wheedler.

ning k'au，佞口。A flatterer.

lí k'au，利口。A virulent accuser.

tuh k'au，毒口。A mouth full of virulence.

ch'áng k'au，长口。Garrulous, a prater.

to k'au，多口。Loquacious.

k'au hwáh，口滑。A smooth tongue.

chih p'á wá tsz' kiá k'au hwáh yih ch'uh shí fi，只怕娃子家口滑引出是非。I fear since he is but a mere youth he may say something which shall breed discord.

tsau liáu k'au，走了口。He has tattled, he has not kept the secret.

shí wo to k'au liáu，是我多口了。I was too loquacious.

hwáng k'au siáu'rh，黄口小儿。A little boy.

yú k'au ts'ái，有口才。To be eloquent, to speak fluently.

k'au ch'au，口臭。A foul or fetid breath.

sau k'au，漱口。To rinse the mouth.

t'án k'au，檀口。A aweet mouth.

kin k'au，禁口。To govern the mouth, control the appetite.

k'au k'án，口干或是 *k'au koh*，口渴。To thirst, to have a dry mouth.

k'ih puh sháng k'au，吃不上口。Not to eat by reason of nausea.

yih k'au k'án liáu，一口干了。He drained the cup at a single draught.

hiáh liáu yih k'au，呷了一口。He took one draught.

hiáh liáu kí k'au tang chih，呷了几口汤汁。He took some draughts of soup.

t'ú k'au，吐口。To open the mind.

ch'uh liáu ché k'au k'í，出了这口气。When he had given this ill will access, or when had vented his spleen.

k'án t'á tih k'au k'í，看他的口气。Observe what he says, or watch his intentions.

tsang siáu teh ché k'au ngoh k'í，怎消得这口恶气。How can I ease myself of this hate?

t'án liáu yih k'au k'í táu，叹了一口气道。Taking a long sigh he said.

sui k'au，随口；或是 *sin k'au*，信口。To speak extemporaneously.

han puh teh yih k'au k'í t'un liáu t'á，恨不得一口气吞了他。He would wish to devour him at a gulp.

i' puh ché shin puh ch'ung k'au，衣不遮身食不充口。He is in extreme want.

t'á k'au sui puh shwoh, wo sin tsz' liáu jen，他口虽不说，我心自了然。Though he has said nothing yet I understand him well.

loh yü hú k'au，落於虎口。He has fallen into a tiger's mouth. 即他处于极度危险中。

k'au pí ts'iuen wú k'í sih，口鼻全无气息。The breath of his nostrils is extinct, he gives no sign of life.

chih yú yih k'au yú k'í'rh tsái ché lí，只有一口游气儿在这里。The last expiring breath alone remains, he is at the last gasp.

tuh k'í shí chin ling jin k'au sheh k'ü hiáng，读其诗真令人口舌俱香。The mere reading of his songs makes a man's whole mouth fragrant.

k'ái liáu k'au hoh puh teh，开了口合不得。With open mouth he stood, unable to shut it.

muh tsang k'au ngái, yen yü puh teh，目睁口呆言语不得。He stood with staring eyes and gaping mouth, unable to utter a word.

yú k'au wú yen，有口无言。He had not confidence to speak.

yú k'au wú sin，有口无心。You use deceitful or heartless words.

t'ú fí hü to k'au sheh，徒费许多口舌。How much talk he has spent in vain.

kw'á k'au kw'áng yen，夸口狂言。Arrogant talk and foolish words.

kw'á liáu tá k'au，夸了大口。To pride himself foolishly.

k'au lí tá hoh táu，口里大喝道。Crying with a loud voice, he said.

k'au chung nien nien yú tsz', hoh shing táu tsih，口中念念有词喝声道疾。He began in a low murmur, and suddenly raising his voice, said, hastily, &c.

sháng hwán k'au k'áng，尚还口强。He still continues to argue.

sang k'au，牲口；或 *t'au k'au*，头口。One beast of burden.

k'í liáu t'au k'au，骑了头口。To ride a beast.

hái k'au，海口。A port or harbor.

shán k'au，山口。A gorge or mountain pass.

hú k'au，湖口。The outlet of a lake.

tá k'au ngán，大口岸。A mart.

páh k'au kiá，八口家。A family of eight person.

k'au fung puh k'ái，口缝不开。There is no opening, or fissure.

shih tsz' lú k'au，十字路口。A crossway.

"口"也常用作量词，例如：

yih k'au kwán muh，一口棺木。A coffin. *yih k'au chú*，一口猪。A hog. *yih k'au ko*，一口锅。A frying-pan. *kí k'au wá*，几口瓦。Some tiles. *yih k'au kien*，一口剑。A sword.

第十一小节 "*shau*，手，the hand"的用法

"手"准确来说指整个手臂，但在习惯用法中指代"手掌"。例如：

í shau kiá ngeh，以手加额。To put the hand to the forehead.

liáng shau fú fuh tsái tí，两手俯伏在地。Resting upon his hands he prostrated himself even to the earth.

ts'in shau pih tsih，亲手笔迹。My own handwriting.

shí yih ko nü jin tih shau pih，是一個女人的手笔。This was written by a woman.

yáu kiáu fú ts'in shau，要交付亲手。It is necessary to give it into his own hand.

kioh puh tsái shau t'au，却不在手头。I have it not at hand.

kiáu shau，交手。From hand to hand.

yih shwáng siueh peh tih shau'rh，一双雪白的手儿。A pair of hands whiter than snow.

shau p'á，手帕。A handkerchief.

yü t'á shau lá choh shau t'ung k'ü，與他手拉着手同去。Having joined hands with him he departed.

fan shau'rh k'ü，分手而去。They let go hands and separated.

shau wán choh shau yih pú yih tieh，手挽着手一步一跌。Dragging each other by the hand they fell at every step.

wú choh liáu wo tih shau，污着了我的手。He has dirtied my hands.

ping liáu wo shau，冰了我手。It has made my hands like ice.

puh kwán fang shau，不肯放手。He is unwilling to desist.

páu kwán t'o shau'rh ch'ing，包管唾手而成。I promise to dispatch the business quickly and easily. 字面上的意思是：在转笔或吐口唾沫之时，就能完成这件事。

“手”常与其他的名词搭配。例如：

p'áu shau，砲手。A cannonier.

shwui shau，水手。A sailor.

shú shau，书手。A scribe or amanuensis.

mái shau，卖手。A merchant.

shau káu，手高。Very skillful.

hien shau，闲手。An idler, unoccupied.

láu shau，老手。Old hand, experienced.

shau twán，手段。A handicraft.

tso teh yih shau háu chin sien，做得一手好针线。He is very skillful in using the needle.

kin jih yú liáu pang shau，今日有了帮手。I have now an assistant.

puh pien lung shau kioh，不便弄手脚。You cannot use artifice and wiles.

tá kiá hwáng liáu shau kioh，大家慌了手脚。They were all seized with such a panic that not one could tell what to do.

hiá shau，下手。To commence a work, to put hand to.

shau hiá，手下。To be subject to one.

yih pán yú shau tsz' tí，一班游手子弟。A band of idle youth.

hau shau，后手。A second hand, an heir. 有时也指暗地里的偷盗。

shau tsz'，手厕。A water closet.

ts'ing shau，净手或 *kiái shau*，解手。To ease the bowels.

第十二小节 “*tá*，大，great”的用法

“大”字有很多含义，这里所举的例子差不多都涵盖了。例如：

tá tá siáu siáu，大大小小。All both great and small.

tá hwá，大话。Exaggerated language.

tá t'án，大胆。Boldness, presumption.

t'ien tá tih tsáu hwá，天大的造化。A most excellent fortune.

pw'án tá，胖大。Coarse and large.

tá ho shang，大和尚。A highpriest.

kwán má tá lú，官马大路。A high road, or the royal way where the officers and horsemen pass.

láu tá，老大或 *tá láu kwán*，大老官。Terms of respect.

láu tá t'ú sháng pei，老大徒伤悲。The old man sighs in vain for years that are past.

tá yé，大爷。A term of dignity or rank.

tá táh pú，大踏步。Rapidly and with long steps.

tá fáng，大房。The lawful wife.

puh tá yáu kin，不大要紧。It is not so necessary.

tá hing hwáng tí，大行皇帝。A deceased emperor.

tá pien，大便；或 *tá kung*，大恭。To evacuate the bowels.

第十三小节 “*háu*，好，good，to desire，tolike”的用法

也许没有像“好”字这样出现率如此频繁的字了，但在这里我们只强调它比较重要的用法。例如：

to sháu shí háu，多少是好？ How much will be good, or right?

tsang sang shí háu，怎生是好？ What then must be done?

chí tang shin háu，这等甚好。This mode is very good.

háu pien shí háu chih shí，好便是好只是…… It is well indeed, but yet, &c.

sz' siáng ná lí k'ü háu，思想那里去好。He was thinking whither he should go.

ché shí yueh lung teh puh háu，这事越弄得不好。This business is in a far worse state.

ní yé puh háu wo yé puh háu，你也不好我也不好。You and I are both bad.

puh háu liáu yú yáu kwái tsái ché lí，不好了有妖怪在这里。Alas! I am unlucky; there are ghosts here.

ní shí sz' wan kiun tsz' tsang mo háu hing ché siáu jin sz'，你是斯文君子怎么好行这小人事。You are gentleman of honor, how could you perpetrate these acts which the vilest knave would scarcely attempt?

yü kiá háu liáu，愈加好了。It will thus be much better.

joh k'ang kien lien ko chí háu mo，若肯见怜可知好么。It would certainly be well, if he would regard me with compassion. 注意：①“么”字在这个句子里不表示疑问句式；②“见”用于此处，在语气表达上要比 *ko lien*（可怜）甚至 *ko lien kien*（可怜见）还要强。③也可以说 *ko chí shí háu*（可知是好）。

puh tsang kien ché tang háu siáu，不曾见这等好笑。Never have I seen anything so ridiculous.

háu k'án，好看。Beautiful to behold.

puh háu k'án siáng，不好看相。It has an ugly aspect, or simply, it is indecorous.

háu k'ih，好吃。Of a fine relish.

jü kin háu shwoh hwá，如今好说话。The subject can now be proposed.

jü kin háu k'ih fán，如今好吃饭。It is now the hour for dinner.

wo sing tsz' puh shí háu jé tih，我性子不是好惹的。My nature is such, it will not be safe to vex me.

háu mo，好么。How do you do?

háu sié，好些。A little better.

puh teh háu，不得好。I cannot recover.

háu liáu，好了。I am convalescent.

ping háu liáu，病好了。Recovered from the disease.

háu háu yih ko jin joh twán liáu ch'á fán k'í puh ngo sz'，好好一個人，若断了茶饭，岂不饿死。From a man in sound health to take away food and drink, and will he not die with hunger? 注意在本句中词语特殊的排列顺序。

"好"字用作动词，表示非常喜欢或渴望做某事。这种表达法在书面语中比口语更常见。例如：

min í háu hioh，敏而好³学。Clever and fond of learning.

t'á háu tán kwoh ching，他好³谈国政。He likes to talk upon polities.

hwán shí háu liáu sing ming yih pwán，还是好了性命一般。Just as if he had preserved your life.

puh háu í sz'，不好意思。My purpose was not good, or it could hardly have been otherwise. "意思"这个词还可以这样用 —— *yú sié í sz'*（有些意思）。Has some meaning. 更文雅的翻译是：somewhat to the purpose he said or did.

puh shí háu í，不是好意。He has not a good intention.

kiáh háu，恰好。Fitly, seasonably.

jü tsz' kiáh háu，如此恰好。In this manner, it is quite right, or to my taste.

yih t'iáu háu hán，一条好汉。A brave and strong hero.

yé háu，也好。Let it pass, it will do.

háu hwá，好话。You say well, or good. 用于反讽时，可翻译为 well said, indeed!

mei háu，美好。Beautiful and good, perfect, all very good.

háu tái，好歹。At any rate.

ní háu tái lái tsau tsau，你好歹来走走。At all events (whether good or bad) I wish you would come.

háu háu tih，好好的。Very good; gently; do not be in haste; I pray you, do not be angry; or he enjoys good health. 这个词可以有很多含义，但不要就此认为汉语是模糊和表意不清的，因为像这样一词多义的情况，完全可以通过上下文获得清楚的理解。

háu sang muh ts'ü，好生没趣。He is easily disturbed or excited, he exposes himself to derision.

“好生”这个词在下面的例子中表示强调：*háu sang fáng sin puh hiá*，好生放心不下。I can in no way quiet my mind.

“好”还可表示喜欢，例如：

háu ho，好货。Desirous of wealth.

háu she，好色。Given to pleasure.

háu yung，好勇。Warlike, he who loves to appear brave.

háu tsiú，好酒。A wine-bibber.

háu wán，好玩。A trifler.

第十四小节 “*tái*，待，to expect，to treat”的用法

1.“待”表示期待、等待。例如：

ní puh tsau tái tsang tih，你不走待怎的。Why do you not flee?

tái wo wan t'á，待我问他。Wait until I ask him.

tái wo fí sié k'ú sin，待我费些苦心。Wait for me to make some effort.

tái wo hwui fuh t'á，待我回覆他。Wait until I shall have given him an ansower.

2.“待”表示对待，为人处世。例如：

tsáu wán fuh tái，早晚伏待。To wait upon early and late.

kwán tái，欵待。To treat well.

sháu puh teh ngán pái sié shim mo kwán tái t'á，少不得安排些甚么欵待他。It is necessary to make some preparation for his agreeable reception.

wo tsiáng háu í tái t'á, t'á fán wú lí tái wo，我将好意待他，他反无礼待我。I have treated him with the best intentions, and he has rewarded me with contement. 即以德报怨。

siáng tái，相待。To treat each other well.

yú lí siáng tái，优礼相待。To treat one more respectfully than his condition demands.

yú fuh chí jin jin fuh tái, wú fuh chí jin fuh tái jin，有福之人人服待，无福之人服待人。He whom fortune favors has servants, but the unfortunate must himself be a servant.

3.“待”与 *yáu*（要）搭配，组成固定短语，表示当一个人没有完全决定好下一步做什么时的悬虑。例如：

yuh tái yáu puh k'ü, wo yuh tái yáu k'ü，欲待要不去，我欲待要去。I got or remain as I please; or, wishing not to go, and wishing to go, I am thus kept in suspense.

ní tái yáu sháng tien, wo tsiú sui choh sháng tien，你待要上天，我就随着上天。If you are about to ascend to heaven, I will immediately follow and ascend with you.

ní tái yáu t'án hái, wo tsiú sui choh t'án hái，你待要探海，我就随着探海。If you are going to cast yourself into the sea, I will also cast myself in with you.

4. "待"也表示"将近……的时候"。例如：

k'ioh tái yáu tsau，却待要走。But when he wished to flee.

k'ioh tái ch'uh mun，却待出门。Just as he was going out of the door.

wo tái shwui sié'rh，我待睡些儿。Scarcely was I asleep, when.

wo tái yáu shwoh lái yú tá wo yé，我待要说来又打我也。Whenever I am about to speak, he immediately strikes me.

5. "待"与 *k'ih*（吃）搭配。例如：

lán tái k'ih，懒待吃。I do not desire food, or I have no appetite.

wo sin lí pan puh tái k'ih，我心里本不待吃。I have not yet an appetite. 我不否认"待吃"在这里也可以理解为想吃东西。

6. 其他例子：

ní sháh liáu wo tih sz', tái tsau ná lí k'ü，你杀了我的师，待走那里去。You have killed my master, whither, pray, are you going to escape?

wo k'ü tái lái，我去待来。I depart, but will soon be back.

第十五小节 "*k'án*，敢，to dare，to presume"的用法

1. "敢"准确的意思是胆敢，敢于。例如：

shwui jin k'án lái tsú táng，谁人敢来阻挡？ Who dares to throw an impediment in the way?

puh k'án shih kwan，不敢食荤。I dare not eat such things. "荤"包括韭菜、洋葱等辛辣蔬菜、肉类和鱼类，佛教徒是不允许吃荤的。

puh k'án tsih shing，不敢啧声。He dares not even whisper it; or, I cannot venture to lisp it.

pí tsz' yé puh k'án king p'í yih p'í，鼻子也不敢轻嚊一嚊。He dares not draw a breath.

yú yih kü hwá ko shí k'án shwoh mo，有一句话可是敢说么。I have a word, shall I be allowed to speak it? 一个外国人可能在使用 *ko shí*（可是）这个词时会不太自然，也可以换一个说法：*ko shí shwoh teh tih mo*，可是说得的么？ Can it be allowed me to speak it?

2.“敢”也常常等同于“我认为，我相信，对我而言”。例如：

k'án shí wáng sang，敢是王生。I think it is Mr. Wang.

k'án tsiú shí t'á，敢就是他。I presume it to be him.

yuen yuen wáng choh k'án shí ko lái yé，远远望着敢是哥来也。Looking from such a distance, it appears to me that is my brother coming.

k'án pí yé máu t'o liáu，敢彼野猫拖了。Perhaps it has been carried off by a wild cat.

k'án shí yú sié tsz' sü，敢是有些髭须。He has, if I mistake not, but little beard.

k'án shí ní hung wo，敢是你哄我。I think you are imposing upon me.

ní k'án ts'o jin liáu，你敢错认了。Perhaps you were not well informed.

ní k'án kí mo，你敢饥么。You appears to me to be hungry.

k'án shí tú kí liáu，敢是肚饥了。You are suffering from hungry.

yih shí kien tsiú tú t'ung k'í lái, k'án shí yáu yáng wá wá tsz'，一时间就肚疼起来，敢是要养娃娃子。A sudden pain has seized her helly, I should not wonder if a child was brought forth.“一时间”表示很突然，“养娃娃”表示生孩子。

wo tsoh yih yü ní ts'ü siáu ní, k'án shí náu liáu，我昨日與你取笑你，敢是恼了。Yesterday I spoke with you in joke, I think you are angry with me.

k'án p'á sui hau shau shih kiá sz' yé lái shán sháng juh ho，敢怕随后收拾家私也来山上入伙。I think he will presently arrange his domestic affairs (or collect his household goods), and ascending this mountain, will join our company.

k'án p'á yé chih tsái tsáu wán táu yé，敢怕也只在早晚到也。He will arrive , I think erelong.

ché tsáu wán k'án tái lái yé，这早晚敢待来也。I think he will come to-day.

3. 也有其他一些例子同样可以表示"敢"字在前面提及的那些用法。例如：

to kwán，多管 *to kwán wi kih chí wú siun*，多管未及至五旬。或是 *to kwán shí wí kih chí wú siun*，多管是未及五旬。He has not yet, I think, reached five decennaries. 有人说过这样的话：*to k'án shí t'á*，多敢是他。I doubt not it is he.

kwán tsing，管情 *kwán ts'ing pí ní sien táu*，管情比你先到。I think he will get there before you. *kwán ts'ing tsiú háu liáu*，管情就好了。I trust that all will soon be safe, or I trust you will be speedily convalescent. *kwán ts'ing yih sié sz' 'rh muh yú*，管情一些事儿没有。According to this I think there is very little to be feared.

也用 *p'á* 怕，如：*chih p'á tsz' shí wí k'í*，只怕此时未起。I think he has not yet, at this hour, risen from his bed. *k'ung p'á puh háu*，恐怕不好。It seems not to be good.

我们还可以很容易地列举出很多类似的字，不过上述十五个小节所提及的那些字非常具有代表性，特别是在以丰富的例句构建起来的语言中，而这些例子差不多都是以相似的方法收集的。对于初学者而言，从习语中归纳出具有代表性的字的用法，这是一个极好的方法。我将在下一节谈到虚词，这个难点更需要用功地学习。

第二节　论汉语的虚词

这一部分可能会远远超过它应有的容量，因为我们试图把每一个虚词都加以详述。有很多虚词并不在本书选取的范围内，学习者完全可以通过自身的钻研，或在中国老师的帮助下，掌握其特点和用法。如果每个学生都想要说地道的中文，那么就必须认真学习每一节和每一部分的例句。

在这些例子中，应当特别注意在一个欧洲人的意识中很难出现的这些字，即虚词，它们是有助于学会说一口纯正的中国话的。如果不能以中国人的方式来进行表达，那么即使发音全部正确也徒劳无用。只要你正确地选择词语和组织语序，即使在某些场合中不能以标准的发音准确无误地讲中文，哪怕中国人可以马上分辨出你的外国口音，但他完全能从你流利的表达中推断和理解其意思。

第一小节　表否定的虚词

1. *muh*，没，without

"没"与 *moh*（莫）是不一样的，它几乎总是在和 *yú*（有）字连用时，才能被理解。例如：

muh pá ping，没把柄。there is no foundation 和"没有把柄"是一个意思。再如：*muh nái ho*，没奈何。It cannot be otherwise, there is no alterative. *lung teh muh fáh*，弄得没法。His condition is such that he is at a loss what to do. *muh yih háu í wí*，没一毫意味。There was no sense, no relish, no spice of salt. *muh ko t'au sü*，没箇头绪。There is no order, no clue. *shau liáu yih ch'áng muh ts'ü*，受了一场没趣。He was hissed off. *muh yih jih puh hien*，没一日不闲。He is always free, he never has anything to do. *muh t'au muh náu*，没头没脑。Neither head nor brains; nonsense, disorder. *shin sháng muh teh ch'uen, k'au li muh teh k'ih*，身上没得穿，口里没得吃。He has no raiment to put on, and he has nothing to eat.

2. *puh*，不，not

这个字是如此常见，仅举几个例子就够了。例如：

puh k'ang，不肯。He is not willing. puh siáu，不消。It is unnesessary, needless. *puh p'á*，不怕。Fear not. *puh háu liáu*，不好了。The affair was unfortunate. *puh tsau puh shí ní tih jin*，不愁不是你的人。Be not solicitous, he will not escape, he will be yours.

3. *hiú*，休，cease

hiú yáu（休要，do not）与 *puh yáu*（不要）意思一样。例如：

ko ko wo tih yen yü hiú yáu wáng liáu，哥哥我的言语休要忘了。Brother do not forget my words. *hiú kwái*，休怪。Do not wonder. *hiú shwoh ché hwá*，休说这话。Do not speak thus. *hiú kiáu t'á tsau liáu*，休教他走了。Do not let him escape. *hiú kiáu t'á k'án kien*，休教他看见。Do not let him see it. *hiú yáu shih yen puh shih yü*，休要失言不失语。See that you abide by your promises, or affirm constantly the same thing. *t'á puh shí tsái liáu hiú yáu lí t'á*，他不是材料休要理他。He is one unfit for it, trouble not yourself about him.

4. *pieh*，别

"别"与 *hiú*（休）的意思一样。例如：

pieh yáu sin choh，别要信着。You must not have too implicit confidence. *ní pieh yáu shwoh tsui*，你别要说嘴。See that you do not tattle. *ní pieh yáu shwoh wo tui t'á kiáu t'á kwái wo*，你别要说我对他交他怪我。Say not that I have said this to that person, lest per chance he (anther) should complain of me. *kiáu*（交）在这个例句里的用法与 *kiáu*（教）和 *kiáu*（叫）相同。

5. *moh*，莫，do not

"莫"的用法非常多。

（1）使用时经常要联系上文所提及的事物或人。例如：

moh kwán t'á，莫管他。Do not care for him, donot concern yourself about him. *moh siáu*，莫笑。Do not laugh, do not redicule. *moh yáu kien kwái*，莫要见怪。Wonder not, or be not angry with me."休"或"别"也可以替换"莫"。*moh yáu jin ts'o liáu*，莫要认错了。See that you do not err. *moh fi ts'o liáu*，莫非错了。Unless perhaps I have erred.

（2）"莫"常常与 *joh*（若）搭配，表示没有比下面所说的事情更重要的。例如：

wei kin jih chí kí, moh joh sih ping kiáng ho，为今日之计，莫若息兵讲和。No better counsel can now be given, than to lay down arms and treat of peace. *moh joh kiáu t'á tso mei yé pá*，莫若叫他做媒也罢。It were better to apply to him to arrange this match.

"也罢"一般不需要解释，它在我们的语言习惯里是很少见的。这句话照字面的意思解释就是：nothing like calling him to-be midsman so will-do.

（3）"莫"与 *yü*（於）搭配，表比较。例如：

ts'ih ts'ing moh shin yü ngái yuh, luh yuh moh shin yü nán nü，七情莫甚於爱欲，六欲莫甚于男女。Of the seven passions there is none stronger than love; and of the six varieties of love, none is stronger than that which subsists between the male and female.

（4）"莫"与 *shwoh*（说）搭配，表示不但……而且。例句还可以参看第九小节里 *tsiú*（就）字的用法。例如：

joh lo yú sié í sz', moh shwoh tái yih ko ming tsz' pien tái shih ko yé puh nán，若果有些意思，莫说带一箇名子便带十箇也不难。If there should appear to be any prospect of realizing what you promise, I will readily allow not only one title but ten. *pien*（便）与 *moh shwoh*（莫说）搭配成固定句式，在这个句式里虚词"便"与

tsiú（就）用法相同。*kien nán tsz' moh shwoh pieh yáng sz' puh k'ang tso, tsiú shí yih p'in yih siáu, yé puh k'ang kiá tsié yü jin*，见男子莫说别样事不肯做，就是一颦一笑，也不肯假借於人。If perchance she see a youth, she is so unwilling to do aught unbecoming, that she deems it hardly allowable to look, or even smile upon him. *tsiú shí*（就是）同“便”。

6. *wú*，无，nothing, having none, without

“无”表示没有。例如：

ts'un nán ch'ih nü k'ái wú，寸男尺女皆无。He has neither a son nor a daughter. *t'ien sháng yú, tí sháng wú*，天上有，地上无。It may be in heaven, but it is not on earth. *sien háu wú í*，丝毫无异。There is not the least difference. *sz' fáng wú jin*，四方无人。No one appeared from any quarter. *wú kia páu*，无价宝。A thing without price, priceless, invaluable.

7. *wí*，未，not yet

“未”表示还没有。例如：

shwoh liáu yé wí，说了也未。Have you yet spoken or not?

8. *fí*，非，not, not good, &c.

“非”表示不，不好。例如：

fí lí，非礼。Unreasonable. *fí t'ung siáu ko*，非同小可。The affair is important. *fí t'ung yung í*，非同容易。This is not so easy.

我认为 *wuh*（勿）、*wú*（毋）、*fuh*（弗）、*fau*（否）也在使用，但目前为止尚未找到例子。在古书里还找到这几个表否定的字：*fí*（匪）、*mí*（靡）、*wáng*（罔）、*wáng*（亡）、*wú*（无）。

第二小节　表增加词义的虚词

1. *t'ái*，太，too

例如：

ché kí t'ái hien，这计太险。This scheme is too perilous. *puh yáu t'ái kien*，不要太谦。Do not be too modest. *t'ái lang tsing sié*，太冷静些。A little too cold. 这个说法可以用来形容一个地方或一个人。*yú t'ái yung í liáu sié*，又太容易了些。That also is very easy. *ní ché kí kü hwá yé t'ái chung liáu*，你这几句话也太说重了。This has been spoken by you with too much severity. *t'í muh t'ái ch'uh yung í*，题目太出容易。The theme is very easy.

在这几个句子里，我们应观察到宾语的词序改变，动词的解释说明者放在动词的前面：用“这几句话”，而不用“说这几句话”；同理用“题目出”，而不用“出题目”。还要注意到“太”的词序改变：不是“说太重”，而是“太说重”；不是“出太容易”，而是“太出容易”。拉丁语、法语和葡萄牙语把每一个词都放在其特定的位置上，而汉语在某种程度上也有与上述语言相似的惯用语法。

再如：

tsui sháng t'ái kwáng muh yú hú tsz'，嘴上太光没有胡子。His lips are too smooth, no trace of a beard appears. *yung sin t'ái kwo wí mien sun liáu tsing shin*，用心太过未免损了精神。You have exerted your mind too much, it cannot be done without impairing its vigor.

2. *teh*，忒

“忒”的意思与“太”相近。例如：

sui shí háu í yáu liú wo, chih shí hái teh wo teh tuh sié ko，虽是好意要留我，只是害得我忒毒些箇。Although your intention in detaining me was good, yet you have done me no little damage. *hiá shau teh han liáu*，下手忒狠了。You struck with too much violence. *k'ioh sí liáu*，却忒早了些。It is a little too early. *teh ts'ing sí liáu*，忒精细了。This is too refined and delicate. *yú puh chí shí wo tih yen tsing teh káu*，又不知是我的眼睛忒高。Perhaps I am too fastidious. 从字面来理解：眼高手低。have eyes too lofty. *ní yé teh to sin*，你也忒多心。You are too much affected, or you take it too much to heart. *teh k'án teh ngoh siáng liau*，忒看得恶相了。He is not so vile as he has appeared to you. *tsiú teh k'ih kih liáu*，酒忒吃急了。I have drunk wine too hastily.

3. *shin*，甚，very

“甚”表示“很”，例子是相当多的：

wan lí puh shin t'ung t'au，文理不甚通透。He is not very learned. *shin shí k'í kwái*，甚是奇怪。This is indeed strange. *shin puh yá siáng*，甚不雅相。This was shocking to the sight.

4. *kih*，极

例如：*ché yé ko siáu kih liáu*，这也可笑极了。This is exceedingly ridiculous. *kih k'iáu tih hwá kung*，极巧的画工。A most excellent painting. *ché tang shí kih miáu tih liáu*，这等是极妙的了。This is the best possible mode. *kih muh kiáu tih hwá*，极没窍的话。The phrase is obscure and unintelligible. *ts'z' lí shwoh teh kih tsing*，此理说得极精。His dicourse upon this subject is very spirited. *shwoh teh kih shí*，说的极是。You speak most truly. *ko chú cháng kih miáu*，哥主张极妙。Brother, your determination is most excellent. *siáng siáng siáng siáng teh kih*，想想想想得极。He is always thinking deeply. "想"字的重复使用，使语意的表达更为生动。

5. *tsiueh*，绝

例如：*Tsiueh miáu tih chú í*，绝妙的主意。Admirable counsel indeed! *Tsiueh she*，绝色。Exceedingly beautiful. *tsiueh wú kí hwui*，绝无机会。Exceedingly unfortunate. *tsiueh wú jin kü*，绝无人居。A place without inhabitants. *tsiueh miáu 'rh wú í kiá í*，绝妙而无以加矣。Most excellent, to which nothing can be added. 这个例句具有更高级的语句结构，但并不少见，特别容易出现在文人的谈话中。*ko lien sz' nien ngan ngái yih tán k'iueh tsiueh*，可怜四年恩爱一旦决绝。Alas! The intimacy of four years is thus broken off in a single day. 在这里，"绝"不是虚词，而是表示"分开、分离"，"决"也表示同样的意思，这两个字组成词，表示不可挽回的结束。

6. *Tsui*，最

这个字同"极"和"绝"有一点区别。例如：

tsui káu shau twán，最高手段。The greatest dexterity. 可以用作褒义或贬义。*tsui miáu*，最妙。Inexpressibly fine, nothing can be better. 意思同 *miáu tsiueh*（妙绝）、*miáu puh ko yen*（妙不可言）。

7. *háu*，好

"好"字用于增强语意的表达。例如：

háu k'ih jin siáu，好吃人笑。He was very ridiculous. *háu k'í kwái yé*，好奇怪也。That is indeed very wonderful. *háu hú shwoh*，好胡说。Great impertinence. *háu sáu ch'au*，好臊臭。An insufferable stench. *tú lí háu hwán hí*，肚里好欢喜。His heart is much rejoiced. *háu ko yú ts'ing tih nán tsz'*，好個有情的男子。He has a most excellent dispostion, or he knows how to love, or how to be grateful. *kwo jen háu ko jin wuh*，果然好個人物。A beautiful person. *háu yih ko kieh tsing so tsái*，好一个洁净所在。This place is very clean.

puh（不）常常出现在"好"的后面，但并不表示否定，而是增强语意。例如：

háu puh k'ú yé，好不苦也。Very much afflicted. 意思同 *shih fan k'ú*，十分苦。*yih jih háu puh jeh náu*，一日好不热闹。There was a great tumult throughout the day. *háu puh k'ü teh náu jeh*，好不去得闹热。He departed with great pageantry. *lung teh wo mun háu puh nán kwo*，弄得我们好不难过。He has reduced us to great misery. *ná fung háu puh lí hái*，那风好不利害。The wind was very violent. *ché hán tsz' háu puh shwui teh tsz' tsái*，这汉子好不睡得自在。This fellow sleeps most soundly.

muh（没）有时可以替换"不"，意思相同。例如：

ní háu muh ts'ü，你好没趣。You have shown yourself very ridiculous. *háu muh liáng sin*，好没良心。Well may he have no conscience. *háu muh chí k'í*，好没志气。He has no firmness of purpose. *ní háu muh táu lí*，你好没道理。You are not reasonable. *háu muh í sz'*，好没意思。His mind was much confused.

有时也可以用"无"。例如：

háu wú fuh fan，好无福分。I am very unhappy. *háu wú pá pí*，好无把鼻。There is no handle, no method.

8. *shih fan*，十分

例如：*shih fan ch'ing tsán*，十分称赞。To lavish praise. *sang teh shih fan ts'ing siú*，生得十分清秀。Naturally well favored, had a fine air. *sin chung shih fan tsiáu ts'áu*，心中十分焦燥。He was much disturbed in his mind. *shih fan náu jeh*，十分闹热。这个短语可用于形容各种各样的事物，如人的汇聚，喧闹的声音，鲜花的繁盛以及情感的充盈等。

tá（大）可以与"十分"搭配使用。如：*puh tá shih fan háu*，不大十分好。He is not so very good. *wo puh tá shih fan yung tsiú*，我不大十分用酒。I am not a great winebibber.

9. *puh kwo*，不过

当“不过”跟在对象后面时，也是增强语意。例如：

kih puh kwo，急不过。Very precipitate. *Láu táu puh kwo*，老到不过。Most troublesome individual. *wo wei ts'ái máu liáng kien ngái ní puh kwo*，我为才貌两件爱你不过。I love you much for your beauty and your excellent mind. 在我们的习惯用语中不会附加“*liáng kien*（两件），two things”这个词。*kung táu puh kwo tih*，公道不过的。Highly just and equitable.

10. *sháh*，煞或杀；to kill；*sz'*，死，to die

它们都用于夸张的情况，就好像我们类似的说法：die with joy.（高兴得要死）；或者 kill with grief.（悲痛欲绝）。例如：

ní teh sháh láu t'áu，你忒煞唠叨。You trouble me to death. *wo yé teh sháh shau yung yé*，我也忒杀受用也。I too have enough of it. 也就是“我受够了”。ní yé sháh láu shih liáu，你也杀老实了。You are too simple minded. *chin ching kw'ái kwoh sháh*，真正快活杀。I die with joy. *tsz' tsz' kwo jen lái liáu hí sháh mei tsz' yé*，姊姊果然来了喜杀妹子也。My sister, you have then come, you make me die with joy. *mun sháh wo yé*，闷杀我也。Sadness kills me. *ché liáng jih kí hú siáng sháh wo yé*，这两日几乎想杀我也。For these two days I have been exceedingly anxious to see you. ngái sháh, 爱杀。To die with love. *shí ngái teh, jin sháh tih*，是爱得人杀的。He is so lovely it makes me die to think of him. “人”字不是与“爱”相连，而是与“杀”字相连。

hwoh hwoh tih k'í sz'，活活的气死。He dies with rage. *puh shí mun sz', ting shí k'í sz'*，不是闷死定是气死。If sadness does not kill him, he will certainly die with rage. *yú lái k'í sz' wo yé*，又来气死我也。Lo! He is coming again to irritate and enrage me. *yih ting yáu heh sz'*，一定要吓死。He will die with fear. *hwoh hwoh tih ngo sz' puh ch'ing*，活活的饿死不成。Shall I die with hunger? “活活死”指突然的死亡，或是指英年早逝。

第三小节　表缩减词义的虚词

这一类虚词数量众多，应用广泛，因此最好是把它们分开来叙述。

1. *chih*，只，only，but

（1）*chih*（只）与 *shí*（是）连用。例如：

chih shí muh yú pw'án ch'en，只是没有盘缠。Provisions only were wanting. 也可以翻译成：one thing only was wanting, viz. provisions. *Wo chih shí sz' liáu pá*，我只是死了罢。Nothing remains for me but to die. *wo chih shí puh yáu*，我只是不要。One thing is wanting, my consent. *chih shih puh háu ming yen*，只是不好明言。But I dare not say it plainly. *chih shí ní yen tsing teh káu*，只是你眼睛忒高。But you seek too much, you are too particular. *chih shí yih kien*，只是一件。But yet there is one point, viz. &c. *chih shí tú lí ngán ngán tih siáu*，只是肚里暗暗的笑。He was only laughing to himself. *ting pien ting chih shí hwán yú yih kien*，定便定只是还有一件。It is indeed certain, yet there is one additional item. *p'á shí puh p'á t'á chih shí yé yáu to yih fán shun sheh*，怕是不怕他只是也要多一番唇舌。I am certainly not afraid of him, though it appears I must dispute with him again.

我似乎举了太多的例子，但必须要指出它们每一个都体现了某种新的句式。例如：

p'á shí puh p'á t'á，怕是不怕他。如果要理解整句话，第一个“怕”字就应当与句子的其他部分“是不怕他”I certainly do not fear him 分开来。这也可以运用到别的例子中：

chih shí jin nái sán fan，只是忍耐三分。Only exercise a little patience. 中国人很喜欢用表零碎的词来指代一部分，在这句话里“三分”就表示很少。

（2）*chih*（只）与 *p'á*（怕）连用，等于我们语言中的 perhaps，或者相当于 I believe，是一种反讽。例如：

t'ien hiá chih p'á puh sang tsái tsz'，天下只怕不生才子。Beneath the heavens, I think, there is not a man of talents. *chih p'á puh nang kau liáu*，只怕不能勾了。But I believe it to be inadequate. *chih p'á ná ch'au k'i yáu ngau sz' liáu jin*，只怕那臭气要呕死了人。So great a stench would make men die with vomiting. *joh shí tsau lái pí ping, chih p'á yé puh siáng sháng hiá*，若是走来比并，只怕也不相上下。If they should be compared together her, no difference I think, would be found between them.

“只怕”的并不总表示讽刺。例如：

chih p'á ní mun yáu heh sz'，只怕你们要吓死。But perhaps you will die with fright. *chih pá sang sié kwá ngái*，只怕生些挂疑。But I fear impediments and difficulties will arise. *shwoh lái chih pá ní puh sin*，说来只怕你不信。If I should tell you, perhaps you would not believe. *chih pá ní kien liáu kwei liáu*，只怕你见了鬼了。I think you have seen ghosts. "见了鬼了"的意思就是"见了鬼"，后一个"了"表示整个动作的过去时。

（3）*chih*（只）与 *teh*（得）连用，有了新的含义。例如：

chih teh sioh fáh tso liáu ho sháng，只得削发做了和尚。It was necessary to shave the hair and become a priest. *'rh jin muh fáh chih teh kan t'á*，二人没法只得跟他。It was necessary for both to follow him. *ch'ái jin chih teh shau liáu*，差人只得收了。Those who were sent received that which was offered. *chih teh yih ts'í k'ü liáu*，只得一齐去了。It was necesssary for them all to depart together.

（4）*chih*（只）与 *háu*（好）连用，也有新的含义。例如：

chih háu ché tang，只好这等。Nearly in this manner. *chih háu tso ko wan jin*，只好做個文人。He is a mere student. *chih háu wú luh jih*，只好五六日。Only about five or six days.

（5）*chih*（只）还与 *kwán*（管）连用。例如：

ché ko chih kwán fáng sin，这个只管放心。Be not disturbed on this account. *ché ko ts'ing ling t'áng láu peh mú chih kwán fáng sin*，这箇请令堂老伯母只管放心。I beg your worthy mother may enjoy tranquility of mind.

（6）*chih*（只）有时不与任何字相连，表示"only"；尽管在拉丁文里很难表达出来，但这个字单独使用时，其实已经包含了常用的意思。例如：

fí wei pieh sz' chih yin，非为别事只因。For no other reason, but simply because. wei（为）本义是因为，或类似的意思，也可以被理解为"支配"。[①] *chih kiáu the k'ú*，只叫得苦。He could only say that he was miserable. *Chih yung choh yih kien*

① 这句话本来在原文的上一条（第五条）的例句后面，即：ché ko chih kwán fáng sin, 这个只管放心。Be not disturbed on this account. 疑为印刷串行错误，实际应在此处。——中译注

wuh kien 'rh，只用着一件物件耳。He has used only one thing. 注意表示一件事物的短语"一件物件耳"，以及"只"和"着"的用法。*To puh sháng wú jih siáu chih sán jih tsiú lái*，多不上五日少只三日就来。Within five days at the most and three at the least, I will return. *wo chih táng puh chí*，我只当不知。I connive at this, I seem not to know this. *chih yú t'á kiáng hwá wuh yú pieh jin ying tsui*，只有他讲话没有别人应嘴。He speaks to himself, and there is none to reply.

2. *chí*，止，only

"止"的用法范围要比"只"广泛得多，也就是说"止"常常用在"只"字不能用的地方。例如：

chí yú nü kiuen tsái kiá，止有女眷在家。His wife is the only servant of the house. *puh chí yih ts'ien*，不止一千。A thousand and more. *chí háu shih wú luh sui*，止好十五六岁。She is about fifteen or sixteen years of age. *ngái chí jü shin puh chí jü tsz'*，爱之如身不止如子。He loves him as himself, not merely as a son.

3. *tán*，但，but，simply

（1）"但"有一种用法与"止"和"只"相似。例如：

tán shwoh puh fang，但说不妨。Speak boldly. 这句意思同 *chih kwán shwoh*，只管说。*tán ts'ing fáng sin, páu kwán ch'ing kung*，但请放心，包管成功。Be not concerned, I take all this upon myself. *tán chih han nien kwo sz' shih k'ioh wú tsz'*，但只恨年过四十却无子。He was vexed that being now forty years of age he had no son. *yé wú t'á shwoh tán chih shí*，也无他说但只是。I have nothing to say, but, &c. 注意"但只"的用法。*tán yuen jü tsz'*，但愿如此。I simply desire it thus. *tán ts'ing tsun pien*，但请尊便。Do, I pray you, what is most agreeable. *tán kien jin shán jin hái*，但见人山人海。He sees men as numerous as the trees upon the mountains or as the waves of the sea, he sees a countless multitude. *tán tso puh fáng*，但坐不妨。You may sit down. "但"对于我们来说，似乎是多余的，在汉语里却不可或缺。

（2）*tán*（单）字正好也有同样的含义。例如：

tán chih kwán hú shwoh，单只管胡说。He continually talks nonsense. 但是，

“单”字准确的意思就是“simply, only”。*tán shấu t'á yih ko*，单少他一個。He only is wanting. *lang loh chung jin tán lái ts'in kin wo*，冷落众人单来亲近我。He treated all the rest coldly, but reveived me with cordiality.

下面这个例子里用到“但”：*mú ts'in tán ts'ing kwán sin*，母亲但请宽心。Pray mother, let not your mind be troubled.

4. sié，些，a little

（1）“些”通常表示“一点”。例如：

kin jih tih shin tsz' ko kioh teh háu sié，今日的身子可觉得好些。I feel a little better to-day. 我们会说“今日好些”，但不会使用这几个词：“身子”“可”或“觉得”。*yú sié kiuen tái k'í*，有些倦怠起来。He feels somewhat fatigued. *wí mien shau sié fung hán, pien kioh shin tsz' yú sié puh pien*，未免受些风寒，便觉身子有些不便。He has taken cold and is therefore somewhat indisposed. 注意这个短语“未免受”：he may perhaps have taken; *pien*，“便”，immediately；“不便”，incommoded。*lung ch'uh sié 'rh pá hí*，弄出些儿把戏。Play off some artful trick. *lung sié shau kioh*，弄些手脚。Is nearly the same as the preceding? *puh kien sié 'rh tung tsing*，不见些儿动静。He could discover nothing. *yú sié 'rh yú shwui*，有些儿油水。Some oil and water will be gotten. 指金钱，有一些收入。*joh shí yú sié yú wuh*，若是有些油物。If the hope of money brighten. *shing hiá puh to sié 'rh*，剩下不多些儿。It exceeds but little, there is not much remaining. *ní tsih sié 'rh k'ü tsáu sié 'rh lái*，你疾些儿去早些儿来。Go quickly and return quickly. *lioh lioh háu sié 'rh*，略略好些儿。It is somewhat improved.

从这些例子中我们可以看到，“些”习惯于放在“儿”的前面，表示“更少”。“略”的意思与“些”一样，也指“一点”。再如：

tso sié puh wan 'rh ts'ü tih kau táng，做些不问而取的勾当。To act the thief. *wo ho t'á yú sié puh ling lí tih kau táng*，我和他有些不伶俐的勾当。I have not a proper intercourse with her. *kau táng*（勾当）很少用于褒义。*lung sié ho lái yü t'á hung*，弄些火来与他烘。Bring a vessel with coals that he may warm himself. *sü t'ieh wo sié tung sí*，须贴我些东西。We ought to add something more. *lioh lioh ming peh 'rh fan táu lí*，略略明白二分道理。He is not entirely destitute of intelligence. 在这句话里，“明”表示知道，“白”表示清楚，“二分”指两个部分。*yü sié pieh kái mú yang*，有些别改模样。He appears to be somewhat changed, or about to improve.

（2）*sié*（些）与 *muh*（没）搭配，可以把“没”理解为“没有”。例如：

muh sié kiá fáh，没些家法。He knows not how to govern his family, there are no domestic regulations. *muh sié mien ts'ing liáu*，没些面情了。He no longer regards me, he gives no token of love. *muh sié í sz'*，没些意思。Not the least meaning.

（3）*yih*（一）可以放在 *sié*（些）的前面，后面要用 *yé*（也）。例如：

yih sié ying hiáng yé muh yú，一些影响也没有。Every trace of him has disappeared, it is not known where he is. “响”的正确写法应是“響”。*puh shí puh shí yih sié yé puh shí*，不是不是一些也不是。It is not so, you are altogether mistaken. *yih sié káu hiá yé muh yú*，一些高下也没有。There is no difference between them.

（4）*sié*（些）还与形容词与名词搭配。例如：

hwán pí ní mun k'iáng sié，还比你们强些。Yet more brave than you all. 在这句话里，意思是更好。 *shin ngáu sié*，深奥些。Rather profound and obcure. *si ko tá tsáu pá shin tsz' lung kieh tsing sié*，洗箇大澡把身子弄洁净些。Wash long and carefully to improve a little the neatness of your person. *ná sié puh ching k'í tih fú jin*，那些不正气的妇人。All those are women of little virture. *ní yú ché sié tseh tsui tseh k'au tih*，你有这些贼嘴贼口的。You have such a pernicious tongue. *ché sié yen yü kü kü shí yú lái lih tih puh yáu jin tso kiá hwá*，这些言语句句是有来历的不要认做假话。In all I said there is real truth, take how you consider it false. *ché sié hwá lái teh kú kwái*，这些话来得古怪。What you say is wonderful. *ní ché sié hwá shwoh teh yú lí*，你这些话说得有理。There is reason in all you have said. *ts'ien shí tsáu liáu shin mo nieh cháng chih kwán pá ché sié fú jin lái mo mieh wo*，前世造了些甚么孽障只管把这些妇人来磨灭我。What so great fault did I commit during my former life, that he should thus vex me with those women? 这句话里没有指明“只管把”的主语是谁。*sié*（些）与“那”或是“这”搭配时，其意思不能理解为“很少一点”。

（5）在 *sié*（些）的后面可以跟 *shin mo*（甚么）。在这种情况下，表示询问句式。例如：

ní mun chí táu sié shin mo，你们知道些甚么？ What are you capable of knowing? *siáng pieh t'ing kien sié shin mo hwá 'rh*，想必听见些甚么话儿？ Perhaps he has heard some report. *tso shin mo kau táng*，做些甚么勾当？ what is your occupation?

如果这种搭配不用于询问句式，就表示不努力谋生，暗含贬义。如下所示：

ní mun tsái ché lí pwán jih tso sié shin mo，你们在这里半日做些甚么。Here you both remain till mid-day, pray tell me how you are employed? *puh yü t'á tso sié shin mo*，不與他做些甚么。I have had no intercourse with him. *k'án t'á ch'uh lái tso sié shin mo*，看他出来做些甚么。See for what purpose he is going out. *yú sié shin mo ts'ü lái*，有些甚么趣来。What will be your disgrace in future? 我们可以用“什”来代替“甚”，如：*káng yáu k'ái k'au shwoh sié shih mo chih kien*，刚要开口说些什么只见。When he was just on the point of speaking, he saw, &c.

第四小节　句首虚词

1. p'í，呸或咟

这两个字的意思显然是一样的。中国人用这个字来表达鄙视的情绪或当面怒叱。例如：

p'í tú shí ní pei hau lung kwei，呸都是你背后弄鬼。Begong you wretch, by guile and artifice you have thrown everything into confusion. *p'í ní shí to tá tih kwán 'rh*，呸你是多大的官儿。You are doubtless a very distinguished officer. *p'í yih fáh p'í*，咟一发放屁。Away, you prate too foully.

2. *yá*，呀或讶

这个词表示怀疑或惊讶。例如：

yá ché shau shí ping puh shí wo tso tih，呀这首诗并不是我做的。Oh! These verses surely are not mine. *yá ní mun shí sié shin mo jin*，呀你们是些甚么人。Oh! But who are you? 注意在这句话中“些”字的用法。

3. *ho yá*，阿呀

这个词同前面第二条列举的“呀”意思是一样的。

例如：*ho yá kin yé k'ioh muh liáu tang*，阿呀今夜却没了灯。Alas, no lamp tonight! 注意“却”字的用法，它在这里有“仍然，再一次”的含义。

ngái（嗳）、*wo*（哦）、*yé loh*（耶嚛）这几个词用在句首时和“阿呀”有着几乎同样重要的作用。

4. *uh*，兀或 *uh tih*，兀的

这个词经常出现在《元人百种》这本书中。例如：

uh ná fú jin puh yáu tí k'uh，兀那妇人不要啼哭。Oh woman! Do not weep. *t'ien yé uh tih puh kiung sháh wo yé*，天也兀的不穷杀我也。Oh heaven! Why must I die with want? *uh tih puh shí wo hiung tí*，兀的不是我兄弟。Ah, whom do I see! Is it not my brother?

其他表示呼唤的例句：

uh tih puh shí wo ko ko，兀的不是我哥哥。It is not my brother. *uh ná kí shú tih*，兀那寄书的。Ho! Halloo, postboy!

在这里，也许有必要列举一些语气变化的形式，以下是比较常见的几类：*k'ioh shwoh*，却说，Turn now to say；还有 *ts'ié*，且，例子很多。此外，还有 *king*，竟，in fine, certainly, but, &c。例如：*king t'ing k'i so wei*，竟听其所为。They let him do as he pleased. *king táu hien chung lái*，竟到县中来。He proceeded to the public tribunal. 以及 *puh kí*（不期）这个词出现在《画图缘》这本书中，书里习惯用这些词表示突然的转折：*shwúi siáng*，“谁想”。Who would have thought! 它的意思和“不期”差不多。*yuen lái*（原来）是一个纯粹的感叹词，也相当于 he must know, it ought to be known.

第五小节　句尾虚词

在这一节里省略了一些词，这些词会在后面的章节讨论。虚词 *ché*（者）常常放在句尾，但在此种情况下它的用法并不是那么容易就能领会到的。例如：

siáu sin tsái í ché，小心在意者。Be very attentive.

1. *ho*（阿）常常和 *o*（呵）混淆，这两个词也可以被读作 *á* 或 *há*。*yé*（也）字往往放在“阿”或“呵”的前面。例如：

háu yú mun yé ho，好忧闷也呵。Alas, how sand I feel! *shí háu háu yé ho*，是好好也呵。Oh, how good! *lung teh wo tih sang í háu puh náu jeh yé o*，弄得我的生意好不闹热也阿。Oh, it has rendered trade much more profitable! 当句意是指一种暗

示的悬念时，要用 *o*（呵）。例如：*shuh shuh tsái kiá o*，叔叔在家呵。Oh uncle! If you would remain at our house. *joh fú liáu ní há*，若负了你呵。If I desert you, if I am ungreatful toward you, &c. 这两个词也可用于面谕。例如：*ko o*，哥呵。Ah, my brother! *t'ien ho ko tsang sang*，天阿可怎生。Oh heaven! What is this? *wo tih Yuen láng ho*，我的袁郎呵。O my spouse! 这个人姓"袁"，在他快死的时候，他的妻子这样称呼他。*Liú mei jin ho! ní tih siáng tsái ché lí jin tsái ho ch'ú*，刘美人呵！你的像在这里人在何处。O beautiful Liú! Your image is before my eyes, but where are you yourself?

yá（呀）的用法是一样的。例如：*wo tih ts'í yá*，我的妻呀。O my wife! *siáu tsié yá, siáu tsié yá, ho wo yü ní poh ming*，小姐呀，小姐呀，何我与你薄命。O miserable girl! I am equally miserable with yourself. "呀"也可以表示欣赏和仰慕，例如：

miáu yá, miáu yá，妙呀，妙呀。Excellent, excellent!

2. 有时候，也用到 lí（哩）。例如：

chin yáu ling jin ngái sháh lí，真要令人爱杀哩。Surely you will cause me to die with love. *moh shwoh má hwán yáu tá lí*，莫说骂还要打哩。I will reprove you not only with words, but with blows. *ní joh kien liáu ho chih p'á yáu fung mo lí*，你若见了呵只怕要风魔哩。Should you see her, you would doubtless run mad with love. *jü kin fáng hiá chung, hwán muh yú fáh lí*，如今方下种，还没有发芽哩。You have just sown, the grain has not yet germinated. *shwoh sié shin mo háu puh mih ts'ieh teh kin lí*，说些甚么好不密切得紧哩。You are speaking with each other of important secrets. *ko chí shí lí*，可知是哩。It was himself, or it is this thing itself.

3. 还有不少字与 *lí*（哩）有同样的功用。例如：

ché ko ní，这箇呢。What, or who is this? *ko puh shí po*，可不是波。It is not thus? *ko puh háu ná*，可不好那。Would it not be well? *ná*（那）也是呼格虚词。例如：*t'ien ná*，天那。O heaven!

第六小节　'*rh*（儿）与 '*rh*（耳）的用法

'*rh*（儿）的本义是儿子，'*rh*（耳）表示耳朵。但当它们用作纯粹的虚词时，两者鲜有区别。

1. 它们与名词连用。例如：

ní tih sin 'rh t'ái tá, yen 'rh teh káu，你的心儿太大眼儿忒高。You are too aspiring, your eyes are too lofty. *wo yé yú fáh 'rh ch'ú ní*，我也有法儿处你。I know how to govern you. *kú yü wo tsoh tui t'au 'rh*，故与我作对头耳。Therefore he would be my adversary. *láu t'au 'rh*，老头儿。An aged man. *kien ko lí 'rh, shwoh kü hwá 'rh*，见个礼儿说句话儿。Had he shown the least respect, had he spoken a single word. *Tsiáng yih chwáng yen 'rh kwán wo*，将一双眼儿观我。He gazed upon me with both eyes. *k'au lí shwoh kí kü háu k'án hwá 'rh*，口里说几句好看话儿。He labored occasionally to appear elequent.

2. 它们常常用来表达鄙视的情绪，或是指称低等的事物。例如：

puh tso ché lung pih t'au tih wan kwán 'rh，不喜做这弄笔头的文官耳。I delight not to be one of those officers who are brave only with the pen. *fí shih puh teh ché yih ting wú shá máu 'rh*，非拾不得这一顶乌纱帽耳。Not that I regard this official button of so much importance. *ché sié chung í hwá 'rh jin tú kwui shwoh*，这些忠义话儿人都会说。Any one could easily descant thus upon fidelity and justice.

3. *'rh*（儿）和 *'rh*（耳），特别是在句尾时常做尾助词

例句是相当多的，如：

chih p'á puh nang kau 'rh，只怕不能勾耳。I fear it is impossible.

4. 它们也常常重复使用。例如：

女子眉目秀媚固云美矣。若无才情发甚精神，便不过花耳，柳耳，珠耳，玉耳。为人所爱不过一时。至于花谢，柳枯，珠黄，玉玷，当斯时此，其美安在哉。When a woman had handsome eyes, with eyebows gracefully arched, she is called beautiful. But unless she be endowed with a noble mind, which, in a manner, gives life to beauty, what better is she than a flower, a willow, a pearl or a jewel. She is indeed for a time fair to look upon, but when the flower has withered, the willow decayed, the pearl turned yellow, and the color of the gem changed, where is then the beauty that before was praised?（这个例句选自一个聪明而且受过教育的贵族青年所写的文章，其中词语精挑细择，文风高雅优美。）

5. 它们也时常用于描述性的文字中。例如：

peh peh tih lien 'rh, wán wán tih mei 'rh, sí sí tih yáu 'rh, siáu siáu tih kioh 'rh，白白的脸儿，湾湾的眉儿，细细的腰儿，小小的脚儿。Fair cheeks, arched eyebows, a slender waist and small feet. 也有比上文更为铺张的描述，例如：

乌油油的发儿，白营营的脸儿，曲湾湾的眉儿，俏生生的眼儿，直隆隆的鼻儿，细纤纤的腰儿，小尖尖的脚儿。The hair is black and glossy the cheeks fair, the eyebows arched, the eyes bright, the nose prominent, the waist slender and the feet small.

下面这段描述则是另一个形象，如：眼儿深，鼻儿高，齿儿空，唇儿广，算個 病 骷 髅。The eyes sunken, the nose sharp, a tooth here and there, lips broad and hanging, in a word, the countenance of a dead, rather than of a living person.

第七小节 虚词 *yé*（也）和 *yih*（亦）

“也”的用法十分广泛，下面将分别讨论其用法。

1. *yé yú*（也有）用于描绘愉悦的事物。例如：

不多时，便见一带柳林青青在望。原来这带柳林约有里余，也有踈处，也有密处，也有几株近水，也有几株依山。After a short time, a pleasant willow ground presented itself to our view; it was a quarter of a mile or more in extent. In various places the light shone through the scattered trees; in others the grove was dense and dark; a part was near the water, and a part seemed to recline upon the mountain. 又如：书房到清清，花草也有，树木也有，金鱼缸、假山石，件件都有。The place was quiet, neat, and adapted to study. There were flowers and herbage, trees and shades, gold-fish inclosed in vivaries, artificial mounntians and rocks. In fine, all things which are wont to be found in such places.

2. *yé puh*（也不）有时用在同一个字的叠用当中，但不总表询问。例如：

ní táu k'ú yé puh k'ú，你道苦也不苦。Say, is it not bitter? *ní táu wo ché ko chú í k'iáu yé puh k'iáu, miáu yé puh miáu*，你道我这箇主意巧也不巧，妙也不妙。Say, is not that plan of mine excellent, is it not wonderful? *Shwoh yé puh shwoh yih shing*，说也不说一声。He will not speak a word. *k'án t'á k'ang yé puh k'ang*，看他肯也不肯。

See whether he will or not. *puh chí shí yé puh shí*，不知是也不是。I know not whether it is thus or not. *puh chí tsái yé puh tsái*，不知在也不在。I know not whether he is at home or not. *k'ioh shí heh sau yé peh tsing, fí p'áng ch'áng tá yé shí twán siáu, yú sü tih yé wú sü tih*，却是黑瘦也白净，肥胖长大也是短小，有须的也无须的。Is he dark and emaciated, or fair and corpulent? Is he tall and large, or short and small? Has he a beard, or is he beardless?

在《元人百种》一书中，发现了把 *kung*（共）用如 *yé*（也）的情况。例如：

shin ts'ái 'rh ch'áng kung twán mien p'í 'rh sau kung fei，身材儿长共短，面皮儿瘦共肥。Is his person large or small, has he a thin or a full countenace? “共”在这里表示“或者”。

3. *yé shí*，也是，This itself, it is, &c. 例如：

yé shí ní lán jin kiá tsáu hwá，也是你老人家造化。You are a happy old man. *yé shí wáng fí sin sz' liáu*，也是枉费心思了。It is in vain to think of this. *yé shí lí sháng ying kái tih*，也是理上应该的。This is only in accordance with reason. *yáu t'á lái yé muh yung*，要他来也没用。It were useless for him to come.

有时也会插入一个否定词。例如：*yé puh shí ko jin*，也不是個人。He is not a man, he is a base wretch. *yé puh shí shin mo nán sz'*，也不是甚么难事。It is not very difficult. *hwoh ché yú sié t'ien í yé wí ko chí*，或者有些天意也未可知。Who knows but it is the will of heaven? *hwoh pieh yú miáu yung yé wí ko chí*，或别有妙用也未可知。Perhaps a better use will be made of it. *hwoh ché tsiú shí ché tang yé wí ko chí*，或者就是这等也未可知。Perhaps it is this thing itself. *hwoh ché ní hau lái yú ko kwán tso yé wí ko chí*，或者你后来有个官做也未可知。Who knows but you will at length obtain some office?

这个短语：*yé wí kien teh*（也未见得）同“他未可知”的意思是一样的。

p'á puh tsiá shí t'á lái yé puh kien tih，怕不就是他来也不见的。I think it is he who is coming, yet I am not certain. 在这里，“的”字用如“得”字。

4. 在包含两个关联短语的复句中，重复使用“也”是比较文雅的用法。例如：

táu yé puh sú, lien yé puh sí，头也不梳，脸也不洗。He neither combs his head, nor washes his face. *shau yé puh tung, k'au yé puh k'ái*，手也不动，口也不开。He is afraid either to move his hand, or to open his mouth. *tso yé náu, yú yé náu*，左也恼，右也恼。He is angry with all men. *háu yé tsái sín lí, tái yé tsái sin lí*，好也在心里，歹也在心里。He remembers the good, and does not forget the bad. *shin yé puh yung ní kin, k'au yé puh yung ní k'ái*，身也不容你近，口也不容你开。He will neither let you approach, nor let you upon your mouth. *fán 'rh yé puh tso, tí 'rh yé puh sáu*，饭儿也不做，地儿也不扫。He neither boils the rice, nor sweeps the house. *k'au k'í yé siáng nü jin k'au k'í, pih tsih yé siáng nü jin pih tsih*，口气也像女人口气，笔迹也像女人笔迹。Women are wont both to speak and write in this manner. *yih pú mun yé puh ch'uh, yih ko k'eh yé puh hwui*，一步门也不出，一個客也不会。He neither goes abroad himself, nor receives visits at home. *shú yé wú sin k'ü tuh, fán yé puh siáng k'ü k'ih*. 书也无心去读，饭也不想去吃。He thinks neither of his studies, nor his food. 在所有这些不同形式的例句中，“也”字不是跟它前面的词有关联，而是和它后面的词搭配。

5. “也”常常跟在“这”“他”“我”“你”等的后面，同上一条一样，它的意思要和后面的词联系起来理解。例如：

t'á yé puh tsái sin sháng，他也不在心上。As to him, it is not in his mind. 这种语法形式可见于法语当中。*ché yé shí wú fáh nái ho liáu*，这也是无法奈何了。This is utterly intolerable; such being the case there can be no remedy. *ché yé hwán shí siáu sz'*，这也还是小事。This is still a small affair. *ché yé shwoh teh yú lí*，这也说得有理。This indeed is said with reason. *ché yé puh yáu kwán t'á*，这也不要管他。Let this affair take its own course. *yú ts'ái jin wáng wáng k'í kiáu, ché yé kwái t'á puh teh*，有才人往往气骄，这也怪他不得。Men of talents have usually aspiring minds, and this indeed is not strange. *kí shí puh chí, ché yé pá liáu*，既是不知，这也罢了。He may indeed have been ignorant, but let that pass. *ní yé shah láu shih liáu*，你也煞老实了。You are certainly too innocent. *t'á yé shin shí muh í sz'*，他也甚是没意思。He is greatly ashamed; he is utterly without thought. *wo yé ching yú ts'z' í*，我也正有此意。It is indeed the very thing I desired. *wo yé tsang tuh kwo shih kí nien shú*，我也曾读过十几年书。We also have studied ten years or more. *ts'z' lí wo joh puh shau ní tih, ní yé puh fáng sin*，此礼我若不受你的，你也不放心。If I do not accept your presents, you will have reason to fear.

6. “也”不仅可以与代词搭配，还可以与一些具体的名词搭配。例如：

kwei yé muh ko sháng mun，鬼也没個上门。No one came to see him. *shin kwei yé puh chí*，神鬼也不知。Even spitits can not tell. *shin kwei yé p'á t'á*，神鬼也怕他。Even spirits are afraid of him. *tso í tso liáu hwui yé wú yih*，做已做了悔也无益。The deed is done, you will repent in vain. *kien kwei liáu, wo tsái ts'z' tang pwán jih jin ying 'rh yé puh kien yih ko ch'uh*，见鬼了，我在此等半日人影儿也不见一個出。You are dreaming, I have been waiting here half the day, and have not seen the shadow of a man departing. *shwoh yé sháng sin*，说也伤心。The mere narration excites our sympathy, or wounds our hearts. *ts'ái máu yé puh kwo jü tsz'*，才貌也不过如此。Intelligence and beauty do not exceed these limits. *shwui yé puh shié yih pei yü jin k'ih tih*，水也不舍一杯与人吃的。He would not given him even a cup of water to drink. *ts'ái wuh kí shih k'ü fán náu yé shí wáng jen*，财物既失去，烦恼也是枉然。Since indeed you have lost all, it is useless to lament. *ché yé muh fáh*，真也没法。There is certainly no remedy. *k'ioh yé tsing kieh yú yá*，却也精洁幽雅。But the place was retired and pleasant. *ché ko p'o tsz' yé chin ching lái teh so sui*，这個婆子也真正来得琐碎。This superannuated old lady can scarcely be endured with all her foolish and capricious notions. *puh t'ing yé yú ní*，不听也由你。You will attend to this or not, as you please. *wo yú ko tsiueh miáu tih kí kiáu, shin sien yé siáng puh ch'uh lái*，我有箇绝妙的计较，神仙也想不出来。I have indeed discorved a wonderful plan, of which even the immortal gennii would not have thought. *Puh yú ní puh k'í, jü kin k'í yé muh yung*，不由你不气，如今气也没用。It is impossible not to feel vexed, but it is of no avail now to be angry. *kung ming fú kwei, yé t'o shau ko teh*，功名富贵，也唾手可得。You are in a moment crowned with riches and honors. *ch'áng hau lái fáng, yé puh wei ch'í*，场后来访，也不为迟。It will not be too late to inquire into these things after the examination is concluded. *sz' yé tiú mí puh k'ái*，死也丢你不开。I would rather die than desert you. *to tsái shán chung sz' yé puh ch'uh lái*，躲在山中死也不出来。He is hid in the mountain, and would rather die than depart hence. *láu shin pien sz' yé the háu ch'ú*，老身便死也得好处。Old woman as I am, should I die immediately, it would be well. *yih kien sz' yé kán sin*，一见死也甘心。Could I but see him I would willingly die.

7. 正如前面已经提到的那样，*yih*（一）放在“也”的前面。例如：

yih sié yé puh ling，一些也不灵。No effect at all is produced. *yih sié yé puh ch'á*，一些也不差。There is nothing wrong, there is not even the smallest error. *yih háu yé wú ngái*，一毫也无碍。There is not the slightest abstacle. *yih lí yé sháu wo puh teh*，一厘也少我不得。You shall pay me even to the last cash. *yáu yih ko yú jin yé muh yú*，要一個游人也没有。Not an individual is seen walking. *mei jin tá sán shih pán, yih pán yé shí puh jáu tih*，每人打三十大板，一板也是不饶的。Each shall receive thirty blows, I will not abate one. *shwoh lái hwá ch'áng, yih shí yé shwoh puh tsin*，说来话长，一时也说不尽。The story is long, should I begin I could not finishe it. 注意在“也”的后面常跟否定词。

8. 有时候 *sui*（虽）放在“也”的前面。例如：

sui jen tsz' máu sin ch'áng, yé yú yih kien ko ts'ü，虽然姿貌寻常，也有一件可取。Though his form be quite ordinary, yet he has one good quality. *t'á sui yé poh, poh yú sié ts'ái ts'ing, chih shí*，他虽也薄薄有些才情，只是…… Although he is not without talents and affection, nevertheless, &c.

9. “也”放在句首。例如：

yé ch'á puh to，也差不多。You have hit the mark. 这句话是反语。*yé swan yú pan tsz' liáu*，也算有本子了。From this we perceive his skill.

“也”放在句尾。例如：

háu shí k'ú yé，好是苦也。That is indeed lamentable. *wo puh kán liáu yé*，我不敢了也。Hereafter I will do nothing of the kind. *chin ko yáu hí sháh wo yé*，真个要喜杀我也。Surely you would have me die with joy.

“也”放在句中。例如：

t'á tih mo nán, yé tú shau kwo liáu，他的磨难也都受过了。He has suffered all that he would have me suffer. *lun lí puh kái mien sz', yé pá sháng ní yih t'iáu kau ming koh tsz' nung yé pá*，论理不该免死，也罢赏你一条狗命，各自归农也罢。You all deserve to die, but enough, I spare your lives, ——depart your dogs, and return to the plough. *yú ché tang yih fú ts'ái máu, yé kwái puh teh t'á sin káu chí tá*，有这等一副才貌，也怪不得他心高气大。Having such an intellect and such a form, it is not surprising that he should feel a degree of pride.

yih（亦）同 *ye*（也）有一点差别，可以从以下的例子中看出来。例如：

moh shwoh yih kü sháng, tsiú shí shih kü sháng, yih kái t'ung yih，莫说一巨觞，就是十巨觞亦该痛饮。I think you will drink up not only one, but ten large bowls like this. *tsih kien yih ko, puh kien yih ko*，即见亦可，不见亦可。Let him see me or not, as he prefers. *sui ní ts'ü, shih yih ko lien*，虽你自取，实亦可怜。Though it has occurred by your own fault, you have still a claim upon our sympathy. *hwoh ché yú shí hwui sz' chuen nien yih wí ko chí*，或者有时回思转念亦未可知。I do not know but perhaps he will at length change his deliberations and his purpose. *láu sien sang yih puh pieh wan, wán sang yih puh kán yen*，老先生亦不必问，晚生亦不敢言。Do not sir, inquire of me in regard to this affair, for I should fear to inform you. *puh pien siáng kien, yih wú mien ko kien, kien shí yih wú yen ko shwoh.* 不便相见，亦无面可见，见时亦无言可说。It is not convenient to see him, nor dare I see him, nor have I anything to say if I should see him. *ko náu tsau teh kw'ái yih puh tang wo páu k'án yih k'án*，可恼走得快，亦不等我饱看一看。Oh how miserable I am! So quickly has he passed away, I could not be satisfied with beholding him.

第八小节 *yú*，又

由于两者的意义都表示“也，同样”，所以 yé（也）和 yú（又）很容易混淆。可是，我们要提到的是，当“又”的意思被定义为“再次”或“而且，此外”时，它与“也”是有所区别的。

1. 在下面的例子中，两者含义几乎没什么差别。例如：

yú wí puh ko，又未为不可；也未为不可。这两句意思相同。It is yet permitted, there is yet time. *wo kiáu t'á, yú puh ying*，我叫他，又不应。I call him, but he makes no reply. *ní yú puh tsang ho t'á tih mei tsz' ch'ing ts'in*，你又不会和他的妹子成亲。You have not yet married his younger sister. *ní yú puh chí lung shin mo kwei*，你又不知弄甚么鬼。I know not how great a tumult you would raise. *k'ung p'á yú shí chí tung hwá sí*，恐怕又是指东话西。As yet, I think, he says one thing and intends another. *yú chih shí siáu p'ing puh shwoh ch'uh cháng twán*，又只是笑并不说出长短。He began to smile, but spoke not a word either for or against. *tseh hwan yin puh tsái wo 'rh yú tsái ho jin*，则婚姻不在我而又在何人。Whom does that match concern if not myself. *shau jin chí t'oh, yú yú k'iú yü jin, ngán teh puh tsáu*，受人之托，又有求于人，安得不早。Having to do the business of one, and to ask favors of another, I shall be obliged to be about it very early. *tsang mo yih kien liáu mien, yú shí ché tang hái siú k'í lái*，怎么一见了面，又是这等害羞起来。Why do you blush so whenever you behold hom? *tsz' yih pieh puh liáu yú liáng nien í*，自一别不料又两年矣。Two years have glided away imperceptibly since we separted. *puh liáu kin jih fung shwui yú chuen liáu*，不料今日风水又转了。Who would have thought that fortune should return today? *yú ní tái mán, yú wú fán náu*，由你怠慢，又无烦恼。Though you treat me ill, I will not be angry. *yuh tái puh sié k'ioh yú puh siáng ko shí jin yuh yáu sin pih sié yih pien, yú k'ung p'á p'í t'á siáu hwá*，欲待不写却又不像個诗人，欲要信笔写一篇，又恐怕被他笑话。Without writing he cannot claim to be called a poet, and in writing he fears he shall expose himself to ridicule. *kin yé yú muh yú yueh she*，今夜又没有月色。There is no moon tonight.

2.“又”与 *lái*（来）连用，表示“再次”。例如：

yú lái ts'ü siáu，又来取笑。Yet again you come to deride, again you deride. *Yé lái*（也来）却不是一个恰当的用法。*yú lái kien sun liáu*，又来谦逊了。Again you evince your modesty. *yú lái hu shwoh*，又来胡说。Again you are talking nonsense. *siáu kái tsz' yú lái tsoh kwái liáu*，小孩子又来作怪了。This child acts more strangely than ever. *kioh yú lái*，却又来；或是 *yú lái liáu*，又来了。Behold, again.

3. 我们发现在某些情况下，“又”可以重复使用

（1）*má liáu yú tá, tá liáu yú má*，骂了又打，打了又骂。He rails and then beats, he beats and then rails. *mien k'ung hung liáu yú peh, peh liáu yú hung*，面孔红了又白，白了又红。His contenance often changed color. *swiáng liáu yú k'uh k'uh liáu yú siáng*，想了又哭，哭了又想。He thought and wept, he wept and thought again. *k'uh liáu yú shwoh, shwoh liáu yú k'uh*，哭了又说，说了又哭。*Siáng liáu yú náu, náu liáu yú siáng*，想了又恼，恼了又想。通过前面的例句，可以推测出这两个例句的意思。

（2）*tú chung yú kí, sin hiá yú k'í*，肚中又饥，心下又气。His stomach was empty, but his heart was full of wrath. 类似的例句相当多，当它们出现时要引起注意。

（3）*ts'z' yú ts'z' puh the, tsiú yú tsiú puh teh*，辞又辞不得，就又就不得。He could not honorably refuse, nor yet could he accept. *hwui yú hwui puh chuen, t'ui yú t'ui puh k'ü*，悔又悔不转，退又退不去。He was at a loss how to express his regret (for having entered), or in what manner he could well retire. *ping yú sang puh kih, sz' yú shié puh teh*，病又生不及，死又舍不得。He could not endure sickness, and yet he feared to encounter death. *yih tú k'í sí yú sí puh k'ü, fáh yú fáh puh ch'uh*，一肚气洗又洗不去，发又发不出。He could neither digest nor void his spleen. *tso yú puh ngán, lih yú puh ning*，坐又不安，立又不宁。He could neither sit nor stand.

（4）*'rh jin k'án liáu yú k'án, shwoh liáu yú shwoh, hwán hí wú tsin*，二人看了又看，说了又说，欢喜无尽。They could not cease to read or praisr these verse, being elated with great joy.

（5）*kwán yú puh siáng ko kwán, min yú puh siáng ko min*，官又不像個官，民又不像個民。You could neither call him noble nor plebeian. *k'áu yú k'áu t'á puh kwo, jin wuh yú pí t'á puh sháng*，考又考他不过，人物又比他不上。They surpassed him neither in talents, nor in beauty of form.

（6）*kwán yú káu, kiá yú fú*，官又高，家又富。His office is high, and his house wealthy. *ts'ái yú káu, yen yú tuh*，才又高，眼又毒。His talents are great and his envy malignant.

（7）*sin hi á yú king yú hí táu, ché yú k'í liáu*，心下又惊又喜道，这又奇了。Astonished and exulting he says, this is certainly wonderful. *sin sháng yú k'í yú náu, yú háu siáu, k'ioh yú puh háu shih fan siú juh t'á mun*，心上又气又恼，又好笑，又不好十分羞辱他们。This excited his resentment and provoked his ridicule, yet it seemed best not to treat them too reproach fully. *sin dháng yú king yú í, yú hí yú hwoh, tsiú siáng tso liáu yih ko mung yih pwán*，心上又惊又疑，又喜又惑，就像做了一箇梦一般。

Fear and solicitude joy and doubt, had together taken possession of his mind, so that he appeared like one in a dream. *t'á wei jin yú tsun siú, yú ts'ié to ts'ái, yú yú hieh k'í, yú láu shih yú kien jáng, yú ho k'í*，他为人又俊秀，又且多才，又有侠气，又老实，又谦让，又和气。What a noble character! He is beautiful, intelligent, brave, sincere, humble, pacific.

第九小节　*tsiú*，"就"

1. "就"经常和 *shí*（是）搭配。例如：

siáng pih tsiú shí t'á，想必就是他。I think it must be himself. *siáng pih tsiú háu lái yé*，想必就好来也。I think he has come already, or that he will soon arrive. *puh shí tung sz', tsiú shí ngo sz'*，不是冻死，就是饿死。If he survives the cold, he will certainly die with hunger. *ná cháu peh tih mun 'rh, tsiú shí t'á kiá*，那朝北的门儿，就是他家。That gate opening (or looking) to the north is the gate of his house. *tsiú shí liáu*，就是了。It is this itself, or it is thus, or it will thus be done. *Wo yih ko ch'ung tsái kung tsz' nán táu peh peh shau t'á tih ling juh, tsiú shí ché tang pá liáu*，我一個冢宰公子难道白白受他的凌辱，就是这等罢了。Shall I, the son of a minister of state, suffer such reproach, and he escape with impunity?

2. *moh shwoh*（莫说）常置于 *tsiú shí*（就是）的前面，后面跟 *yé*（也）。例如：

moh shwoh t'á shí jen puh k'ang tsiú shí t'á k'ang wo yé wú mien k'ü k'iú t'á，莫说他是然不肯，就是他肯，我也无面去求他了。Say not that he is postitively unwilling, even were he willing, I would not venture to ask it. *ní chih kwán yung sin tuh shú, moh shwoh chí pih chí tsz', tang ho chí fei, láu fú puh sih tsiú shí hwan yin yih sz', sháu puh teh yé tsái láu fú shin sháng*，你只管用心读书，莫说纸笔之资，灯火之费，老夫不惜，就是婚姻一事，少不得也在老夫身上。Give your undivided attention to your studies, I will take upon myself not only to furnish you with paper and pencil, fire and oil, but aslo in due time to provide for your marriage. *moh shwoh pieh jin tsiú shí wo yé chí táu*，莫说别人，就是我也知道。Wonder not that others are ignorant, if indeed I have heard of this. *hiú shwoh sán kien tsiú shí shih kien tú í ní*，休说三件，

就是十件都依你。I will readily grant you not only these three, but ten of this sort. *Hiú shwoh yih ko kwán ts'ái pan, tsiú shí shih ko siáu jin yé lái teh k'í*，休说一个棺材本，就是十个小人也来得起。I will readily allow you pay not for one coffin only, but for ten. *moh táu puh kán shwoh, tsiú shí shwoh ming liáu, ché yáng so tsái, yé fáng puh ch'uh lái*，莫道不敢说，就是说明了，这样所在也放不出来。Say not that I am afraid to speak, though I should declare everything most plainly, we could not effect our escape. *ní moh shwoh ts'í tsz', lien shin tsz' yé puh chí tsái ho chú liáu*，你莫说妻子，连身子也不知在何处了。Speak not of my wife, I cannot tell where I am myself. 在这个例句中，*lien*（连）的意思与"就是"完全一样。

3. 即使前面没有"莫说"，句子的意思也不变。例如：

tsiú sz' yé kán sin，就是死也甘心。I would cheerfully encounter death itself. *tsiú wei t'á tung sz' yé tsz' kán sin*，就为他冻死也自甘心。For his sake I would even die with cold. *Tsiú sz' yé puh kán fung cháu*，就死也不敢奉诏。I will die rather than yield obedience to such an order. *tsiú shí tieh shih jin, yé kin puh tih*，就是铁石人也禁不的。Though he were as iron or stone, yet he could not withstand. *ní tsiú kw'ei yih peh nien, wo yé kin puh tih k'ih*，你就跪一百年，我也是不吃。Tough you remain upon your knees a hundred years, yet I will not drink. *t'á tsiú tien choh tang, ná lí ts'in ché jin ts'ing k'ü*，他就点着灯，那里寻这人情去。Though he light a lamp, where can he find a man with a benevolent heart? *tsiú shau t'á kí mien, yé shí kái tih*，就受他几年也是该的。Though I should have to bear with her for many years, yet I would not refusr. *tsiú tso yih ko ts'ái tsz, yé shí wáng jen*，就做一個才子，也是枉然。Although you are a man of talents, yet your expectations are vain. *Sang yuen mun tsiú k'ih liáu yih sié kw'éi, yé chih teh jin nái liáu*，生员们就吃了一些亏，也只得忍耐了。Though we have not yet attained to the grade of bachelors, we are willing to continue the pursuit still further. *ní tsiú shí tieh tá tih sin ch'áng yé kái*，你就是铁打的心肠也该…… Though you had an iron heart, yet you ought, &c.

4. "就"表示立刻，马上或者突然。例如：

tsiú k'ü puh fáng，就去不妨。Nothing hinders you from going immediately. *yáu puh tso tsiú puh tso, yáu tso tsiú tso*，要不做就不做，要做就做。I compose or not as

I please. 这是一种赋的表达法。*ní puh shau, pien shí t'ui t'oh, wo tsiú náu liáu*，你不收便是推托，我就恼了。If you do not receive this, I shall regard it as denying my request, and shall take it ill of you. *ni joh...wo tsiú kih sz' liáu*，你若……我就急死了。If you, ... I shall speedily die with solicitude. *ní shwoh puh shí wo p'á ní, ní puh shwoh tsiú shí wo tih 'rh*，你说不是我怕你，你不说我就是我的儿。Though you talk thus I do no fear you, hold your peace, and you shall be at once my dear son. *wo tih ko ní tsang tih tsiú puh tsin lái liáu*，我的哥你怎的就不进来了。My brother, why did you not immediately enter? *ché yáng lái, tsiú muh yú í sin ch'ú liáu*，这样讲来就没有疑心处了。If this be indeed true, there is no room for doubt. *chih í wei wo t'ing ts'o liáu, yé tsiú pá liáu*，只以为我听错了，也就罢了。Even if I did not hear correctly, it is of no use to say more.

5.“就”与某些词连用，指示两个人或事物的相似。例如：

sang teh fung tsz' tsun siú, tsiú siáng yih ko mei jin，生得风姿俊秀，就像一個美人。He is so beautiful and comely, that he is like a handsome girl. *tsiú sang sz' tieh*，就生似铁。He is made of iron. *tái wo tsiú jü kuh joh*，待我就如骨肉。He treated me in like manner as himself. *tsiú siáng puh t'ing kien yih pwán*，就像不听见一般。He acts as if he had heard nothing at all about the matter.

第十小节　*k'ioh*，却

1.“却”用于加强一种断言的语气。例如：

k'ioh puh ko sih liáu，却不可惜了。Would it not be a great loss? *k'ioh shí liáng yáng tih pih tsih*，却是两样的笔迹。It is evidently a different hand. *ché k'ioh ling jin puh kiái*，这却令人不解。This certainly cannot be explained. *k'ang puh k'ang ts'ié yú ní, k'iú puh k'iú k'ioh tsái wo*，肯不肯且由你，求不求却在我。You are indeed at liberty to assent or to refuse, but whether to ask or not is certainly my privilege to decide. *k'ioh yú lái*，却又来。Behold, again! *jin tih k'ioh puh háu*，恁的却不好。This certainly will not answer. *k'ioh shí t'au ná lí k'ü suh shí háu*，却是投那里去宿是好。But whither shall I repair for the night? *tsung kin jih tsiú twán liáu tsiú, tái ní hwui lái k'ioh k'ái*，从今日就断了酒，待你回来却开。Henceforth I relinguish the use of wine, but when you return, I shall drink again as usual. *k'ioh kái shin tsui*，却该甚罪。What do you deserve for such a fault? *joh tá sháng liáu pí ts'z' t'í mien k'ioh puh háu k'án*，若打伤了彼此体面却不好看。Had blood been shed, both would have been equally disgraced. *sin hiá shih fan yáu t'ui ts'z' k'ioh yih shí muh fáh hwui teh*，心下十分要推辞，却一时没法回得。He much wished in his heart to be excused, but he could think of no suitable reply. *ní pien tso mung wo k'ioh táng chin*，你便做梦我却当真。I think you must be dreaming. *k'ioh shí ní lái tsin wo fí shí wo lái tsin ní*，却是你来寻我，非是我来寻你。It is you who inquire for me, I do not inquire for you. *ná lí shí yen ping sz' k'ioh shí yih shau ts'ih yen liuh shí*，那里是言兵事，却是一首七言律诗。War was not the subject, but the verses were heptameter. *puh chí kwán kiú siáng chí k'ioh shí sin siáng chí*，不知还旧相识却是新相知。I know not whether he be an old or a new friend.

2.“却”的后面常跟 *yé*（也）。例如：

ní shwoh tih hw'a sui puh shí chí luh wei má, k'ioh yé shí í yáng yih niú，你说的话虽不是指鹿为马，却也是以羊易牛。Your remarks do not indeed imply that a stag should answer for a horse, but that a cow should be exchanged for a sheep. *ní sui fáng t'á puh kwo k'ioh yé nái ho t'á puh teh*，你虽放他不过，却也奈何他不得。You can neither discard, nor bring him into subjection. *sui shí fú mú liú wo chí í, k'ioh yé shwoh teh yú lí chih teh yú mien k'iáng chú liáu*，虽是父母留我之意，却也说得有理，只得又勉强住了。Although my parents wish to retain me with themselves, yet they speak the truth, therefore I must still remain at home. *sui jen sang ko nü 'rh, k'ioh yé shih fan hwán hí ngái sih*，虽然生個女儿，却也十分欢喜爱惜。Thouth the child was a daughter, yet they rejoiced greatly and loved her much. 注意在这个例句中 *sui*（虽）字总是放在“却”的前面。*moh showh sang yih ko siáu tsié pien sang shih ko siáu tsié, k'ioh yé swán puh teh yih ko 'rh tsz'*，莫说生一個小姐，便生十個小姐，却也算不得一個儿子。Say not she has borne one little daughter, if she had ten, they could not be compaired to one son. *sui swán puh teh ... k'ioh yé shí*，虽算不得……却也是……Though it can not be reckoned ... yet it is, &c.

3.“却”常出现在疑问句式里。例如：

k'ioh tsang liáu，却怎了。What then? *k'ioh tsang mo háu*，却怎么好或者

是 *k'ioh shí tsang tih háu*，却是怎的好。What then shall I do? what is it best to do? *k'ioh tsiáng nái ho*，却将奈何或是 *ché k'ioh tsang sang k'ü ch'ú*，这却怎生區处。What will at length happen? How will the affair turn out? *ché wei siáng kung k'ioh shí ho jin*，这位相公却是何人。Who is that youth? *jü ho k'ioh shí ní tih*，如何却是你的。How do you prove that this belongs to you? *ní k'ioh tsung ná lí lái*，你却从那里来。Whence pray, do you come? *kí puh tsái ché lí, k'iohh tsái ho chú*，既不在这里却在何处。If indeed he is not here, where then is he? *joh kwo yú p'ing liáu ts'z' nü k'ioh tsiáng chí wo yü ho tí*，若果又聘了此女，却将我置于何地。If she is destined to be his wife, what shall become of me? *k'ioh puh hwoh hwoh tih hái sz' wo yé*，却不活活的害死我也。Is not this to put me to a sudden death?

4. 以下的例句都是需要引起注意的。例如：

k'ioh yé háu siáu，却也好笑。A laughable affair. *k'ioh yé shí kung p'ing*，却也是公平。But this is indeed right. *k'ioh chih táng puh tsang t'ing kien*，却只当不曾听见。He acts as if he had not heard of it. *k'ioh yú yih tsz' puh t'ung*，却又一字不通。Neither indeed did he know a single character. *k'ioh puh kú fú liáu ní yih twán háu í*，却不辜负了你一段好意。Would it not render your kindness towards me of no avail? *sing lái k'ioh shí yih mung*，醒来却是一梦。Waking he knew that it was a dream. *k'ioh yih p'ien sin yih shwáng yen shié ting tsái t'á shin sháng*，却一片心一双眼射定在他身上。The sharp glances of his eyes pierced him like arrows. *k'ioh tsz' to í yáu k'ü t'au kán, k'ioh yú t'au ts'o liáu*，却自多疑要去偷看，却又偷看错了。I feared greatly, and desiring to see without being noticed, failed to notice accurately myself. *ní wáng k'ioh liáu wo*，你忘却了我。You have forgotten me.

第十一小节　*choh*，着

“着”的用法看起来和 *k'ioh*（却）是一样的，特别是在加强句意的时候。但在论及其他同类虚词的实际运用时，我们从例句中发现了两者之间的细微差别。

“着”可以与很多动词和名词搭配，可是几乎不对动词或名词起任何增强语义的作用。“却”在这一点上与“着”用法一样，只不过“却”放在动词或名词的前面，而“着”通常放在名词或动词的后面。例如：

tang choh，等着。Wait. *kí choh*，记着。Remember. *wo láu kí choh lí*，我牢记着哩。I remember perfectly. *mán sié choh*，漫些着。Be not so hasty. *ná choh*，拿着。Receive. *yü choh*，遇着。To meet. *tsin fáng choh liáu*，寻访着了。I have at length discovered him. *tsin puh choh pien pá liáu, yú shin moh k'í*，寻不着便罢了，有甚么气。If you cannot find it let it pass, why are you vexed? *shwui puh choh*，睡不着。I cannot sleep. *k'í choh yih p'ih sang k'au*，骑着一匹牲口。He rode a sumpter-horse. *tái choh siáu yung*，带着笑容。He shows a merry countenance. *wáng choh t'á shin shin yih ko wán fuh*，望着他深深一個万福。Turning towards him she saluted him with profound respect. *jin choh tung t'ung*，忍着疼痛。He endures grief patiently. *tsang mo k'in teh choh*，怎么赶得着。How can I overtake him? *shau liú choh wo*，收留着我。He retained me with himself. *choh shih t'á*，着实打。Give him a sound flogging. *choh shih yú sié pan sz' tseh pí t'á*，就该着实责备他。You should at once have corrected him faithfully. *pei choh mú ts'in*，背着母亲。He disobeyed his mother. *táu muh choh loh ch'ú*，到没着落处。I know not what to do. *ní tih kung ming k'ioh tsái ná lí tsang yú yih háu choh loh fau*，你的功名却在那里曾有一毫着落否。Where are those your merits, what have they hitherto availed you! *yáu tso ché pwán kan táng, ná liáng sin 'rh tsz' sz' puh choh liáu*，要做这般勾当，那良心二字使不着了。If you are going to conduct so unjustly, how will you preserve a reputation for integrity. *yih sié t'au náu moh puh choh*，一些头恼摸不着。I can find out nothing about this affair. I cannot discover hide or hair of this. *háu sang kí nien choh t'á*，好生记念着他。He thinks of him incessantly. *í choh ní pien shi*，依着你便是。I will accede to your wishes. *sin sháng choh kih*，心上着急。The mind being vexed and troubled. *ts'z' sz' ní puh pih choh kih*，此事你不必着急。You need not be so anxious on this account. *tsang puh choh k'í*，怎不着气。Who could be quiet? *Ho sü choh náu*，何须着恼。What need is there of anger? *yü kiá choh máng*，愈加着忙。Be was still more vexed. *choh liáu kih hung choh lien, tso puh shí yú puh shí*，着了急红着脸，左不是右不是。He was much perplexed, he blushed and hesitated what to do. *ní ts'z' lái wei choh ho sz'*，你此来为着何事。You have come here on what business? *siáng shí yé choh liáu mo*，想是也着了魔。I think he is possessed of the devil. *choh t'á tsái yin yih pei*，着他再饮一

杯。Let him drink still another cup. *choh t'á tsin lái*，着他进来。Bid him enter.

第十二小节　*táu*，倒或到；*chuen*，转

“到”通常指“来”，“到达”。例如：

táu shau，到手。To come to hand. *táu ná lí k'ü*，到那里去。Where are you going? *wú puh táu chí ch'ú*，无不到之处。He always hits the mark. *ní jü kin táu ts'z' t'ien lí*，你如今到此田地。Since you have now come to this state. *fei puh choh t'á, sau puh táu wo*，肥不着他，瘦不着我。If well, no thanks to him, but if ill it is no fault of mine. *táu tí*，到底。To the foundation, in fine.

táu（倒）正确的含义是“倒下，晕倒”。例如：

hwan mí táu tí，昏迷倒地。Astonished he fell to the earth. *yih táu liáu t'au*，一倒了头。He fell suddenly as by a death-stroke. *pái táu yü tí*，拜到于地。To bow in salutation to the earth. *ch'ú t'a puh táu*，处他不倒。He cannot be made to acquiesce. *yáh fuh t'á puh táu*，压报他不倒。He cannot be made to acquiesce. *tung táu sí wái*，东倒西歪。这是用来形容年久失修的墙壁，或是一个人醉酒后摇摇晃晃的样子。

这两个字用作虚词时的多种含义和用法，是否是从本义中衍生出来的还值得怀疑。但至少有一件事可以确定，那就是当他们用作虚词时，两者之间鲜有区别。在口语表达中，只有少数欧洲人注意到这些地方，因此我们必须要更加注意它们的用法。

1. *yé*（也）出现在“到”和“倒”的后面，二者几乎没有什么区别。

“到”的例句。例如：

ché táu yé háu，这到也好。This is indeed good. *ché táu yé shwoh teh shí*，这到也说得是。This is said with truth. *táu yé pá*，到也罢。Let it pass. *hiung tí swan kí táu yé moh ts'iuen chih shí*，兄弟算计……到也莫全只是。Your plan is not without difficulty, but yet, &c. *ché Wáng Sang táu yé shí yú sin kí chí jin*，这王生到也是有心计的人。This *Wáng Sang* is full of his contrivances. *ché hwá táu yé yú sán fan ko í*，这话到也有三分可疑。We cannot repose implicit confidence in these words. *tsáu yih pú kien yih kien táu yé miáu*，早一步见一见到也妙。A moment sooner, and I should have seen him. *yuen lái jü tsz', hioh sang táu yé puh chí*，原来如此，学生到也不知。

This is indeed true, and yet I knew it not. *wei jin jin k'í kán wei táu yé heh heh yú ming*, 为人任气敢为到也赫赫有名。He is indeed a magnanimous and courageous man, he has acquired distinguished fame.

“倒”的例句。例如：

ming tsz' táu yé wáng liáu，名字倒也忘了。I have quite forgotten his name. *ní ché kü hwá táu yé shwoh teh puh ch'á*，你这句话倒也说得不差。You have indeed declared this openly and truly. *jü kin p'in k'iung táu yé puh tsái sin sháng*，如今贫穷倒也不放在心上。He does not indeed think of present misery. *kin jih yú yih ch'un tán yé yú sié tsz' wei chih shí hái liáu yih ko háu jin*，今日有一椿倒也有些滋味，只是害了一個好人。There is one circumstance not indeed unpleasant, but it will be necessary to destroy an innocent man. *t'á jü kin táu yé háu*，他如今倒也好。It is now well enough for him. *táu yé kw'ái hwoh*，倒也快活。It would indeed be pleasant.

2. 即使省略“也”字，两者的意思也没有什么区别

“到”的例句。例如：

wo táu puh siáu，我到不消。I am not in want. *siáu tí mun lái chú hiung wei ho tán yáu hwui k'ü*，小弟们来，诸兄为何到要回去？ Why do you wish, as soon as we arrive, to depart thither? *joh ché tang yih ko jin wuh táu háu liáu*，若是这等一個人物到好了。If he were only such I should be happy. *siáu tí so wei mei ché yang tsz', táu yú yih ko chih shí puh háu ming yen*，小弟所谓美者，样子到有一個，只是不好明言。I have indeed a notion of that which I call beauty, but I dare not explain myself. *wo táu yú yih kí tsái ts'z'*，我到有一计在此。Here I have found an expedient. *joh shí wo ná ní, ní táu tsáu hwá liáu*，若是我拿你，你到造化了。If I should take you, happy indeed would you be. *nán táu wo mun táu tsin k'ü puh teh*，难道我们到进去不得？Shall access be refused to us only? *tsang tih táu sung yü pieh jin*，怎的到送與别人？Why have you presented this to another rather than to myself.

“倒”的例句。例如：

ní shí ná lí jin? táu hwui shwoh hwá，你是那里人？倒会说话。Where do you belong? You speak very fluently. *ní láu jin kiá táu shwoh tih háu*，你老人家倒说的好。You do indeed, sir, speak correctly. *wo lái liáu ní táu yáu t'oh shin k'ü liáu*，我来了你

倒要脱身去了。Behold, I come and you wish immediately to escape. *k'ih tih táu háu*, 吃的倒好。If I could eat I should be well. *sí liáu lien táu háu*, 洗了脸倒好。It would be well if he would wash his face. *ché táu puh siáu lü teh*, 这倒不消虑得。This is not so very important as you think. *í sz' táu yú liáng ch'un*, 疑事倒有两椿。There are two points which admit of doubt. *ning kó í háu ts'ung yung sié, ché yih ts'z, táu ts'ung yung puh teh*, 宁可以后从容些，这次倒从容不得。At another time moderately, but now there can be no delay. *wo mun táu wáng liáu*, 我们倒忘了。This had escaped from our memory. *wo táu kí teh lán shuh*, 我倒记得烂熟。I remember all this well. *táu sang teh wan yá*, 倒生得文雅。I did not think that he appeared so well. *chú í táu háu chih shí t'ái fei pan sié*, 主意倒好只是太费本些。The counsel is indeed good, but it requies too great expense. *t'á táu puh k'áng*, 他倒不肯。He is after all unwilling. *ní kü liáu táu háu*, 你去了倒好。Keep yourself at a distance. *sz' táu puh sz'*, 死倒不死。Die! Indeed he will not die. *Ná táu puh siáu*, 那倒不消。Yet this is not necessary. *wo shí jin ko tsang mo táu p'á kwei*, 我是人可怎么倒怕鬼。I am alive and well, how frightened you are, as if you saw me just rescued from the lower world. *ní pieh tih hwá táu yé chung t'ing, kin jih ché sié shwoh hwá wo k'ioh yú sié puh nái fán t'ing t'á*, 你别的话倒也中听，今日这些说话我却有些不耐烦听他。At anther time I will hear you with pleasure, at present I can with difficulty attend to what you say.

3. 正如已经提到的那样，"到"和"倒"也常常表示"相反地"。不过在这种情况下，"倒"用作这样含义的例子较多。例如：

pan yuh sáu p'í táu t'áu liáu yih ch'áng muh ts'ü 'rh k'ü, 本欲燥皮倒讨了一场没趣而去。He desired to appear great and to get a name for himself, but on the contrary he retired in disgrace. *fú jin tih hiáng k'í puh tsang wan kien yih háu, ché mei jin tih ch'au k'í táu shau liáu yih tú tsz'*, 夫人的香气不曾闻见一毫，这媒人的臭气倒受了一肚子。Mistress has not yet said to me one word, on the contrary I am vexed with the vain remarks of this superannuated old woman concerning matrimony. *hwoh tih ná puh choh táu ná choh ko sz' tih*, 活的拿不着倒拿着個死的。You have not taken him alive, but on the contrary have brought him dead. *jü kin k'ioh yuen ho táu k'ü hái t'á sing ming*, 如今却缘何倒去害他性命。Why now on the contrary do you wish to kill him? *wan ts'ái sui wú k'au ts'ái táu yú*，文才虽无口才倒有。Though deficient in intellect, he is yet very brave in speech. *ts'ien jih chin tih shí kiá kin jih kiá tih táu shí chin liáu*，前日真的是假的，今日假的倒是真的了。Heretofore true, he was considered false; but now on the contrary being false, he is deemed to be true. *kin jih tih tsiú puh shí ts'ing tsui tih tsiú, táu shí tsiueh kiáu tsiú liáu*，今日的酒不是请罪的酒，倒是绝交酒了。This day's wine is not conducive to peace, it is indeed rather the wine of discord. *tsang mo táu fán má k'í wo lái, ché yé k'í kih liáu*，怎么倒反骂起我来，这也奇怪了。Why, on the contrary, do you assail me with maledictions? —— this is exceedingly strange. *táu fán tso tsoh k'í lái*，倒反做作起来。On the contrary he displeased. *fán*（反）的意思和"倒"相同，只不过它们同时使用是为了增强语气。"做作"意思是"使焦虑、烦恼"。*wo wei nü 'rh yin sz', wú ch'ú puh mih yih kiá sí, puh k'í kiá chung táu yú yih ko tung chw'áng*，我为女儿姻事，无处不觅一佳婿，不期家中倒有一個东床。Where have I not sought a son-law worthy of my daughter, and yet there was such a person in my own household. *táu lung teh wo sháng puh sháng hiá puh hiá*，倒弄得我上不上下不下。He has on the contrary rendered me uncertain what to do. *táu lung ko muh í sz'*，倒弄箇没意思。On the contrary he has shown himself ridiculous.

4. 有时也有优雅的重复。例如：

ní tso kwán kiá tih táu hwui sing k'í nán táu tá yé táu muh sing k'í，你做管家的倒会性气，难道大爷倒没性气？ Though a servant, you deem it proper to be angry; you can endure nothing, but your master forsooth must endure all. *ní shí ko pá t'o tih, wo shí ko ts'ang ch'uen tih; wo táu puh hwáng, ní táu hwáng liáu shau kioh*，你是个把舵的，我是个撑船的；我倒不慌，你倒慌了手脚。You act the part of a helmsman, and I do the rowing; I am not terrified, but you are completely overpowered with fright. *wo táu háu shwoh t'á, t'á táu pá yen tsing hung liáu tih má wo*，我倒好意说他，他倒把眼睁红了的骂我。I accosted her with the best intentions, but her eyes sparkling with rage, she loaded me with execrations. *wo táu puh yen yü, ni táu shwoh ch'áng shwoh twán*，我倒不言语，你倒说长说短。I say nothing, while you prate at pleasure. *ts'z' sz' yü shié ts'in kiá shwoh táu yung í, chih p'á yü nü hái 'rh shwoh, táu yú sié kien nán*，此事與舍

亲家说倒容易，只怕與女孩儿说倒有些艰难。Nothing is easier than to relate these things to my kinsman, but to speak of them to my daughter is a matter of some difficulty.

5. 以下的例句也需要注意。例如：

wo k'iuen chú sang táu puh jü k'ü liáu pá，我劝诸生倒不如去了罢。I can advise you nothing better than to depart. *táu puh jü puh kien tih háu*，倒不如不见的好。It would have seen far better not to have seen. *táu puh jü... wei miáu*，倒不如……为妙。In this and this manner ... it will be far better. *táu shí ming jih ling kiáu pá*，倒是明日领教罢。But let us defer these things till tomorrow. *táu shí ts'ing í nü tsz' sien k'ái k'au shwoh tau*，倒是青衣女子先开口说道。The maid servant first spoken and said. *jü kin táu yáu lung kiá ch'ing chin liáu*，如今倒要弄假成真了。Now what was designed to be false turns out true. *ch'áng shwoh t'á táu siáng ko kung tsz' 'rh*，常说他倒像個公子儿。They would commonly say he had the air of a young man of quality.

6. *chuen*（转）也常常被发现明显地带有“倒”字的一个意思，即“相反地”。在小说《画图缘》和另外一些书中有大量的例句。

第十三小节　*kiáu*，叫，*kiáu*，教和 *kiáu*，交

kiáu（叫）的本义是“to call”，*kiáu*（教）的本义是“to teach”，但当涉及本节的用法时，它们的意思是一样的，“教”的用法则更文雅些。*kiáu*（交）的本义是“to blend”，但它在使用时同上面两个词意思相同，当然这样的用法也许是错误的。例如：

kiáu wái jin lái k'í fú wo，教外人来欺负我。He induces foreigners to treat me with reproach. *shuh shuh puh chí tsang tih ts'o kien liáu, háu kí jih ping puh sháng mun; kiáu nú sin lí muh lí hwui ch'ú*，叔叔不知怎的错见了，好儿日并不上门，交奴心里没理会处。Oh uncle, I know not what has displeased you; you have not called upon us for many days; I certainly cannot see the reason of this.

“叫”的例句。例如：

kiáu wo tsang sang k'ü hwui，叫我怎生去回？ Why do you desire me to return? *kiáu wo jü ho fáng teh sin hiá*，叫我如何放得心下？ How can you persuade me to be tranquil? *wei mien kiáu wo fáng sin puh hiá*，未免叫我放心不下。You will cause me great anxiety. *fáng tsái ché ko yá mí, kiáu wo jü ho ts'ái teh choh*，方才这箇哑谜，叫我如何猜得着。How can I explain the riddle which you have just proposed? *ní kí yú ché twán háu sin, kiáu wo jü ho tsau teh k'ái k'ü*，你既有这段好心，叫我如何走得开去？ Having such an affection for me, how can you desire me to forsake you? *kiáu wo muh tih k'ái k'au*，叫我没的开口，（“的”用如“得”）。You forbid me to open my mouth. *kiáu wo mun muh tso lí hwui*，叫我们没做理会。You make us uncertain what to do. *kiáu wo mun puh yáu wáng siáng*，叫我们不要望想。He seeks to deprive us of all hope. *kiáu wo tsiáng shin mo mien muh kien jin*，叫我将甚么面目见人？ What confidence shall I have in future to look upon mankind? *siáng kung hü ch'áng hau tsiú lái, wei ho chih táu jü kin, kiáu wo láu hán tang teh puh nái fán*，相公许场后就来，为何直到如今叫我老汉等得不耐烦？ You promised to return as soon as the examination was finished; why then by delaying so long, have you created such anxiety in the mind of an old man?

有时候，“叫”也可作“命令，建议或劝告”。例如：*ná ko kiáu t'á tso kwán*，那個叫他做官？ Who bade him act the magistrate? *kiáu t'á tá ko puh sú*，叫他打箇不数。He ordered him to be flogged without mercy. *ché hü to tung sí, yih jih yé mái puh wán, ché mun sháng kiáu ná ko k'án shau*，这许多东西，一日也卖不完，这门上叫那個看守？ We cannot sell all these things to day, who in the meantime will keep the gate?

“教”的例句。例如：

kiáu wo tú lí háu mun，教我肚里好闷。You cause men excessive grief. *hiú kiáu jin k'án kien*，休教人看见。Let no man see. *kiáu wo tsang mo háu*，教我怎么好？ What then would you have me do? *kiáu wo jü ho tuh tsz' sien hing*，教我如何独自先行？ Why do you desire me to make this journey alone? *ní k'ü chí hau, kiáu wo pá sin sháng tih sz', tui shwui shwoh lái*，你去之后，教我把心上的事，对谁说来？ To whom in your absence do you require me to confide my thoughts and feelings? *kiáu wo tsang teh puh k'ú*，教我怎得不苦？ Can you show me how to get free from trouble? *kiáu wo tsang sang k'í teh kwo*，教我怎生气得过？ Tell me how I can suppress my anger. *kioh kiáu wo ná lí k'ü ts'ái tsin ché tang yih ko p'ei t'á*，却教我那里去再寻这等一個配他？ Where can I find another spouse like him? *kiáu wo yú pwán ko yen 'rh k'án tih sháng*，教我有半箇眼儿看的上？Tell me how can I now look up? *tsang kiáu wo puh ngái ní*，怎教我不爱你？Why do you refuse my love? *kiáu jin han yú han puh teh, tiú yú puh k'ái*，教人恨又恨不得，丢又丢不开。You tell me of regret, it is impossible; of desertion, it is out of question. *kiáu wo lái yú lái puh teh k'ü yú k'ü puh teh*，教我来又来不得，去又去不得。You will neither let me come nor go.

第十四小节　*k'o*，可

1.“可”经常可以表示“这是合适的，这是恰当的”。例如：

yú ho puh k'o，有何不可。Why not? *chih ko kung k'au, puh ko tung shau*，只可动口，不可动手。The subject may be discussed, but it is not proper to fight about it. *chih ko sz' t'á wan hiáng, puh ko yung t'á hiá tsú*，只可使他闻香，不可容他下筯。We may smell of it, but must not taste it.

2.“可”与动词结合，形成动词性的形容词或动名词。例如：

ling jin k'o ngái，令人可爱。He makes himself too amiable. *ché láu 'rh ché tang k'o wú* 或 *k'o han* 或 *k'o tsang*，这老儿这等可恶 / 可恨 / 可憎。That so detestable old man. *chih yú ché yih kü shwoh teh k'o t'ing*，只有这一句说得可听。This phrase only ought to be heard.

3.“可”也常常放在疑问词“么”的前面，含义和“么”差不多。例如：

ní k'o chí táu mo，你可知道么？Are you quite sure of it? *wo yáu hwui ná kwán jin puh chí k'o kien teh mo*，我要会那官人不知可见得么？ I wish to see that gentleman; but I do not know if it is proper to have an interview or not? *ché lí k'o shwoh teh hwá mo*，这里可说得话么？ Can we not speak in this place? *jü kin k'o hwán tsái mo*，如今可还在么？Does he yet still remain? *k'o yé lioh yú sié í sz' mo*，可也略有些意思么？Is there not some slight purpose? / Is there not some taste in this? *k'o yú shih mo háu king chí mo*，可有什么好景致么？Is there not some pleasant prospect, some agreeable walk? 在这个例句里疑问词并不是“什么”，而是句尾的“么”。*k'o shí peh tsing mien p'í, muh yú sü, tso shau cháng chí kiá tih mo*，可是白净面皮，没有须，左手长指甲的么？Has he not a smooth and fair face, without beard, and a long nail upon his left hand?

当然，“么”并不一定要出现在句尾或句中，例如：*k'o tsang k'án kien t'á k'i*

shin, yé wei，可曾看见他起身也未？Have you seen him get up yet, or not? *k'o yú shin mo ping kü*，可有甚么凭据？What evidence have you? *k'o shí ts'ü siáu teh tih*，可是取笑得的？Is he to be ridiculed? *shí sháng tih chau jin yé yú, k'o tsang ch'au táu ché pwán tí pú*，世上的丑人也有，可曾丑到这般地步。There have indeed been many ugly men, but was ever one found so ill-looking as he?

4.“可”也用于请求，或是缓和强烈的命令语气。例如：

ní shí shin jin, k'o shih shwoh liáu, wo pien jáu ní，你是甚人，可实说了，我便饶你。What man are you? Tell me the truth and I will spare you. *k'o k'ih pei ch'á k'ü*，可喫杯茶去。Do drink a cup of tea before you go. Take a cup confess to me the whole affair. *ní k'o shih tui wo shwoh*，你可实对我说。Confess to me the whole affair. *k'o ming tui wo shwoh, páu kwán yú sié háu chú*，可明对我说，包管有些好处。Tell me plainly, and I warrant you will not regret it. *puh chí k'o nang kau kieh kwo*，不知可能勾结果。I know not whether he can gather fruit, i.e. derive advantage. *ní k'ü k'án ná yih wei k'o tsái wái mien, jü tsái k'o ts'ing tsin lái*，你去看那一位可在外面，如在可请进来。See if that gentleman is now at the gate; if he is, invite him to enter. 下一句意思同上：*ní k'o k'ü yih k'án, joh shí tsái ní k'o yü wo tsing t'á lai*，你可去一看，若是在，你可与我请他来。

5. 下面的例句应当引起注意。例如：

k'o k'o，可可。Exactly. *k'o yú lái*，可又来。Lo! He comes again. *ché ch'áng kung yung yé fi tung siáu k'o*，这场功劳也非同小可。It is no little glory that you have thus acquired. 如果我没弄错的话，我们也使用这个短语：*fi t'ung siáu k'o*，非同小可。It is of no little consequence.

第十五小节 *hwán*，还

1.“还”通常表示仍然，到现在为止。例如：

puh siáng t'á hwán kí teh，不想他还记得。I did not think he would still remember. *hwán puh sháng pwán nien kwáng king*，还不上半年光景。Half the year had not yet elapsed. *wo hwán hwoh tsái shí sháng tso shin mo*，我还活在世上做甚么？Why should I yet wish to live longer among men? *ts'z' shí yáu kien t'á hwán sháng tsáu*，此

时要见他还尚早。It is yet too early to see him. *Joh hwán puh sin*，若还不信。If you do not yet believe. *hwán yú shin mó kiáng teh*，还有甚么讲得。What more have you to say? *ché hwán yú sié yen lih*，这还有些眼力。He still thus evinces his good taste. *hwán tsz' teh pien í*，还自得便宜。Still it afforded himself some advantage. *chú liáu wo hwán yú ná ko*，除了我还有那個。Who shall it be if not myself? *hwán yáu lung kwei*，还要弄鬼。He still wishes to make an uproar. *hwán puh táu ché pwán tí pú*，还不到这般地步。He has not yet reached that position. *ní hwán puh chí sz' hwoh*，你还不知死活。You are not yet out of danger. *t'á jin wuh yé hwán ch'ung teh kwo*，他人物也还充得过。That man still sustain a tolerably good character. *tsang mo ché yang tung sí, hwán hien puh háu*，怎么这样东西还嫌不好？ What! Does not a thing of this sort please you? *ní hwán shwoh ché tang sang k'í tih hwá*，你还说这等丧气的话。You still indulge this plaintive tone.

2. 有时候“还”可以重复使用，在这种情况下，即是疑问句式。例如：

hwán shí tang chin, hwán shí tang shwá，还是当真，还是当耍？ Are you in earnest, or are you joking? *ní ché sié hwá hwán shí tang chin, hwán shí tang kiá*，你这些话还是当真，还是当假？ Is what you say true, or is it false? *hwán shí k'ih tsiú, hwán shí tso shí*，还是吃酒，还是做诗？ Do we drink wine or do we make verses? *hwán shí shwoh kwo yin tsiú, hwán shí yin tsiú wán liáu ts'ái shwoh*，还是说过饮酒，还是饮酒完了才说？Shall we proceed at once to consider our affairs, or wait till we have taken a draught? *kin jih puh chí hwán lái, yé puh lái*，今日不知还来也不来？I am uncertain whether she will come to day or not. *ní hwán shí liú, yü puh liú*，你还是留與不留？ Shall you retain him with you, or not? *hwán shí kien t'á, puh kirn t'á*，还是见他不见他？ Will you have an interview with him, or not? 在这几个句子中，用虚词 *yé*（也）、*yü*（與）和 *puh*（不）来替换“还”的重复。*puh chí hwán shí jin, hwán shí kwei*，不知还是人还是鬼？ I know not whether he be a man, or a ghost. *puh chí hwán shí wo t'ung liáu t'á, tih hwán shí t'á t'ung liáu wo tih*，不知还是我同了他的，还是他同了我的。或是：*puh chí hwán shí ní so tsoh, hwán shí t'á so tsoh*，不知还是你所作，还是他所作。I know not whether it was you or he who composed this ode. 在这两个例句中，*puh chí*（不知）一词破坏了疑问语气。

3. 在很多时候，至少对外国学生而言，“还”看起来是多余的一个词。例如：

hwán shí ní yen kien tíh, 'rh wan tih，还是你眼见的，耳闻的？ Have you eyes seen it, or have you merely heard of it? *hwán shí t'á lí lun shí teh*，还是他理论是得。He must strange all these things. *ché liáng ch'un tá sz' hwán kái ts'ung ná yih ch'un tso k'í*，这两椿大事还是该从那一椿做起？ With which of these two important objects ought we to commence? *wo ché yáng tih k'ú pí sz' hwán kiá shih pei*，我这样的苦比死还加十倍。I would rather die a thousand times than suffer in this manner. *pí ts'ien jih hwán yáu t'án poh kí fan*，比前日还要淡薄几分。Still destitute as heretofore of the means of living. *ché yé hwán puh tá kin*，这也还不打紧。This is not very difficult. *ché yin tsz' hwán shí yáu kin tih*，这银子还是要紧的。There is nothing like money. *sin ping hwán tsiáng sin yoh í*，心病还将心药医。The mind requires a remedy suited to its own nature. *ná lí hwán jin teh ch'uh*，那里还认得出。How could he recongnize him? *wo tsiú shwoh hwán shí ling ngái yú shih kien*，我就说还是令爱有识见。It is indeed as I said, your daughter has knowledge and discernment. *hwán shí tsing t'á ch'uh lái wei miáu*，还是请他出来为妙。We had better invite him to come out.

第十六小节 *tseh* 则和 *ts'ié* 且

1. 在第二编将会详细地分析论述 *tseh*（则）的用法。当我们请求做某事时，*tseh ko*（则箇）习惯放在句尾。例如：

shú tsui tseh ko，恕 罪 则 箇。Oh, pardon the offense. *sháng ts'áng kiú yih kiú tseh ko*，上苍救一救则箇。Oh heaven! Save me. *hwáng t'ien k'o lien ch'ui kiú tseh ko*，皇天可怜垂救则箇。Oh heaven! Commiserate and save me. *yáu mien hwui tseh ko*，要面会则箇。I beg an interview. *k'iú láu yé kiú siáu tih tseh ko*，求老爷救小的则箇。Sir, I beseech you, save me. *kin yé siáu sin tseh ko*，今夜小心则箇。This night give your attention. *mái sié tsiú tsau kiái mun tseh ko*，买些酒消愁解闷则箇。Buy me some wine to dispel this sadness. *ts'ing t'á kwo lái shwoh hwá tseh ko*，请他过来说话则箇。Request him to come and speak with me. 在以上例句中“可”可用如“箇”。

2. *ts'ié*（且）的用法很多，需要通过例句来一一学习。例如：

wo ts'ié wan ní，我且问你。I also ask you. *ní ché sié hwá ts'ié mán shwoh*，你

这些话且慢说。Relate this deliberately. *wo ts'ié chih tang puh chí*，我且只当不知。I act just as if I were ignorant. *wo ts'ié sien pá sié p'ing kü ní k'án k'án*，我且先把些凭据你看看。I will give you the proof immediately; examine for yourself. *ní ts'ié shwoh tsang mo kái k'ih sán pei*，你且说怎么该吃三杯。Say now, why should I drink three cups? *ní ts'ié pá ching king sz' tso wán liáu*，你且把正经事做完了。Let us in the frist place dispatch the serious business. 在此我们可以指出："且"往往放在代词 *wo*（我）、*ní*（你）、*ché*（这）的后面。例如：

ché hwá ts'ié puh pih t'í k'í，这话且不必提起。This subject must not be introduced. *siáng kung, ts'ié puh yáu k'uh*，相公，且不要哭。Gentleman, I pray you, do not weep. *tsiú ts'ié fang hiá*，酒且放下。Now put away your cups.

在下面的例句中，外国人很可能不会加"且"字。例如：

shí yü puh shí ts'ié chung k'í shwoh，是与不是且终其说。True or false, tell us the whole. *ts'ié puh yáu shwoh*，且不要说。Do not mention it. *ts'ié chú*，且住。Stop. *ts'ié k'án t'á tsang tih*，且看他怎的。See in what state she is. Why you thus behold her. *ts'ié k'án ying nien ho jü*，且看应验何如。Let us see how it turns out. *ts'ié k'án ní tsang sang kwo hwoh*，且看你怎生过活。Let us see how you manage to live. *ts'ié moh shwoh t'á*，且莫说他。Do not speak of him. *ts'ié tái wo heh t'á yih heh*，且待我吓他一吓。Wait, I will frighten him. *ts'ié chih p'á*，&c. 且只怕…… I only fear. 在以上的例句中，我们发现"且"常常放在句首。

又如：*t'á joh wan wo sing ming, ní ts'ieh puh k'o shwoh ch'uh lái*，他若问我姓名，你切不可说出来。If he asks my name, do not by any means tell him. 尽管"且"也可用在这个例句中，但是"切"的表达力度更强烈些，表示"绝对不可以告诉他"。

第十七小节　*liáu*，了和 *kwo*，过

1. *liáu*（了）通常表示过去时，或者表明前面动词所指示的动作已经完成。例如：

shwoh í shwoh liáu，说已说了。I have already spoken. 我们已经提及这种表达法对中国人而言很熟悉。*ch'ú pien ch'ú liáu*，住便住了…… Remained, he has indeed remained, &c. “已”往往与“了”连用，使句意更加清楚。例如：

wo tih k'í í ch'uh liáu，我的气已出了。I have suppressed my resentment. *ming ming shwoh ch'uh lái liáu*，明明说出来了。He has made a full disclosure. *ché tang nán wei ní liáu*，这等难为你了。I have thus caused you some trouble. *hái pien chí k'ú yé shau teh kau liáu*，海边之苦也受得勾了。I have already had sufficient trouble upon this coast. *ché tang shwoh k'í lái shí chin tih liáu*，这等说起来是真的了。By your account this is indeed true. *ní kái hwui puh tsái kiá liáu*，你该回不在家了。You ought to have replied that I was not at home. *tá p'án í liáu*，打扮已了。Being now in full trim. *shau shih í liáu*，收拾已了。Having collected all. *sí liáu lien tsiú lái liáu*，洗了脸就来了。I will come as soon as I have washed my face. *t'á kiáu liáu lái*，他叫了来。I have called him.

2. 经常不太确定“了”到底是指示时间，还是一个纯粹的尾助词。例如：

láu shin tá tán liáu，老身大胆了。For an old woman I am very bold. 中国人就是用这种方式来表示关切和好意。*shí láu shin to tsui liáu*，是老身多嘴了。I was too much given to talk. 上了年纪的女人称呼自己为“老身”。又如：

heh hwáng liáu，嚇 慌 了。He is beside himself with fear. *pien puh p'á t'á t'ui liáu*，便不怕他退了。Thus we need not fear he will withdraw. *ché yú shí nán t'í muh liáu*，这又是难题目了。This also is a difficult theme. *king shí ko kwei kwái liáu*，竟是個鬼怪了。He must be some evil spirit.

3. “也”放在句首，“了”放在句尾。例如：

yé fú táu kih ch'ú liáu，也富到极处了。Wealth reached its utmost limit. *yé puh kwán ní sz' liáu*，也不关你事了。It is none of your business. *yé tsiáng tsiú kwo teh jih tsz' liáu*，也将就过得日子了。You will hereafter obtain a livelihood.

4. “了”无须总放在句尾。例如：

k'ih liáu ché ch'áng tá kw'ei，吃了这场大亏。After so great a loss, or after having suffer such reproach. *tsang sang k'ang tiú liáu ché háu sz'*，怎生肯丢了这好事？How can you abandon such a good undertaking?

5. “了”字文雅地重复。例如：

tú pí kwái tsz' kwái liáu k'ü liáu，都被拐子拐了去了。The thieves have carried off everything. *káng ts'ái k'ih liáu ch'á liáu*，刚才吃了茶了。Just having taken a cup of tea. *ní k'ü liáu háu liáu*，你去了好了。You had scarcely gone, when, &c. *liáu! liáu yé wí*，了了也未？Finished, Or is it not yet finished? *liáu! liáu liáu chih shí yú yih sié p'á*，了！了了只是有一些怕。Finished! Finished it is indeed, but I have some fear. 第一个"了"等于"说"，你问这件事有没有结束，是一种常见的表达法；第二个"了"是动词，表"结束"；第三个"了"才是虚词。

6. 注意以下的例句。例如：

shih fan ying hiung liáu teh，十分英雄了得。He is a very brave man. "了得"意思是"值得尊敬的，值得羡慕的"。*ché tang lih liáng jü ho liáu teh*，这等力量如何了得。How great the strength, foritude of mind; a man of talents, &c. *liáu puh teh*，了不得。Matchless, unequaled. 可用于褒义或贬义，主要是看谈话的内容和主题。*liáu jen*，了然。Most clearly. *liáu liáu jen ming peh*，了了然明白。This is very clear. *sin hiá ch'áu ch'ú ko puh liáu*，心下踌躇个不了。His mind is utterly confused.

7. *kwo*（过）也表示过去时。例如：

shwoh kwo liáu，说过了。I have spoken, or I said. *I' kwo liáu*，已过了。It has now passed. *kien kwo liáu mú ts'in*，见过了母亲。Having saluted (or waited upon) his mother. *kwo liáu shau*，过了手。To desist from anything. 通常表示"过剩，超过"。*kwo lü*，过虑。Too much concern or anxiety. *kwo shin*，过慎。Too cautious. *kwo k'iú*，过求。To ask too much.

第十八小节　*yü*，與和 *t'í*，替

我把这两个词结合起来讲解，是因为在这里它们都符合介词"for"的意思，或是短语"on account of"，又或是可以替换法语单词"pour"。这一点可以从例句中得以体现。例如：

yung siáu tí k'ü yü jin hiung tsoh fáh jü ho，容小弟去與仁兄作伐如何。Will you permit me to negotiate this marriage for you? *yü ní ch'ing tsiú ts'z' sz'*，與你成就此事。I will perform this business for you. *k'ioh yih sz' yü wo shin sháng tso tih*，却一似與我身上做的。This appears to have been made for me. *tso yú yü wo kiá lih tá ché sz'*，左右與我加力打这厮。Here my lads, flog this knave severely for me. *ts'ái yü wo siáu teh ché k'au han k'í*，才與我消得这口恨气。Then you will have avenged me. *yü wo siáu teh ché k'au wú k'iung chí han*，與我消得这口无穷之恨。意思同上：Then you will have avenged me. *kw'ái k'ü yü wo ts'ing teh t'á lái t'ung k'ih*，快去與我请得他来同喫。Hasten, and in my name invite him to come and dine. *yang jin t'í t'á 'rh tsz' tsoh fáh*，央人替他儿子作伐。He requested the man to negotiate a marriage for his son. *t'í ní ch'ú liáu ché nieh cháng tsui*，替你除了这孽障罪。I will rid you of this troublesome individiual, or I will put away from you this unpleasant business.

在上述例句中，"替"的意思明显和"與"相同。不过，"與"常常作为纯粹的与格标志，且正如在别处所见那样，可以被解释为"给予"。例如：

pá tsiú fán yü t'á k'ih, í fuh yü t'á ch'uen, tá ch'uen yü t'á tso，把酒饭與他吃，衣服與他穿，大船與他坐。He gave him a dinner, clothed him, and commanded a ship to be made ready in which he might embark. *yü t'á kien liáu lí*，與他见了礼。Presented to him with the usual compliments. *jü ho puh yü hiung cháng k'ái liáu kiá*，如何不與兄长开了枷？Why have you not taken from him this cangue? *kiá*（枷）是一种方形的框架或平板，中间有一个洞，头可以穿过，是给罪犯戴的。"與"也可以表示疑惑。例如：

puh chi chin yü puh chin, shí yü puh shí，不知真與不真，是與不是？I know not whether this be true or false.

第十九小节 *pien*，便

1. "便"表示"即使"，在此情况下，"便"后面跟"也"。例如：

pien shí mung kien yé kw'ái hwoh，便是梦见也快活。Though it were in a dream, I should rejoice to see him. *láu shin pien sz' yé teh háu ch'ú*，老身便死也得好处。Though I should die it would be well with me. 在类似的情况下，也可以考虑用 *tsiú*（就）。

又如：*kí shí ché tang, pien shí ch'áu t'ing cháu fú má, yé shí puh ch'ing tih liáu*，既是这等，便是朝廷招驸马也是不成的了。If so, although the emperor should wish to give you his own daughter to wife, you would not be willing to marry her. *pien shí king sz' t'ien tsz' shah jin, yé fang jin k'án*，便是京师天子杀人，也放人看。Though in the capital, when the emperor puts any one to death, all are permitted to witness the spectacle. *moh shwoh tá pih, pien siáu pih yé shí ná puh tung tih*，莫说大笔，便小笔也是拿不动的。Speak not of his writing anything great, since he is unequal to the accomplishment of what is light and tritling.

2. 从下面的例句中，可以看出“便”和“就”的区别。例如：

yáu tá, pien yú, yáu sháng ko muh yú，要打便有，要赏可没有。If you want a flogging, you may have it, but not a reward. *t'á tsái pien tsái ché lí, táu puh chí kiá jin puh kiá jin*，他在便在这里，倒不知嫁人不嫁人。She is indeed at home, but I am ignorant whether or not she is desirous of marrying. 注意 *tsái pien tsái*（在便在）的用法，如同前面提及的 *chú pien chú liáu*（住便住了），remaining, he remains. *shí pien shí liáu tán*，是便是了但…… It is indeed, but, &c. *pien shí*，便是。So it is. *pien shí ché tang shwoh*，便是这等说。Thus indeed he says. *Má pien má teh tuh*，骂便骂得毒。Cursing he curses fiercely. *pien tái ho shí*，便待何时。(if not now ready) then how long are we to wait. *chih yáu hwán kiá tsien kung táu, pien háu*，只要价钱公道，便好。Let a just price be given, I ask nothing more. *wei shin mo ní shwui teh choh, wo pien shwui puh choh*，为什么你睡得着，我便睡不着。How is it that you sleep so soundly, while I cannot sleep a wink.

3.“便”文雅地重复。例如：

mái pien mái, puh mái pien pá，买便买，不买便罢。If you wish to purchae, do it; if not desist. *ní sien k'ü pien tang wo, wo sien k'ü pien tang ní*，你先去便等我，我先去便等你。If you go first ,then wait for me; if I go first, I will wait for you.

第二十小节 *lien*，连

这个词表示“连接，在一起，同时，甚至”等意思。因此，它的用法常常同“便”一样。例如：

lien lien yé puh chí，连脸也不洗。He does not even wash his face. *lien wo yé puh chí*，连我也不知。Even I myself was ignorant of this. *lien fang tsien yé puh wan t'á yáu*，连房钱也不问他要。He does not even demand of him the house-rent. *lien yoh yé puh siáu k'ih teh*，连药也不消吃得。He does not even need to take his medicine. *ní moh shwoh ts'í tsz, lien shin tsz' yé puh chí tsái ho ch'ú*，你莫说妻子，连身子也不

知在何处。Why do you ask about my wife? I do not know where I am myself. *puh tán t'á ts'í tsz' muh yú tsung ying, lien t'á cháng jin, cháng wú yé muh ying 'rh*，不但他妻子没有踪影，连他丈人丈母也没影儿。Not only his wife, but his father-in-law and mother-in-law also have disappeared, and he is unable to find them. *puh teh yü tsz' yú liáu choh loh, lien mei mei tú yú choh loh liáu*，不特愚姊有了着落，连妹妹都有着落了。Having a husband for myself alone is not enough, but you also, beloved sister, shall be married. *puh tuh ts'in yú yin k'in, lien fú hien yé shih fan jeh náu*，不独亲友殷勤，连府县也十分热闹。Not only were relatives and friends often and familiar with him, but the magistrates also honored him with their company. *lien í fuh, shau shih, tú puh kien liáu*，连衣服首饰都不见了。She found neither her raiment nor her head-dress. *lien ní yé muh ching king*，连你也没正经。You also are unprincipled.

第二十一小节 *kang*，更；*tú*，都

"更"在这里可以认为表示的是"更多，再一次"等意思。例如：

tsái teh jin hiung yih hing, kang miáu，再得仁兄一行更妙。If you will again bear me company on my journey, it will be still more agreeable. *chih p'á hwán shí wú hiung puh tsang kien teh liú sang, joh kien liú sang, puh kang tso ts'z' yen*，只怕还是吾兄不曾见得柳生，若见柳生，不更做此言。The reason is, I think, that you have not seen Liú sang, for if you had seen him, you could not no longer talk in this manner.

还有人指出，"都"是普遍性的标志。例如：

ché tú puh tsái hwá hiá，这都不在话下。I omit all these for the present, and will speak of them in the sequel. *ché tú puh yáu kwán t'á*，这都不要管他。Let him alone, trouble not yourself about all these things. *ché tú shí kiá hwá*，这都是假话。All this is false talk. *shwoh tih tú shí mung hwá*，说的都是梦话。Your story is all a dream. *liáng kien tú sháu puh teh*，两件都少不得。Both of these are necessary for us. *kien kien tú hwán jin teh*，件件都还认得。He recognized he whole, every item. *ní tih sin sz' puh siáu shwoh teh, tú tsái wo fuh chung*，你的心事不消说得，都在我腹中。It is unnecessary for you to speak, for I know all your mind. *wo tú k'án tsái yen lí*，我都看在眼里。I have all these in my eyes. *wo mun tú pí puh sháng*，我们都比不上。

None of us can be compared with him. *kiáu táu ts'ié puh yáu tau, tú t'ing wo shwoh, 'rh jin tú chú liáu shau*，叫道且不要斗，都听我说……二人都住了手。Exclaiming with a loud voice, he said, desist from your contest and listen each of you to me then the two men both ceased. *ché tán tú tá k'i lái táu*，这胆都大起来道。Becoming thus very bold, he said. *wo ho ní tú king teh kau liáu*，我和你都惊得勾了。We are both sufficiently alarmed. *pá wo tih sz' tú ts'ié fáng kwo yih pien*，把我的事都且放一边。He has neglected all my affairs! *puh shí jin chung tih, tú shí t'ien chung tih*，不是人中的，都是天中的。They were all chosen not by men, but by heaven. *ché ch'un sz' tú shí t'á tih kwei kí*，这椿事都是他的诡计。This whole affair has been ruined by his ill management. *tú shí ní k'au lí shih tih*，都是你口里食的。You have devoured them all. *p'ien shin tú shí chung shang*，遍身都是重伤。The whole body was severely wounded.

第二十二小节　*fáng*，方；*fáng*，放；*fáng*，妨

1. *fáng*（方）表示“其次，然后，才”。例如：

wo fáng fáng sin，我方放心。I shall then be relieved. *ling ngái teh p'ei ts'z' jin, fáng puh fú hiung chung ts'ái hioh*，令爱得配此人，方不负胸中才学。Should your daughter marry this man, then she will not be ashamed of his talents or learning.

“才”常常放在“方”的后面。例如：

yáu tái sán fan kwei táu fáng ts'ái hing, teh sz' k'ü，要带三分鬼道方才行得事去。Without infernal and it could never be accmplished. *ní fáng ts'ái sz' liáu, tsang mo yé hwoh chuen lái*，你方才死了，怎么也活转来？You were dead just now, how is it that you have come to life again? *pih king shí tsang mo yáng fáng ts'ái chung teh ní tih í*，毕竟是怎么样方才中得你的意？ In what way then can he meet your wishes?

2. *fáng*（放）表示“放松，放弃”等意思。例如：

fáng sin，放心。To dismiss care, to relieve the mind. *sz' yé puh fáng*，死也不放。Should I die, never mind that. Never fear, though it cost me my life. *puh fáng sz*，不放事。There is nothing to fear; do not be alarmed. *puh fáng teh*，不放得。There is nothing to fear, nothing prevents. *joh kwo jen ch'ing, tsiú pien ch'í kí jih ho fáng*，若果然成就便迟几日何放。If it is only done, what matter if it be delayed a few days? *pien tang t'á k'ü tsau tsau yé wú fáng ngái, yú wo liáng ko t'ung hing*，便等他去走走也无妨碍，有我两個同行。Since we both proceed in the same course, I shall meet with no obstacle which will not equally oppose him in his flight.

第二十三小节 *pwán*，般；*pwán*，半

1. *pwán*（般）表示方式，方法。例如：

peh pwán，百般；或者 *chú pwán*，诸般。In every manner. *koh yáng*, 各样。Of every sort. *pwán pwán*，般般。Means the same.

2. "般"也用在比较中。例如：

ngái sih t'á jü sing ming yih pwán，爱惜他如性命一般。They are as careful of him as of their own lives. *tsiú jü chin chú yih pwán*，就如珍珠一般。As of costly pearls. *lih tsái ho k'au tsiú jü shih jin yih pwán*，立在河口就如石人一般。He stands at the mouth of the river like a marble statue. *liáng jin jü yü teh shwui jü niáu teh lin yih pwán*，两人如鱼得水如鸟得林一般。They are together, like fishes in the water, or like birds in the forest. *mien máu yü ní yih pwán yih yang*，面貌與你一般一样。His countenance is precisely like yours. *ní k'ü teh kí jih, í siáng k'ü liáu kí nien yih pwán*，你去得几日，意像去了几年一般。You have been absent a few days, and it has seemed to me like so many years. *fan ming shí tí yoh shau tsui yih pwán*，分明是地狱受罪一般。I seem like one suffering in the infernal regions.

3. "般"与 *ché*（这）和 *jin*（恁）搭配。例如：

ché pwán kau tang，这般勾当。Such wickendness. *ché pwán hwán peh chí muh jü ho puh tung sin*，这般黄白之物如何不动心。How can you behold these precious metals without emotion? *ché pwán mú yang*，这般模样。In this manner. *puh yáu jin pwán tsau k'ú*，不要恁般愁苦。Do not thus vex yourself. *wo puh shí jin pwán siáu yang tih jin*，我不是恁般小样的人。My mind is not so contracted. *wei ho lái teh jin tsáu*，为何来得恁早？Why do you come so early? 这比说 *jin pwán tsáu*（恁般早）要好一些。

4. *pwán*，半，half, a moiety

（1）"半"习惯重复使用。例如：

pwán jin pwán kwei，半人半鬼。Half dead with fright. *pwán káu, pwán tí*，半

高半低。Half pure, half alloyed. *pwán sin, pwán puh sin*，半信半不信。He is half persuaded, half doubtful. *pwán t'ui pwán puh t'ui*，半推半不推。He is half willing, half opposed.

（2）“半”也有很多其他的用法。例如：

pwán pú yé tsau tung puh teh，半步也走动不得。He cannot move a step. *t'ing liáu ché pwán jih*，听了这半日。I have heard you half the day, i.e. that half day I have waited for you. *kiáng ché pwán jih shwoh hwá*，讲这半日说话。They are talking half the day. *ho tsang yú pwán kü shí chin tih*，何曾有半句是真的。He has not yet spoken a word of truth. *tsang pí teh t'á yih pwán*，怎比得他一半。It will not compare with that by one half. *pwán ko puh liú*，半個不留。Not a soul was spared. *pwán hiáng*，半晌。For a moment. 半酣。Half intoxicated.

第二十四小节　*tsái*，再，again；*ts'ái*，才，just

“再”和“才”的区别不太大，不过下面两个例子中它们是不能互换的：

tsái sán，再三，repeatedly；*fáng ts'ái*，方才，then.

其他的例子如：

tang t'á tsin lái kien kwo jin hiung siáu tí tsái yü t'á shwoh，等他进来见过仁兄再與他说。Wait till he has called and seen you, then I will speak to him. *pí ts'z' tung nien, yú shí siáng chí, tsái muh teh shwoh*，彼此同年又是相知再没得说。They were of the same age, were intimately acquainted with each other, and never had a word of altercation. *tsái wú t'á jin, ting shí t'á liáu*，再无他人定是他了。It is not another, it is himself. *pih king shí ní k'ü sang sz', ts'ái jé ch'uh ho lái*，毕竟是你去生事才惹出祸来。You are yourself, after all, the cause of this misfortune. *puh pih kw'á k'au, tso kwo ts'ái shí*，不必夸口做过才是。Do not boast, the event will show. *hwán yáu ch'í kí jih, ts'ái teh táu shau*，还是要迟几日才得到手。We must will wait some days for it to come to hand. *ts'ái pien teh t'á sháng k'au*，才骗得他上钩。Then you may induce him to bite the hook. *ché ts'ái shí ko cháng kiú chí kí*，这才是箇长久之计。This then is a lasting expedient.

第二十五小节　*nái*，耐；*nái*，奈

nái fán（耐烦）和 *nái ho*，“奈何”几乎用于同样的情况，这可以从例句中看出来。例如：

háu sang puh nái fán yé，好 生 不 耐 烦 也。This trouble certainly cannot be endured. *sin sháng lung teh puh nái fán*，心上弄得不耐烦。My heart is vexed beyond endurance. *ch'uh yü wú k'o nái ho*，出於无可奈何。Surpassing all endurance. *wú k'o nái ho liáu*，无可奈何了。It can be no longer endured. *shwui jin nái ho teh t'á*，谁人奈何得他。Who can endure him? *nái ho t'á puh teh*，奈何他不得。He cannot be endured. *yáu nái ho t'á*，要奈何他。We must bear with him. *nái ho t'ien*. 奈何天。To submit to fate. *muh nái ho*，没奈何。There is no alternative. *nái ho nái ho*，奈何奈何。What must be done?

nái（乃）常见于书面语，少见于日常对话。

第三节　修辞法

目前我们将只研究一些词的修辞法，包括反复、对比和疑问。在修辞法之后，有一个俗语的汇总。

第一小节　反复

为了清楚、文雅地表达，在汉语里没有什么比字的反复更常见的了。因此，在展示过程中，无论反复是以何种形式呈现，我们都将看到充足的例证。通过例句学习对较快掌握汉语是非常重要的，在此我无法一一罗列，只能择其精华。

1. 同一个字重复使用两次或三次，以增强句子的表达力度。例如：

meh meh puh yü，默默不语。He kept a profound silence. *k'ing k'ing tih shwoh*，轻轻的说。To speak very softly. *yuen yuen ts'iáu kien*，远远瞧见。To behold from afar. *ho ho*，呵呵；或是 *nogh nogh tá siáu*，哈哈大笑。Boisterous laughter. *to to chí í*，多多致意。The utmost desire. *hau hau tih shwui choh*，齁齁的睡着。He sores in his sleep. *hú hú tih shwui liáu*，呼呼的睡了。这句意思和前一句一样。*yih kü kü tú t'ing teh liáu*，一句句都听得了。I heard each sentence distinctly. *ngái ngái t'ung k'uk*，哀

哀恸哭。To weep bitterly. *sán sán sin*，散散心。To relax the mind. *hiáng fung fuh fuh*，香风拂拂。The fragrance was diffused in every direction. *heh tung tung tih*，黑洞洞的。In deep darkness. *láng láng sung king*，朗朗诵经。To recite the classic with a clear loud voice. *yih pú pú moh sháng shán lái*，一步步摸上山来。Step by step, feeling his way, he ascends the mountain. *lien lien tien t'áu táu shí shí shí*，连连点头道是是是。Nodding repeatedly, he said, yes, yes, yes.

2. 两个同义字或近义字重复使用，组合成一种常见的形式。例如：

p'ing p'ing ngán ngán，平平安安。In perfect quiet. *tien tien táu táu*，颠颠倒倒。Upside down, in a state of confusion. *k'ih teh tsui tsui páu páu*，吃得醉醉饱饱。Having eaten and drunk to satiety. *lang lang loh loh*，冷冷落落。To lead a solitary and cheerless life. *t'í t'í k'uh k'uh*，啼啼哭哭。Weeping bitterly. *ts'ung ts'ung yung yung*，从从容容。Gently and deliberately. *t'ing t'ing táng táng*，停停当当。Fixed in a proper manner. *lang lang ts'ing ts'ing*，冷冷清清。Cool and tranquil. *yáu yáu pái pái*，摇摇摆摆。A proud swaggering gait. *hwán hwán hí hí*，欢欢喜喜。Exulting with great joy. *hwáng hwáng ch'áng ch'áng*，慌慌张张。Agitated and distracted. *sü sü kwoh kwoh*，絮絮聒聒。To reiterate vociferously. *sü sü t'áu t'áu*，絮絮叨叨。To talk immoderately. *tsih tsih nung nung, shwoh liáu hü to hien hwá*，唧唧哝哝说了许多闲话。In their incessant tattle they have spoken a great many idle words. *wei wei kiuh kiuh*，委委曲曲。In a devious and crooked course. *shwoh teh láng láng lieh lieh.* 说得朗朗烈烈。To speak in a loud, imposing strain. *kung kung king king*，恭恭敬敬。With much esteem and respect. *tsí tsí ching ching*，齐齐整整。Arranged with the utmost precision. *sháu teh kán kán tsing tsing*，烧得干干净净。The fire devoured every thing. *sin sin nien nien chih siáng choh t'á*，心心念念只想着他。He continued to think of him only. *sin sin nien nien tih fang t'á puh hiá*，心心念念的放他不下。He thinks of him incessantly. *puh kioh ming ming yen yen k'uh k'í lái*，不觉呜呜咽咽哭起来。He sunddenly burst into tears. *hwan hwan mei mei*，昏昏昧昧。He is completely bewildered. *t'un t'un t'ú t'ú, kiá kiá, chin chin, sz' jin í í hwoh hwoh*，吞吞吐吐假假真真使人疑疑惑惑。He conceals, and makes known, he mingles truth and falsehood, and leaves all in doubt and uncertainty. *yái yái tsí tsí*，挨挨挤挤。In a dense crowd.

t'ing t'ing t'o t'o，停停妥妥。All in safe. *cháu cháu mú mú*，朝朝暮暮。Early and late. *hí hí ngoh ngoh*，嘻嘻哈哈。Laughing and tittering. *shin sháng lin lin lí lí lú shí hiueh tsih*，身上淋淋漓漓都是血迹。His body was all over reeking with blood. *ch'é ch'é yeh yeh*，扯扯拽拽。To carry off by force. *hwáh hwáh tuh tuh*，鹘鹘突突。Irregularly, carelessly. *láng láng ts'iáng ts'iáng*，踉踉跄跄。Reeling and tottering. *ming ming peh peh*，明明白白。Perfectly plain and intelligible. *sz' sz' siáng siáng*，思思想想。Immersed in deep thought. *yin teh shin shin hán hán*，饮得沉沉酣酣。He made himself dead drunk. *sié teh twán twán ching ching*，写得端端正正。The writing was remarkably elegant and correct.

3. 同一个字与两个反义词，或同义词，或近义词的组合。这种表达方式被认为特别的文雅。例如：

puh chí puh kioh，不知不觉。He neither knows nor considers. *puh ming puh peh*，不明不白。Obscure and unintelligible. *puh liáu puh tang tih sz'*，不了不当的事。An affair as yet unsettled. *puh tá puh siáu*，不大不小。Neither large nor small. *puh hwáng puh máng*，不忙不慌。Without hurry or bustle. *puh sán puh sz'*，不三不四。One alone. *yuen sang yuen sz'*，愿生愿死。Willing either to die or live. *yáu sz' yáu hwoh*，要死要活。He is neither anxious to live, nor afraid to die. *k'í sang k'í sz*，氣生氣死。To be desperately vexed. *lung teh puh sz' puh hwoh*，弄得不死不活。He seems to be neither dead nor alive. *k'o han k'o náu*，可恨可恼。Exceedingly hateful. *sz' k'í sz' k'iáu*，似奇似巧。He seems to be a wonderful genius. *ts'ú ch'un chí k'í tso hán tso nwán*，初春之氣做寒做暖。In the opening of spring the weather is alternately cold and warm. *pwán k'ái pwán yen*，半开半掩。Some he divulges and some he keeps secret. *pwán hán pwán tú*，半含半吐。Some he withholds, and some he proclaims. *pwán yü pwán siueh*，半雨半雪。Half rain and half snow. *pwán jin pwán kwei*，半人半鬼。Half man and half ghost. *pwán ch'ái pwán í*，半猜半疑。He is half confident, half doubtful. *pwán ping pwán háu*，半病半好。Neither sick nor well. *lung shin lung kwei*，弄神弄鬼。He acts like the very devil. *lung tsui lung sheh*，弄嘴弄舌。He is full of talk. *lung lái lung k'ü*，弄来弄去。To be coming and going; to be eager for wealth. *tsz' yen tsz' yü*，自言自语。He talks entirely to himself. *k'ing yen k'ing yü*，轻言轻语。To speak with moderation. *hú yen hú yü*，胡言胡语。To talk foolishly. *má tá má siáu*，骂大骂小。To curse all indiscriminately. *tá tsiú tá juh*，大酒大肉。A great banquet. *tá pwán tá wán*，大盘大碗。large bowls and platters; to eat largely. *tsz' king tsz' tsien.* 自轻自贱。To make himself frivolous and contemptible. *k'iáu mú k'iáu yáng*，乔模乔样。With a proud and haughty bearing. *kwái mú kwái yáng*，怪模怪样。In an awkward and foolish manner. *jih kin jih ts'in*，日近日亲。They daily became more intimate. *lí mun lí hú*，离门离户。To forsake his own house. *ngan k'í ngan náu*，暗氣暗恼。To suppress anger. *sin k'ang i k'ang*，心肯意肯。He gave full assent. *shwoh lái shwoh k'ü*，说来说去。In the midst of talk. *yung sin yung í*，用心用意。To strive carnestly. *tsau lái tsau k'ü*，走来走去。To run to and fro. *jü tsuui jü ch'í*，如醉如痴。Like a drunkard or a sot. *ch'áh tsui ch'áh sheh*，插嘴插舌。To interrupt in speaking. *koh mun koh hú*，各门各户。Each in his own way. *yen sháng yen hiá*，眼上眼下。Looking out on every side. *ts'ü lung ts'ü sí*，取东取西。To receive from every quarter. *k'ih sin k'ih k'ú*，吃辛吃苦。To be greatly afflicted. *kí kü puh kán puh tsing tih hwá*，几句不干不净的话。Some improper language. *puh ling puh lí tih hau táng*，不伶不俐的勾当。Unmanly and indecent conduct. *puh jin teh t'á mien ch'áng mien twán*，不认得他面长面短。I cannot discern his true character. *heh t'ien heh lí*，黑天黑地。Total darkness. *sié t'ien sié tí*，谢天谢地。To express unbounded thanks. *siáu sin siáu tán*，小心小胆。Without courage or spirit. *tsz' sz' tsz' siáng*，自思自想。Thinking seriously to himself. *yú p'ing yú kü*，有凭有据。That is fully authenticated. *tsiáng sin tsiáng í*，将信将疑。It is not yet decided. *muh yuen muh kú*，没原没故。Without origin or cause. *muh tsung muh ying*，没踪没影。Not a vestige or a shadow. *muh t'au muh náu*，没头没脑。Without head or brains. *mung t'í mung siáu wú fei mung*，梦啼梦笑无非梦。Sad or pleasant a dream is but dream.

4. 到现在为止，我们了解了两个同义字、近义字和反义字组合的情况。此外，我们也常常发现另一种反复。这种反复不是字词的反复，而是整个意思表达上的重复，以便展示字与字之间的联系和语言的美感。例如：

háu kien ngái ts'ing，好洁爱清。To delight in cleanliness. 如果变换 *háu*（好）字和 *ngái*（爱）字的位置，就会违反正规的用法。同样的道理，下面的例句

一定不能从现在的位置上做任意变换。例如：*tung kún kung hú*，同甘共苦。To experience both prosperity and adversity. *ts'un pin king k'eh*，尊宾敬客。To receive guests with attention and respect. *ts'ing t'au í hoh*，情投意合。May you cordially assent. *sin mwán í tsuh*，心满意足。Abundantly satified. *hwán t'ien hí tí*，欢天喜地。To be overjoyed. *shí t'ien ming tí*，誓天盟地。To swear by heaven and earth. *sháng fung pái suh*，伤风败俗。To subvert established usages. *shí p'ang tsiú yú*，诗朋酒友。Boon companions. *kw'áng p'ang kwái yú*，狂朋怪友。Awkward and foolish friends. *páu ch'au siueh yuen*，报仇雪怨。To revenge an insult. *tá hú siáu kiáu*，大呼小叫。To shout with a loud voice. *tá king siáu kwái*，大惊小怪。To raise a general commotion. *ling ya lí ch'í*，伶牙俐齿。Having a ready command of words. *kiáu yá ts'ieh ch'í*，咬牙切齿。To gnash the teeth in rage. *hwá yung yueh máu*，花容月貌。或是 *hwá yung huh máu*，花容玉貌。Exceedingly handsome. *jü hwá chí yung, sz' yueh chí máu*，如花之容，似月之貌。Beautiful as a flower and fair as the moon. *jü hwá sz' yuh*，如花似玉。As a flower or as a gem. *háw to shih sháu*，花多实小。Many blossoms but little fruit. *hú sz' lwán siáng*，糊[①]思乱想。To think without order or connection. *cháu sz' mú siang*，朝思暮想。To study early and late.[②] *tso sz' yú siáng*，左思右想。To ponder seriously. *sz' ts'ien siáng hau*，思前想后。To judge of the future by the past. *hwui sz' chuen nien*，回思转念。To reconsider, to change the mind. *hú hang lwán tsau*，糊行乱走。To proceed without order or care. *cháu tsái jé ho*，招灾惹祸。To be the author of one's own misfortunes. *tsin sz' mih howh*，寻死觅活。To be regardless of life. *jin kí nái k'oh*，忍饥耐渴。To endure hunger and thirst. *nien mái lih shwái*，年迈力衰。Superannuated. *chí chú má kau*，指猪骂狗。To point at the swine and curse the dog. *chí tung shwoh sí*，指东说西。To sya one thing and intend another. *chí tung má sí*，指东骂西。这句和上一句意思一样。*tung cháng sí wáng*，东张西望。To look in all distance. *cháng t'au wáng náu*，张头望脑。这句和前一句意思一样。*cháng hú*

---

① 拉丁文本此处为“胡”字。——中译注

② 拉丁文原文为“mane et serò meditari”，这个句子英译为“to think in the morning and evening”更好。此处英译似乎不妥。——中译注

twán t'án，长呼短叹。或者是 *twán t'án cháng hú*，短叹长吁。To sign. *shwoh cháng táu twán*，说长道短。或者是 *shwoh peh táu heh*，说白道黑。To speak unfavorably of a neighbor. *sin káu chí tá*，心高志大。To have generous and lofty views. *tswán sin tsih kuh*，钻心刺骨。It pierces to the quick, penetrates the bones. *jin mien shau sin*，人面兽心。A man's head, but the heart of a beast. *chwáng yáu tso kwái*，装妖做怪。To assume a strange spectral aspect. *chwáng mú tso yáng*，装模作样。To practice affectation. *mái ming yin tsih*，埋名隐迹。To disappear entirely, to abscond. *hwán tsih mái ming*，溷迹埋名。意思同上一句。*ts'áng tsung pí tsih*，藏踪避迹。意思也同前。*ts'áng t'au lú wei*，藏头露尾。To conceal the head and expose the tail. *jin k'í tu'n shing*，忍气吞声。To suppress resentment and swallow rage. *jü k'í sz' h'oh*，如饥似渴。Like the suffering of hunger or thirst. *jü mung sz tsui*，如梦似醉。As in a dream or a fit of intoxication. *jü láng sz' hú*，如狼似虎。Like a wolf or a tiger. *jü kiáu sz' ts'ih*，如胶似漆。As if glued or sealed. *k'án shán wán shwui sin hwá wan liú*，看山玩水寻花问柳。He loves the country, he seeks flowers and groves, he delights in mountains and streams. *shán ts'ing shwui luh niáu yü hwá hiáng*，山清水绿鸟语花香。Verdant mountains, limpid streams, singing birds and fragrant flowers. *shán ming kuh hiáng*，山鸣谷响。The mountains sing, the vales return the sound. *mei wei h'í chin*，美味奇珍。或是 *shán chin hái ts'o*，山珍海错。Sumptuous and choice viands. *ts'ú ch'á tán fán*，粗茶淡饭。A meager support. *hí fú p'á kiung*，喜富怕穷。To covet riches and fear poverty. *yé kwei shán siáu*，野鬼山魈。In a most wretched and forlon condition. *k'ung k'iuen peh shau*，空拳白手。Empty-handed. *sui po sui láng*. 随波遂浪。To go with the current. *kái sié kwei ching*，改邪归正。To reform the life. *mei lái yen kü*，眉来眼去。To catch a freguent glimse. *mei hwá yen siáu*，眉花眼笑。With a cheerful and smiling countenance. *tsih shau ts'uh ngeh*，疾首蹙额。An aching head and a wrinkled brow. *hwái ts'ái páu hioh*，怀才抱学。To be devoted to intellectual pursuits. *ts'ing t'ien peh jih*，清天白日。In open day; in the most public manner. *tiáu tsui lung sheh*，调嘴弄舌。To tune the lips and play the tongue; to prate. *hú yueh lwán yü*，糊[1]

① 拉丁文本此处为"胡"字。——中译注

言乱语。To jabber, to talk nonsense. *to tsui to sheh*，多嘴多舌。Full of talk. *yú tsui kau sheh*，油嘴狗舌。Lips smooth as oil with the tongue of a dog; an arrant flatterer. *tsui tsien sheh kw'ái*，嘴尖舌快。Lips pointed, tongue brisk; a pernicious tattler. *fán shihn lung sheh*，翻唇弄舌。To let fly the lips and play the tongue; to reproach. *k'iáu yen hwá yü*，巧言花语。Cunning words and flowery speech; a fair but false counsel. *hoh k'au fei sheh*，合口费舌。To waste words in contryoversy. *ting tsui tieh sheh*，钉嘴铁舌。A mouth of iron. *ho jin tá yá fán tsui*，和人打牙犯嘴。To hold harsh controvery. *ní tán wo ngái*，你贪我爱。Our attachment is mutual. *ní tung wo sí*，你东我西。We are on opposite sides. *ní wan wo táh*，你问我答。One answers to the other. *ho ní ping ko ní sz' wo hwoh*，和你拼箇你死我活。Live or die I shall not yield to you in this conflict. *peh jih heh yé*，白日黑夜。Day and night. *hú ko yé sz'*，湖[1]歌野词。Rude uncultivated songs. *lí hü wái shih*，里虚外实。Specious, a mere show. *wái hoh lí ying*，外合里应。The inward and the exterior agree. *cháu tá mú má*，朝打暮骂。In the morning flog, and curse night. *tung chwáng kung chin*，同床共枕。Most intimately associated. *ming t'ui ngán tsiú*，明推暗就。To permit privately what is publicly refused. *sing shin ming shwui*，姓甚名谁。What is his name? *sháng sing káu ming*，上姓高名。或是 *káu ming yá háu*，高名雅号。Please give me your name. *kí shih k'oh yih*，饥食渴饮。Hungry he eats, and thirsty the drinks. *t'ui* lung chwáng yá，推聋装哑。He feigns himself deaf and dumb. *shau máng kioh lwán*，手忙脚乱。His hands shook and his legs trembled. *kiáu pei hwán tsán*，交杯换盏。或是 *ch'uen pei lung tsán*，传杯弄盏。To exchange cups, to drink together. *p'ien k'au cháng sheh*，骗口张舌。A practiced liar. *tung táu sí wái*，东倒西歪。In total ruin. *ná táu lung cháng*，拿刀弄杖。To grasp the knife and shake the cudgel. *hú nú sz' pei*，呼奴使婢。To be master of the house. *mwán shin hwáng kwei*，瞒神谎鬼。To deceive spirits. *cháu hwán mú loh*，朝欢暮乐。To have perpetual delight. *k'í tsáu shwui ch'í*，起早睡迟。To risc carly and retire late. *mún táng hú tui*，门当户对。 Of equal rank. *mien ngoh yen hiung*，面恶眼凶。A fell countenance. *to nán t'áu tsái*，躲难逃灾。To avoid evils and difficulties.

---

① 拉丁文本此处为“胡”字。——中译注

yen tsih shau kw'ái，眼疾手快。Quick to perceive and active to perform. *i' sin hwoh chí*，疑心惑志。To be suspicious and doubtful. *king t'ien tung tí*，惊天动地。To astonish heaven and earth. *fú ch'áng fú sui*，夫唱妇随。The husband leads and the wife follows. *mau lin siú chuh*，茂林修竹。A luxuriant and elegant growth of bamboo. *hú hiung hwán tí mih tsz' sin yé*，呼兄唤弟觅子寻爷。The elder brother calls to the younger, the younger to the elder, the father seeks the sons, the sons the father. *heh the hwán fei tán loh*，嚇得魂飞胆落。或是 *king teh hwán fei p'eh sán*，惊得魂飞魄散。He was affrighted out of his wits. *hú teh hwan t'ien keh tí*，苦得昏天黑地。Grief so deep as to abscure the heavens and clothe the earth in blackness. 这种表达法用于表现巨大的悲痛。*sán hwui liáng t'sz'*，三回两次。或是 *sán hwui wú t'sz'*，三回五次。或是 *liáng fán sán t'sz'*，两番三次。In repeated instances. *yih yih sán ch'á luh fán*，一日三茶六饭。A continual feast. 如同在这个短语里一样，数字“三”和“六”常常无差别地使用。*sán p'ang sz' yú*，三朋四友。A circle of friends, a few friends. *sán yen liáng kü*，三言两句。A few sentences. *t'ui sán tsú sz'*，推三阻四。Throw various obstacles in the way. *ts'ih tsui páh sheh*，七嘴八舌。Constant prattle. *ts'ih sz' pah hwoh*，七死八活。But just alive. *sz' lin páh kioh*，七手八脚。Hand and foot; with all the might. *ts'ih pan páh lí*，七本八利。Capital and profit. *lung teh ts'ih t'ien páh táu*，弄得七颠八倒。Reduced to extremities. *ts'ien hwán wán hí*，千欢万喜。In ecstasies of delight. *ts'ien sin wán k'ú*，千辛万苦。The most bitter grief. *ts'ien ngan peh sié*，千恩百谢。A thousand thanks. *ts'ien fang peh kí*，千方百计。In every possible mode; a thousand ways, a hundred means. *ts'ien mo peh nán*，千磨百难。Tried in all sorts of hardship. *ts'ien ping kiú t'ung*，千病九痛。He is always ailing. *peh pán ts'ien kin*，百宝千金。Invaluable. *peh í peh sui*，百依百随。He assented to all that was proposed. *peh ling peh lí*，百伶百俐。Remarkably shrewd and clever. *ts'ien k'iú wán k'iú*，千求万求。To demand instantly. *ts'ien swan wán swan*，千算万算。To seek by every means. *ts'ien k'ang wán k'ang*，千肯万肯。He has not the least objection.

我们确信，对于那些希望深入了解汉语成语、俗谚的人来说，以上列举的例句并不会显得太多。相反，他们会努力将它们牢记在脑海中，在掌握中国人所熟知的各种表达方式的同时，也力求正确地发音和辨别声调。

5. 在很多例句里，一个短语的重复不仅为了声音的和谐，也是为了加强表达的力度。例如：

miáu tsiueh miáu tsiueh，妙绝妙绝。Admirable! Admirable! *t'á k'í t'á k'í*，大奇大奇。Wonderful! Wonderful! *nán teh nán teh*，难得难得。Fortunate! Fortunate! *chung láu chung láu*，重劳重劳。Great, great indeed are my obligations. *to kán to kán*，多感多感。Thank you! Thank you! *k'au liáu k'au liáu*，勾了勾了。Enough! Enough! *hiú kwái hiú kwái*，休怪休怪。或是 *moh kwái moh kwái*，莫怪莫怪。On wonder! No wonder! *k'o sháng k'o sháng*，可伤可伤。Dreadful! Dreadful! *jü ts'z' jü ts'z' ché pwán ché pwán*，如此如此这般这般。Just so, just so. *o yá k'o sih k'o sih*，阿呀可惜可惜。O terrible! Terrible! *láu kí láu kí*，牢记牢记。Hold fast! Remember! *fáng p'í fang p'í*，放屁放屁。O fie! fie! *shí yá shí yá*，是呀是呀。Certainly! Certainly! *k'ú yá k'ú yá*，苦呀苦呀。Oh dreadful! Dreadful! *ching shí t'á ching shí t'á*，正是他正是他。It is he, it is he! *shí liáu shí liáu puh siáu shwoh teh*，是了是了不消说得。Enough, enough, no further need of talk. *tung t'á k'ü yú wán yú wán*，同他去游玩游玩。To go with him on an excursion of pleasure.

6. 同一个字在重复中插入 *tih*（的）字，形成一种分词的语尾形式。例如：

tso tih tso tsau tih tsau，坐的坐，走的走。Some were sitting and others walking. *yih lú sung tih sung ying tih ying*，一路送的送，迎的迎。He was thronged the whole way with persons coming out to meet and do him honor. *ch'ui tih ch'ui tán tih tán ch'áng tih ch'áng wú tih wú*，吹的吹，弹的弹，唱的唱，舞的舞。Some played upon the pipe, some upon the harp, some raised the song, and others danced. *chung tih chung liáu siuen tih siuen liáu*，中的中了，选的选了。Some were obtaining the middle place, some were being elected. *t'á kú tih tá kú tá lo tih tá lo*，打鼓的打鼓，打锣的打锣。Some beat the drum, and some the gong.

第二小节 对语

在这一小节中，修辞法“对语”的概念是广义的。它既表示从严格意义上所定义的对立，又可指一种简单的对应或相关关系。很难给这种修辞法找到一个比“对语”更为合适的名称，它在口语和书本中是如此常见，以至于在这小小的章节里也能展示大量引用的例句。无论在语言上还思想上，似乎都很难找到一个不存在对立的例子。可以确定的是，它正是汉语的一大特色。一个单独的字也许可以表达一个完整的意思；但是为了使一个循环的复句有一个轻柔平缓的语尾，就不得不求助于反复或对语了。通过上一小节，特别是该小节中第四部分引用的例句已经指出过这一点。例如：

yú ts'ái tih wei pih yú máu yú máu tih wei pih yú ts'ái，有才的未必有貌，有貌的未必有才。There may be intelligence without beauty, as there is beauty without intelligence. *máu ch'ing k'í ts'ái ts'ái fú k'í máu*，貌称其才，才副其貌。He is alike distinguished for the excellence of his intellect and the beauty of his person. *máu pí Pw'án ngán ts'ái t'ung Tsz' kien*，貌比潘安，才同子建。As beautiful as Pw'án ngán as talented as Tsz' kien. *I puh ché shin shih puh ch'ung k'au*，衣不遮身，食不充口。He has neither raiment to cover his body, nor food to fill his mouth. *ho ch'ú puh mih shin ch'ú puh sin*，何处不觅，甚处不寻。Where in the world have I not inquired. *puh chí shí mái puh chí shí sung*，不知是卖，不知是送。I know not whether you would sell it, or bestow it upon me. *lang yih kü jeh yih kü*，冷一句，热一句。He speaks now coldly, now with warmth. *jin chin puh teh jin kiá puh teh*，认真不得，认假不得。True or false we cannot tell. *puh shí ní sin wo pien shí wo fang ní*，不是你寻我，便是我访你。If you do not inquire me, then I am inquiring for you. *puh yáu ní t'ui wo wo t'ui ní*，不要你推我，我推你。Do not charge me with it, I shall only retort the charge. *you k'ái k'au yú k'ái puh teh, yáu pí k'au yú pí puh teh*，要开口又开不得，要闭口又闭不得。I can neither open my mouth nor hold my peace. *yáu kih wú lui yáu yen wú yü*，要泣无泪，要言无语。He wants tears to express his grief, and language to express his thoughts. *yuh yen ngan ngan shin nán yen yuh yen ts'ing yú wú ts'ing k'o yen*，欲言恩，恩深难言；欲言情，又无情可言。His benevolence and his affection no language can describe. *t'á wei wo sz' wo pih wei t'á wáng*，他为我死，我必为他亡。I must sacrifice my life to him who died for me. *yú ní tseh sang wú ní tseh sz'*，有你则生，无你则死。With you I live, without you I die. *hwoh wo ch'áng pí ho, howh wo ho pi ch'áng*，或我唱彼和，或我和彼唱。My song accords with his and his with mine; we agree perfectly. *wú kiá k'o t'au wú lú k'o pan*，无家可投，无路可奔。He has no house for protection, no road for escape. *sháng t'ien wú lú jih tí wú mun*，上天无路，入地无门。Heaven has no access, earthe no entrance; he has no chance of escape. *puh kioh k'o kí puh kioh k'o yen*，不觉可喜，不觉可厌。He finds nothing to excite either pleasure or disgust. *ní shí kin jih tih wo, wo shí ts'ien jih tih ní*，你是今日的我，我是前日的你。You are as I am, for I am as you were. *táng mien yíng ch'ing pei hau tso tsoh*，当面应承，背后做作。In public indeed he makes liberai promises, but in private he throws all into confusion. *sán hwan p'iáu p'iáu ts'ih p'eh miáu miáu*，三魂飘飘，七魄渺渺。He is half frightened to death. *ch'á puh sz' fán puh siáng shwui sz' sing sing sz' shwui*，茶不思，饭不想；睡似醒，醒似睡。He neither eats nor drinks, and sleeping or waking he is still the same. *jin puh chí kwei puh kioh*，人不知鬼不觉。Neither men nor spirits can tell. *puh chung kí nui shau nui k'ung hü*，腹中饥馁，手内空虚。With a hungry stomach and empty hands. *lí pien káng yung wái mien tsz' ho*，里边刚勇，外面慈和。Within rigid and severe, abroad complaisant and obliging. *t'ien hán tso kiáu t'ien nwán shing má*，天寒坐轿，天暖乘马。When it is cold he goes in the sedan, when warm he mounts the horse. *shau jin chí t'oh pih táng chung jin chí sz'*，受人之托，必当终人之事。He who accepts a trust should see that it is faithfully executed. *tsái t'á shau lí k'ang k'ih tsiú p'ien wo tí tsiú ní puh*，在他手里肯吃酒，偏我递酒你不。You are willing to take wine at his hands, but you will not suffer me to pass it. *ts'ing yuen ho lí ho k'ü shwui lí shwui k'ü*，情愿火里火去，水里水去。Should it please you, I would plung into the fire or into the water. *hwán ts'ung hán k'í hí hiáng súi sang*，欢从颔起，喜向腮生。Joy and delight are the expression of his countenance. *ní hwoh shí t'á kiá jin sz' shí t'á kiá kwei*，你活是他家人，死是他家鬼。In life you will be his companion, in death his guardian spirit. *yuh tsin puh nang, yuh t'ui puh shié*，欲进不能，欲退不舍。Advance he cannot, and he is unwilling to return. *wo yü t'á wáng jih wú yuen kin jih wú chau*，我与他往日无冤，今日无仇。I have never given him just occasion to be angry. *ming shwui táu yé yé shwui táu ming*，明睡到夜，夜睡到明。He sleeps from morning to night and from night to morning. *chih kú k'í ts'ien puh kú k'í háu*，只顾其前，不顾其后。He only regards the past, he regards no the future. *ní yih yen wo yih kü*，你一言我一句。You a word, and I a sentence; we have always some thing to talk about. *ní yih chung wo yih chán*，你一钟我一盏。You a bowl, and I a goblet; we are a match at the draught. *shwoh wo ch'áng shwoh wo twán*，说我长说我短。He speaks of me very indifferently. *kieh kieh kú kú yü shí sháng t'ing t'ing tuh lih yü jin ts'ien*，孑孑孤孤於世上，亭亭独立於人前。All alone in he world, isolated among men. *yih pwán 'rh ts'z' yih pwán 'rh k'ang*，一半儿辞，一半儿肯。He is half inclined half indisposed; he is in a state of suspense. *yáu ch'áng yé sui tih t'á yáu twán yé sui tih t'á*，要长也随的他，要短也随的他。Let him have it just as he prefers. 在这个句子里 *tih*（的）字等同于 *teh*（得）字。

第三小节　疑问

有很多不同的的字用来表示疑问。它们的用法将通过选取的各种例子来说明。

1. *puh*，不

"不"的前后用同样的字。例如：

k'ü puh k'ü，去不去？[①] Has he gone? *lái puh lái*，来不来？Will he come? *k'ang puh k'ang*，肯不肯？Is he willing? Will he? *í yun puh í yun*，依允不依允？Do you assent? 但是这种"……不……"的公式并不都表示疑问。例如：*tung puh tung*，动不动。Impromptu, off hand, at onece, as may be, &c. *k'án wo tá ní 'rh kwáh tsz' puh tá*，看我打你耳刮子不打。Now see whether you do not get a flogging.

2. *Yé*，也

"也"字后面跟着一个表示否定的虚词，也表疑问。例如：

fú ts'in k'ih fán yé wei，父亲吃饭也未？Has father yet taken his food? *k'o yú ché sz' yé wú*，可有这事也无？Is this indeed a fact? *liáu liáu yé wei*，了了也未？Is it yet decided?

"也"可以被省略。例如：*k'ih wán fán liáu wei*，吃晚饭了未？Have you dined yet? 但这种情况比较少见。

---

① 英译本中，本小节所有疑问句式的汉语例句都没有问号，为了表达清楚，问号是笔者所加。——中译注

在下面的例句中，“不知”这个词破坏了原有的疑问句式。

puh chí ní k'ang k'ü yé puh，不知你肯去也不。I know not whether you wish to go.

3. *moh fei*，莫非；*moh puh*，莫了

“莫非”或是“莫了”放在句子的开头，*mo*（么）放在句尾。例如：

moh fei tsiú shí ts'z' jin moh，莫非就是此人么？ Is not this then the man? *moh fei tsoh yé tsoh yé tso liáu shih mo háu mung mo*，莫非昨夜做了什么好梦么？Was it not a good dream you had last night?“么”也可以被省略。例如：*moh fei shí t'á kien liáu kwei*，莫非是他见了鬼？Has he not indeed seen ghosts? *moh fei lái tá ts'iú fung*，莫非来打秋风？Has he not soe interest in the matter? Is it not to be made an occasion of profit? *moh puh shí t'au hwá tih*，莫不是偷花的？Is it not with those who pilfer flowers?

以下的例子值得关注：*ní ts'ié ts'ái yih ts'ái, moh puh shí &c ... puh shí ... moh puh shí &c ... yé puh shí, moh puh shí &c ... yih fáh puh shí*，你且猜一猜。莫不是……不是；莫不是……也不是；莫不是……一发不是。Do then just guess. It is? It is not. Is it? Again, it is not. Is is? Yet, indeed, it is not.

4. *ho*，何

“何”字本身就表示疑问。例如：

yú ho fang ngái，有何妨碍？What is there to prevent? *yú ho puh k'o*，有何不可？What forbids? *ho tang tih háu*，何等的好？What can be preferable? *ts'z' shí puh tsau kang tái ho shí*，此时不走更待何时？ When will you find a better chance of escape than the present?

5. *to sháu*，多少，many。例如：

hwán shin shí tieh tá teh to sháu ting 'rh，浑身是铁，打得多少钉耳？ Were my body all of iron how many nails would it make? *yú to sháu jin*，有多少人？How many men are there? *to sháu shí háu*，多少是好？How much better were it?

6. *tsang*，怎

“怎”字需要进一步的说明。

（1）“怎”字与 *mo*（么）字连用。例如：

tsang mo sz' teh，怎么使得？How shall we proceed? What can we do? *tú lí tih tung sí tsang mo k'án teh ch'uh*，肚里的东西怎么看得出？How can that be rendered visible which exists only in the mind? *tsang mo ts'ing t'ién peh jih shwoh k'í mung hwá lái*，怎么清天白日说起梦话来？How in the light of day can you begin to relate your dreams to us? *í ní tih chú í kái tsang mo yang*，依你的主意该怎么样？ How in your opinion, ought we to act?

（2）“怎”字也常常与 *tih*（的）字连用。例如：

p'á t'á tsang tih，怕他怎的？Whay should I fear him? *p'á tsang mo tih*? 怕怎么的？Why should we fear? *hien hwá shwoh t'á tsang tih*，闲话说他怎的？ Why make him the subject of your idle talk? *tsang tí (tih) kiau wo shié teh ní*，怎地（的）教我舍得你？Why urge me to let you go? *ping peh yú má t'á tsang tih*，平白又骂他怎的？Why reproach him?

以下的例子值得特别注意。例如：

ní wan t'á tsang tih, puh tsang tih, wo wan shing 'rh, ní wan pih yú yuen kú，你问他怎的？不怎的。我问声儿，你问必有缘故。Why do you ask him? No matter. I desire but a word. Still you must have some reason for it. *kwáng tih jin muh ming tih yih pwán wáng wái tsau tsang tih*，慌的恁没命的一般往外走怎的？Why seek to escape in such haste as if frightened out of your wits? 在这个句子中第一个 *tih*（的）表示的是 *teh*（得）。

（3）“怎”字与 *sang*（生）字连用。例如：

tsang sang tá pan，怎生打扮？ In what trim whould he appear? *puh chí pih king tsang snag kieh kwo*，不知毕竟怎生结果。How it will finally eventuate I cannot tell.（在这个句子中 *puh chí*，“不知”破坏了疑问句式。）

（4）“怎”字与 *nái*（奈）字连用。例如：

kioh tsang nái ho，却怎奈何？How then shall we proceed? *tsang nái wú tsung ying*，怎奈无踪影？Why has he thus absconded?

（5）“怎”字与 *kán*（敢）字连用。例如：

tsang kán puh tí t'au，怎敢不低头？ How could I refuse assent? *wo yú yih kü hwá k'o shí kán shwoh mo*，我有一句话可是敢说么？May I be allowed to speak a word?

ná（那）字也常被发现用在类似的情况下。例如：*k'o puh háu ná*，可不好那？Will it not thus answer? *wo k'o sz' ko shin mo ná*，我可似箇甚么那？What then do you think of me! 也可用“波”字，意思相同。例如：*tsek ché pwán pá po*，则这般罢波？Shall it then be thus?

7. *mo*，么

“么”本身就表示疑问。例如：

siáng shí yú yú pieh yáng kung k'o mo，想是又有别样功课么？It may be there exercises of a different character, are there not?

8. *shin*，甚

“甚”字的用法和前面提到的 *tsang*（怎）字十分接近，这一点将从例子中得以说明。例如：

hoh shin mo siú，害甚么羞？Why so very modest? *ní hoh tih shí shin mo ping*，你害的是甚么病？What is the nature of your disorder? *wei shin mo tung fáng lí mien tsau ch'uh ko kwei lái*，为甚么洞房里面走出個鬼来？Why such a monster from the nuptial couch? *yá wei shin mo yuen kú k'í teh ché tang lí hoh*，呀为甚么原故气得这等利害？Why are you thus transported with rager? *chih yáu t'á í teh ping háu kwán shin mo nán k'ih*，只要他医得病好管甚么难吃。We seek only to effect a cure of the disorder; what matter if the antidote be unpleasant?

shin（甚）也常常用在不表示疑问的句子里。例如：

ní yú shin mo，你有甚么？What have you in hand? *wo muh shin mo*，我没甚么。I have nothing.

我们能找到类似用法的例子，如：

yé puh ch'á shin mo，也不差甚么。There is no mistake. *wo yú muh tsang shwoh shin mo*，我又没曾说甚么。I have not yet said any thing.

shin mo（甚么）常放在 *tso*（做）的后面。例如：

sháng mien shí yih so k'ung lau k'ü tso shin mo，上面是一所空楼去做甚么？The story above is entirely empty, why go up? *kwán ché hien sz' tso shin mo*，管这闲事做甚么？Why regard these unimportant matters? *ní wan t'á tso shin mo*，你问他做甚么？Wherefore do you ask him? *ché yang jin lí t'á tso shin mo*，这样人理他做甚么？Why do you have regard to such a person?

shin（甚）字与 *tih*（的）字连用，就如同 *tsang*（怎）字与“的”字连用的用

法一样。例如：*kán ní shin tih sz'*，干你甚的事？ How does this concern you? *puh kán táu t'á shin tih*，不敢道他甚的？ I dare not say a word to him. 在这个短语中 *shin*（甚）不表示疑问。

“甚”有时候可以单独使用。例如：*yú shin tá sz'*，有甚大事。What is the great affair? *yú shin lien ts'ui ch'uh k'ü kien jin*，有甚脸嘴出去见人？ With what face can I now look upon the world?

9. *shih*，什

“什”字的意思明显和“甚”字一样。例如：*tso sih mo*，故什么？ For what purpose? *shwoh shih mo kú jin*，说什么古人？ Why speak of the ancients? *pá shih mo kwo hwoh*，把什么过活？ Pray, how do you get a living? *yú shih mo p'o chán loh tsái ní yen li*，有什么破绽落在你眼里？ What fault have you discovered in him? *Wo shwoh shih mo*，我说什么？ What then do I say?

然而并不是在所有的情况下，“什么”都表示疑问。例如：*ts'ing tsin lí mien lái, yung sié mo ch'á fán*，请进里面来，用些什么茶饭。Pray come in, and take a little rice and tea. *ching puh chí shih mo ping ching*，正不知什么病症。I cannot determine precisely the nature of the disease. *puh tsang ch'ing shih mo tá sz'*，不曾成什么大事。It is of no material consequence.

10. *ngán*，安

“安”字也是一个疑问词。例如：*siáu tí ngán kán tsz' chuen*，小弟安敢自专？ How chould I dare to pursue my own course? *ngán k'ang tsáu ts'z' ts'o yung*，安肯造次错用？ Would he demean himself so foolishly?

11. *k'i*，岂

“岂”字虽然更多见于比较高级的文章中，但在日常谈话中也较常用。例如：*k'í kán*，岂敢？ How presume? *k'í yú ts'z' lí*，岂有此理？ How can this be? *k'í puh wú liáu tá sz'*，岂不误了大事？ How could it fail to ruin this mighty project? *k'í puh shí t'ien tsung jin yuen*，岂不天从人愿？ How can it be denied that heaven gives man his wish? *k'í puh siú sz'*，岂不羞死？ How could he fail to die with remorse? *k'í puh wei mei*，岂不为美？或是 *k'í puh mei tsái*，岂不美哉？ What could be more fair?

12. *ná*，那

“那”字的使用范围很普遍，而且和其他很多字都能搭配，用法见于以下的例子。

（1）“那”与 *ko*（個）搭配。例如：

shí ná ko tih shau pih，是那個的手笔？Whose handwriting is this? *ná ko hwán k'ang to tsui*，那個还肯多嘴？Who still wishes to jabber? *ché kü hwá shí ná ko kiáu ní shwoh tih*，这句话是那個教你说的？Who taught you to use this language? *k'án ní muh fán tsái ko lí tih shí tsieh, ná ko háu pa'ng yú pá yih tau wú shing lái tsz' tsú ní*，看你没饭在锅里的时节，那個好朋友把一斗五升来资助你？ But when there is no rice in your pot, what tender-hearted friend will offer you a bit of food? *ná yih ko lí ní*，那一個理你？What person regards you? *wo ts'ié wan ní ná yih ko shí chung chin ná yih ko shí kán chin*，我且问你那一個是忠臣，那一個奸臣？I ask, who then is the trusty, who the faithless servant?

（2）“那”和 *lí*（里）字搭配。例如：

ná lí k'ang shau, tí sz' tui ts'z'，那里肯受，抵死推辞。How could he consent to receive it? He would rather die than not repel it from him. *shwoh ná lí huá*，说那里话。How did you say? 这是一个礼貌用语，意思同“不敢”一样。*ná lí k'ü*，那里去？Where are you going? *ná lí ts'in teh ch'uh ché ko jin lái*，那里寻得出这個人来？Where did you discover this person? *ná lí shí ch'uh kiá tih táu lí*，那里是出家的道理？Ought a priest thus to demean himself? *k'ien t'á tsau táu mien ts'ien, hwan ling tú heh h'ü liáu; ná lí hwán kiang teh hwá lái*，见他走到面前，魂灵都嚇去了；那里还讲得出话来？Seeing him approach he was frightened out his wits; how could he utter a word? *ná lí shí ché ko kiung siáng*，那里是这個穷相？How could he appear in such a miserable plight? *ná lí nang kau kien mien*，那里能勾见面？ How could he look him in the face? *ná lí pí teh t'á sháng*，那里比得他上？How preferable to him? *joh puh k'ien shí ná lí pien teh ch'uh*，若不见诗那里辨得出？ How can I discriminate not having seen the odes? *tso yú ná lí*，左右那里？ Attendants where are you? *ní mun ná lí chí táu*，你们那里知道？How could you know it?

lí（里）字有时也可省去。例如：

ná yú puh ho puh muh chí lí，那有不和不睦之理？How is it they can never be agreed? *ná yú k'ü yú wán tih táu lí*，那有去游玩的道理？Where can we have a pleasant ramble?

（3）“那”和 *hiáu*（晓）字搭配。例如：

ná hiáu teh t'á wái pien tih sz'，那晓得他外边的事？How can we know what he is doing abroad?

（4）“那”和 *kien*（见）字搭配。例如：

ná kien k'ú shú sháng sang ch'uh hwá lái，那见枯树上生出花来？Who ever saw a dead tree in blossoms?

13. *shwui*，谁。例如：

puh má ní má shwui，不骂你骂谁？Who is more to be execrated than yourself? *ná chí shí shwui*，那知是谁？Who knows who it is? What profit in my knowing who it is? *shwui siáng*，谁想？Who would have thought? 这个短语很常见。

14. *nán táu*，难道

“难道”准确地来说表示“很难说”的意思，可是在实际使用的时候却成了疑问的一个标志。例如：

nán táu tsiú pá liáu，难道就罢了？Is this then all? 其他的例子可以在前面有关“道”的章节里找到。

puh ch'ing（不成）常常会加在有“难道”的句子结尾处。例如：

nán táu tsiú á liáu, 难道就罢了。Is this then all? *nán táu pá liáu puh ch'ing*，难道罢了不成？Will it thus terminate?“难道”有时也可省去。例如：*wo moh fei shwoh hwáng puh ch'ing*，我莫非说谎不成？Do I then speak falsely?

第四小节　谚语

汉语里的格言和俗谚增强了语言表达的高雅和有力。毫无疑问，其数量远超本书所收集到的。本节列举的这些例子，读者最好能既注意其表达形式，也注意到其内在含义。

1. *yih máng yin chung máng, siáng tsiáng juh ho k'áng*，一盲引众盲，相将入火炕。If the blind lead the blind they will both go into the pit.

2. *ho ts'ung k'au ch'uh, ping ts'ung k'au juh*，祸从口出，病从口入。Misfortunes proceed from the mouth, and by the mouth disease enter.

3. *háu tieh puh tá ting, háu jin puh táng ping*，好铁不打钉，好人不当兵。Good iron is not used for nails, nor are soliders made of good man.

4. *shun fung puh k'í láng*，顺风不起浪。A fair wind raise no storm.

5. *sui fung táu to, shun shwui tui ch'uen*，随风到舵，顺水推船。To sail with wind and tide.

6. *shí shun fung ch'ui ho, hiá shwui hang ch'uen*，是顺风吹火，下水行船。To fan the flame in a fair wind, and to impel the boat with the current.

7. *yih nien wán nien*，一念万年。One mind, then thousand years; always of one mind.

8. *yih kü liáng teh*，一举两得。或是 *yih kü liáng pien*，一举两便。To kill two birds with one stone.

9. *yih nien chí ch'á, chung shin chí hwui*，一念之差，终身之悔。The error of a thought, the regret of a whole life.

10. *siáu puh jin lwán tá mau*，小不忍乱大谋。A little impatience subverts great undertaking.

11. *k'í hoh í t'ien, jin sin nán mwán*，谿壑易填，人心难满。Vast chasms can be filled, the heart of man is never satisfied.

12. *i' teh ping, í puh teh ming*，医得病，医不得命。Disease may be healed, but fate cannot be remedied.

13. *i' teh shin, í puh teh sin*，医得身，医不得心。The body may be healed, but the mind is incurable.

14. *jin sin wei hü kú ling, shán kuh wei hü kú ying*，人心惟虚故灵，山谷惟虚故应。The open mind reflects, the hollow dell resounds.

15. *shú táu hú sin sán*，树倒猢狲散。When the tree falls the monkeys flee.

16. *shú táu wú yin*，树倒无阴。When the tree falls the shade disappears.

17. *hú luh puh t'ung yú*，虎鹿不同游。The tiger does not walk with the hind.

18. *sui luh ché puh kú t'ú*，逐鹿者不顾兔。He who pursues the stage disdains to notice the hare.

19. *tá ch'ung puh k'ih fuh juh*，大虫不吃伏肉。The tiger does not molest a lying

carcass.

20. *táng t'sü puh t'sü kwo hau moh hwui*，当取不取，过后莫悔。He who neglects a good opportunity must not afterwards complain.

21. *táng twán puh twán fán sháu k'í lwán*，当断不断，反受其乱。Trouble neglected becomes still more troublesome.

22. *lin chang puh mái sin, hú sháng puh yuh yü*，林中不卖薪，湖上不鬻鱼。Wood is not sold in the forest nor fish at the pool.

23. *kwán shán tih sháu ch'ái, kwán ho tih k'ih shwui*，管山的烧柴，管河的吃水。The keeper of the forest burns up the wood, the keeper of the stream drinks up the water.

24. *shí jih ché hiuen, t'ing lui ché lung*，视日者眩，听雷者聋。He who looks at the sun is dazzled, he who hears the thunder is made deaf.

25. *yuh mieh tsih,'rh tsau siueh chung*，欲灭迹，而走雪中。He desires to hide his tracks and walks upon the snow.

26. *hwái ch'áu'rh k'iú fáng*，坏臭而求芳。His desire to become agreeable renders him disgusting.

27. *k'í lü mih lü*，骑驴觅驴。He secks the ass, and lo he sits upon him.

28. *sháng puh kin tseh hiá mán*，上不紧则下慢。When the master is not rigid the servant is remiss.

29. *yen tsing t'ián hwui k'í táu*，眼睛跳悔气道。When the eyes quiver it is a bad sign.

30. *yih jin tsáu fan kiú tsuh tsáu chú*，一人造反，九族遭诛。For the crime of one the whole family suffers.

31. *moh shwoh t'á jin, sien shu liáu tsz' kí*，莫说他人，先输了自己。Speak not of others, but first conviet yourself.

32. *tsáu puh k'ü kan, chung táng fuh sang*，草不去根，终当复生。If the root remains the grass will grow.

33. *yuh k'iú sang kw'ái hwoh, sü hiá sz' kung fú*，欲求生快活，须下死工夫。Great pleasures are purchased only with great pains.

34. *tsien ts'áu chú kan, mang yá puh fah*，剪草除根，萌芽不发。If the root is

killed the shoots will not revive.

35. *k'íh fán fang yeh, hing lú fang tieh*，吃饭防噎，行路防跌。Do not choke yourself in eating nor let your foot slip in walking.

36. *lú tsái k'áu lí yih wan tsiú chí*，路在口里，一问就知。A man who has a tougue may go to Rome.

37. *ho sháng t'ien yú*，火上添油。To add fuel to the flame.

38. *li kiá yih lí, puh jü uh lí*，离家一里，不如屋里。Beter be at home than three furlongs off.

39. *chá háu li, miú ts'ien lí*，差毫釐，谬千里。A slight deviation leads to a great error.

40. *fán jin puh k'o máu siáng, hái shwui puh k'o tau liáng*，凡人不可貌相，海水不可斗量。A man is not always known by his looks, nor is the sea measured with a bushel.

41. *yuh puh choh puh ch'ing k'í, jin puh mo puh ch'ing táu*，玉不琢不成器，人不磨不成道。A gem is not polished without rubbing, nor is man perfected without trails.

42. *ping lin káu kih pih sü sz' tih*，兵临告急，必须死敌。Extreme peril requires extreme effort.

43. *fú'rh chí yen wan yü ts'ien lí*，附耳之言，闻于千里。A word spoken in the ear is heard a thousand miles off.

44. *puh tá k'í túng, puh nang jin chung*，不大其栋，不能任重。A small beam will not bear a great weight.

45. *siáng yú puh ch'uh shú k'áu*，象牙不出鼠口。Ivory does not come from a rat's mouth.

46. *wo puh yin jin ts'í, jin puh yin wo ts'í*，我不淫人妻，人不淫我妻。If I keep with my own wife she will not be debauched by others.

47. *kiun tsz' puh nien kiú ngoh*，君子不念旧恶。The wise forgets past injuries.

48. *jin sang yih shí, ts'áu sang yih ch'un*，人生一世，草生一春。Man lives one age, the flowers one spring.

49. *ning k'o wú liáu yú puh k'o yú liáu w'ú*，宁可无了有，不可有了无。Better

not be than be nothing.

50. *kí tsz'yü shih tsz'tau*，鸡子与石子斗。The egg fights with the rock.

51. *chí luh wei má*，指鹿为马。To point at the stag and mean the horse.

52. *i'yang yih niú*，以羊易牛。To exchange a sheep for an ox.

53. *táng jin puh táng wuh*，当人不当物。A man is better than a pledge.

54. *háu jin siáng fung, ngoh jin siáng lí*，好人相逢，恶人相离。The good seek each other, the bad mutually repel.

55. *tán sz'puh ch'ing sien*，单丝不成线。One thread does not make a rope; a swallow does not make a summer.

56. *wáng mei chí koh, hwá ping k'eh kí*，望梅止渴，画饼克饥。To feed upon the pictures of one's own fancy.

57. *kiá ch'au puh k'o wái yang*，家丑不可外扬。Domestic foibles must not be exposed.

58. *chung chin shí sz'wú nán seh, lieh fú lin wei yú siáu yung*，中臣视死无难色，烈妇临危有笑容。A faithful subject dies without fear, and a virtuous woman meets danger with delight.

59. *fú ts'i mien ts'ien moh shwoh chin, p'ang yú mien ts'ien moh shwoh kiá*，夫妻面前莫说真，朋友面前莫说假。Between husband and wife there must be all affection, between friends all fidelity.

60. *yih kiá nü'rh k'ih puh teh liáng kiá fán*，一家女儿吃不得两家饭。A woman in one house cannot eat the rice in two; a wise woman does not marry the second time.

61. *nien k'í ts'ien pien chí k'í háu*，念其前便知其后。Consider the past, and you will know the future.

62. *káng táu sui kw'ái puh chán wú tsui*，钢刀虽快，不斩无罪。Though the sword be sharp it will not wound the innocent.

63. *shih ko fú jin kiú ko tú*，十个妇人九个妒。Nine women in ten are jealous.

64. *wán ngoh yin wei shau, peh hing hiáu wei sien*，万恶淫为首，百行孝为先。Sensual indulgence is the greatest evil, filial obedience is the highest good.

65. *shen jin teh fuh wei chí sháng, ngoh jin teh fuh wei chí yang*，善人得福为之

赏，恶人得福为之殃。Prospertiy is a blessing to the good, but to the evil it is a curse.

66. *shen jin t'ing shwoh chung ts'z', ngoh jin t'ing shwoh'rh pien fung*，善人听说心中刺，恶人听说耳边风。Instruction pervades the heart of the wise, but cannot penetrate the ears of a fool.

67. *hái teh sing ming, tien puh teh tsing ming*，害得性命，玷不得清名。A man may be deprives of life but a good name cannot be taken from him.

68. *loh kih pei sang*，乐极悲生。The extreme of joy is the beginning of sorrow.

69. *nán teh ché hing tí, i teh ché t'ien tí*，难得者兄弟，易得者田地。An estate is easily acquired, but a brother is with difficult found.

70. *jin láu wú nang, shin láu wú ling*，人老无能，神老无灵。Age deprives a man of his strength, and a god of its virtue.

71. *pieh jin tih p'í chau, tsz' kiá tih p'í hiáng*，别人的屁臭，自家的屁香。Every man sees the faults of others but cannot discern his own.

72. *k'au shí fung, pih shí tsung*，口是风，笔是踪。Words spoken are as wind, the tracing of the pencil remains.

73. *jin kien muh ts'ien, t'ien kien kiú yuen*，人见目前，天见久远。Man sees only what is before him, but heaven beholds all things.

74. *hien shí puh sháu hiáng, kih lái páu fuh kioh*，闲时不烧香，急来抱佛脚。Neglect to burn incense at the proper time, and you will shortly embrace the feet of Budha.

75. *ts'ü ts'í ts'ü teh, ts'ü ts'ieh ts'ü shih*，娶妻娶德，娶妾娶色。Virtue is sought in a wife, in a concubine beauty.

76. *'rh wan shí hü, yen kien shí shih*，耳闻是虚，眼见是实。Mere sound is empty, what is seen is solid; what is heard is doubtful, what is seen is certain.

77. *jin k'áu t'ien kung, ch'uen k'áu to kung*，人靠天工，船靠舵工。Heaven directs the ways of men as a pilot directs a ship.

78. *lí láu kiuen puh juh*，篱牢犬不入。If the fence is secure the dogs will not enter.

79. *piáu chwáng puh jü lí chwáng*，表壮不如里壮。Better strong within than strong without.

80. *yú ts'ien sz' teh kwui tung, wú ts'ien hwán puh teh jin lái*，有钱使得鬼动，无

钱唤不得人来。With money oen can raise a spirit, without it he cannot command a man.

81. *teh miáu wan wú she*，德妙文无色。Virtue requires no coloring.

82. *t'áng chung wú tsiun puh pih shí háu jin kiá*，堂中无俊仆，必是好人家。It is an honest man's house that has no handsome servant.

83. *jin wú káng k'iáng, ngán shin puh cháng*，人无刚强，安身不长。He who is not robust cannot long endure.

84. *jin wú káng kuh ngán shin puh láu*，人无刚骨，安身不牢。意思和前面一句一样。

85. *yuen ts'in puh jü kin lin*，远亲不如近邻。A near friend is better than a distant relative.

86. *háu sz' puh ch'uh mun, ngoh sz' ch'uen ts'ien lí*，好事不出门，恶事传千里。Good works remain at home, the evil travel far abroad.

87. *yú kiá ts'ung ts'in, tsái kiá yú shin*，幼嫁从亲，再嫁由身。The virgin marries to suit her parents, the widow suits herself.

88. *ch'i jin wei fú, hien nü wei fú*，痴人畏妇，贤女畏夫。The foolish husband fears his wife, the wise woman fears her husband.

89. *ch'uen to puh ngái kiang, kü to puh ngái lú*，船多不碍港，车多不碍路。The sea is not worn by ships, nor is a road impaired by travel.

90. *t'ien yú puh ts'eh fung yü, jin yú tán sih ho fuh*，天有不测风雨，人有旦夕祸福。Men's fortunes are as variable as the weather.

91. *i' teh lái, í teh k'ü*，易得来，易得去。What is easily acquired is easily lost.

92. *joh yáu puh chí ch'ú fei moh wei*，若要不知，除非莫为。Never engage in what you would fear to have known.

93. *jin hái jin puh sz', t'ien hái jin tsái hái sz' liáu*，人害人不死，天害人才害死了。The injustice of man may endured, but the wrath of heaven destroys.

94. *ní fuh kiuen t'ú fuh*，泥佛劝土佛。How black you are; sid the pot the the kettle.

95. *shun ts'ing shwoh háu hwá, kán chih jeh jin hien*，顺情说好话，干直惹人嫌。Obsequiousness makes friends, truth excites hatred.

96. *yú'rh k'áu 'rh, wú 'rh k'áu sí*，有儿靠儿，无儿靠婿。He who has no son

must depend upon a son-in-law.

97. *sháng liáng puh ching, hiá liáng wái*，上梁不正，下梁歪。If the upper beam is not straight the lower will be crooked.

98. *tso yih jih ho sháng, chwáng yih jih chung*，做一日和尚，撞一日钟。One day priest, to next a bell-ringer.

99. *yih k'eh puh fán'rh chú*，一客不烦二主。A single guest does not require two lodgins.

100. *yih má yih ngán*，一马一鞍。One ass, one saddle.

101. *nán snag sz' tui choh nü sang sz', muh sz' yé yú sz'*，男僧寺对着女僧寺，没事也有事。The priest lives near the priestess, the idle are ever busy.

102. *chin tih kiá puh teh, kiá tih chin puh teh*，真的假不得，假的真不得。A thing cannot be at the same time both true and false.

103. *shí lái shwui puh lái, shí puh lái shwui lái*，时来谁不来，时不来谁来。A time for everything.

104. *hung yen poh ming*，红颜薄命。Beauty is an evil fate.

105. *chí jin mien puh chí sin*，知人面不知心。A man's face is known, but his heart cannot be told.

106. *jin to sheh t'au to*，人多舌头多。Many men have many tongues.

107. *puh choh kiá jin, lung puh teh kiá kwei*，不着家人，弄不得家鬼。The domestic must detect the evil spirit.

108. *jin pien jü ts'z' jü ts'z', t'ien lí wei jen wei jen*，人便如此如此，天理未然未然。Man contrives, but heaven decrees.

109. *tá jin puh tseh siáu jin*，大人不责小人。A wise man will not reprove a fool.

110. *nú ts'ái puh k'o ch'ing, siáu hái'rh puh í hung*，奴才不可逞，小孩儿不宜哄。To indulge a servant is not safe, and to deceive a child is not proper.

111. *kiun tsz' yih yen, kw'ái má yih pien*，君子一言，快马一鞭。A word to the wise is sufficient.

112. *ts'ung lái tih háu sz' pih king to mo*，从来的好事必竟多磨。Great effects require great efforts.

113. *puh tán seh nang mí jin, ts'ái yé nang mí jin*，不但色能迷人，才也能迷人。Not only beauty, but talents may infatuate a person.

114. *tá kiuh pih yú tá shin*，大屈必有大伸。Great humility secures great honor.

115. *fei puh káu tieh puh sháng*，飞不高跌不伤。That which soars not high is not hurt by a fall.

116. *tui niú'rh t'án k'in*，对牛而弹琴。Teach an ass to play upon the lyre.

117. *kú tsái núi tá, shing puh kien wái hiáng*，鼓在内打，声不见外响。When the drum is beat within, the sound is not heard abroad.

118. *kwá shuh tsz' loh*，瓜熟自落。When fruit is ripe it will fall of itself.

119. *wú twán hwoh fuh, ho pih sui chí*，无端获福，祸必随之。When wealth is not rightly obtained, misfortune is sure to follow.

120. *cháu hiung tí, mú ch'au tih*，朝兄弟，暮仇敌。In the morning friends, at evening foes.

121. *cháu sán mú sz'*，朝三暮四。Three at morning four at evening; inconstant, changeable.

122. *tsoh shié táu páng, sán nien puh ch'ing*，作舍道旁，三年不成。He who builds by the roadside will not finish in three years.

123. *kiuh pung siáng ch'i, yü jin teh lí*，鹬蚌相持，渔人得利。While the two contend a third secures the gain.

124. *choh k'í yuen'rh k'iú liú chí ts'ing*，浊其源而求流之清。To corrupt the fountain and expect a pure stream.

125. *k'ú jih nán ngáu, hwán shí í kwo*，苦日难熬，欢时易过。A day of sorrow is longer than a mouth of joy.

126. *t'ien hiá wú puh sán tih yen sih*，天下无不散的筵席。The whole world presents no continual feast; no earthly pleasure is permanent.

127. *yú yuen ts'ien lí nang siáng hwui, wú yuen tui mien puh siáng fung*，有缘千里能相会，无缘对面不相逢。No distance can separate what heaven unites, or unite what heaven separates.

128. *láng miáu chí ts'ái fei yih muh chí chí*，廟廊之材非一木之枝。The temple

is not all of one tree.

129. *ts'iú chí mung shié, k'oh chí mung tsiáng*，囚之梦赦，渴之梦浆。The prisoner dreams of freedom, the thirsty of springs of water.

130. *fuh puh chwáng chí, ho puh tán hing*，福不双至，祸不单行。Blessing come not in pairs, calamities occur not sngle.

131. *yé lo ché tsang ming chuh chí lái*，夜裸者憎明烛之来。It is only naked who fear the light.

132. *páu sz' liú p'í, jin sz' liú ming*，豹死留皮，人死留名。The tiger leaves his skin, a man his name.

133. *jin sang yih shí ts'áu sang yih ts'iú*，人生一世，草生一秋。Man lives an age, the flowers an autumn.

134. *jin wu ts'ien jih chí háu, hwá wú peh jih chí hung*，人无千日之好，花无百日之红。The flower is not in bloom a hundred days, nor man in his prime a thousand.

135. *chí ngan puh páu, fei wei jin yé*，知恩不报，非为人也。He who is not grateful is unworthy of beingh called a man.

136. *fung puh lái shu puh tung*，风不来树不动。The trees are not shaken when there is no wind.

137. *tsiú puh tsui jin, jin tsz' tsui*，酒不醉人，人自醉。Is is not wine that mekes a drunkard, the man intoxicates himself.

138. *t'á ts'áu king shié*，打草惊蛇。He who shakes the bush rouse the serpent.

139. *Sung kiun ts'ien lí, chung yú yih pieh*，送君千里，终有一别。If the escort proceed a thousand miles a separation must at length occur.

140. *yuen ch'au k'o kiái, puh k'o kieh*，冤雠可解，不可结。A strife may be properly ended but not properly begun.

141. *king muh chí sz' yú k'ung wei chin, pei hau chí yen k'í nang ts'iuen sin*，经目之事犹恐未真，背后之言岂能全信。If what we see is doubtful, how can we believe what is spoken behind the back.

142. *yih yen kí ch'uh sz' má nán chui*，一言既出，驷马难追。Words fly irrevocable.

143. *puh kien so yuh sz' sin puh lwán*，不见所欲使心不乱。Look not at what

you love and your mind will be at rest.

144. *i' lí tái t'áu*，以李代桃。To pay plums for peaches.

145. *ch'uh wái tso k'eh puh yáu lú peh*，出外做客，不要露白。Do not show your cash when you go to the market.

146. *sán pei ho wán sz'*，三杯和万事。All matters are adjusted with the cup.

147. *kiáu niáu pí lung*，娇鸟被笼。The beautiful bird is confined in a cage.

148. *kung king puh jü ts'ung ming*，恭敬不如从命。Obedience is better than respect.

149. *chin kin puh pá ho*，真金不怕火。True gold does not fear the fire.

150. *jeh yú k'ú ts'ái, koh sui jin ngái*，热油苦菜，各随人爱。Every man to his taste.

151. *tsiú nang ch'ing sz', tsiú nang pai sz'*，酒能成事，酒能败事。Wine will both finish and furnish business.

152. *tsiú fáh sin fuh chí yen*，酒发心腹之言。Wine discovers the sentiments of the heart.

153. *hó táu chú t'au lán, ts'ién táu kung sz' pien*，火到猪头烂，钱到公事办。Fire roasts the hog's head and quarrels are adjusted with money.

154. *tú ts'ién ch'áng sháng wú fú sz'*，赌钱场上无父子。In the game are no father and son.

155. *táng hing yen táng hing*，当行厌当行。Potter envies potter.

156. *ts'iáng yú fung, pih yú'rh*，墙有风，壁有耳。Dead walls can hear.

157. *tsing jin yen nui ch'uh Sí Shí*，情人眼内出西施。Love is blind.

158. *Mú Mú yú só mei, Sí Shí yú só ch'au*，嫫母有所美，西施有所丑。Mú-mu has her beauties, Si-shí her defects.

159. *sháng shwoh t'ien t'áng , hiá shwoh Sú Háng*，上说天堂，下说苏杭。Above is Paradise, below are Sú and Háng.

160. *ming yueh puh ch'áng yuen, ts'ái yun yung í sán*，明月不常圆，彩云容易散。The full moon does not last, and the bright cloud soon vanishes.

161. *páu sin kiú ho*，抱薪救火。To add fuel to the flame.

162. *jin ngoh, lí puh ngoh*，人恶，礼不恶。It is the man who is bad, not the law.

163. *hiun tsz' ying hái, kiáu fú tsú lái*，训子婴孩，教妇初来。Boys must be

taught while children, the wife as soon as she is married.

164. *sung sin ché tsiáng, sung jin ché yang*，讼心者祥，讼人者殃。Happy is he who fights with himself, wretched who contends with others.

165. *láu shwui yú sing yü mú siáng kin*，老睡幼醒，与暮相近。Night comes alike to the young who wake and to old sleep; both old and young are exposed to death.

第二编：书册的语言[①]

在绪论部分已经以较长篇幅介绍过中国书籍的概况，尽管有时候会参考前面提及的内容，但对它们再做进一步说明的意义不大。

本编分为五章。第一章拟说明第一编尚未关注过的语法知识，第二章要处理汉语言的特征——虚词及其在不同语体里的区别，第三章研究高雅文章的各类文体，第四章将介绍关于词汇和思想的各种修辞格，第五章列举所收集到的高雅短语。

第一章　文言语法和句法

为了正确理解汉语中的一个句子，要特别注意几点：

1. 句子中是否有动词，动词用的是什么字或动词是什么格；

2. 动词的主格是什么，是否被表达出来和被理解；

3. 动词的宾格是什么；

4. 哪些名词或者名词和形容词之间有相互搭配的关系，如天主、彼得的儿子，等等。

当这些问题得到解决后，剩下的字必定属于一些不那么重要的句子成分，对我们来说理解起来就毫无困难了。

前一编里已经列举了足够多的语法和句法知识，这些都共同适用于文言和官话。因此我们不需要在这里强调它们，但有一些是特别针对文言的语法和句法将在后面几节扼要予以论述。

---

① 姚小平先生（2014）[64—73] 认为，英文本把下篇的标题翻译成“书册的语言”（The Language of Books）过于简略，与马若瑟原意有出入，因为这一部分并非泛谈所有中国书的语言，而是专讲十三经及诸子的语言，即文言。

第一节

用来表示多种多样的词数量很多，用法不一，其中一些常常放在它所属的名词的前面，有的则在后面。

下面这些词都是放在名词后面的：*kiái*（皆），*k'ü*（俱），*hien*（咸）和 *tú*（都）。

1. kiái，皆，all.。例如：

sz' hái chí nui, kiái hiung tí yé，四海之内，皆兄弟也。All men are brethren. *sán ch'ih tung tsz', kiái chí k'o wú*，三尺童子，皆知可恶。Every child three feet high knows it is hateful. *jin kiái yueh yü chí*，人皆曰予知。Every man says, "I know" .

2. *k'ü*，俱。意思和"皆"差不多

jin chí sang yé, yü yú k'ü sang，人之生也，與忧俱生。Men at their birth are all alike.

读者会注意到通过字的特殊组合，这句话的感染力得到了多么大的提升。为什么在这样的句子里要选用"俱"字，而不是"皆"字，这只能从实践中加以体会和运用。

yü kih jü kiái wáng，予及汝皆亡。Let us all perish together.

但由于"皆"不仅仅表示"所有的"的意思，《孟子》在引用这句话时，用"*kiái*，'偕'，together with"来代替"皆"；而在《孙子》《日讲》及其他著作中，我们发现 *kü*（举）明显地用作了"俱"的同义词。

3. *hien*，咸

wán kowh hien ning，万国咸宁。All nations enjoy peace.

4. *tú*，都

jin tú，都人。All men.

《淮南子》确实写过这样的句子：*tú puh k'o teh*，都不可得，they cannot all be obtained. 不过他首先列举要提到的事物，然后把它们都包括在集合词"都"的下面。

下面这些表示"多数"的词应当放在名词的前面，如 *chung*（众）、*chú*（诸）、*shú*（庶）、*to*（多）。

1. *chung*，众，all, many, several, the many

chung kí chung í，众枝众亦。That all are able all agree. *chung shwoh fan yun*，

众说纷纭。All opinions expressed at random. 在《书经》里发现“有”和“众”连用，一起放在“咸”的前面。*tsi tsi yú chung hien t'íng chin ming*，济济有众，咸听朕命。或：*tsié 'rh wán fang yú chung ming t'íng yü yih jin káu*，嗟尔万方有众，明听予一人诰。或：*wú hú sí t'ú yú chung hien t'íng chin yen*，呜呼西土有众，咸听朕言。Let all in this vast assembly listen to my commands.

尽管上面三个例句的意思基本一样，但还是很有必要注意风格的不同。“师”差不多算是“众”的同义词。例如：

í yú kiú yú chí sz'，以有九有之师。That he should have all the nine; that he should rule all the world.

2. *chú*，诸

chú shwoh，诸说。All opinions, whatever is said. *chú jü*，诸儒。All the literati. *chú kiá*，诸家。The entire circle of philosophers, all the families. *chú tsz'*，诸子。All the philosophers. *chú hau*，诸侯。All the tributary kings. 但这也是常用来指代“王子”的表达法。

3. *shú*，庶

shú sz'，庶士。All the public officers. *tsz' t'ien tsz' chí yü shú jin*，自天子至於庶人。From the emperor to all the people.

4. *to*，多，many

'rh to sz'，尔多士。You many officers. *'rh to fáng*，尔多方。You from all quarters.

《书经》里用了 *tsien*（佥）字表示同样的意思。例如：

tsien yueh，佥曰。All together spoke.

还有很多名词本身就表示“多数”的意思。例如：

min，民，people. *tien yú hiá min*，天佑下民。Heaven protects people on the earth. *k'iun*，群，a flock, herd, company. *k'iun lung*，群龙。The host of dragons.

有一些表示更高一级数量的词也用来表示“多数”。例如：

cháu，兆。*í*，亿。*ts'ien*，千。*wán*，万。另外，*sz'*（四）、*kiú*（九）有同样的用法。*wán fáng*，万方。All quarters. *wán min*，万民。Every people. *sz' hái*，四海。The four seas. *sz' fáng*，四方。The four quarters. *sz' hiung*，四凶。The whole crew.

kiú chaú，九州。或：*kiú yú*，九有。The whole world.

两个否定词连用也可表示整个或全部的意思。

wú puh，无不。或是 *muh puh*，莫不。No not, i.e. all throughout. 有时候关系词 so（所）也这样用。*wú so puh nang, wú so puh chí, wú so puh tsái*，无所不能，无所不知，无所不在。Omnipotent, omniscient, omnipresent.

"大量"的意思也可以通过比较的方法得以表达。例如：

jü lin，如林。Like the trees of the forest. *jü shán*，如山。Like the hills.

或者也可以省略"如"：

jin shán jin hái，人山人海。Men as numerous as the hills or as the waves of the sea.

第二节

第一人称的代词有各种各样的表达法。

1. *chin*（朕）：最早是第一人称代词，而且不分贵贱。后来 *Tsin Chí Hwáng*（秦始皇）限定这个字仅用于皇帝。在《书经》中，君主称自己为"*yü yih jin*，予一人，I, a man"或是"*yü siáu tsz'*，予小子，I, a little child"。在《左氏》和其他著作中，诸侯也用这种称呼："*kwá jin*，寡人"或是"*kwá jin*，寡仁，I"。在很多文段中，上了年纪的人称自己为"*láo fú*，老夫，I"。官员称自己为"*chin*，臣"、"*mun sang*，门生"，等等。

2. *wo*（我）：这个词常见于古书中。*wo fei sang 'rh chí chí ché*，我非生而知之者。I was not born a sage. 这个句子中，*chí*（之）指的是道德、智慧、善行等，这个字在《论语》里很常见。*wo mei kien háu jin ché*，我未见好仁者。I have never seen one who truly loved virtue. *wo puh yuh jin chí kiá chú wo yé*，我不欲人之加诸我也。I would not be thought better than I am.

3. *wú*（吾）：也很常见。*wú shih yú wú 'rh chí yü hioh*，吾十有五而志於学。When I was fifteen I began to learn. *wú yih san sing wú shin*，吾日三省吾身。I examine myself daily in reference to three points. 这句也可以翻译成：I examine myself thrice each day.

4. *yü*（予）：*tien sang teh yü yü*，天生德於予。Heaven gave me virtue. *yü chí*

ngái chí，予始爱之。I was at first delighted with it. *yü*（余）和 *yü*（予）意思是一样的。*Lái yü yü jü*，来余语汝。Come, I will teach you.

5. 有时候个体的专有名词也可用作第一人称。孔夫子叫 *K'iú*（丘），因此说：*K'iú yé hing kau yú kwo jin pih chí chí*，丘也幸，苟有过人必知之。Confucins is indeed fortunate: if he commits a fault it is at once detected. 欧阳修叫 *Siu*（修），就有了下面的例句：*Hí tsü yü Siú yen*，奚取於修焉。How can aught be learned from Siú? 中国文人也用 *mau*（某）字来代替专有名词。

6. 作家们在他们的信中，同样采用了“*puh*，仆，your servant”的用法，这和欧洲的习惯用法相同。为了表示谦逊，作家们用“*yü*，愚，the stupid”表达自己的意见。

7. 这些代词有时同法语中的冠词“on”相类似，不仅表示三个人中的任何一个，也表示所有的人。它们时而被译为“我们的”。例如：*wo kwoh cháu*，我国朝。Our dynasty. *wo hwáng sháng*，我皇上。Our emperor. 在《书经》中发现这样的例子：*hí yü hau*，奚予后。We wait our king.

第二人称代词也同样有很多表达法。

1. 臣民称君主用 *hwáng sháng*（皇上）或是 *hwáng tí pí hiá*（皇帝陛下）。鞑靼人说 *chú tsz'*（主子）。君主称呼他的大臣们为 *k'ing*（卿）。不过这一类的例子已经在本书的第一编里列举过了。

2. *'rh*（尔）：这个词常见于《书经》和其他的古书中。*fei 'rh so kih*，非尔所及。You are not a competent person. *wei wo yü 'rh yú shí fú*，惟我與尔有是夫。It belongs only to yourself and me.

3. *jü*（汝）：这个词很常用。在《书经》中可以看到这样的句子：*lái Yü wei jü hien jü wei puh kin*，来禹惟汝贤汝惟不矜。Come, Yü, for you alone are wise, you alone are modest.《庄子》说，*jü puh chí fú yang hú ché hú*，汝不知夫养虎者乎？Do you not know the tiger's nurse?

4.《庄子》里出现了 *jü*（女），*jü*（如）和 *joh*（若）字，意思和 *jü*（汝）一样。例如：*wú yü joh*，吾语若；或是 *yü yü jü*，余语女；或是 *yü yü jü*，余语如，I tell you.

5. 他们也经常用 *tsz'*（子）字。例如：

wú tsz' í weí hí joh，吾子以为奚若？How does it seem to you?

庄子称呼他抓到的一条鱼为“子”，好像这条鱼是一位严肃的哲学家一样。老师称呼他们的弟子们为：*siáu tsz'*，小子，little children.

siáu tsz' tsin yü yü jü，小子进余语如。Come in, my little son, and I will speak with you. 孔子说：*'rh sán siáu tsz'*，二三小子。My children. *'rh sán*（二三）是一个不确定的表达法，表示一些。

在《书经》中君王称自己的士兵为 *fú tsz*（夫子），并劝诫他们：*tsui tsái fú tsz' fú tsz' tsui tsái*，最哉夫子，夫子最哉。My soldiers, fight, be men.

6. 在中文书信中，我们发现了各种礼貌的称呼。*tsuh hiá*（足下）是很常见的。*ngán tsuh wei tsuh hiá so ts'ü sin tsái*，安足为足下所取信哉。Who am I that I should obtain your confidence? 在这个例句中，第一个 *tsuh*（足）表示适当的，足够的。因此可以说：*puh tsuh sin*，不足信，It cannot be credited. *tsuh*（足）字意思是脚，而“*tsuh hiá*，足下，sir”的用法和称呼皇帝的表达法“*pí hiá*，陛下”是一样的。为了说明显赫的地位或高深的学问，他们充满敬意地称 *láu fú tsz*（老夫子），或是 *láu tá jin*（老大人），或是 *láu sien sang*（老先生）。

第三人称代词的用法也是多种多样的。

1. *shí*，是，this, he, she, it.

yü shí，于是。In this time, in these circumstances, herein. *i' shí*，以是。On this account, therefore. *táng shí shí yé*，当是时也。At that time. *siáu jin fán shí*，小人反是。Common men are not thus.

2. *shí*，时

意思同“是”一样，但很少见，因为它的本义是“时间”。

3. *sz'*，斯

chí sz' sán ché，知斯三者。He who knows these three things.

4. *chí*，之

当“之”用作动词的宾语时，才表示第三人称代词。例如：*chí chí*，知之。

5. *chú*，诸

puh shih yú chí，不识有诸。I know not whether it be so. 可以这样回答：*yú chí*，有之。It is so.

6. *pí*，彼

pí shí，彼时。或是 *wei shí*，微时。At the time, then.

7. *tsz'*，此

i' tsz'，以此。By this, on this account. *jü chí tsz'*，如知此。If he know this. 也可以加上 *chí*（之）或是 *kí*（其）字。例如：*tsz' chí wei yé*，此之谓也。This is the explanation. *ts'z' k'i so í chí sien í*，此其所以至之鲜矣。This is the reason so few arrive hither.

8. *fú*，夫

fú hioh ché，夫学者。Those who study. "夫"字最好是放在句首。

9. *k'iueh*，厥

这个字常见于《书经》。

cháng k'iueh teh páu k'iueh wei k'iueh teh, fei cháng kiú yú í wáng，常厥德，保厥位，厥德匪常，九有以亡。He who steadfast in virtue keeps his place in peace, but he whose virtue is inconstant has no certain rest.

10. *tsz'*，兹

wan puh tsái tsz'，文不在兹。Is not the true doctrine here? 在《书经》中发现有这样的例子：*nien tsz' tsái tsz'*，念兹在兹。He is thinking of this man here.

11. *k'í*，其

k'í yü，其余。The rest. "其"字通常出现在名词的后面。*Shun k'í tá chí yé yü*，舜其大知也與。Shun! How great his knowledge! *t'ien k'í yun hú, tí k'í chú hú*，天其运乎？地其处乎？The heavenly bodies, do they move? The earth, is that at rest? *jin sin k'í shin í hú*，人心其神矣乎？The mind of man, is it not a spirit? 这是一种非常常见的表达法。*jin sin*（人心）看似作为一种独立主格的形式出现，使读者在领会句子的其他部分前先将注意力集中在这里。因此又如：

fú mú k'í shun í hú，父母其顺矣乎？The parents, how joyful they are!

反身代词。

代词 *kí*（己）是反身代词。例如：*jin chí yú kí joh kí yú chí*，人之有技若己有之。To rejoice at the happiness of others as though it were our own. *t'ung yü kí 'rh yuh chí, í yü kí 'rh puh yuh*，同於己而欲之，异於己而不欲。We like what is agreeable to ourselves, the contrary we do not relish. *k'ieh kí*，克己。To conquer one's self. *shih kí ts'ung jin*，失己从人。To prefer others to one's self.

tsin（亲）、*kung*（躬）、*shin*（身）这三个字也表示自己。例如：*siú shin*，修身。To cultivate one’s self. *t'ien tsz' kung king*，天子躬耕。The emperor himself holds the plow. *ts'ín pih pih chí*，亲笔笔之。He wrote it with his own pen. *ts'in k'au*，亲口。With his own mouth. “亲”可以分别用在表示第一、第二和第三人称的自己。

第三节

众所周知，同一个字可以用作名词，也可以用作动词。下面将列举一些例子。

t'ien hiá chí wáng，天下之王。King of the world. *wáng t'ien hiá*，王天下。To rule the world. *t'ien tí*，天帝。The Lord of heaven. *tí t'ien*，帝天。To rule heaven. *t'ien hiá wú hú ting*，天下恶乎定。How can authority be established? *ting yü yih*，定於一。Established by uniting in one. *shuh nang yih ché*，孰能一之。Who can effect a union? *puh shí shah jin ché nang yih chí*，不嗜杀人者能一之。He who does not delight to shed blood.

“一”字用作动词时，表示“使统一”；或者用作形容词，表示“一个”。现在的老师认为，任何时候，当名词活用作动词或动词活用作名词时，声调上也会相应地发生变化。但《正字通》的作者却否认了这一点，而且他还主张词类活用时声调基本没有变化。然而即使不以声调作为区分的标志，也可以通过词语的前后搭配关系来决定一个词是名词还是动词。例如下面这个短语：*shuh nang yih chí*（孰能一之），“一”只能被看作是动词，否则句子没有任何意义。*shuh*（孰）是动词 *nang*（能）的主格，即“谁能”；*chi*（之）是 *t'ien hiá*（天下）的代词；剩下 *yih*（一）字，明显地只能用作代词 *chí*（之）的动词。韩愈在谈到和尚僧侣时，曾说：“*jin k'í jin*，人其人，to make men men”，意思是“使人成为人”。在《道德经》中，我们也发现了类似的句子：“*táu k'o táu*，道可道。A reasonable doctrine. *ming k'o ming*，名可名。A mentionable name.”在欧洲的不同语言中，我们在表达时将名词动词化，是比较常见的用法，没什么困难；但在汉语中必须谨慎使用这种用法，否则我们所说的汉语就会听起来比较生硬，对当地人的耳朵来说是一种折磨。

有些动词由于其本义的特殊性，几乎不具备名词化的可能性。换言之，或者用语法学家的说法，它们的功能决定其无法从动态转化为静态，因此难以从“活字”转变为“死字”。但就我所了解的，没有发现一个字天生就是“死字”的，也许“活字”仅是在某种意义上进行区分的。因此，例如 *t'ien*（天）和 *tí*（地）这两个字，从它们最普遍的自然意义而言，表示上天和大地；但在这样的例句中，*t'ein t'ien*（天天）就应该表示 to make heaven of heaven，而 *tí tí*（地地）就应该表示 to make earth of earth。可是，在日常口语中，“天天”的意思和 *jih jih*（日日）是一样的，表示每一天。我想在实际的用法中并没有“地地”这样的说法，但我们完全可以说 *ch'ú ch'ú*（处处），表示到处、任何地方。学生们将逐渐从类似的观察中体会到，尽管汉字并非完全没有歧义，但这些歧义并不像最初看起来那么多。关于动词的宾语，宾语应该放在句首，即文雅地前置于动词。例如：“*puh wú chí yé*，不吾知也。No one knows me.”如果说“*puh chí wú yé*，不知吾也”就会没那么文雅。而“*wú puh chí yé*，吾不知也”表示我不知道。很多动词要求把 *yü*（於）或者 *hú*（乎）放在宾语之前。如“*ming hú shen*，明乎善。To know what is good.”就比“*ming shen*，明善”的表达更好一些。又如：*jin wan yü wo*，人问於我。A man asked of me. 下面还有很多关于“於”和“乎”的例句，在此后更为重要的章节里进行讨论。

第三章　汉语虚词

这些“小词”（particles）往往被语法学家们分成一些特定的种类，如连词、转折连词、增强语、小词缀等。如果我们还用他们那样的方法来分析汉语，将毫无实际意义。我并不想将汉语与其他语言的用法一一对应，相反，如果可能，我衷心地希望能促进传教士们尽早开始分析他们的思想，摆脱本国语言的束缚，用地道的中文来表达自己。那就让我们在下面的18节中对汉语虚词进行一次详细的考察吧。

第一节　*chí*，之

（一）“之”字主要用在文章当中，意思相当于口语中的 *tih*（的）字，是所有格或属格的标志。例如：

tá hioh chí táu，大学之道。great learning’s way. *hiáu peh hing chí yuen, chung shen chí tsung, jin í chí shih*，孝百行之原，众善之宗，仁义之实。Filial obedience the origin of all good actions, the crowning of all excellence, the perfection of benevolence and justice.

很多类似的结构常出现在连续的语句中，在其他部分我们还将展示更多的例句。

（1）当两个名词或是一个名词和一个形容词放在“之”的所有格后，“之”字不能省略。例如：*t'ien chí ming ming*，天之明命。Heaven’s manifest decree.

（2）但当两个名词或是一个名词和一个形容词在“之”的所有格里面时，省略“之”也极易理解句意。例如：*puh kán ning yü Sháng Tí ming*，不敢宁於上帝命。I dare not slight the High Sovereign’s order. *puh kán t'í Sháng Tí ming*，不敢替上帝命。I dare not contemn the decree of the Lord above.

（3）当两个名词连续出现时，“之”字可以视为理解在两者之间。例如：*t'ien ming*，天命。Heaven’s decree. *t'ien í*，天意。The will of heaven. *t'ien sin*，天心。

The mind of heaven. *t'ien táu*，天道。The way heaven. *t'ien tien*，天典[①]。The decrees of heaven. *t'ien t'áu*，天讨。The reproofs of heaven. *t'ien tsz'*，天子。The son of heaven. *kwoh fáh*，国法。The laws of the realm. *shwui lú*，水路。A voyage, a way by water. *shwui chí lú*，水之路。这个短语表示的是：The course of the water（水流经的路线）。

（4）当两个名词连用，或是一个名词和一个形容词在一起时，无论前后顺序如何，这时"之"字都可以被省略，也可以根据自己的喜好决定是否使用。例如：*wán wuh chí chú*，万物之主。The Lord of all things. *t'ien tí chí chú tsái*，天地之主宰。The sovereign Lord of heaven and earth. *chung kwoh chí jin*，中国之人；*chung kwoh jin*，中国人。Men of the middle kingdom. *láu shih chí jin*，老实之人；*láu shih jin*，老实人。A perfect man. *sí t'ú chí jin*，西土之人。Men of the western land. *péh fáng chí k'iáng*，北方之强。The northern force. *ching teh chí kiun tsz'*，盛德之君子。A sage of distinguished virtue.

（5）"之"字在名词后面重复使用。例如：*hán shí chí wan chí táu, wán shí so kung tsun*，韩氏之文之道，万世所共尊。The eloquent Hányü will be extolled in all coming ages. 欧阳修说过：*shing jin chí sin yü t'ien hiá chí jin chí sin yuen yih sin yé*，圣人之心與天下人之心原一心也。The heart of the wise man is naturally the same with the heart of all other men. *ts'z sien wáng chí kiáu chí shin yé*，此先王之教之神也。Such was the spirit of the instructions of the early kings. 任何明白汉语特殊用法的人很容易看出，在这个句子里，"教"和"神"字中间的"之"字无论是在用法上还是在句意表达上都同样重要。

（二）"之"也常常用作动词的宾语，表示"*k'i*，其字，he, she, it"。实际上，这种情况下"之"字就不能被称为虚词了，但我们却不可以忽视它用作宾语时的多种用法，要把它们都展示出来。例如：*hioh chí chí poh, wei jü chí chí chí yáu, chí chí chí yáu, wei jü hing chí chí shih*，学之之博，未如知之之要，知之之要，未如行之之实。It is not so important to know what virtue is as to know what it

---

① 此处据注音"t'ien tien"英译本的汉字为"天曲"，拉丁文本的汉字为"天典"，故采用拉丁文本汉字，英译本该字疑有误。——中译注

requires, nor is the mere knowledge of its requisitions so essential as their fulfillment in practice. 在例子中，第一个“之”字做动词的宾语；第二个“之”字才是所有格的标志。朱熹将这一看法叙述得如此详尽，然而其实早在《论语》里就已经用更为简洁和高雅的语言表述过了，如下：*chí chí puh jü loh chí, loh chí puh jü hing chí*，知之不如乐之，乐之不如行之。To know is not so important as to delight in, to delight in is not so important as to fulfill. 再如：*sin ch'ing k'iú chí*，心诚求之。To give him a hearty welcome. *yih sin kiú chí*，一心求之。To entreat him with all the heart.

（三）“之”有时也用作动词，表示到或往。如果后面还有另一个“之”，那么这个“之”就是动词“之”的宾语。例如：*puh nang chí chí*，不能之之。We cannot go thither. *puh chí chí chí lú*，不知之之之路。I know not the way which leads thither. 在这个例子中，第一个“之”是动词，意思是去、带领。第二个“之”是动词的宾语，指示动词的趋向。第三个“之”是所有格的标志。“路”是动词“之”的宾语。

（四）“之”也常常和名词与形容词连用，但并不表示所有格，而是作为一个后置的虚词。例如：*jin chí*，人之。Man. *min chí*，民之。The people. *t'ien ming chí*，天命之。An order from heaven. *Hwui chí wei jin yé*，回之为人也。Hwui was a man who &c. *Láu tsz' chí siáu jin í*，老子之小仁义。Láutsz' makes light of benevolence and justice. 如果出现形容词名词或分词名词，可以用“之”，但 *ché*（者）字更为常用。例如：*kú chí*，古之。或是 *kú ché*，古者。The ancients. *láu chí*，老之。或是 *láu ché*，老者。The aged. *hioh ché*，学者。Students. 如果后面还有一个名词，“之”字可以省略不用。例如：*láu jin*，老人。An old man. *kú ti*，古帝。An ancient king. *hing t'ien*，形天。The visible heaven. *shin t'ien*. 神天。The spiritual heavens. *shí jin*，诗人。A poet. *wan jin*. 文人。A scholar, gentleman. *tsui jin*，罪人。A sinner.

（五）“之”和“者”可以文雅地用在一个句子里，这样的结构非常之普遍

（1）例如：*hioh ché chí yü king yé*，学者之于经也。Students in the classics. 这种语句结构将在第四节中详细介绍。

（2）例如：*shí hioh yih ché chí kwo yé*，是学易者之过也。This is the fault of those who study the *Yih King*. *ts'z shen wei ching ché chí shuh yé*，此善为政者之术也。This is the art of those who govern well. *hau chí hioh ché*，后之学者。The scholars of later times. *kú chí wei ching ché*，故之为政者。The ancient rulers.（veteres qui rempulicam administrabant：那些曾经管理共和国的元老）欧阳修曾自谦地说自己是"*mau sz' chí tsien ché*，某士之贱者。I who am the least of scholars"。在上述例子中，"之"可以被看作是所有格的标志，但是这些语句结构展示了一种特殊的文风，因此最好还是和前面的"之"的用法有所区别。

（六）*wei*（谓）字常与"之"字搭配使用，例如：*ts'z' chí wei kieh kü chí táu*，此之谓潔矩[①]之道。This is that which they term the way of distinterested benevolence. (atque istud est quod appello mensuram et regulam charitatis erga proximum. 而这就是我所谓的对近人之爱的尺度与准则。) *ts'z' chí wei tsz' k'ieh*，此之谓自谦。This is that which they call self-contentment. *yú shí 'rh chí yen chí wei táu*，由是而之焉之谓道。From this and onward in the same direction is called *táu*. 在这个例子中，第一个"之"是动词，第二个"之"是虚词，句中插入"焉"字是为了使句意表达更清楚。*ts'z' wei chí pan*，此谓知本。This is what is called knowing the root. 下面这个例句需要引起我们的特别注意：*chú chí ché chí wei Tí, miáu chí ché chí wei Shin*，主之者之谓帝，妙之者之谓神。That which rules all things is called *Tí*, that which gives life and beauty is called *Shin*. 在这个例子中，"主"字和"妙"字与"者"字连用，用作动词或分词，第一个"之"是动词的宾语，第二个"之"是虚词。我把"之"字翻译成"世间万物"，因为它可以用《易经》中的一句话来解释：*miáu wán wuh*，妙万物。He decorates all things. 因此这个例句也可以用下面的句子来表达：*í chú chí yen wei chí Ti, í miáu chí ye wei chí Shin*，以主之言谓之帝，以妙之言谓之神。As exercising authority he is called *Ti*, as imparting life and beauty he is called *Shin*.

（七）以下的例句也要引起我们的重视。例如：*Wei chí nang hing*，未之能行。He is not yet able to effect it. 这个句子比"*wei nang hing chí*，未能行之"这种说法更文雅。因此孟子说过："*moh chí kin*，莫之禁。He cannot prevent him."

---

① 此处据注音查拉丁文本为"矩"字，英译本为"短"字，疑有误，故采用拉丁文本汉字。——中译注

如果说 *moh kin chí*（莫禁之），意思有可能就不一样了。还有一种常见的表达方式是在句子的开头表述什么是通常发生的事实，然后才加上什么是不可能发生的事。例如：

hing 'rh puh chí ché yú chí, puh hing[①] *'rh nang chí ché wei chí yú yé*，行而不至者有之，不行而能至者未之有也。To go and not arrive is common, but not to go, and still arrive is what has never happened. 读者会注意到"之有"两字的换位：在第一个句子中不能用"之有"，而只能用"有之"；在第二个句子中，"之"字出现"未"字后面，表示"从不"。再如：*kú yen yú chí yueh*，故谚有之曰。An old adage says. *wú chí*，无之。It is impossible.

第二节 *ché*，者

（一）"者"字与动词连用，组成分词。例如：*sang ché*，生者。The living. *sz' ché*，死者。The dead. 绅士或学者被称为"*sien sang*，先生。the elder"，意思就是出生在前面的人。年轻人就叫作"*hau sang*，后生。The younger"。孔子曾经用另一种称呼来表达自己，称自己不畏惧死亡：*sien sz' ché*，先死者。We who shall die first. *hau sz' ché*，后死者。You who shall die last. *wú ts'ing ché*，无情者。Men having no natural affection. 在这个例子中，如果换成动词"有"也可以理解。*ngái jin ché jin hang ngái chí, king jin ché jin hang king chí*，爱人者人恒爱之，敬人者人恒敬之。He who befriends others is himself befriended, and he who pays due respect to others is himself respected in return. "者"字也可以与形容词和名词连用，例如：*shing ché*，圣者。The wise. *yü ché*，愚者。The foolish. *sing ché*，性者。Nature. *jin ché loh shán, chí ché loh shwui*，仁者乐山，知者乐水。The benevolent delight in the mountains, the learned delight in the waters.

（二）在西方语言中，抽象名词很常见，如善良、坚强等，那些具有这些品质的个体就可被称为善良的、坚强的。可是在汉语中却要小心不要在这些细节上犯错。汉语常常更愿意使用一些约定俗成的表达方式，并且是著名作家常用的那

---

① 此处英译本"行"字注音为"hang"，与前一句"行"字注音"hing"不符，查拉丁文本两字都应为"hing"，故改之。——中译注

些用法，而不是去自己生造新的句式。如《中庸》一书就区别了 *ch'ing ché*（诚者）和 *ch'ing chí ché*（诚之者），并给出了这样的例子：

ch'ing ché tsz' ch'ing，诚者自诚。Truth is itself truth. *táu tsz táu*，道自道。Reason is itself reason. 由此我意识到“诚者”表示诚实，“诚之者”则意味着展现这种品质的人，或者简而言之第一个是抽象的，第二个则是具体的。

（三）虚词“者”常与“也”字组合，构成三种表达方式，每一种都值得特别注意。

（1）第一种方式用来解释某些字的意义。例如：*teh ché pan yé*，德者本也。Virtue, that which is the root. *shán ché ts'iuen chí yuen yé*，山者泉之原也。Hills are the origin of spring. *jin ché jin yé*，仁者人也。Man himself is benevolence. 这个选自《中庸》的例句意思如果是说仁义是人的本性，或者说人的本性就是要为仁和向善，那么这种看法是正确的。可是假设这个例句被认真地研究过，其目的是宣称人就是仁义的代名词，那么这种观点是不完全正确的，因为神人“基督”也许会全然认为这样的看法十分不妥。*ching ché ching yé*，政者正也。*kiáu ché hiáu yé*，教者孝也。在这两个例句中，“政”（government）和“正”（right）的意思一样；“教”（law, ordinance）和“孝”（ filial love and duty）的意思一样。我们来分析一下，这是很有用的：在“政”字和“正”字之间，以及“教”字和“孝”字之间，最明显的不同就是偏旁“攵”。根据《说文解字》里的阐释，“攵”表示 to urge、to strike。因此“*min*，敏”（to urge, to hasten）不过就是“每”和“攵”的组合罢了。To urge 在一定程度上可以理解为 to hasten（拉丁文：dant animos plagae，即“创伤赋予勇气”），如果去掉偏旁“攵”，那么“教”和“政”就只剩下“孝”和“正”，这两个字也就失去了为字的根据。因此，人们说法律并非为正直之人而设，因为正义之事无需矫正；而且，人不能被强迫去爱他本自愿爱之物。这只是顺带一提。

（2）第二种表达方式主要用于这样的情况，即一个字前面已研究过，后面又再次补充说明。在《中庸》里，作者前面已经提到了“*táu*，道。the light of man, right way”，随后又重新说明：*táu yé ché puh k'o sü yü lí fei táu yé*，道也者不可须臾离，可离非道也。That right way admits not the slightest deviation; were it not so, it could no longer be termed the right way. 还是在《中庸》里的句子：*chung yé ché t'ien hiá chí tá pun yé*，中也者天下之大本也。The medium is everywhere the chief radical. 有时，*fú*（夫）字会放在句首，例如：*fú ching yé ché p'ú lú yé*，夫政也者蒲芦也。That authority is like the high reeds of *Yángtsz' Kiáng*.

（3）第三种方式中，“者也”放在句尾，前面有无“者”字没什么区别。例如：*fú hiáu ché shen kí jin chí chí shen shuh jin chí sz' ché yé*，夫孝者，善继人之志善述人之事者也。To execute the designs and transmit the history of a parent, is the substance of filial duty. *wei yú hioh yang tsz 'rh háu kiá ché yé*，未有学养子而后嫁者也。None ever learned to rear a progeny with reference to a future marriage. 这里的“后”字在《大学》里用“後”来替代。*jü ts'z' ché tsái kih k'í shin ché yé*，如此者灾及其身者也。Who thus conducts will doubtless incur misfortune. 在欧阳修的文章中，“者邪”用来替代了“者也”；他和其他那些一流的作家一样也喜欢用 *shí yé*（是也），例如：*kú chí jin yú hing chí ché Wú Wáng shí yé*，故之人有行之者武王是也。Some of the ancients proceeded in this way, such was *Wú Wáng*. 在这个句子及类似的例句中，“者也”很难来替代“是也”。

（四）句尾的“也”字有时也可以省略。例如：*ho pei 'rh juh ché, yih pei 'rh ch'uh*，货悖而入者亦悖而出。What is ill-gotten is ill-spent. “ché yé，者也”则意味着不同的含义。学习者一定会引用这个古代的格言以表示自己获得了进步。不过，这个格言也以同样的形式出现在另一个说法中：*min jih ts'ien shen 'rh puh chí wei chí ché*，民日迁善而不知为之者。The people are daily changing for the better, and yet he knows not the cause. 下面这些文段出自韩愈的文章，值得我们注意：*Lau Tsz' chí so yen táu teh yun ché, k'ü jin yü í yen chí yé*，老子之所言道德云者，去仁與义言之也。*Láutsz'* discoursing upon reason and virtue speaks to the exclusion of benevolence and justice. 评注：（1）“所言”有“云者”在后面与之相呼应；（2）在“老子”后面有虚词“之”，“言”字支配后面的“道德”。（3）“言之”相当于“所言”；（4）“也”和“者”按通常的方式搭配；（5）“所言……云者”是一种表达方式，我曾在其他地方发现过同样的用法。

第三节 *yé*，也

这个虚词已经进行了一些说明，但仍然值得引起我们特别的重视。

（一）*ché*（者）字并不是在任何情况下都需要放在“也”字的前面。例如：*ch'ing kí jin yé*，成己仁也。To perfect himself is the part of a benevolent man. *kien puh shen 'rh puh nang t'ui, t'ui 'rh puh nang yuen kwo yé*，见不善而不能退，退而不能远，过也。To look with indifference upon the wicked or to dismiss them with a slight rebuke is itself a fault. 评注：（1）“不能”这个词总是用于绝对语气。（2）“远”可以看作是一个动词，意思是“远离”；“退”也可以这样理解。*wú hú yuen tsái k'i fan yü táu yé*，呜呼远哉其分于道也。Alas! He wanders, o how far from the right way. 读者们会在汉语中常常发现这种独特的惯用法。

（二）“也”偶尔似乎也可以用作句尾的语气词。例如：*t'ing sung wú yú jin yé*，听讼吾犹人也。To determine cases of controversy I am as competent as any one. *kú kiun tsz' shin k'í tuh yé*，故君子慎其独也。Therefore the wise man attends especially to those things which concern himself.

（三）“也”有时也用在一个句子的第一个分句的句尾。例如：*táu chí puh hing yé wú chí chí í*，道之不行也，吾知之矣。If reason be at fault, I know the cause. 为了音韵的和谐优美，有一些用作语气词的字常常放在“也”的后面。*t'ien tí chí tá yé jin yú yú so kán*，天地之大也人犹有所憾。Though the universe is vast yet it cannot satisfy the desires of men. *sih ché Shin Nung chí yú t'ien hiá yè k'í*，昔者神农之有天下也其。Formerly *Shin Nung* possessed the world; he &c. *fú lí chí wei wuh yé shing jin chí so í shih jin chí ts'ing 'rh hien k'í sié p'ih chí kü*，夫礼之为物也，圣人之所以饰人之情而闲其邪僻之具。The rules of propriety are an instrument in the hands of the wise, with which he cultivates the virtuous affections and corrects the evil propensities of mankind. 评注：（1）前面六个字所表达的意思就是“礼”字所隐含的意思。（2）我们可以从这个例句中看出一个文雅的中国作家是如何组织自己的语言的——①整个句意都暗含在前六个字里；②“具”字放在句尾，对其做的阐释则被放在“具”字前面；③“圣人”是两个动词“饰”和“闲”的主格；④“人之情”是“饰”的宾格；⑤“而”作为连词；⑥“其”指代“情”；⑦“邪僻”是“闲”的宾格；⑧“具”前面的“之”字是所有格的标志，并受制于“具”字；“具”字应当像例句那样放在句尾，“所以”则和动词“饰”和“闲”相关。通过对上述例句细致的分析，学习者将会学会如何在那些未经解析的句子中发现惯用句式。

（四）“也”字几乎总是同专有名词一起使用。像在《论语》中，孔子提到弟子们，或者跟他们讲话时，他往往称呼 *Yú yé*（由也）、*Ki'ú yé*（求也）、*Hwui yé*（回也）。在句子 *wú hú Fung*（呜呼封）和句子 *lái Yü*（来禹）中，“封”和“禹”都是名字。如果说“来禹也”，这样的句子是不正确的；但说“禹也来”，则含有“禹”可能会来的意思。不过当孔子说“来禹”时，他的意思是说“禹，过来”。“呜呼”一词已经在语气上对“封”有足够的感叹作用，因此是不允许这样用“呜呼封也”的。

（五）“也”字也用于回答一个问题。例如：*k'o hú*，可乎。Is it permitted? *puh k'o yé*，不可也。Not permitted. *shen hú*，善乎。Is it good? *shen í 'rh wei tsin yé*，善矣而未尽也。Good, but not the best.“尽”指用光，耗尽。“善”的意思已经清楚，无需解释。

（六）“也”常常用于一个并列的重复中，将在第四章中具体展示。下面的例句足矣：*sing so t'ung yé ming so tuh yé*，姓所同也名所独也。The *sing* is the family name, the *ming* is the name of the individual. *wú í yé yih yé*，无异也一也。There is then no difference. 则一也无异也。*jin tseh yé, í lú yé, lí fuh yé, chí choh yé, sin fú yé*，仁宅也，义路也，礼服也，智烛也，信符也。Benevolence is our abode, justice our way, propriety our vesture, prudence our light, integrity our seal. *t'ien hiá k'o kiun yé, tsioh luh k'o ts'z' yé, peh jin k'o táu yé, chung yung puh k'o nang yé*，天下可均也，爵禄可辞也，白刃可蹈也，中庸不可能也。The world may be subdued, dignities refused, naked swords trod upon, the true medium cannot be so easily preserved; i.e. nothing is so difficult as to maintain the golden mediocrity.

（七）有时“也”字也用在为一些字做韵律上的补充。例如：*fú wú chí sang wú kwei tsien yih yé*，父母之丧无贵贱一也。In mourning for parents there is no distinction of rich or poor, all are alike. 学习者会注意到句意如何隐含在头四个字中，后三个字增添其后，要是结尾只有一个“一”字会显得突兀，所以加上“也”来补足音节。

（八）有时，我们会在“也”做句尾时发现和 *yü*（與）字连用。例如：*k'o k'ien kwá min chí táu tung chuh yih kw'ei yé yü*，可见化民之道同出一揆也與。Whence it appears that the art of reforming the people proceeds upon one and the same plan. *yü chí 'rh puh to ché k'í Hwui yé yü*，语之而不惰者其回也與。Whoever readily reduce my precepts to practice, he certainly is my disciple *Hwui*. “之”在句首不是指“回”，而是泛指所有的人，而在最后四个字才专门说到“回”。“其”表示前面整个短语。

（九）在《性理大全》中，*yé yú*（也有）常常出现。在那些例句中，“也”放在“有”的前面，意思同 *yú*（又）、*yih*（亦）字。但这种文风是较为低级的，因为该文的作者受当时写作风格的影响而这样使用。

第四节　*yü*，於

（一）“於”毫无疑问同“于”字一样，相当于我们介词“in”。例句很多，如：

yü ts'z'，於此。At this. *chí yü chí shen*，止於至善。To rest with the highest good. *chí yü k'iú yü*，止於丘隅。She rests on the mountain's brow. *chí yü jin*，止於仁。To rest in benevolence. *so wú yü yú wú í kiáu yü tso*，所恶於右毋以交於左。In your intercourse with men do not tolerate with men do not tolerate in your own conduct that which is displeasing in the conduct of others. *háu shen yú yü t'ien hiá, 'rh hwáng lú kwoh hú*，好善优於天下而况鲁国乎。The friend of virtue is happy everywhere, is he not then especially in the kingdom Lú?

（二）“於”放在很多动词的宾语前面。下面的例子需要特别引起注意，如：*wan yü wo*，问於我。He asked me. *puh k'iú yü jin*，不求於人。To ask advice of no man. *puh teh yü yen, wuh k'iú yü sin, puh teh yü sin, wu k'iú yü k'í*，不得於言，勿求於心，不得於心，勿求於气。If you have no words it is for want of thought, and if you are without thought anger will not help it. *juh yü t'án*，人於窞。To fall into a pit. Puh kien yü king，不见於经。It is not found in the King. *puh táu yü shing jin*，不道於圣人。It is not spoken of by the wise. *ts'ung yü wáng*，从於王。To follow the king. *hái yü sing*，害於性。It injures the natural constitutions.

（三）“於”使动词具有被动的意思。例如：*kiun tsz' yú wuh fei yú yü wuh*，君子有物非有於物。The wise man controls affairs, he is not controlled by them. *láu sin ché chí jin, láu lih ché chí yü jin, chí yü jin ché shih jin, chí jin ché shih yü jin*，劳心者

治人，劳力者治於人，治於人者食人，治人者食於人。The strong in mind govern, the strong in body are governed, those who provide support are ruled, and those who rule are supported by others. *yú sán nien chí ngái yü fú mú*，有三年之爱於父母。We have been kindly nourished for the three years by our parents.

（四）下面的表达方式特别值得注意：*kwá jin chí yü kwoh yé*，寡人之於国也。I, as it regards my kingdom. *fú í ché chí yü ping yé*，夫医者之於病也。Physicians in cases of sickness. 那些最值得称颂的作者常常使用类似的表达方式，总按照这样的句式来遣词造句。

（五）“於”字也用于比较级。例如：

fú yü wo，富於我。He is richer than I. 要注意不要混淆“與”和“於”这两个字。它们俩的细微差别很容易被初学者忽略。

（六）“於”字与名词或代词连用时，意思是“对我来说，和你有关”，或者是“就他而言”，诸如此类。例如：*yü wo yü fau yun*，於我如浮云。As to myself, it regard all these things as a cloud scattered by the winds. 值得注意的是，这样五个简单的汉字，欧洲语言却需要那么多的词才能表达其完整的意思。*yü jü ngán hú*，於女安乎。As it regards yourself, would you be satisfied?

（七）有时“於”字也被读作“wú”，在这种情况下表达强烈的感情，或猜疑或渴望，随文义而定。

Wan Wáng tsái sháng wú cháu yü ti'en，文王在上於昭於天。Wan Wáng is risen, Oh how he shines in the heavens!

有时也用 *wú hú*（呜乎），但不常见。再如：*wú hú ts'ien wáng*，於乎前王。Oh! Ancient kings. 这个词同“呜呼”基本相同，但更常用于表达 *ngái sháng*（哀伤）的情绪。《康熙字典》中提到“於乎”的反义词是 *tán mei*（叹美）。

第五节 *hú*，乎

（一）“乎”字与很多动词连用，其用法与“於”字相同。例如：

tsuh hú kí, wú tái yü wái chi wei teh，足乎己，无待于外之谓德。To rely upon our own efforts and not to look to others for support, that is virtue. 这个句子看起来似乎有点啰唆，用了十个字，其实却是言简意赅，句中哪个字不要都不行，否则都

会对句意造成理解上的困难。*kí hú mun*，暨乎门。Having come to the gate. *so tsáng hú shin*，所藏乎身。What he has in himself. *hiáu hú kwéi shin*，孝乎鬼神。Having a pious regard for departed spirits. *sien shin hú teh*，先慎乎德。Give preeminence to virtue. *háu hioh kin hú chí*，好学近乎知。The love of learning is nearly allied to wisdom. *i' hú so wan*，异乎所闻。This is at variance with what I have heard. *wú wú yin hú 'rh*，吾无隐乎尔。I have concealed nothing from you. *nán hú yú hing í*，难乎有恒矣。It is hardly to be expected he should long continue. *so fú kwei hing hú kwei*，素富贵行乎富贵。If you are rich and respected, act as becomes the rich and respected.

（二）“乎”是表示惊叹或者哀悼之情的标志。例如：

sih hú，惜乎。Alas! Lamentable! *wei wei hú*，巍巍乎。Oh, how sublime! *yáng yang hú*，洋洋乎。How vast. *shin hú shin hú*，深乎深乎。How deep!“乎”常常像前面这个例句中一样重复使用，多见于《老子》和《庄子》。

“乎”也和 *wú*（呜）搭配使用，这时往往就写作 *hú*（呼）。例如：*wú hú Yáu Shan, chí teh chí í*，呜呼尧舜，之德至矣。Oh, how exalted is the virtue of Yáu and Shun! 在哀悼之时，“呜呼”表示悲伤之情。

（三）“乎”有时使用时是为了句子的优雅和音韵的和谐。例如：

lí yoh yü shí hú hing, í shih yü shí hú tsuh，礼乐於是乎與，衣食於是乎足。Then decorum and harmony begin to be valued, then the people have enough both of food and clothing.

（四）“乎”也常常用在疑问句中，但用法很多。

第一种：单独使用。例如：

k'o hú，可乎。Can we? *i' hú*，宜乎。Is it just? *jin í hú*，仁矣乎。Is it benevolence?（“矣”插入在这个句中只是为了修饰句子。）

如果“乎”后面跟有其他字，那就不能再算作是疑问句了。例如：*í hú yú hwui*，宜乎有悔。He ought to regret. 在这个例句中，“乎”只是为了配合“宜”字。

第二种：“乎”与 *k'i*（岂）连用。例如：*k'i k'o teh hú*，岂可得乎。How can it be obtained? 这种句式十分普遍，无需再多举例。

第三种：*tsái*（哉）字出现在“乎”字的后面。例如：*jun yuen hú tsái*，仁远乎哉。Is benevolence so far gone?

第四种：*puh yih*（不亦）两字出现在“乎”字前面。例如：*puh yih k'o hú*，不亦可乎。Is it not also permitted? *puh yih lohhú*，不亦乐乎。Is it not even pleasant? *puh yih fei hú*，不亦非乎。Is it not even lamentable? *sz'rh hau í puh yih yuen hú*，死而后已不亦远乎。Till death, how can we go beyond this?

（五）“乎”用在比较句中，如同前一节的“於”字的用法。例如：

wú yih jih cháng hú 'rh，吾一日长乎尔。I am one day older than you. 在下面的例句中，“乎”与否定词 *moh*（莫）文雅地搭配。例如：

moh káu hú t'ien，莫高乎天。Nothing is higher than heaven. *shí shú chí so mei moh tá hú Yáu Shun*，诗书之所美莫大乎尧舜。The *Shí* and *Shú* extol none more than *Yáu* and *Shun*. *hau shí chí ching ché, moh ching hú Hán yü Táng*，后世之盛者，莫盛乎汉與唐。All the glory of succeeding ages does not surpass that of the *Hán* and *Táng*.

（六）当在表示怀疑、不确定或者谈论相反之物时，“乎”要重复使用。例如：

puh shih kin chí yen ché, k'í kioh ché hú, k'í mung ché hú，不识今之言者，其觉者乎，其梦者乎。I cannot tell whether I really say this or am only dreaming. *chíh yü hú chih shié hú*，执御乎执射乎。Shall I drive the chariot or wield the spear. *i'hú fau hú*，宜乎否乎。Is it right or not.

（七）“乎”字与 shú（庶）字连用，使语调轻缓，否则会略显生硬。例如：

tseh shú hú k'í k'o í，则庶乎其可矣。It is thus then permitted. *i'kih hú chung tseh shú hú chí í*，以及乎中则庶乎至矣。Methinks that he who has reached the medium has gained the extreme point. 中国文人只不过将 *shú hú*（庶乎）、*shú kí*（庶几）这样的词作为修饰其表达法的一个对象，而不是要明确地断言什么。

第六节　chú，诸

（一）在一些情况下，“诸”确实和“於”“乎”的用法相同。

从下面的例子中就能看出来：*wei k'iú chú kí*，惟求诸己。To seek only from himself. *kiun tsz' chí táu pan chú shin ching chú shú min*，君子之道本诸身徵诸庶民。The way of the wise man involves radical principles and is evinced by its influence upon the people. 孟子在谈到牧羊人时这样说：*tseh fán chú k'í jin hú yih yih lih 'rh shí k'í sz'yü*，则反诸其人乎抑亦立而视其死與？ Shall he return the sheep to their owner, or stand and see them miserable perish? "與"是疑问词，与第一个分句中的"乎"搭配。*shú chú shin*，书诸绅。To inscribed it upon to the girdle. *shí chú cháng*，示诸掌。To exhibit upon the hand.

（二）在下面的例句及其他类似的例句中，"诸"用作一个句尾虚词。

Yáu Shun k'í yú ping chú，尧舜其犹病诸。Yáu and Shun even could not endure it. 代词"其"指的是"尧"和"舜"；"病"在此处用作动词；否则这个句子的意思就很模糊。"诸"在这里也可以是一个代词，作为动词"病"的宾格。

（三）虽然"诸"可以做代词，但它更多的是疑问句的标志。例如：

yú chú，有诸？Is it indeed? *yú chí*，有之。It is. *jin yú shié chú*，人有舍诸？Will men reject him? *sui yú súh, wú k'í teh 'rh shih chú*，虽有粟，吾岂得而食诸？Even if I had fruits how could I eat them? ①

第七节 *yé*，邪；*yé*，耶

（一）这两个虚词都表疑问，同"乎"字和"哉"字类似，放在句尾。然而，对于这几个字"乎""邪""耶"和"哉"的正确用法却需要从阅读中碰到的例句里面细细体会。这样的知识是不可能从任何语法规则中学会的，要依靠日常多听多练才能获得。

注意下面的例句：

k'í tái yú ping 'rh hau táu yé，岂待有病而后祷耶？Why wait till disease comes and then betake myself to prayer? *k'í chí tá ch'in ché yé*，岂知大臣者耶？How do we know what is the part of a public officer? *k'í chin loh yü chau kü ché yé*，岂真乐於舟居者耶？how could I fancy abiding in a boat? 这个作者似乎更愿意用"於舟居"，而不是用"居於舟"，这样后面用"者"字就显得更清楚些。*ts'z' k'í kin yü jin ts'ing yé*，此岂近于人情邪？How can this accord with the feelings of humanity? 庄子在提到一棵树时，说：*sz' yü yé 'rh yú yung, ts'ié tih ts'z' tá yé yé*，使予也而有用，且得此大也邪？If I had been of any use, should I have attained so great a height?

---

① 这个句子中"粟"应指"小米"，英译为"fruit"是水果，翻译有误，应为"millet"。——中译注

（二）这两字也会被文雅地重复使用，就像前面“乎”的某种用法一样。这部分的例句值得特别注意：*yen tseh so wei sin ché, wei yih yé, wei 'rh yé, wei chú yé, wei k'eh yé, wei ming wuh ché yé, wei ming yü wuh ché yé*，然则所谓心者，为一耶，为主耶，为客耶，为命物者耶，为命於物者耶？Is then that which we call mind simple, or is it complex, is it the master or the guest, does it control affairs, or is it controlled by them? 很难不去欣赏像这样言简意赅的句子。*wei chí loh chí kwo loh yé kwo püh loh yé*，未知乐之果乐邪，果不乐邪？I am yet in doubt whether those who seem to rejoice at this are really pleased or not. *wei chí shen chí ching shen yé ching puh shen yé, joh í wei shen í puh tsuh hwoh shin, í wei puh shen í tsuh í hwoh jin*，未知善之诚善邪诚不善邪，若以为善矣不足活身，以为不善矣足以活人。I am yet in doubt whether this desire of fame, which appears so commendable, is truly so or not. If it possess intrinsic merit, why should it fail to secure uprightness of life? Or if it be called a blemish, you will object, and justly, that it often conduces to distinguished fame. *chí k'í k'o kü yé yih ngau kü chí ye, joh chí 'rh kü tseh*，知其可举耶抑偶举之耶？若知而举则。Did you promote him in reference to a previous acquaintance or by mere accident? If the first, then, &c. *kwo puh kien yé*，果不贤也。If he was not in fact discreet, you should have informed the emperor, and not to have waited for his misfortune to furnish occasion for an attack; *joh kwo hien yé*，若果贤也。But if he was hot prudent and well disposed you should have related this in person at the court and not thus to have sought his ruin. 中国的文人常使用这样关于两难之境的句子，特别是相互诘辩之时，一方断言而一方否认。

第八节 *yü*，與

这个字可以被看作是虚词，也有很多其他的不同用法。因此本节会分成两个小节，虽然按照“與”字的用法可以举很多例子来讨论，但考虑到这章的主题是虚词，所以分成两小节就足矣了。

第一小节 虚词“與”

（一）“與”用作连词。例如：

tsz' hán yen lí yü ming yü jin，子罕言利與命與仁。Confucius rarely spoke of gain of fate or of benevolence. *jin yü í*，仁與义。Benevolence and justice. *pan yü tsien shí jin chí so wú yé*，贫與贱是人之所恶也。Man has a natural aversion to poverty and want.

（二）"與"用作句尾虚词。例如：

k'í t'sz' chí wei yü，其此之谓與。It is just as I say. *ts'z' chí wei yé*，此之谓也。This is what I say.

（三）有时也用作疑问词，但这种情况下往往写作"欤"。例如：

yen tseh Shun puh kin yü，然则舜不禁與？Why did not Shun resist? *jü fuh nang k'iú yú*，如弗能救與？Can you not furnish a remedy for this? *k'o puh shin yú*，可不慎欤？Must we not take good heed? *tseh kú k'o fang yü*，则固可放與？Must he therefore be discarded at once? *kiun tsz' jin yü*，君子人與？Is he a philosopher? *kiun tsz' jin yé*，君子人也。He is a philosopher. *ho k'í miú lun ché yü*，何其谬论者與？What language can be so absurd as this? *jen tseh kwo ko wei chí wan cháng ché jü*，然则果谓之文章者與？Shall we not call this a splendid composition?

（四）"與"字的这种用法同前面的"乎""耶"字相似。例如：

孔子知道他曾去过的一个王国突然被灭国，当此时有人问他：*k'iú chí yü yih yü chí yü*，求之與抑與之與？Does he seek this knowledge of others, or do they of their own accord furnish him with this information? 第二个"與"是动词，表示"给予"，跟"求"字意思相反。孔子将北方国家的强大与哲人所说的进行比较：*péh fang chí kiang yü, yih 'rh kiang yü*，北方之强與抑而强與？Who are brave, you or the people of the north?"而"在这里用如"尔"。孔子告诫自己的弟子，他的意图是为了展示道德的高尚远比身体的强壮更有优势。

（五）"與"字也是表示疑问或者赞叹的标志。例如：

Shun k'í tá chí yé yü，舜其大知也與。*Shun*! How much he knew! 当孔子说到一个贤人的道德时，这样说道：*k'í wú Hwui yé yü*，其吾回也與。Such was my *Hwui*.

（六）当两个事物进行比较时，"與"后面加一个 *ning*（宁）来表示哪一个更好。例如：

li yü k'í ch'é yé ning kien，礼與其奢也宁俭。In regard to external ceremony it is better to be sparing them prodigal. *sáng yü k'í ch'é yé ming kien*，丧與其易也宁戚。In mourning for the dead, true grief is more to be commended than mere outward show. *yü k'í puh sun yé ning kú*，與其不孙也宁固。It is better to appear rude than to be proud and haughty. 注意观察这些字总是按这样的句式组织的。“其”在“與”的后面，“也”在“宁”的前面，另外，*wú*（毋）常常插入进来代替“也”。例如：*yü k'í fah yuh kung 'rh sz' t'án wú ning kü máu 'rh chí tsuh*，與其发玉工而肆贪毋宁居茅而知足。Better is a humble cottage with poverty and contentment, than a costly palace with a soul that cannot be satisfied. 庄子在表达同样的意思时也用了“與”：*Kiá yü Yih shuh mei*，甲與乙孰美？Which is the more beautiful, *Kiá*, or *Yih*? *Kiá tsái*，甲哉。kiá, indeed.

庄子还这样说道：*K'á yü Yih shuh shí 'rh shun fí hú*，甲與乙孰是而孰非乎。Which of the two speaks the truth, which is in error? “與”在这两个例句中都是连词。“甲”和“乙”是作为举例的代表，就如同我们语言中的“A”和“B”一样。

（七）*t'ung*（同）和 *í*（异）这一对反义词使用时需要“與”字。例如：

wan 'rh puh hing yü puh wan t'ung，闻而不行與不闻同。To hear and not perform is the same as not to hear. *pi pih siáng yü í*，彼必相與异。They certainly do not resemble each other.

（八）“與”的一种用法同西方语言中的介词“with”相同。例如：

yü min t'ung loh，與民同乐。To rejoice with the people. *puh yü wo yen puh yü wo shih*，不與我言不與我食。He never takes part with me in eating or in conversation. *fú shwui yü wáng tih*，夫谁與王敌。Who then O king would dare contend with you?

第二小节　作为动词或名词的“與”

在字典《品字笺》中对“與”的阐释中有以下这样准确的描述：*pan sháng shing, chuen k'ü shing, tsié ping shing*（本上声，转去声，借平声），即“與”字本来读作上声，有时变为去声，在借喻时则读作平声。在这里 *tsié*（借）字用得相当合适，因为没有哪个字在本义上就是做虚字讲的，都要以假借的方式来虚化。

（一）“與”字的意思有很多种，而且各不相同

（1）有时，“與”同 *shau*（授），表示给予。例如：

Shun yú t'ien hiá shun yü chí，舜有天下孰與之。*Shun* possessed the whole world. Who gave it to him? *t'ien yü chí*，天與之。Heaven gave it.

（2）“與”同 *kwei*（归），表示归属。例如

tien hiá moh puh yü yé，天下莫不與也。The whole world returned and submitted to him.

（3）“與”同 *hü*（许），表示授予，允许。例如：

yü k'í tsin，與其进。He permitted him to enter. 孔子说：*fuh jü yé wú yü jü fuh jü yé*，弗如也吾與女弗如也。Not such indeed! I admit you are not. 他很谦虚地将自己同圣人的另一个弟子相比较，回答是那位弟子比自己有才能多了。[①] *puh yü t'ung chung kwoh*，不與同中国。He would let him have no intercourse with the middle kingdom.

（4）*t'ien tí yü chí*，天地與之。Heaven and earth give it him.

（5）*siáng yü*，相與。Friends. *siáng yü yen yueh*，相與言曰。They were saying to each other.

（6）*táng yü*，党與。Associate in a conspiracy.

（7）*sui puh wo yü*，岁不我與。Age does not tarry for me. “與”在这个句子中同 *tái*（待）一样，例如：*í lí siáng yü*，以礼相與。To treat each other politely.

（8）“*fuh yü*，弗與”这个词的意思同“*fuh jü*，弗如，not like”。

（9）*shí yü*，施與。To give alms.

（10）*yung yü k'í sin*，容與其心。He cheered his mind.

（11）*wu yü*，无與。Useless, or not to use. 这个词同 *fuh yung*（弗用）意思一样。

（12）*puh yü wan*，不與问。I could not ask him.

（13）*sun yü chí yen*，巽與之言。Prudent counsels.

（14）*t'ien ho yü yen*，天何與焉。What has heaven to do with this?

（15）*yü chí*，與知。We may know.

---

① 英译本此处缺乏上下文的补充，特加此注予以说明，这句话选自《论语》（公冶长篇第9章），原文是——子谓子贡曰：“女与回也孰愈？”对曰：“赐也何敢望回？回也闻一以知十，赐也闻一以知二。”子曰：“弗如也；吾与女弗如也。”意思是孔子问子贡：“你与颜回相比，谁更强些？”子贡回答：“我哪里敢与颜回相比呢？颜回听到一件事可以推测知道十件事，我听到一件事只能推知两件事。”孔子说：“你是不如他，我赞同你的话，是不如他。”——中译注

（二）“與”读作去声。例如：

yü tsí，與祭。To observe a rite. *yü sih*，與席。To recline at table. *yú yü*（犹與）或者写作“犹豫”。Irresolute, afraid of every thing. *hú í yú yü hau pih yú hwui*，狐疑犹與后必有悔。They who suspicious afterwards have occasion to regret.

（三）下面再增加一些例句。例如：

shuh yü wo，孰與我？Who like me? *yú t'ien hiá 'rh puh yü yen*，有天下而不與焉。He possesses the world as though he had it not. *puh k'o yü juh Yáu Shun chí táu*，不可與人尧舜之道。It is not permitted him to enter upon the way of *Yáu* and *Shun*. *kiun tsz' yú sán loh 'rh wáng t'ien hiá puh yü tsun yén*，君子有三乐而王天下不與存焉。There are three things in which the wise man take delight, but to have the sovereignty of the world is not one of them.“王”在这里做动词，“天下”指的是统治的地方。*fī sán Hwáng chí teh k'í shun nang yü ts'z' hú*，非三皇之德其孰能與於此乎？If he be not as wise as the three Hwáng who can attain to so great perfection? *fī t'ien hiá chí chí shin k'í shuh nang yü yü ts'z'*，非天下之至神其孰能與於此？What will this avail if there be in the world no overruling spirit? *yü yü yü k'o chú*，於予與可诛。Is it for me to say whether he shall be punished? *yü Yü yü kái shí*，於予與改是。In regard to Yü I have changed my mind.“予”字在第二个例句中是孔子一个弟子的名字。你们或许已经注意到关于“yü”这个音节的重复使用，这对中国人的耳朵来说是可以接受的。

第九节　*'rh*，而；*'rh*，尔；*'rh*，耳

由于这三个字的发音一样，所以就都放在一节里来阐释。在古书里“而”字同“尔”字。

第一小节　*'rh*，而

（一）这是一个连词，表示并列。大约有三四种形式，虽然在每种例句中它都起连接作用，但仍有不同的差别。

第一种：“而”字同“與”的意思相近，两者的差别在于“而”带有某些推论的意味，“與”则没有。这时“而”在语义上可以理解为“然而”。例如：*puh ch'uh kiá 'rh ch'ing kiáu yü kwoh*，不出家而成教于国。He never goes abroad and yet he is able to instruct the whole kingdom. *shuh 'rh puh tso*，述而不作。To record but not to do. *yin ngoh 'rh yang shen*，隐恶而扬善。To conceal the bad but extol the good. *wú kwo 'rh wú puh kih*，无过而无不及。Neither too much nor too little. *fú 'rh k'o k'iú*，富而可求。If you wealth could cought.

第二种：当句子中前后两部分的语义是相反的意思时，“而”字在这里起连接作用，这种用法比较高雅，因此在书面语中常见。在这些例句中无论是“與”还是“及”字，或者其他相类似的连词都是不能替换“而”的。*tán 'rh puh yen*，淡而不厌。Tasteless, but not disgusting. *wan 'rh lí*，温而厉。Kind and yet severe. *teh 'rh puh hí, shih 'rh puh yú*，得而不喜失而不忧。He acquires but does not rejoice, he loses but is not grieved. *puh mien 'rh chung*，不勉而中。He is not violent, yet he gains the midle. *puh sz' 'rh teh*，不思而得。He takes no thought and yet he gains. *puh tung 'rh king*，不动而敬。He makes no effort, still he is honored. *puh yen 'rh sin*，不言而信。He says nothing, and still he is believed. *kih káu ming 'rh táu chung yung*，极高明而道中庸。he is most distinguished of all, yet he pursues the true medium. *wan kú 'rh chí sin*，温故而知新。He delights in the ancient but is not ignorant of the modern. *puh sháng 'rh min kiuen puh nú 'rh min wei*，不赏而民劝，不怒而民威。He gives no rewards yet the people love virtue, he exhibits no anger, yet the people fear him. 在《孙子》中也有跟这种结构类似的例句，如：*wei shí 'rh ts'in, puh nú 'rh wei*，未施而亲，不怒而威。He makes no presents yet he is loved, he shows no anger, yet he is feared. *shí chí 'rh puh kien t'ing chí 'rh puh wan*，视之而不见，听之而不闻。You look but do not see him, you listen, but do not hear him.

第三种。“而”放在 *í*（已）或者 *í í*（已矣）的后面。例句很多，如：

kiú jin 'rh í，九人而已。Nine men in all. *yih yú jin í 'rh í í*，亦有仁义而已矣。There are benevolence and justice and that is all. *táu 'rh jin yü puh jin 'rh í í*，道二仁与不仁而已矣。There are two ways of charity and selfishness and no other.

（二）“而”字当然也放在 *sui*（虽）的后面。例如：

shen jin sui to 'rh puh yen，善人虽多而不厌。The number of good men cannot be too great. *i' 'rh í 'rh*，已而已而。Enough! Enough! *'rh kin 'rh hau*，而今而后。Both now and hereafter. 我们发现《大学》有这样的说法：“而后，then, afterwards”。例如：*mwán 'rh hau sheh*，满而后泄。It fills and overflows.

第二小节 *'rh*，尔；*'rh*，耳

尽管“尔”是第二人称代词，“耳”当然指的是耳朵，但这两个字也常用作虚词。

（一）它们用在句尾，表示句中所指称的主语不会超越某些兴趣或影响的范围。例如：*chí háu shí suh chí yoh 'rh*，直好世俗之乐耳。My favorite music is more common than that which consists of sounds. *jü siú ché t'ien hiá kiung tsien jin 'rh*，如修者天下穷贱人尔。Like siú a poor and sorry fellow. *k'í puh wei kiun ché kí ho, wei puh yú k'í ming 'rh*，其不为君者几何，惟不有其名耳。What is wanting to make him king? The name only. *tsien yen hí 'rh*，前言戏耳。I said this in jest. *yih k'en 'rh*，一间耳。There is scarcely an interval. *fuh sz' 'rh í*，弗思耳矣。There is a want of attention.

（二）它们构成副词，在特定位置上和“然”“如”的用法一样。例如：*ch'oh 'rh*，卓尔。Confidently. *Súh 'rh*，率尔。Suddenly.“云”或“焉”也很文雅地放在“尔”和“耳”的前面。例如：*puh kwo jü ts'z' yun 'rh*，不过如此云耳。There is no difficulty, only pursue this course. 在这个句子中，语言非常朴实，用词又通俗，但很难有人不承认这个句子极为文雅。*wei so tseh chí yen 'rh*，惟所择之焉尔。It is entirely at your option.

第十节 *yen*，焉；*jen*，然

第一小节 *yen*，焉

（一）“焉”常常放在句尾。例如：

sháu sz' yen，宜少思焉。I wish you would just notice. *sui shing yü hien, wí cháng wú puh hing yen*，虽圣與贤，未尝无不幸焉。Even the wise and prudent are not in all cases successful. *tsin k'í k'í hioh 'rh hioh yen*，尽弃其学而学焉。He discarded all he had learned before and applied himself anew. *sin puh tsái yen*，心不在焉。His heart forsook him. *sán jin hing pih yú wo sz' yen*，三人行必有我师焉。When three of us walk together, I am sure to find a teacher. *wú juh 'rh puh tsz' teh yen*，无入而不自得焉。He always maintains his self-possession. *kau puh chí teh chí táu puh ying yen*，苟不至德至道不凝焉。To establish the purest doctrines requires the purest virtue.

（二）为了行文的流畅典雅，“焉”也常在字数相等的分句句尾重复使用。例如：

sz' shí hing yen, wán wuh sang yen，四时行焉，万物生焉。The seasons return in order, all things come in their season. *sing shin hí yen, wán wuh fau yen*，星辰系焉，万物覆焉。The stars are hung in it and it encompasses the world.

（三）为了使句子的和谐优美，也常常用“焉”字。例如：

sháng yen ché，上焉者。Those above. *hiá yen ché*，下焉者。Those below. *wí chí yen teh jin*，未知焉得仁。Whether he be really benevolent or I am yet in doubt. *wí chí teh jin yü fau*，未知得仁與否。这句意思同前一句相同，但却没有前一句简洁。*yú yú hwoh yen ché*，犹有惑焉者。Till there are some who doubt.

（四）很多有名的作家习惯把“焉”放在韵母相同的字后。例如：

yú shing jin chí yen yen，有圣人之言焉。It contains the words of a philosopher. *táu puh chuen yen*，道不传焉。The true doctrine is not taught.

（五）当“焉”用作疑问词时，应当放在前面。例如：

yen chí，焉知？ Who knows? What do I know? *yen teh káng*，焉得刚？ Is this to be brave? *yen yung shah*，焉用杀？ Why inflict punishment? *yen k'í ts'ung chí*，焉其从之？ Should he follow him? *fú yen yú so í*，夫焉有所倚？ How could such a man confide? *yen nang wei yú yen nang wei wáng*，焉能为有焉能为亡？ Is there any thing or not? Has he aught or is he in want? Is he alive or dead?（意义上的特殊差别要通过上下文来进行理解。）

（六）“焉”与 *jü*（如）恰当搭配。例如：

jü Kiú ché yen，如丘者焉。On like Kiú. *kiun tsz' chí kwo jü jih yuen chí yen*，君子之过如日月之焉。The faults of the wise are like eclipses of the sun and moon. *yü lí jü t'ien yen*，於地如於天焉。On earth as in heaven.

（七）“焉”字也构成副词。例如：

wúh yen，忽焉。Suddenly. *hin hin yen*，欣欣焉。With great joy. *sháu yen*，少焉。

A little after. “焉”在这种情况下同“然”字。

第二小节 *jen*，然

（一）“然”常常是副词的标志。例如：

wei jen yuen，喟然曰。He plaintively said. *siun siun jen*，循循然。Methodially. 这样的例句十分常见。

（二）“然”字也用于表示确定。例如：

jen hú fau hú，然乎否乎？Is it so or not? *tsz' chí yen jen*，子之言然。It is indeed as you say. *puh k'í jen hú*，不其然乎？Is it not so? *ho pih jen*，何必然？Why must it be so? *wei pih jen*，未必然。It is yet uncertain. *jen 'rh wei jin*，然而未仁。True, but there is yet no benevolence. *tai puh jen í*，殆不然矣。Is is not so by any means. *jen tseh puh tsuh hioh hú*，然则不足学乎？Are you not then satified with learning? *jen tseh tsiáng nái ho*，然则将奈何？ What then shall I do? 在《孟子》和《庄子》中可以找到这样的词：*kí jen*，既然。Since it is indeed thus. *sui jen*，虽然。Although, albet.

（三）*chí ts'z' jen hau chí*，知此然后知。This is once known, then they know &c. *kú chí jin kiái jen*，古之人皆然。Such was th opinion of the ancients. *wei kiun tsz' puh jen*，惟君子不然。Not so the wise. *yih jen*，亦然。In like manner. *so táng jen*，所当然。或者是 *táng jen chí tseh*，当然之则。The essence of things, the principle without which things cannot exist. *so í jen*，所以然。The reason why, the cause by which. *tsz' jen*，自然。Of itself. *tsz' jen 'rh jen*，自然而然。Spontaneously and yet truly.

第十一节 *tseh*, 则；*ts'ié*，且

第一小节 *tesh*，则

yen 'rh shí wei t'ien hiá tseh，言而世为天下则。If he speaks his words are a rule for all the world to follow. *yú wuh yú tseh*，有物有则。There is the material substance and the immaterial principle. *lí*（理）在这里同“则”意思一样，*táng jen*（当然）也表示同样的意思。以上关于“则”的例句选自《中庸》和《诗经》，不过我们在这一节要讲的是“则”做虚词的用法。

（一）“则”可以做表示顺承关系的标志，就像我们语言中的“then、therefore”一样，至少这个字能表示一件事紧接着另一件事发生。例如：

siú shin tseh táu lih，修身则道立。If the person be adorned the mind is sound. *shwui chí sing puh tsáh tseh ts'ing moh tung tseh hú*，水之性不杂，则清莫动则乎？It is the nature of water when pure to be transparent, when undisturbed to have a smooth surface. *sz'*（斯）字也有类似的意思。*king ching tseh shú min hing, shú min hing sz' wú sié teh í*，经正则庶民與兴，庶民與斯无邪慝矣。When the laws are just then the people are virtuous, and then the people become virtuous they abandon their vices. *jü ho sz' k'o í ts'ung ching í*，如何斯可以从政矣。How shall the people be induced to yield obedience to the laws? *tseh k'o í*，则可以。Would give the same sense. *ts'z'*（此）字也可以在同样的表达法中使用。*yú teh ts'z' yú jin*，有德此有人。If he have virtue he will have his people.

（二）“则”字做连词时，意思和“而”字相近，但在某种程度上更有力一些。例如：

k'uh tseh puh ko，哭则不歌。He wept without whining. 当表示反对意见时，“则”前面常常有“然”。例如：*jen tseh*，然则。If so, it follows, &c. *mei tseh mei í tseh*[①] *wí tá yé*，美则美矣则未大也。Beautiful indeed it is, but not in a high degree. 随时都可以构成同样类似的句子。

（三）*yih tseh*（一则），这种说法相当于我们语言中的“both ... and”。例如：

fú mú chí nien puh k'o puh chí yé yih tseh í hí yih tsh í kü，父母之年不可不知也，一则以喜，一则以惧。Is is proper that we should often consider the years of our parents both to excite our joy and our feet.

第二小节　*ts'ié*，且

（一）“且”有时同“则”。例如：

jen ts'ié jin ché puh wei hwáng，然且仁者不为况。Supposing that the benevolent

---

① 此处英译本中注音是“'rh”，对应汉字应为“而”；然而对照后面例句中的汉字“则”注音应为“tseh”，故按照后面的汉字改为“则”的注音。——中译注

man will not do it, much less, &c.“然且”正好和“然则”意思一样。这种例句尽管确实比较少见，但在这里就不需要展示了。

（二）“且”跟“而”和“與”一样，当然也是一个连词。不同之处在于“而”常常表示相反的意思。例如：

p'in 'rh loh，贫而乐。Poor but happy. *fú 'rh lí*，富而礼。Rich and yet courteous.“與”既不表示相反的意思，也不表示相承的意思。*yü yü 'rh*，予與尔。I and you. 不过，“ts‘ié，且”字类似“tseh，则”，表示相承的意思。例如：*p'in ts'ié tsien*，贫且贱。Poor and thus despised. *fú ts'ié kwei*，富且贵。Rich and thus honored.

（三）*wú hú yü ts'ié láu, fang mái tien*，呜呼余且老，方买田。Lo! I am old, yet purchasing a field.“余且老”意思同“余老”，“且”加在中间是因为如果不加，那么“余老”就很类似像“吾[1]老”这样的词，表示“我的老人”。

（四）在《性理大全》书里，*tsih*（即）和 *pien*（便）的意思跟“tseh，则”和“ts‘ié，且”差不多，但却是更为通俗的表达。

第十二节　*joh*，若；*jü*，如

（一）这两个字都跟表示假设的虚词“if”意思一样。例如：

joh jen tseh，若然则。If so, then &c. 外国学生应当加倍注意有关“若”和“若是”的用法，而不是更习惯地按本国语言的语法规律来使用它们。无论怎样，外国人在用这些虚词时都极易显露出自己本国语言的痕迹。因此，他应当在同中国人交往的早期就学会如何在实践中省略“若”字，类似的短语变化很多。孟子就常常使用 *kau*（苟），表示“but if”。还有 *táng*（傥）字及其通假字“倘”字也表示同样的假设意思。*sz'*（使）表示“suppose, provided”，即“假使，如果”，也很常见。更为文雅的用词还有 *sheh*（设），例如：*sz' sing kwo shen yé, shin puh k'o í puh siú, sz' sing kwo ngoh yé, shin puh k'o í puh siú*，使性果善耶，身不可以不修，使性过恶耶，身不可以不修。If nature be good it should be still further improved, if bad it should be reformed.

---

① 原文汉字为“五”，但据后面的翻译，似乎为“吾”更妥，此处汉字疑有误。——中译注

（二）这两个字也可以表示“好像，如同”。例如：

yú joh wú，有若无。To have as not possessing. *wú chí joh kwei*，恶之若鬼。He hates him as the evil one. *joh shí*（若是）或者 *jü ts'z'*（如此）也表示“像这样……”的意思。*jü chí ho k'í k'o kih yé*，如之何其可及也？If so , who can reach him? “其”在这个句子中指的是孔子。*jü chí ho tseh k'o yé*，如之何则可也？If so, what must be done?

（三）*moh joh*（莫若）、*puh jü*（不如）比较常见，表示在考虑的事情中更佳的选择。

moh joh siú k'í pan，莫若修其本。There is nothing like cultivating the root. *chí chí ché puh jü háu chí ché, háu chí ché puh jü loh chí ché*，知之者不如好之者，好之者不如乐之者。To love is better than to know and to cherish with delight is better than to love.

（四）“若”有时表示提起某事，“至于说到……”。例如：

joh min tseh，若民则。But as to the people, certainly, &c. “如”也有同样的用法。*jü k'í lí yoh, í sz' kiun tsz'*，如其礼乐，以俟君子。But for the ritual and music we wait for the sage.

（五）“如”用来构成副词，或者说是作为形容词的修饰语，以便在解释时显得更有力度；或表示一种状态。特别是在《易经》和《论语》中例句很多。例如：

kung kung yü yé，空空如也。Really awkward. *siun siun yü yé*，恂恂如也。Faithful and true indeed. *yü yü yü yé*，與與如也。With singular gravity. *hiú hiú yü yé*，休休如也。With great magnanimity.

第十三节　*í*，以；*wei*，为

第一小节　*í*，以

（一）“以”字同虚词“that、for”意思差不多，或者和法语中的“pour”一词类似。例如：

kiun tsz' kü í, í sz' ming，君子居易，以俟命。The wise is prepared for the decrees of fate. *tsí chwáng chung ching tsuh í yú king yé*，齐庄中正足以有敬也。This gravity and uprightness command universal respect. *wan yih í chí shih*，闻一以知十。By hearing one to learn ten.

（二）“以”几乎在所有的情况下都可以用 *yung*（用）字来解释。例如：

wú wú í yé，毋吾以也。He makes no use of me. *sui puh wú í*，虽不吾以。Though he may not employ me. 这个句子中词语的顺序是非常必要的，如果是“以吾”就应该表示“我”，那么整个意思就改变了。*yuen hú puh í*，怨乎不以。He is vexed that he is not employed. 在上面这些例句中，“以”字是动词。但下面的例句，“以”字被视作虚词更为合适。例如：*sz' k'í sien í t'ien tsz' chí lí*，祀其先以天子之礼。To honor progenitors with rites appropriate to the emperor. *tsáng í tá fú, tsí í sz'*，葬以大夫，祭以士。He is buried as a nobleman, but honored as a scholar. *i' Yáu Shun chí ming yú í shí wei kü hwáng k'í hiá ché tsái*，以尧舜之明犹以是为惧，况其下者哉？This would frighten even *Yáu* and *Shun*, how much more should they be alarmed who do not equal them in virtue?

（三）“以”常常和 *so*（所）字连用。例如：

so í jen，所以然。The cause by which, or the reason why. *shí k'í so í*，视其所以。[①]To see what he is doing.“以”在这里看起来是做动词，而“所”是其前置词，表支配。*kiáu shié chí lí so í sz' Sháng tí*，郊社之礼所以事上帝。The *Kiáu Shié* ceremony is that in which the supreme Lord is worshiped. *chí so í chí jin*，知所以治人。To know how men are governed. *so í hing chí ché yih yé*，所以行之者一也。There is only one method of reducing these things to practice. *ts'z' t'ien lí chí so í wei tá*，此天地之所以为大。It is this which makes heaven and earth so great. *t'ien chí so í weo t'ien yé*，天之所以为天也。This is what makes heaven heaven.

（四）“以”与 *ho*（何）字搭配使用，表示用何种方式。例如：

ho í chí k'í jen yé，何以知其然耶？How could I know it to be thus?“以”也同 *k'o*（可）字搭配，例如：*sz' chí jin puh k'o í puh chí t'ien*，思知人不可以不知天。We cannot know man and be ignorant of heaven.

---

① 此处英译本原文句子是“视其以所”，但根据注音及本段论述的语法，应为“视其所以”，疑为刊刻讹误，故改之。——中译注

（五）“以”与 *wei*（为）字搭配，且有不同的表达方式。例如：

puh í wei chí，不以为耻。He deems it no disgrace. *puh chí káu ming í wei jü ho*，不知高明以为如何。I would like, sir to know your opinion respecting it. *wú í tsz' wei kwei*，吾以子为鬼。Really, you look like a ghost. *tseh wáng í wei shuh shing*，则王以为孰胜。Who then, o king, will excel? *puh í wei loh*，不以为乐。He deems it no pleasure. *min í wei tá*，民以为大。To the people it appears great. *ming kiun í chí chán wei kih yé*，明君以制产为急也。The wise king seeks first the prosperity of his people.

（六）“以”同虚词“next、according to、at”意思一致。例如：

sz min í shí，使民以时。To solicit the people at the proper time. 在这种情况下，“以”同拉丁语里的“per”意思差不多。*poh chwáng í tsuh*，剥床以足。To level the couch with foot. 这种用法在《易经》中已出现。

（七）“以”前面加上 *wú í*（无以）或 *wú í*（无已）。例如：

wú í tseh yú yih yen，无已则有一焉。If you are determined to know, there is only one remaining, &c. *tsz' Hán í lái*，自汉以来。From the time of *Hán* downwards. *i' lái*（已来）或者是 *'rh lái*（而来），又或是 *'rh kiáng*（而降），这三个词也可以替换上一个例句中的“以来”。*wú í kiá í*，无以加矣。You can add no more. *sháh jin í ting yü jin yú í í hú*，杀人以挺與刃有以异乎？Does it make any difference whether you kill one with a cane or with a sword? *wú í i yé*，无以异也。None at all.

第二小节　*wei*，为

（一）“为”常常和 *nang*（能）字连用，但只用在表示“只有”的情况下。例如：

wei t'ien hiá chí ching wei nang hwá，惟天下至诚为能化。Nothing on earth but the pure truth can reform manking. *wei ming wáng wei nang ngái so ngái*，惟明王为能爱所爱。It is only the wise king who knows how exercise a true affection. *wei sz' wei nang*，惟士为能。Only the wise are able.（注意“惟”总是放在“为能”的前面。“为能”显然是有虚词的意义，但我觉得除了“之”“者”字外，其他的汉字是否也能这样用尚未可知。）

（二）“为”通常表示因为。例如：

fí fú jin wei tung 'rh shwui wei，非夫人为恸而谁为？If I should not grieve for such a man pray tell me for whom?（这是孔子提到一个过世的弟子时说的话。注意字的位置改变，特别值得注意的是最后一部分，如果用“为谁”，那么意思就变成了“他是谁”。）*hioh wei jin*，学为人。To study for others. *wei ho*，为何。Wherefore, on what account? *ho wei*，何为？ Why so?

（三）“为”字不做虚词时，有时用作存在动词即“be”动词。例如：

k'í wei jin yé to tsái to nang，其为人也多才多能。This man has great talents. “为”表示“做”的意思。例如：*wú puh tú hing í wei chí kwoh*，吾不徒行以为之椁。I am not going on foot to procure him a coffin. “为”表示“治理”的意思。例如：

wei kwoh，为国。To administer the government. *wei pú*，为圃。To make a garden. 中国人常常用这样一种表达：用“不能”来代替“不为”。前者表示真正的能力，后者表示一种意愿。《孟子》中有值得注意的例句。如果提到应当做的愿望，“不为”是错误的；反之，则是善行。

第十四节　*tsái*，哉；*nái*，乃

（一）“哉”常常用作疑问词，后面会有例句。不过，“哉”也是感叹词的标志。例如：

yáng yáng hú ying 'rh tsái，洋洋乎盈耳哉。Wonderful, excellent music, how pleasantly it strikes upon the ear! “乎”在这个句子里意思同“哉”一样，而且用“乎”就可以代替“哉”，以避免在这么短的时间里就重复同一个字。有时这两个字也一起用，不过不表示疑问。*shú hú tsái*，庶乎哉。What a concourse of people! 这个短语也可能意味着“it is certainly very near”，不过完全取决于上下文。“哉”可以很文雅地放在某些名词或形容词后，无论是否还有别的虚词在后面。例如：*tá tsái wan*，大哉问。Momentous question! *fú tsái yen hu*，富哉言乎！ How rich the language! *shen tsái hwui yé*，善哉言也。How just is the sentiment! *hien tsai Hwui yé*，贤哉回也。How discreet was Hwui! *yé tsái Yú yé*，野哉由也。How rustic is Yú! *tá tsái shing jin chí táu*，大哉圣人之道。How important are the instructions of the wise! *shin tsái k'í hwoh yé*，甚哉其惑也。Alas, how blind! *ho k'í miú tsái*，何其缪哉。What a wretched blunder!

（二）“乃”表示对事物的确定，可译为“就是”。例如：

shen wü sang nái so í shen wú sz' yé，善吾生乃所以善吾死也。I live well, forsooth that I may die well. “善”在这里用作动词，意思是“做好事”。*sz’ ’rh nái í*，死而乃瘞。He is dead, and buried forsooth. 也许“乃”用在这里是作为对整个句子的一种补充。*nái shing, nái shin, nái wan, nái wú*，乃圣，乃神，乃文，乃武。He was at a once holy and spiritual, a civilian and a warrior. 有的人会想到在同样的著作中，“乃”用作第二人称的代词。*tú nái sin*，度乃心。Search your heart. *nái fú nái tsú*，乃父乃祖。Your ancesters.

第十五节　时间虚词

（一）*tsiáng*（将）字表示将来时。例如：

hau shí chí wei ngoh ché tsiáng yueh，后世之为恶者将曰。In future those who are disposed to do wrong will say, &c. *tsiáng juh mun*，将入门。About to enter the gate. *tsiáng chung*，将终。或是 *tsiáng sz’*，将死。About to die. *tsiáng ko chuh*，将可出。Then it will be permitted to depart. *noh wú tsiáng wan chí*，诺吾将问之。Yes, I will ask him. *noh wú tsiáng sz’ í*，诺吾将仕矣。Yes, I shall soon act the magistrate. *puh chí láu chí tsiáng chí*，不知老之将至。He knows not that old age is close upon him. *k'o chí k'i tsiáng wú so puh chí yen*，可知其将无所不至焉。Whence it appears there is nothing to which he will not attain.

（二）*tsang*（曾）表示过去时

tsang Yú yü K'iú chí wan，曾由與求之问。You hand inquired of me concerning *Yú* and *K'iú*. tsang shwoh，曾说。I have said. 张居正很通俗地解释过这个句子：*i’ tsang shwoh kwo liáu*，已曾说过了。“说”表示“说话”，其他的字都表示过去时。*wei tsang yen kih liáu,* 未曾言及了。I have not yet spoken. *king*（经）同“曾”字。*puh king kien*，不经见。I have not seen. 更为常用的口语表达是：*muh yú kien kwo*，没有见过。

（三）*i’*（已）也表示过去时。例如：

hing sui tsun ’rh sin í sz’，形虽存而心已死。Though the body remains the soul is departed. *i’ sz’ í*，已死矣。He is already dead. *Máu Ch'ing yü shí k'i yih í puh í*，毛郑于诗其亦已博矣。*Máu* and *Ch'ing* had a thorough knowledge of the *Shú King*. *ping chí i shin*，病之已甚。It made him very sick. “病”是动词，“之”被“病”字所支配。

第十六节　程度虚词

（一）*yü*（愈）、*yih*（益）和 *mí*（弥）这三个字等同于我们语言中的“how much more, so much the more”，表示更加的意思，可以从例句中去体会用法

ts'z' yü kín pí yü yuen，此愈近彼愈远。The nearer the one approaches the farther the other recedes. *kú yü lih yü tung 'rh yü puh chí*，故愈力愈动而愈不至。The more effort he makes the less prospect he has of arriving. “而”的使用是为了突出“愈”，尽管前面同一个“愈”字已用了两次了。*k'ü shing yih yuen 'rh yih poh*，去圣益远而益薄。The farther we recede from the holy the more superficial is our virtue. “而”在这里纯粹是为了修饰句子。扬子在提到“火”时，这样说道：*yung chí 'rh mí ming, suh chí 'rh mí chwíng*，用之而弥明，宿之而弥壮。The more you use it the brighter it becomes, and more you seek to check it the greater is its power. “而”在这里是为了表示这是两个分句。

（二）*hwáng*（况）常常连续使用

t'ien ts'ie fuh wei, 'rh hwáng yü jin hú, hwáng yü kwei shin hú，天且弗违，而况於人乎，况於鬼神乎？ Heaven is not opposed, much less are men hostile, still less adverse are spirits. *chin teh puh tái yü sz' hwáng yü yen hú*，真德不待於事，况於言乎？true virtue does not require you to perform great exploits, much less to make great pretensions.

（三）*shin*（矧）和“况”用法差不多

chí ching kán shin, shin tsz' yú mián，至诚感神，矧兹有苗。The highest intergrity influence the spirits, how much more the *miáu* people. 我们也常常碰到这样的说法：*shin yueh*，矧曰。I say further.

（四）还有不少虚词可以表示最高级

chí shing，至圣。Most holy. *kih káu ming*，极高明。Most illustrious. *tsui kiung*，最穷。Extremely poor. *shin shen*，甚[①]善。Most excellent. *miú yen shin í*，谬焉甚矣。

① 此处原文的汉字为“其”，但根据注音“shin”及后面例句，汉字应为“甚”，疑为刊刻讹误，故改之。——中译注

A most wretched blander. “焉”在这里只是为了修饰句子。*k'iuen tien sháng sháng*，厥田上上。That is a most excellent field.

第十七节　疑问虚词

这些字可以放在第四章讨论比喻的修辞部分，不过既然本章的基本主题是虚词，所以最好是将这些字放在本节集中阐释。

（一）*tsái*（哉）。这个字有一些不同的用法。最常见的是和其他一些虚词搭配。

“哉”与 *ho*（何）连用，例如：*ho tsái*，何哉？Why, pray? *k'í kú ho tsái*，其故何哉？On what account, pray? *fuh ho í tsái*，复何疑哉？Why should we longer doubt? *ho yú yü t'sz' tsái*，何有於我哉？what is this to me? *k'í yú kiá yü t'sz' tsái*，岂有加於此哉？How, pray, can anything be added to this?

“哉”与 *k'í*（岂）搭配，例如：*k'í 'rh tsz' chí so í nang kih tsái*，岂二子之所以能及哉？ How could those two disciples arrive at this point? *k'í puh shin k'o sih tsái*，岂不深可惜哉？What can be more lamentable?

“哉”与 *hí*（奚）搭配，例如：*hí k'o tsái*，奚可哉？Is it possible; is it admissible? 孟子常常连用这两个虚词。

“哉”与 *wú*（乌）搭配，例如：*wú tsuh táu tsái*，乌足道哉？Should it even be mentioned?

“哉”与 *ngán*（安）搭配，例如：*wo chí sin ngan teh 'rh puh pei tsái*，我之心安得而不悲哉？How could I forbear to pity? *tseh so wei teh sing ché kwo ngán tsái tsái*，则所谓德性者果安在哉？Such being the case what becomes of that which is called natural virtue?

hú tsái（乎哉）放在句尾。*wei jin yú kí 'rh yú jin hú tsái*，为仁由己而由人乎哉？It it for me or for others to direct how I shall show benevolence? *'rh*（而）在这个句子里更像是一个反意连接词，而不是一般的连词；表示行仁义之事是为他自己而不是为了别人。*jin yuen hú tsái*，仁远乎哉？ Is chrity so far gone? *kiun tsz' to hú tsái*，君子多乎哉？Does the wise demand so much?

yé tsái（也哉）也用于句尾，例如：*ho pih tsin k'iú jin chí yé tsái*，何必尽求人

知也哉？Why make such affort to obtain celebrity? *yü pí fú k'o yü sz' kiun yé yü tsái*，与鄙夫可與事君也與哉？Can a wretch serve the king? 在“可與，can it be given”中“與”是动词；在“與鄙夫，to wretch”中，“與”表前置词的支配。这个“與”同“於”。最后一个“與”仅仅是用作修饰句子。*puh yih*（不亦）放在“哉”的前面，例如：*puh yih í tsái*，不亦宜哉？ Is it not just? 不过，“不亦”和“乎”的搭配更为常用，例如：*puh yih loh hú*，不亦乐乎？Is it not really pleasant?

（二）ho（何）单独使用，不与“哉”搭配。例如：

ho kán sz'，何敢死？How dare to die? *jü ho k'í chí yé*，如何其知也？ How can he know? *yü ts'ung ching hú ho yú*，於从政乎何有？Why could not 1 adminster the government? *jü chí ho k'í feí chí*，如之何其废之？Will it not then be ruined? 注意“如之”这个短语，不与“何”结合的话，就不能表示“thus, then, in this manner”的意思。*ho yé*，“何也”或是“何邪”。wherefore? 庄子用过 *ho yü*（何舁），差不多也是同样的意思。*jü ho*（如何）也表示相同的意思，不过如果中间插入一个名词的话，那意思就变了，例如：*jü yü ho*，如予何？ What harm can it do me? *k'í jü ming ho*，其如命何？ What can he do with fate? *jü ching jin ho*，如正人何？ How is this to correct mankind? *ho pih kái tsoh*，何必改作？ Why change this custom? *ho teh chí shwái*，何德之衰？How feeble is virtue! “何”在这个句子中是感叹的标志。

（三）*k'í*（岂）单独使用，不与“哉”搭配。例如：

k'í wei k'au fuh yú kí hoh chí hái，岂惟口腹有饥渴之害？Do the mouth and stomach only suffer from hunger and thirst? *k'í yú ts'z' lí*，岂有此理，或者说“岂有斯理”，意思一样。*k'í kán*（岂敢）是一种礼貌的说法。“乎”可以和“岂”搭配，放在句尾，例如：*k'í jen k'í k'í jen hu*，其然岂其然乎？Is it indeed so?

（四）*hí*（奚）单独使用，不与“哉”连用。例如：

jü hí puh yuen，如奚不曰。Why did you not speak? “如”在这里做第二人称代词。*sui to yih hí í wei*，虽多亦奚以为。Though there are so many, of what use are they all? “亦”在这里用法同“而”，与“虽”搭配。

（五）*wú*（恶）。所有以文雅著称的作者都会用这个字

wú teh 'rh kin chí，恶得而禁之？How shall we prevent it? “而”用在这里是为了音律的和谐。*wú nang tang chí*，恶能当之？ How could I sustain it? “恶”也可以

和“乎”连用，例如：*kiun tsz' k'ü jin wú hú ch'ing ming*，君子去仁恶乎成名？If the wise disclaims benevolence how can he be called wise? *t'ein hiá wú hú ting*，天下恶乎定？Who will restore peace to the world? *wú wú hú chí chí*，吾恶乎知之？How could I know it? *kwo wú hú tsái*，果恶乎在？Where is it? *wú hú puh tsái*，无乎不在。It is everywhere. 这两句问答是庄子在提到“道”时所说。在所有这些例句中，“乎”似乎和“於”的用法类似。

（六）“*ho*，曷”同“*ho*，何”，出现在《易经》中

ho chí yung，曷之用？What is the use? “之用”在这个句子中代替了“用之”，两个字的位置交换了一下。

（七）*hú*（胡）也有疑问的用法

wú tsz' hú puh lih hú，吾子胡不立乎？Why not aspire to some standing? “吾子”是一种称呼。

（八）*hoh*，盍，why not?

hoh koh yen chí? 盍各言志？Why do you not all express your feeling? *hoh*（害）同“盍”，例如：*hoh puh wei*，害不违？Why do you not resist? 这个例子摘自《书经》。在《书经》中，也有例句可不加“不”：*hoh hán*，害澣。Why do I not wash my raiment? 不过这样的例句比较少见。

（九）*shuh*，“孰”，who? 例如：

shuh wei háu hioh，孰为好学。Who of you loves study? *peh sing tsuh, kiun shuh yü puh tsuh*，百姓足，君孰與不足？What can the prince want when the people are supplied? *shuh tá yü shí*，孰大於是？What is greater than this? *Kwán Tsz' 'rh chí lí shuh puh chí lí*，管子而知礼孰不知礼？If *Kwán Tsz'* konows the proper offices, who knows them not?

（十）*shwui*，谁。例如：

tsoh ting ché shwui，作亭者谁？Who was it that made the porch? *shí shwui chí kwo yü*，是谁之过与？Whose fault is it? *shwui nang ch'uh puh yú hau*，谁能出不由户？Who that is free to depart does not go by the gate? *kiáng tsiáng kiáng yang ché shwui*，降祥降殃者谁？Who is it that inflicts punishments and bestows rewards? “孰”和“谁”更多的时候被视为代词，而不是虚词；但对我们来说这并不太重要。

在上述的分析中，虚词“乎”“耶”“邪”“欤”和“焉”都用作疑问词。我们已从中领略到了汉语特有的丰富性，它有如此众多的沟通和交流方式。

第十八节 句尾虚词

我们对虚词“也”“乎”“耶”“邪”“與”“耳”“焉”和“哉”已做了足够的说明，下面是其他的句尾虚词。

虚词 *'rh*（而）放在 *í*（已）的前面。例如：

tseh yih 'rh í，则一而已。There is only one. 例句很多，有时用“也已”，例如：*k'o wei jin fang yé í*，可谓仁方也已。Can this be called the rule of benevolence? *k'o wei háu hioh yé í*，可谓好学也已。He may be said to love wisdom with all his heart. *wei yú yé í*，未由也已。There is no way. *puh tsuh kwán yé í*，不足观也已。This is not worthy of notice. *wei chí yé í*，未之也已。Do not go there. 在这个句子中“之”是动词。

虚词 *fú*（夫）有时会单独使用。例如：

shen fú（善夫）同 *shen yé*（善也），well。*ching chí puh k'o yen jü t'sz' fú*，诚之不可揜如此夫。Pure integrity cannot be thus obscured.

有时“夫”前面会加 *í*（矣），例如：*yú í hú*，有矣夫。It occurs, alas, too often. *wáng chí ming í*，亡之命矣夫。You must die, thus it is decreed. 有时“夫”前面会加“也”，例如：*moh wo chí yé fú*，莫我知也夫。Alas! No one knows me. *kiái ts'z' í yé fú*，皆此意也夫。The sense id the same in all. “夫”放在句首，例如：*fú nang káu k'í muh 'rh hiá k'í 'rh ché, fei t'ien yé fú*，夫能自高其目而下其耳者，匪天也夫。Who can raise an eye and submit an ear? Is it not heaven? 即：上天眷顾谦卑者，却疏远骄傲者。

虚词 *í*（矣）只用在句尾，有相当多的例句。例如：

tseh kin táu í，则近道矣。He is then near the right way. *wú puh chí chí í*，吾不之知矣。I know not such. “矣”和 *ché*（者）搭配，例如：*wú 'rh chí k'í mei ché sien í*，恶而知其美者鲜矣。Few indeed observe the good qualities of those whom they dislike. 没有什么可说明的，这是一个判断句。在这种情况下，“矣”和“也”是有区别的。*hú*（乎）或是 *fú*（夫）放在“矣”的后面，例如：

kwei shin chí wei teh k'í shing í hú，鬼神之为德其盛矣乎？The virture of spirits, how sublime? *i' í fú*（已矣夫）这样的说法可以在句首或者句尾找到：*wú i í fú*，吾已矣夫。Alas! There is an end of me.

虚词 *hí*（兮）常常出现在《诗经》《老子》和不同的诗文中。例如：

pí mei jin hí, sí fang chí jin hí，彼美人兮，西方之人兮。That noble looking person is from the west.《书经》的注释家考证说，在这句话中，作者以"兮"表示特别的强调，努力表达自己的思想。这种方式被称为 *ko t'sz'*（歌辞）。

yun（云）用作动词，表示说；但在《诗经》中却用作虚词，出现在一个句子的句首，表示一种感叹。例如：*yun jü chí ho*，云如之何？In what manner? *yun shwui chí sz'*，云谁之思？What is the subject of your reflections? *yun hú puh hí*，云胡不喜？或者 *yun hú puh loh*，云胡不乐？Should I not rejoice, or why do you not rejoice?

yen（言）与"云"用法类似，也出现在《诗经》中。

yen tsái k'í sáng，言采其桑。Let us plant the mulberries. *yen tsái k'í mang*，言采其虻。Let us gather the leelbore. 这就是注释家对"云"和"言"的解释，但在这一点上他们有可能错了。"云"还可以用在句尾，做煞句用。例如：

í sz' kiun tsz' yun，已俟君子云。To wait for the philosopher.

第十九节　小　结

在这一章里所探讨的主要对象是虚词，不可忽视的一点是在很多情况下，这些虚词会两个或者三个结合在一起使用，相互搭配，使句意更加丰富、优雅而流畅。下面将会展示这种虚词组合的要点，仔细浏览，特别注意这些虚词的特殊位置，它们各自的用法及意思。

ché yé，者也；*yé ché*，也者；*ché yé*，者耶；*ché hú*，者乎；*ché yé*，者邪；*ché tsái*，者哉；*yen tsái*，焉哉；*yé fú*，也夫；*yé tsái*，也哉；*yé yü*，也与；*yé í*，也已；*yé yé*，也耶；*í tsái*，矣哉；*í í*，已矣；*í hú*，已乎；*hú tsái*，乎哉；*jen hú*，然乎；*jen í*，然矣；*jen 'rh*，然而；*jen ts'ié*，然且；*jen tseh*，然则；*joh jen*，若然；*shú hú*，庶乎；*wú hú*，恶乎；*wú hú*，呜呼；*hú 'rh*，乎耳；*yun 'rh*，云耳；*yun 'rh*，云尔；*yen 'rh*，焉耳；*ts'ié jü*，且如；*ho jü*，何如；*jü ho*，如何；*ho tsái*，何哉；*ho í*，何矣；*í hú*，矣乎；*í fú*，矣夫；*yun hú*，云乎；*yun ho*，云何。

三字：*í í hú*（已矣乎）或是 *í í fú*（已矣夫）也是很常见的搭配，尽管在这样的句式中，“已”更易被视为是一个动词，表停止，从而使整个句式表达一种到此为止，已经够了的意思。同样含义的句式还有 *'rh í í*（而已矣）。

在下面的例句中出现三个虚词连用：*'rh í yé*，而矣也；*yé yü tsái*，也與哉；*ho í tsái*，何以哉；*shú hú tsái*，庶乎哉。*jü teh jin yen 'rh hú*，如得人焉尔乎？Have you found a suitable man? “如”字在这里做第二人称代词，“尔”做虚词，同“耳”。*tsin sin yen 'rh í*，尽心焉耳矣。With all the heart.

四个虚词连用的情况也不少，但并非所有的都是我们本节所谈的虚词搭配，例如：*wú wí chí ho yé í í,* 吾未之何也已矣。Indeed I know not what more I can do. *jih yueh chí yen 'rh í í*，日月至焉而已矣。They continue for a day or a month and no longer. 在第一个例句中，“何”不应当被视为和后面三个字搭配；在第二个例句中，“焉”是和前面的“至”相搭配的。我们也提过“已”可以做动词，而不是视为和后面的字搭配。*i' hú í hú*，已乎已乎 或是 *í 'rh í 'rh*，已而已而。Oh, pray, desist. 在这几个例子中，只是“已乎”和“已而”的重复，并非四个虚词的连用。

我认为没有必要在下文中将中文词句直译为外国惯用语，这几乎是毫无用处的，而且在很多时候也是不切实际的。因此，我的目的很简单，就是要展示每段文字的真正含义，只要学生自己去探究文字的含义，就会发现它的用处不小，而且我自己也经常有机会反复这样做，最终会通过不断地积累找到正确的方法。

后面两章对虚词甚少关注，主要目的是在这个文学的花园里采撷美丽的花朵，以此来说明中文的通行风格，这样能使外国学生不仅仅感受到汉语所特有的美感，还能促使其自己也期望去创作同样文雅和正确的文章。

第三章　不同等级以及高等的文风

我们找到过这样的记录：世界上的所有民族都是以一种相似的方式进化的——从举止野蛮，居住在蛮荒之地，慢慢地，他们变得文明高尚了。同时，文雅的词汇和清晰的语句逐渐取代了人们最初质朴的表达。这种情况也发生在中国人的身上，在那些相信古老的中国史书的人看来更为明显。尽管中国人在这一方面似乎并不比其他民族优越多少，但从这个国家诞生起，在他们自己的古老书籍中就开始传承着结构巧妙惊人的象形文字，这些书籍被保存至今，称为“经”。它们由于深厚的历史渊源、玄奥的教义以及简洁的文风而显得格外卓越，以至于后世经典的作家也无人能及。但既然这一点已得到公认，且确实没有中国人对此提出过异议：关于这些作品是否由中华民族本身创作，或者它们源自更为远古的祖先？我在此不做深入探讨，而是留待博学而有经验的学者们进行研究。

下面一章将分为三节。第一节列举不同等级的文风；第二节包括了多种文风规则的介绍；第三节会具体举例说明上述规则。

第一节　不同等级的文风

1. 首先要说的是 *kú wan*（古文）。这类文风远比其他的都更为庄严有力，寥寥数语就足以传达深刻的情感。从语言角度看，它简洁凝练；从思想层面看，则丰厚深邃。散见于古籍中的众多精炼而深刻的思想，接近这一庄严文风的崇高境界，应如珍宝般被悉心收集与潜心研究。

2. 我认为真正的“经”指的只有三本书，它们是 *Yih*（《易》）、*Shí*（《诗》）、*Shú*（《书》）。

比“经”略逊一筹的有：

（1）*Chung Yung*（《中庸》），这本书的文风略有些华丽了；

（2）*Tá Hioh*（《大学》），曾子对此作过注；

（3）*Lun Yü*（《论语》）由众多独立而精练的语句构成，且广泛使用了虚词；

（4）*Lí Kí*（《礼记》），并非全篇，而是由精选的章节和段落构成，它们提供了一种极为卓越的文风范例；

（5）*Táu Teh King*（《道德经》），它的风格有怀旧的味道，因此司马光毫不犹豫地说：*wú king puh jü Láu Tsz' chí yoh yé*，“五经不如老子之约也”。这样的称赞有些过誉了，他没有提到《诗经》《书经》，甚至即使是在时间上不太久远的《易经》里所谈论的卦象都比《道德经》更为简洁和有力。

（6）诗歌集 *T'sú T'sz'*（《楚辞》），在其中我们能感觉到早春花朵的芬芳，这使得整部优美的诗集都有了动人的味道。

（7）*Shán Hái King*（《山海经》），它是中国诗人写诗作文用典的源泉，它是独一无二的。如果没有这部作品，诗歌将无法在中国文学中占有一席之地。

在第三类里我们要收入下列的作者：

（1）*Chwáng Tsz'*，庄子；

（2）*Lieh Tsz'*，列子；

（3）*Kwán Yun Tsz'*，关尹子；

（4）*Sun Tsz'*，荀子；

（5）*Máng Tsz'*，孟子；

（6）*Yáng Tsz'*，杨子；

（7）*Hwái Nán Tsz'*，淮南子；

（8）*Lü Tsz*，吕子。

如果你想要写作文雅的中文，那么这些作家的作品都需要收集并用心学习。我之所以把孟子放进这类作家当中，仅仅是因为他的文风；尽管由于《中庸》的缘故，这个作家被赋予相当的重要性，当代的人将他抬高到几乎和孔子及其曾孙同样的地位。孟子的著作的确在很多方面都十分优秀，可他当然也有些冗长；荀子和杨子并不比孟子逊色，在我看来，庄子和列子还要更出色一些。

除此之外，我们还可以加上这些作家：

（1）*Tso Shí*，左氏。他的作品包括两个部分，即 *Tso Chuen*（《左传》）和 *Kwoh Yü*（《国语》）。这两部作品受到极高的赞扬，因其文风颇有古法。

（2）*Sz'má Tsien*，司马迁。这个作家像庄子、左氏一样，被人们称为屈指可数的五位 *tsái sz'*（才子）之一。所谓“才子”，就是才华横溢、文风优雅的作家。

他较少使用虚词，因为历史的庄重叙事不能使用华丽的文风。

在第四类里，我们才考虑列入那些在稍后年代中享有盛誉，并远远超过其后来者的作家。例如：

（1）*Hán Yú*（韩愈），在唐代极负盛名；

（2）*Ngauyáng Siú*（欧阳修），这是一位颇难定位的作家，我们不知该称赞其思想的正直还是其语言的纯正；

（3）*Sú Tung Po*（苏东坡）；

（4）*Chú Hí*（朱熹），这位作家可以自如地驾驭最纯正和最优雅的风格。还有不少作家可以放在这一类里，他们的作品都收入了康熙皇帝下令编撰的 *Kú Wan Yuen Kien*（《古文渊鉴》）一书。

（5）在注释家中，有很多用词简洁，文风典雅的作家。

（6）诗人当中，最有名的当属 *Tú Kung Pú*（杜工部）和 *Lí T'ái Peh*（李太白）。

至于所谓的世文，我无意多言。这种修辞性文体，向来是中国学者耗尽毕生精力，辛勤钻研的对象，自宋代宰相王安石设立这种冗长的阐释作为科举考试的题材以来，世文便变得空洞无物。它们如同清风，虽耳畔轻鸣悦耳，却无实质之益；它们赏心悦目，但思想却毫无滋养。这种语言虽富于景致与色彩，却缺乏深刻的内涵。若能为这些华美之枝注入充实的思想，中国学者自会体味其中真趣。然而，由于对真正的哲学和深邃的学问缺乏深入了解，他们难以为那些枯萎的花朵赋予生机与活力。

第二节　文风的通用规则

Yáng Tsz'（杨子）以高贵典雅为标准对文风进行了三种分类：

（1）如果情感的力度超过了言辞的表达，文风就显得粗糙和艰涩。*sz' shing ts'z' tseh káng*，事胜辞则伉。

（2）如果言辞的修饰超过了情感的表达，文风就变得过于浮夸和做作。*ts'z' shing sz' tseh fú*，辞胜事则赋。

（3）只有当情感的重要性和语言的优雅性运用合理，也就是说当美好的思想被美好的言辞恰如其分地表达时，这种文风才是最为人称道的，并且理应在 King（经）中占有一席之地。*sz' ts'z' ching tseh king*，事辞称则经。

这三个句子结构如此有技巧，尽管每行有五个字，但一共才只有八个不同的字。欧阳修也曾表达过同样的思想：*yen í tsái sz'*，言以载事；*'rh wan í shih yen*，而文以饰言；*sz' sin yen wan*，事信言文，*tseh k'ü king puh yuen*，则去经不远。语言是为了传达重要的意义，表达意义也需要文风的修饰，当真正的意义表达得既清楚又文雅，那这种文风就非常接近古代的经典了。在上面几个四字短语中，"事信言文"这个句子足以说明什么是最高级的文风。因此没有什么比去探究中文文章的风格更值得重视的了，那种作文风格如同一个坚实而丰润的身躯，其不同的部分都应该拥有同样匀称和相等的比例，避免有所欠缺或是美中不足，这就好像每件事物都处在其恰当的位置，这样看起来就十分赏心悦目。在一个独立的身躯上，我们能看到这么多不同的部分如何奇妙地组合在一起，彼此拥有共同的连接和协调的关系；因而在一篇连续的文章中，所有的短句和汉字也是应有变化的，每一个都能为另一个的表达提供帮助和支持。因此，常常会发现重复使用同一个字或者与其他相似用法的字连用，抑或是使用一些虚词作为合理的停顿，以维持那些结构上显得松散的句子。

虽然这些短句有长有短，但某些起连接作用的部分却必须要保留，就像在法国诗歌中被称为"自由诗"的诗歌形式，诗人以自己的喜好来安排长句和短句的组合。然而，只要一个人不了解应注意的正确规则（这些规则必须具有多样性，为的是让我们的耳朵不受到折磨），他将只会写作荒诞不经、构思拙劣的诗文。也就是说通常中文的短句由四个字组成，可是如果这些短句一直按照这样一成不变的方式构成的话，就会显得非常单调，这时语言就需要增加一些变化。因此五个字、六个字或者七个字的短句应点缀其间。不过要注意的是，很少会单独出现这几类短句中的一种，而且几类短句之间没有任何连接也是不合适的。因此，学生必须逐步从实例中学习写作的方法，不同类别的短句要么连续出现，要么有所变化，要么以某些规则组合。

此外，文风典雅的作者巧妙地安排其记述，使读者在短时间内接连领会三到四个思想，然后以不同的视角反复展现两到三次。这种呈现方式既精巧又极富感染力，令人心旷神怡，不由自主地生出赞叹之情。

下面是西塞罗[①]的一段名言，正如他自己所描述的那样，演讲时整个会场同时发出了惊叹声。他谈到对弑亲者的惩罚，这些人通常会被活生生地缝进兽皮里面，然后以这种方式投进大海中。

西塞罗说道："多么非凡的智慧啊！难道法官们不是将这个人完全从自然秩序中剥离了吗？他们同时剥夺了他头顶的天空，照耀的太阳，流淌的水和承载万物的土地，以此惩罚这个弑父之人，让他失去一切自然的本源。因为，还有什么比空气之于生者，土地之于死者，大海之于漂泊者，海岸之于搁浅者更普遍呢？然而，当他们尚且存活时，却无法呼吸生命的空气；当他们死去时，大地拒绝掩埋他们的遗骸；他们漂泊于波涛之上，却无法让水触及尸身；最终，当他们被冲上岸时，他们的遗体甚至连裸露的岩石都不容安放。"了解了这样的方式后，学生们会在写作中文时找到如何安排自己语言和思想的方法，那样他将会赢得说汉语的中国人的称赞。

最后要说的是，如果一个人对音调不熟悉，很难在实际的练习中使用它们，这样会使他无法思考用汉语写作。特别是在散文中，无论是中国人，还是希腊人、罗马人，写作诗歌时并没有一成不变的格律和音韵。狄摩西尼[②]和西塞罗比其他演说家优秀太多了，他们不仅将思想的多样性和语言的丰富性结合在一起，而且更为特别的是严格遵循韵律，他们对这一技巧相当熟练。和希腊人、罗马人相比，中国人更为重视对汉语音调的正确使用，这大约是由于汉语音节数量的缘故。很多短句包括数量相同的汉字，在不以同一种音调结尾的条件下可以连续出现；否则会一直听到没有任何变化的同种音调，这样的语言无论是朗读还是聆听对中国人来说都是一种特别的折磨。外国人高估了正确掌握音调的难度，正如在此前提过的五种声调被分成了两类：*ping*（平）和 *tseh*（仄）。平声有两个，仄声有三个。从这个角度来说，这两类和我们音节中的长短音可相比拟。再说，做一首有规律的拉丁文或希腊文的短长格韵诗有多难呢？要选出十二个音节，其中六个奇数音节是短音，六个偶数音节是长音，例如：Bĕātŭs illĕ quī prŏcūl nĕgōtĭīs

① 马库斯·图利乌斯·基凯罗（Marcus Tullius Cicero，B.C.106—B.C.43），英译名为西塞罗，罗马共和国著名演说家和政治家，被誉为"拉丁语雄辩家"、散文家。——中译注
② 狄摩西尼（Demosthenes，B.C.384—B.C.322），古希腊最著名的演说家。——中译注

（参考译文：远离世俗事务的人是幸福的）。这有多难！要我说的话，避免在句尾重复使用平声或仄声显然比作短长格韵诗要容易得多，一到两个仄声之后是一到两个平声，如此一来整个短句就能达到一种音韵的和谐。在我们的世界里，儿童都可以在很短的时间学会这种希腊语和拉丁语的韵诗系统，那么又有谁可以坚持说一个传教士学不会简单的平仄规律呢？

为即将展示的例子配以大量琐碎的规律毫无必要，这些规律通过实例本身不仅能够更直观地启发理解，也能更加清晰地呈现其意义。

第三节　带有评论的典型例句

为了展示不同时期的文风的多样性，我们会首先举出一两个在书面语中的例子。由于时代的变化，表达思想的言辞也会因此而改变。接下来，我们会举出多个例句来全面展示各类文体风格的特点。

第一小节　同一思想的不同表达

第一个例子：*wei t'ien tsung ming*，惟天聪明。这是《书经》中的一个句子，意思是只有上天拥有某种智慧。这个句子只用了 4 个字。

（1）杨子在表达同样思想时，使用了 16 个字：*wei t'ien wei tsung*，惟天为聪。*wei t'ien wei ming*，惟天为明。Heaven alone can hear, heaven alone can see. *nang káu k'í muh*，能高其目。*'rh hiá k'í 'rh*，而下其耳。It can raise its eyes, it can lower its ears.

（2）司马光用了 38 个字来说明同样的思想：*t'ien tseh t'ing yü wú shing, shí yü wú hing*，天则听于无声，视于无形。Heaven hears without a sound, and sees without a form. 他继续扩充语言表达：*fáh yü sin ché t'ien pih chí, kú wú joh t'ien chí tsung ming yé*，发于心者天必知之，故无若天之聪明也。A thought can not arise in the mind but heaven knows it; therefore nothing is so intelligent as heaven. *muh kán so í kien yuen, 'rh hiá so í t'ing pí*，目高所以见远，耳下所以听卑。Its eyes are raised and it sees afar; its ears are lowered and it hears the humbles.

（3）在《日讲》中，则用了不少于 76 个字来表达《书经》中只用 4 个字就说清楚的意思：*wei t'ien káu káu tsái sháng*，惟天高高在上。Heaven alone is above all height. *chí hü chí kung chí shin chí ling*，至虚，至公，至神，至灵。Perfectly pure, just, spiritual, intelligent. *puh yung t'ing 'rh tsung wú puh wan; puh sü shí 'rh ming wú puh kien*，不用听而聪无不闻，不需视而明无不见。He listens not, and yet he hears all things; he is not careful to look, and yet he sees all things. *puh wei ching ling chí teh shih, min sang chí hiú ts'ih kü puh nang t'áu t'ien chí kien*，不惟政令之得失，民生之休戚，举不能逃天之鉴。Not only are those things connected with a good or bad administration of government, and which render nations happy or miseralble exposed most clearly to the view of heaven. *tsih ngán wh shih lau chí chung puh tú puh wan chí tí*，即暗屋室漏之中不睹不闻之地。But what we do in secret places and think cannot be seen or heard. *yih ķiái cháu jen ch'áh wú wei yen, t'ien chí tsung ming jü ts'z'*，亦皆昭然察无遗焉，天之聪明如此。All these things are clearly exposed to the view of heaven, nor can aught escape its notice, so far renching is the intelligence of heaven.

第二个例子：*'rh wei fung, min wei tsáu*，尔惟风，民惟草。这也是《书经》中的句子，意思是君主您是风，那您的百姓就是原野上的草。在这个例句中有两个分句，每个分句只有三个字，没有比这更简洁清楚的表达方式了。

（1）在《论语》中用了16个字来表达同样的思想：*kiun tsz' chí teh fung, siáu jin chí teh tsáu*，君子之德风，小人之德草。The king's prerogative is as the wind, the condition of the people as the herbage of the wind. *tsáu sháng chí fung pih yen*，草上之风必偃。When the wind blows upon the herbs they are bent downward.

（2）刘向用了32个字来表达这个思想：*fú sháng chí hwá hiá yú fung mí tsáu*，夫上之化下，犹风靡草。The superior moves the inferior as the wind bends the tender plants. *tung fung tseh tsáu mí 'rh sí, sí fung tseh tsáu mí 'rh tung*，东风则草靡而西，西风则草靡而东。If the wind blows from the east the plants turn to the west, if the wind is from the west, the plants are inlclined to the east. 这两句话的句式结构恰好是一样的。最后他总结道：*tsái fung so yú 'rh tsáu wei chí mí*，在风所由而草为之靡。It depengs therefore on the wind to incline the herbs in this or in that direction.

若将这种比喻性的语言转化为直白的表达，则会使文风显得过于冗长。就好像是在说，世界仿若一个王国，如果国王品德正直，那么百姓就会随之向善；如果国王道德败坏，那么百姓也会效仿其恶行。孟子说明这一点的文章有待商榷。他的开头非常好：*niú shán chí muh ch'áng mí i, i k'i kiáu yü tá kwoh yé*，牛山之木尝美矣，以其交于大国也。The woods of mount *Niú* were dense and pleasant, as was natural, for they lay in the vicinity of a great kingdom. 这两个分句的字数一样，但后面的句子就大不相同了：*fú kin fah chí, k'o í wei mei hú*，斧斤伐之，可以为美乎？But when they are once felled, what beauty remains to the mountain? 孟子接着说：*shí k'í jih yé chí so sih yü lú chí so jun wú ming nieh chí sang yen*，是其日夜之所息，雨露之所润，无萌蘖之生焉？Yet in the calm silence of night, the shrubs unseen revive, and the tender root nourished by the dew and the showers again puts forth new shoots. *niú yang yú ts'ung 'rh muh chí shí í joh pí choh choh yé*，牛羊又从而牧之，是以若彼濯濯也。When, behold, herds of cattle and flocks of sheep being conducted thither, feed eagerly upon the shoots while yet in the bud, and the mountain remains bare. *jin kien k'í choh choh yé í wei wí ch'áng yú ts'ái yen*，人见其濯濯也，以为未尝有林①焉？ They who then behold the baldness of the mountain can hardly believe that it was ever covered with a shady forest. *ts'z' hí shán chí sing yé tsái*，此岂山之性也哉？Could this have been the natural state of the mountain? 要是古人的话，到这句话也就到此为止了，而且同样的思想可以表达得更为简洁而有力。可是孟子却以他惯用的富丽言辞，用文学中的比喻，把道德出于人心比作长在高山上的大树，反而将主题表达得啰唆和琐碎。不过，对读者来说，他们往往不太注意这些事情。那些中国文人很少阅读其他的典籍，因此对《孟子》之外的古籍知之甚少。对我来说，在这段文章中可以完全摒弃他们所习惯的对虚词的运用。开始是“矣”，然后是“也”“乎”和“焉”，最后结尾用“也哉”。再加上“者”和“之”的话，我们就获得了关于中国学校教育的全部知识。

第二小节　各类文风的例句

（1）《易经》中的例句，是关于 *yih*（益）这一卦。

sun sháng yih hiá，损上益下，

min shwoh wú k'iáng，民悦无疆。

① 在拉丁文原文此处为“林”字，英译本为“材”字，故采用拉丁文原文。（参见拉丁文本 1893 年，第 170 页）——中译注

tsz' sháng hiá hiá，自上下下，

k'í táu tá kwáng，其道大光。

lí yú yú wáng，利有攸往，

chung ching yú k'ing，中正有慶。

lí sheh tá chuen，利涉大[①]川，

muh táu nái hing，木道乃行。

yih chung 'rh sun，益重而巽，

jih tsin wú k'iáng，日进无疆。

t'ien shí tí sang，天施地生，

k'í yih wú fáng，其益无方。

fán yih chí táu，凡益之道，

yü shí kiái hing，與時皆行。

这段例句中有七个分句以“*áng*”的韵脚结尾，当然彼此之间是押韵的；也可以看到汉字的声调也都是平声。另外七个分句在单数行，不是韵脚，有五句是仄声。*chuen*（川）和 *sang*（生）是平声，而 *sun*（巽）和 *táu*（道）是仄声，这样一来对那些灵敏的耳朵就不会是一种折磨。

每一行包括四个汉字，结构和谐，韵律易懂，音调正确，这赋予语言极高的美感。

下面是对中文原文的翻译：

yih（益）卦

The superior is sacrifed for the good of the inferior.

The people rejoice exceedingly.

He descends from on high and takes his place below.

This sheds a glory over his whole life.

It is well he should proceed, pursuing the mean and direct course he will return with singular felicity.

---

① 在拉丁文原文此处为“大”字，英译本为“太”字，故采用拉丁文原文。（参见拉丁文本 1893 年，第 170 页）——中译注

It is well he should pass beyond the great torrent, for thus the law of the wooden tablet will extend to all.

The symbol yih“益”, magnanimous and obedient both stimulates itself to enterprises and subjects itself to authority.

It has ever an upward tendency.

The heaven bestow, the earth brings forth.

This utility knows neither place nor bounds; all things which the yih“益”embrace in its principles, proceed in order and in their time occur.

当比较中文原文和我自己的译文时，我为自己所掌握的语言之贫乏和自身学识的不足而感到十分遗憾。而且，如果在这里合适的话，我将会很愿意去寻找它们全部的含义：“涉大川”是什么意思？“木道乃行”又是什么意思？

（2）第二个例子选自《书经》

英文译文：

Attend, alas! And consider with yourself. The sacred instuctions urge you on every side, those wise admonitions enlighten you. The supreme Lord, will not always be inclined in your favor; if you change, He will chang. Those who do well are rewarded by Him with all benefits. But upon sinners He inflicts every variety of punishment. In goodness you will find nothing small, for from a little goodness comes a world of felicity. In evil you will find nothing great, for this will bring even your family to ruin.

wú hú nien tsái，呜呼念哉。

shing mú yáng yáng，圣谟洋洋。

kiá yen k'ung cháng，嘉言孔彰。

wei Sháng T'í puh cháng，惟上帝不常。

注：声调是平声的汉字韵律和谐，因为它们有同样的音和同样的调。这两者都要求相似，特别当声调一致的时候，音有时可以有一点变化。例如：“宗”字通常读作 *tsung*，但在这里却读作 *tsáng*。*k'ing*（庆）字和 *hing*（行）字应当分别读作 *k'iáng* 和 *háng*，就像意大利人说“per non offender la ruina”这样的句子一样。

tsoh shen kiang chí peh tsiáng，作善降之百祥。

tsoh puh shen kiang chí peh yáng，作不善降之百殃。

'rh wei teh máng siáu，尔惟德罔小。

wán pang wei k'iáng，万邦惟庆。

'rh wei teh máng tá，尔惟德罔大。

to k'iueh tsáng，堕厥宗。

上面的六个分句都以平声结尾，但并没有觉得不舒服，因为“作善”和“作不善”之后都有一个停顿。“善”字也是仄声。也有一些短语未达到此处所展示的精妙排列，但只要意义重要且表达清晰，这样的疏漏并不会令人感到不适。

（3）第三个例子选自《书经》

英文译文：

Nothing is more to be feared than the heart of man, nothing is more refined than the heart of a virtuous person. Trust not in vain words, and take not hasty counsel. Who should be dearer to the people than the king? Whom should the king fear more than his people? If the people do not reverence their king whom will they reverence? If the king does not regard his people now shall his kindom stand? Consider these things, take heed to yourself and to your concerns, and your virtue will surpass the expectations of all. Have regard to all the destitute, and from heaven you shall receive an eternal kindom.

jin sin wei wei，人心惟危。【2】

táu sin wei wei，道心惟微。【2】

wei tsing wei yih，惟精惟一。

yun chih k'iueh chung，允执厥中。【1】

wú k'í chí yen wuh t'ing，无稽之言勿听。【1】

fuh siun chí mau wuh yung，弗询之谋勿庸。【1】

k'o ngái fei kiun，可爱非君。【3】

k'o wei fei min，可畏非民。【3】

chung fei yuen hau ho tái，众非元后何戴。

hau fei chung máng yü shau páng，后非众罔與宗邦。

yin tsái，钦哉。

shin nái yú wei，慎乃有位。

king siú k'í k'o yuen，敬修其可愿。

sz' hái kw'an kiung，四海困穷。

t'ien luh yung chung，天禄永终。

注：后面注有【1】的字互相押韵，*páng*（邦）字应当读作 *pung*，*t'ing*（听）字应当读作 *tung*。有两个分句后面标有【2】，还有两个分句后标有【3】，也都有韵脚。因此我觉得为了和 *kiun*（君）字配合，*min*（民）字应当读作 *mun*。剩下的分句是没有韵脚的，不过它们也有平仄的组合。在 *hau fei chung*（后非众）这个分句中，我想 *yü*（與）字是可以不用的，这样也许能更好地和前面那个句子搭配。同样的道理，*king*（敬）字在“敬修”一句中也许也可以去掉，但前提是我们得到允许能对这些古老的典籍进行修改。我们可以通过这样的押韵方式来传达高级文风的韵味。维吉尔（Vergil）用拉丁语在谈到奥菲斯神[①]（又译为“俄耳浦斯”）时，这样说：

Quid *faceret*? Quo se rapta bis conjuge *ferret*?

Quo fletu manes, qua numina voce *moveret*?[②]

（参考译文：

他还能做什么呢？两度失妻心何寄？

---

① 奥菲斯，希腊神话中弹竖琴的名手，据说其琴声感动植物、动物和石头。他和俄耳甫斯是同一个神话人物，名字在不同语言中拼写略有不同。在希腊语中是“Ορφεύς”，在拉丁语中是“Orpheus”，在中文中可以翻译为“俄耳甫斯”或“奥菲斯”。——中译注

② 这段引文出自维吉尔的《农事诗》（*Georgica*），讲述了俄耳甫斯和欧律狄切的故事。俄耳甫斯是希腊神话中的一位著名音乐家，他以其超凡的音乐天赋和感人的爱情故事而闻名。传说他是太阳神阿波罗和缪斯女神卡利俄珀的儿子，他从小就继承了父母的艺术才能，在音乐方面有着极高的造诣。他的琴声可以使飞禽走兽为之动容，甚至连石头也会为之融化。俄耳甫斯最著名的故事是他的妻子欧律狄刻之死。欧律狄刻是一位美丽的仙女，她与俄耳甫斯相爱并结婚。然而，欧律狄刻在一次意外中被蛇咬伤，不幸死亡。悲痛欲绝的俄耳甫斯决定冒险进入冥界，希望用他的音乐感化冥王普路托和冥后珀耳塞福涅，将欧律狄切带回人间。俄耳甫斯成功地进入了冥界，他的音乐打动了所有鬼魂和神明，就连普路托和珀耳塞福涅也心软了。他们同意让欧律狄切回到人间，但有一个条件：俄耳甫斯必须走在欧律狄切前面，在离开冥界之前不能回头看她。俄耳甫斯和欧律狄切开始返回人间。然而，就在他们即将到达出口的时候，俄耳甫斯担心欧律狄切是否真的跟在他后面，忍不住回头看了一眼。欧律狄切的灵魂瞬间被吸回了冥界，永远地离开了俄耳甫斯。这段引文中的两句诗正是俄耳甫斯在失去欧律狄切后发出的痛苦呼喊。他不知道自己还能做什么，他将何去何从。他用哭泣和哀求试图打动鬼魂和神明，但无济于事。欧律狄切已经永远地离开了他的世界。——中译注

如何泪诉动幽冥？何辞能言感神祇？）

（4）第四个例子也选自《书经》

teh wú cháng sz' chú shen wei sz' shen wú cháng chú hieh yü k'eh yih，德无常师，主善为师，善无常主，协於克一。Virtue acknowledges no master. An undivided and fixed purpose is its only authority. Goodness renders no homage to any, but ever tends to bring all things in unison with itself.

注：*sz'*（师）字、*chú*（主）字、*shen*（善）字和 *cháng*（常）字的重复，这种语言的精妙之处真是只可意会，不可言传。在上古的典籍中，这样优美的文风十分常见。

（5）第五个例子也是《书经》里的

kü sháng k'eh ming wei hiá k'eh chung yü puh k'iú pí k'ien shin joh puh kih，居上克明，为下克忠，與不求备捡，身若不及。When the king is wise the subjects are faithful. Never urge others as though they were too slow. Always exert yourself as thought you could never do enough.

注意在这个例句中，分句与分句之间搭配得非常精确。

（6）第六个例子也选自《书经》

t'ien tsoh nieh yú k'o wei, tsz' tsoh nieh puh k'o kwán，天作孽，犹可违，自作孽，不可逭。The evils which come from heaven can be avoided, but it is impossible to escape from those which a man inflicts upon himself. Thus every man is properly the author of his own misfortune.

注：这四个分句每句有三个字，听起来非常悦耳。

（7）第七个例子仍然是从《书经》里选取的

t'ien nán shin ming mí cháng cháng k'iueh teh páu k'iuen wei，天难谌，命靡常，常厥德，保厥位。Heaven cannot be trusted indefinitely; its favor is not perpetual. If virtue is constant, possessions will be permanent. *k'iueh teh mí cháng kiú yú í wáng*，厥德靡常，九有以亡。But if virtue to wanting your possessions will be lost.

注：在四个三字分句之后，紧跟着是两个四字分句。它们之间的搭配精妙至极。这些句子是如此朴素，而它们表达的情感又是如此高雅，哪里还需要什么虚词呢？

（8）第八个例子也选自《书经》

teh wei yih tung máng puh kih, teh 'rh sán tung máng puh hiung，德惟一，动罔不吉，德二三，动罔不凶。If your virtue is fixed and constant you will be happy in all you do, but if your mind be divided and wavering you will be miserable in all. *wei kih hiung puh ts'ien tsái jin, wei t'ien kiang tsái tsiáng tsái teh*，惟吉凶不僭在人。惟天降灾祥在德。To do well or ill depends upon yourself; that heaven should assign reward or punishment depends upon your good or evil works.

注：两个三字分句很自然地转变为两个四字分句，接下来是两个组合得极好的七字分句。在这两个七字分句中，读到第五个字时有一个停顿。无论何时，当想要表达一个重要主题，我们应当模仿这种文风，而无需关注那些句中充斥着无数虚词的文章。

（9）第九个例子选自《诗经》

huáng í Sháng Tí lin hiá yú heh kien kwán sz' fang k'iú min chí moh，皇矣上帝临下有赫，监观四方求民之莫。The august and supreme Lord in great majesty approaches the earth, contemplates the four quarters of the world and inquires who can render the nations happy.

在《书经》中也有类似的表达方式，说的是威严的上天俯视人间，希望找到一个圣人，他的德行始终如一，恒久不变：

hwáng t'ien lin yü wán fang kiuen k'iú yih teh，皇天临於万方，眷求一德。The king of heaven descends to the earth and seeks to find a virtue.

注：在《诗经》的例句中，为了和 *heh*（赫）押韵，通常被读作 *moh*（莫），在这里应当读作 *meh*；或者“赫”的读音变为“*hoh*”，以便和 *moh*（莫）押韵。*kwáng*（皇），我将其翻译为“august”（拉丁文），意思是威严的。从这个字的组成部分上看是两个字：*tsz' wáng*，自王，of himself king，即“自己成王”的意思；因此解释字的准确含义，最清楚的方法是寻求它们的词源。《诗经》中所说的 *sz' fáng*（四方）和《书经》中所说的 *wán fáng*（万方）意思是一样的。

（10）第十个例子选自《大学》

tá hioh chí táu tsái ming ming teh tsái ts'in min tsái chí yü chí shen，大学之道在明明德，在亲民，在止于至善。The legitimate end of the way of greating learning is to establish man in the possession of the highest good. But this is accomplished by a twofold means. The first is that he should have all the virtue combined in his own character, and in the next place that he should love his neighbor as himself.

注：这句话的思想表达得非常朴素，虽然形式上并没有过多的文学色彩。“在”于每个分句中恰当地重复，两个“明”中的第一个是动词，第二个是“德”的形容词。“明德”可以理解为精神。前面两个分句谈的是达到正统学问的手段与方法，当作者写到第三个分句中的“止”时，意思就更明确了。整个句子中可以不要目的分句，只在最后才需要。

（11）第十一个例子选自《论语》

t'ien ho yen tsái, sz' shí hing yen, wán wuh sang yen, t'ien ho yen tsái，天何言哉，四时行焉，万物生焉，天何言哉？Why must heaven speak? The four seasons fulfil appointed round, and all things come in their season; why must heaven speak? 这段话也可以用下面几句长短一样的句子来表达，意思几乎完全一样：

t'ien puh yen sz' shí hing wán wuh sang，天不言，四时行，万物生。“万物”这两个字和“四时”这两个字搭配得相当契合，而“行”则与“生”搭配。不过“天不言”这三个字连用就显得太生硬了，而且后面两个分句也需要一些补充，这就是为什么“天何言哉”这个分句需要在结尾处重复一次，并不仅仅是为了音节的流畅和煞句的作用；由于中间两个分句需要进行适当的音节补充和修饰，在句尾加了虚词“焉”，因此“天何言哉”的重复也对插入的“焉”大有裨益。某位传教士在日晷的铭文上也仿写了一段类似的话：*ngái tsái shí yé*，爱哉时也，*lái yen moh kien*，来焉莫见，*kien tsái shí yé*，见焉已往，*wáng yen moh chui*，往焉莫追，*ngái tsái shíyé*，爱哉时也。How precious is time! The future is not seen; the present flies; the past never returns; how precious is time.

注：我们可以去掉在诗句中如同连锁链一般的三个同样的“焉”，而且还可以去掉在第三行里用来代替“现”的“见”，因为它其实只是作者所玩的一种文字游戏。这样一来，作者所要表达的意思是一样的，可文字却会变得乏善可陈。如果用通俗的话来说，就变成了：“时候可爱，未来的不可见，现在的已过了，过了的不会反。”[①] 这就如同把特耳西特斯（Thersites）的演讲和阿基里斯

① 在马若瑟的拉丁文本中原本有这样一句话，但英译本的译者也将其删去，为了加深读者的印象，特此补充该句（请参见拉丁文本 1831 年第 199 页）。——中译注

（Achilles）的演讲做比较一样。少有欧洲人会欣赏这一点，因为很少有人阅读中文书籍是为了模仿他们的风格。

（12）第十二个例子选自《庄子》

这个故事讲的是一个男人有两个妻子，一貌美，一貌丑，他取貌丑者而轻貌美者。当别人问他原因时，他说："貌美的自以为美，我没有注意到她的美貌；貌丑的自以为丑，我并没有觉得她丑陋。对我来说，貌美者只是对她自己而言，我却讨厌她；貌丑者也是从她自己的角度出发认为自己不好看，我却觉得是真正的美丽。"

mau yú ts'ieh 'rh jin，某有妾二人。*k'í yih jin meí*，其一人美。*k'í yih jin ngoh*，其一人恶。*ngoh ché kwei 'rh meí ché tsien*，恶者贵而美者贱。*hwoh wan k'í kú túi yuen*，或问其故，对曰。*k'í meí ché tsz' meí, wú puh chí k'í meí*，其美者自美，吾不知其美也。*k'í ngoh ché tsz' ngoh, wú puh chí k'í ngoh yé*，其恶者自恶，吾不知其恶。

注：需要注意三个地方。第一，这个小寓言所隐含的寓意是绝妙的，第二，文字的安排和重复是如此精巧，第三，文章是如此易于理解。我们为什么要学习那么多抽象的表达法，而不是采用每个人都能明白的表达方式，并且娴熟、有技巧而又简洁地使用它们呢？

（13）第十三个例子选自《杨子》

t'ien hiá yú sán mun，天下有三门。In the world are three gates. *yú yü ts'ing yuh tsz' kin muh*，由於情欲入自禽门。Those who indulge their lusts enter by the gate of brutes. *yú yü lí í juh tsz' jin mun*，由於礼义入自人门。Those who love propriety and justice enter by the gate belonging to man. *yú yü tuh chí juh tsz' shing mun*，由於独知入自圣门。Those who seek not to be known by the world enter by the gate of the truly wise and good.

注：有个欧洲人刚开始阅读高雅的中文文章，也学习了一些关于虚词的知识。他改写了杨子如此精练的文句，增加了众多不必要的字："天下之门有三矣。有禽门焉，有人门焉，有圣门是也。由於情欲者，入自禽门者也。由於礼义者，入自人门者也。由於独知者，入自圣门者也。呜呼今人自圣门者鲜矣夫。"[①] 然而，

① 这个例句在 1847 年的英译本中被译者删去，由于有碍上下文的阅读，中译者在 1831 年及 1893 年的拉丁文本中均找到该段文章，特加在此处，以便读者理解。——中译注

杨子已经认识到只有去掉那些不成熟的词藻才能对文章有所裨益。正如前文所提到的，去掉在日冕铭文中的虚词，诗句会变得乏味；而在杨子富有哲理的文句中增加这么多虚词，则是十分可笑的行为。可以体会到这一点的学生已经在他们的中文知识上有了真正的提高和领悟。

（14）第十四个例子选自《孙子》

在谈到一位君王的伟大时，孙子这样说：*jü shí peh sing kwei chí jü tí*，如是百姓贵之如帝。The people honor him even as Lord. *káu chí jü t'ien*，高之如天。They extol him to the very heavens. *ts'in chí jü fú mú*，亲之如父母。They love him as a father and a mother. *wei chí jü shin ming*，畏之如神明。They fear him as an intelligent spirit.①

注：这里有四个分句。其中前两个包含四个汉字，并不把“如是”和“百姓”包括其中。“百姓”以同样的方式成为后续几个分句的主语，“高之如天”对应前面的“贵之如帝”。后两个分句各有五个汉字，先说“亲之如父母”，后说“畏之如神灵”，如果不是这样的次序，那么可能会使听者的耳朵遭受折磨。

（15）第十五个例子也选自《孙子》

shwui ho yú k'í 'rh wú sang，水火有气而无生。Fire and water have the essential, but not the vital principle. *ts'áu muh yú sang 'rh wú chí*，草木有生而无知。Vegetables have life but no intelligence. *kin shau yú chí 'rh wú í*，禽兽有知而无义。Mere animal know, but have no sense of justice. *jin yú k'í yú sang yú chí yih ts'ié yú í*，人有气有生有知亦且有义。Man alone has the essential and vital principle, with ability to know and perception of right. *kú tsui wei t'ien hiá kwei yé*，故最为天下贵也。Man is therefore the noblest of created things.②

注：

1. 我们的哲学家还说了些什么呢？

2. 前三个短语结构相同，并以一致的方式展开。“气”表示物质，而气本身则特指因火升腾至锅盖上的蒸气。

3. 他三次重复“有而无”，以更清晰地展示哪些存在，哪些不存在。

---

①② 英译本此处删去了拉丁文本的注解部分，中译本参照拉丁文本已补译。——中译注

4. 随后巧妙地提出"有"，用以阐释人类所拥有的东西与其他万物所共有的内容。

5. 然而，他通过添加"亦""且"等词，稍做修改，改变了短语的表达。

6. "最"落在"爲"与"贵"前，而他立刻提及这点：如果说"故爲天下最贵也"，那么副词"最"就会仅仅停留在"贵"这个字前，导致短语的表意至少在表面上显得模糊不清。然而，当与前文联系起来时，它可表达"没有什么比治理天下更为高贵"。若不以如此精确的方式解析汉语结构，这种语言将永远无法进入清晰表达的领域。

（16）第十六个例子选自欧阳修的文章

yueh puh í ngái, kú puh tái sháng 'rh kiuen, wei puh í wei, ku puh tái fáh 'rh kwei, ching puh wáng min kú puh tái yoh 'rh sin, sz' puh shin ling, kú puh tái káu 'rh ts'ung, 悦不以爱，故不待賞[①]而劝；畏不以威，故不待罚而贵；政不网民，故不待约而信；事不申令，故不待诰而从。The people love the king, but not in order to secure his favor, they therefore do not wait for rewards to excite them to virtuous conduct; they fear him, but not because he presents the dread appearance of majesty and therefore they do not wait for punishment to deter them from the commission of crime. The laws are not toils set for the people, in all things therefore they confide in the king, nor are means wanting of establishing this confidence. He does not repeat the same order, and thus they all obey at once, nor do they wait for the command of the king.

（17）第十七个例子也选自欧阳修的文章

shwui chí kien wuh, tung tseh puh nang yú táu, k'í yú tsing yé, háu fah k'o pien, 水之鉴物，动则不能有睹，其於静也，毫发可辨。Water is a mirror in which every thing is reflected, if it be agitated nothing can be seen in it. But when it is at rest, the finest hair may be discerned. 欧阳修接下来对此进行了非常文雅的描述：*shin ché puh wei wái wuh hiuen hwang 'rh tung tseh k'í sin tsing*，身者不为外物眩晃而动则其心静。When man is not troubled by outward circumstances his mind is quiet; *sin tsing*

① 英译本此处为"嘗"字，但根据读音，应为"賞"字，查1831及1893年拉丁文本均为"賞"字，故改之。——中译注

tseh chí shih ming，心静则智识明。The tranquid mind sees all things in their proper light. *shí shí fei fei wú so shí 'rh puh chung*，是是非非无所施而不中。Right or wrong he decides upon nothing which he does not attain. 后面又加了很率直的一句：

fú shí shí kin hú ch'en, fei fei kin hú shán, puh hing 'rh kwo ning shán wú táu，夫是是近乎谄，非非近乎讪，不幸而过宁讪无谄。He who approve seems to resemble the flatterer, but he who disapproves appears rather like a narsh accuser. But if we must err in either extreme it is better to be an accuser than a flatterer.

这段话需要很多注解：

①“之”是为了配合“水”。

②“鉴”表示镜子，在这里是一个动词，指的是像镜子一样来照见表象。

③“动”虽是单独使用的，但意思和“其於动也”这个短句完全一样，因为后面欧阳修马上就说“其於静也”。他觉得应当有一些变化，而不是用太多相同的句式。

④ 他也用了“身者”来代替“身之”，前面已经有“水之”了，也许是因为作为主格“身”的动词没有即刻跟在后面。至少“身之”这个短语看起来是不应该出现在这个地方的。

⑤ 在“是是”这个短语中，第一个“是”是动词，第二个“是”作为被支配的；“非非”这个短语同理，第一个表示鉴别正确与否，第二个表示证明是错误的。如果把这些字重新排列，组成“是非非是”这样的短语，那意思就和白天代替黑夜、黑夜代替白天的说法差不多。最后的结论“夫是是”非常贴切，这让作者相当愉快，因为他给自己的书斋起的斋号不是别的，正是“非非”[①]；正因为世间没有什么比明了是非曲直更好的了，而分清是非最好最迅速的方法即学会“是是（right and true）”。

荀子用了同样文雅，甚至更好的表达方式来说明同样的意思：

shí shí fei fei wei chí chí fei shí shí fei wei chí yü，是是非非谓之知非是是非非谓之愚。He is wise who knows how to call the good good and the bad bad, but he who takes evil for good and good for evil is a fool.

---

① 欧阳修的书斋叫做“非非堂”。——中译注

（18）第十八个例子选自苏东坡

i' tih ph k'o í chung kwoh chí chí chí yé pí joh kin shau yen, k'iú k'í tá chí pih chí yü tá lawn sien wáng chí k'í yen shí kú í puh chí chí chí chí chí chí í puh chí ché, nái so í shin chí chí yé，夷狄不可以中国之治治也，譬若禽兽，然求其大治，必至於大乱，先王知其然，是故以不治治之，治之以不治者，乃所以深治之也。Barbarians must be ruled like beasts, not like the men of the middle nation. Should any attempt to instruct them in the important laws of practial wisdom, it would only end in confusion and trouble. The ancient kings were awareof this, and therefore ruled the barbarians by letting them alone. Thus to rule them, by permitting them to have their own way, is the best possible method of ruling them at all.

注：这段话非常直白，但又十分文雅。判断“治”字是动词还是名词并不太困难，所以“大治”和“大乱”是被两个动词“至”和“求”所支配的，主格可以是第二人称代词或者不定代词。因此当读到“以不治治之治之以不治”这段连续相同的发音时，不要觉得这令人很不愉快，相反却是很优美的，就如同维吉尔的话：omnia sub magna labentia flumina terra（万川归海，奔腾不息）——五个词的词尾都用了 a，可并不让人觉得厌烦。欧阳修甚至写道：*puh chí chí chí chí yáu*，不知致治之要，he does not know what good government requires. 意思是一个统治者不知道达到最理想政府的要求。

在下面的章节中还有很多类似的例句。同时需要说明的是，虽然上述几个例子简洁而优美，但与“经”的风格比起来还相差甚远。

第四章　语言中的修辞

修辞之于语言，如同繁星之于夜空，鲜花之于大地；璀璨的繁星点缀了夜空，缤纷的花朵装扮了大地，而修辞就如同文章的生命，使其充满了生机，散发着动人的光彩。因此希望写出优美文章的作家，需要注意各种美丽的花朵是如何装扮青葱的草地；那些闪烁的繁星是如何点缀深邃的苍穹。他应当努力学会运用修辞手法使文章富于变化，行文流畅，既不要平铺直叙，缺乏文采；也不要辞藻华丽，空洞无趣。正如不是所有的星星都拥有同样明亮的光芒，不是所有的鲜花都拥有同样的颜色和芬芳，也不是所有的修辞手法都表现出同样的风格，有的是为修饰文章，有的是为修饰思想；有的是为听起来顺耳，有的是为看起来悦心。

这一章将包括七个部分，主题如下：（1）对比；（2）反复；（3）递进；（4）反驳；（5）描述；（6）各类排比；（7）多种比较。

我深知，这些章节未能涵盖所有修辞学家常解释的修辞格，但我认为对此深入探讨意义不大。与其夸夸其谈却收效甚微，不如少做承诺却成果丰硕。我所希望的是引导外国传教士领悟关于中国文风的正确知识。如果能做到这一点，即使被那些研究同一主题的人所轻视，我也无所谓。

还有一些修辞法我觉得不需要介绍，因为它们用得极少。如在《书经》中使用的修辞：拟人。已逝的先王宣称上苍同商朝开国君主成汤对话，成汤按照上天的要求来称呼自己。请参见《盘庚》一节。[①] 当用来称呼人时，顿

① 《尚书·盘庚》原文：盘庚迁于殷，民不适有居，率吁众戚，出矢言，曰："我王来，既爰宅于兹，重我民，无尽刘，不能胥匡以生。"卜稽曰："其如台。先王有服，恪谨天命，兹犹不常宁，不常厥邑。于今五邦。今不承于古，罔知天之断命。矧曰其克从先王之烈。若颠木之有由蘖，天其永我命于兹新邑，绍复先王之大业，底绥四方。"盘庚教于民："由乃在位，以常旧服，正法度，曰'无或敢伏小人之攸箴'。"王命众悉至于庭，王若曰："格，汝众，予告汝训：汝猷黜乃心，无傲纵康。古我先王亦唯图任旧人共政。王播告之修，不匿厥旨。王用丕钦，罔有逸言，民用丕变。今汝聒聒，起信险肤，予弗知乃所讼。非予自荒兹德，唯汝舍德，不惕予一人。予若观火，予亦拙谋，作乃逸。若网在纲，有条而不紊；若农服田力穑，乃亦有秋。汝克黜乃心，（转下页）

呼语[①]作为一种修辞法是很常用的，但却很少用来称呼无生命的事物。另外，在《诗经》中，河流和森林是这样被称呼的，“山有扶苏，隰有荷华。不见子都，乃见狂且”。[②]还有一个例子是庄子对他所捕捉到的一条鱼说话，询问他在路上发现的一个骷髅、并将其放在枕头底下。但我们都不会涉及这些问题。

第一节 对 比

这一节将比较扼要，因为此前已在第一部分进行过论述，学生们可以很容易地找到那个章节。汉语表达法中除了少数特殊的表达方式和一些无关紧要的字外，无论是在高级的文风还是在低级的文风中都是一样的。西塞罗的演讲中有一个关于对比的极好例子：“这一面是道德高尚，另一面则是厚颜无耻；这里是忠贞高节，那里却是奴颜媚骨；这边是正直诚实，那边则是奸诈狡猾；此处是谨言慎行，彼处却是犯罪滋生；这里是坚定，那里是狂热；这里是尊贵，那里是低贱；这里是节制有序，那里是物欲横流；简而言之，一面是公平、节制、坚韧、谨慎，这些美德的反面则是不公、奢侈、傲慢等。总之，丰富的反面是匮乏，好的反面是坏，冷静的反面是疯狂，最后，在无尽的绝望下还能看到成功的希望。”当在中国人面前展示类似上述这些关于对比的情况或者条件的例句时，他们会赞扬你的机敏聪慧和雄辩口才。

不过，汉语里的这种修辞法并不仅限于相反或者完全相对的两个事物，对比

（接上页）施实德于民，至于婚友，丕乃敢大言，汝有积德。乃不畏戎毒于远迩。惰农自安，不昏作劳，不服田亩，越其罔有黍稷。汝不和吉言于百姓，唯汝自生毒。乃败祸奸宄，以自灾于厥身。乃既克恶于民，乃奉其恫，汝悔身何及？相时憸民，犹胥顾于箴言，其发有逸口。矧予制乃短长之命！汝曷弗告朕，而胥动以浮言？恐忱于众；若火之燎于原，不可向迩，其犹可扑灭？则唯汝众，自作弗靖，非予有咎。”“迟任有言曰：‘人唯求旧，器非求旧，唯新。’古我先王暨乃祖乃父，胥及逸勤，予敢动用非罚？世选尔劳，予不掩尔善。兹予大享于王，尔祖其从与享之。作福作灾，予亦不敢动用非德。予告汝于难，若射之有志。汝无侮老成人，无弱孤有幼，各长于厥居。勉出乃力，听予一人之作猷。无有远迩，用罪伐厥死，德彰厥善。邦之臧，唯汝众；邦之不臧，唯予一人有佚罚。凡尔众，其惟致告，自今至于后日，各恭尔事，齐乃位，度乃口！罚及尔身，弗可悔。”——中译注

① 演说或诗歌中加上对人的呼语者。——中译注

② 参见《诗经·郑风·山有扶苏》。——中译注

不总是指矛盾，在很多情况下更多是表示相互的关系与联系，例如：“天与地”是一组对比词，但不是反义，而是有一种最亲密的相互关系。还有很多类似的例子，可以在本节附录的简表中找到。

要以千百倍的用心去注意汉语中字与字、音韵与音韵、短语与短语的搭配，这几乎就是中文文章的风雅所在，其基础正是这种修辞法。就如同其他很多事情一样，中国人是从《易经》具有象征意义的卦象中获得的这种修辞法。至少这些卦象清楚地展现了中文写作的艺术和技巧。例如：䷾“既济”和䷿“未济”，不仅是彼此相对的两个卦象，而且如果把它们分成两个完全相等的部分，每一部分都可以和另一部分契合，即“☵ 坎”（水）和“☲ 离”（火），每部分所包含的三条爻都和另外一部分的三条爻对应。

很多颇为高雅的中国作家都习惯采用这样的方法来组织他们文章中的短语、字词和音韵，这样一来语言就不会缺乏支撑的骨架，而是眼对眼，手对手，足对足，和谐精准，否则就会支离破碎，无法关联。在此，还需时刻将语言的灵活多样作为努力的目标，需要注意若太过注重字词的搭配，反而会削弱语言的明晰和力量。

在这里加上一些例句没有什么实际意义，不过仍需在中国的书籍中细细拣读和审视。当一个主题无法用言语说明时，就需要求助于实例了。而当规则的范围和力量都能显见时，实例又没有什么作用了。因此下面将展示前面我承诺要放在这里的字表。

反义字表

始	*Chí*, Beginning	终	*Chung*, End
首	*Shau*, Head	尾	*Wei*, Tail
理	*Lí*, Principle	气（氣）	*K'í*, Matter
神	*Shin*, Spirit	形	*Hing*, Form
天	*T'ien*, Heaven	地	*Tí*, Earth

晝	*Cháu*,		夜	*Yé*,	
	Day			Night	
朝	*Cháu*,		暮	*Mú*,	
	Morning			Evening	
有	*Yú*,		无	*Wú*,	
	Being			Nothing	
日	*Jih*,		月	*Yueh*,	
	Sun			Moon	
星	*Sing*,		辰	*Shin*,	
	Planets			Stars	
南	*Nán*,		北	*Peh*,	
	South			North	
东	*Tung*,		西	*Sí*,	
	East			West	
经	*King*,		纬	*Wei*,	
	N. and S.			E. and W.	
山	*shan*,		谷	*Kuh*,	
	A mountain			A valley	
水	*Shwui*,		火	*Ho*,	
	Water			Fire	
草	*Ts'áu*,		木	*Muh*,	
	Herbs			Tree	
鸟	*Niáu*,		兽	*Shau*,	
	Birds			Beasts	
牝	*Pin*,		牡	*Mau*,	
	Female			Male	
雌	*Tsz'*,		雄	*Hiung*,	
	Female of birds			Male of birds	
男	*Nán*,		女	*Nü*,	
	A man			A woman	

彼	*Pí*, That	此	*Ts'z'*, This
父	*Fú*, Father	子	*Tsz'*, Son
君	*Kiun*, King	臣	*Chin*, Minister
夫	*Fú*, Husband	妇	*Fú*, Wife
兄	*Hiung*, Elder brother	弟	*Tí*, Younger brother
主	*Chú*, Master	仆	*Puh*, Servant
友	*Yú*, Friend	仇	*Ch'au*, Enemy
师	*Sz'*, Master	弟	*Tí*, Disiple
姊	*Tsz'*, Elder sister	妹	*Mei*, Younger sister
左	*Tso*, Left	右	*Yú*, Right
觉	*Kioh*, To be awake	寐	*Mei*, To sleep
好	*Háu*, To love	恶	*Wú*, To hate
吉	*Kih*, Good	凶	*Hiung*, Evil
祸	*Ho*, Mistery	福	*Fuh*, Happiness
善	*Shen*, Virtue	恶	*Ngoh*, Vice

祥	*Tsiáng*, Good omen	殃	*Yáng*, Evil omen
死	*Sz'*, Death	生	*Sang*, Life
存	*Ts'un*, To preserve	亡	*Wang*, To lose
黑	*Heh*, Black	白	*Peh*, White
贫	*P'in*, Poor	富	*Fú*, Rich
贵	*K'wei*, Honorable	贱	*Tsien*, Mean
美	*Mei*, Beautiful	丑	*Ch'au*, Ugly
爱	*Ngái*, To love	恨	*Han*, To hate
好	*Háu*, Good	歹	*Tái*, Bad
正	*Ching*, Correct	邪	*Sié*, Depraved
直	*Chih*, Staight	曲	*Kiuh*, Crooked
灵	*Ling*, Intelligent	蠢	*Ch'un*, Rude
圣	*Shing*, Wise	愚	*Yü*, Foolish
新	*Sin*, Modern	古	*Kú*, Ancient
长	*Ch'áng*, Long	短	*Twán*, Short

永	*Yung*,	Eternal	暂	*Tsan*,	Temporary
高	*Káu*,	High	低	*Tí*,	Low
隘	*Yai*,	Narrow	阔	*Kwoh*,	Broad
难	*Nán*,	Difficult	易	*I*,	Easy
明	*Ming*,	Light	暗	*Ngán*,	Dark
清	*Ts'ing*,	Clear	浊	*Choh*,	Turbid
明	*Ming*,	Bright	昏	*Hwan*,	Obscure
强	*K'iáng*,	Strong	弱	*Joh*,	Feeble
厚	*Hau*,	Thick	薄	*Poh*,	Thin
大	*Tá*,	Great	小	*Siáu*,	Small
细	*Sí*,	Fine	粗	*Ts'ú*,	Coarse
深	*Shin*,	Deep	浅	*Ts'ien*,	Shallow
热	*Jih*,	Warm	冷	*Lang*,	Cold
饱	*Páu*,	Satiated	饥	*Kí*,	Hungry
钝	*T'un*,	Obtuse	利	*Lí*,	Sharp

虚	*Hü*, Void	实	*Shih*, Solid
本	*Pan*, Stock	利	*Li*, Gain
花	*Hwá*, Flowers	实	*Shih*, Solid
鲜	*Sien*, Fresh	盐	*Yen*, Seasoned
妍	*Yan*, Fair	媸	*Ch'í*, Deformed
老	*Láu*, Old men	幼	*Yú*, Youth
生	*Sung*, Raw, green	熟	*Shuh*, Cooked, ripe
公	*Kung*, Public	私	*Sí*, Private
满	*Mwán*, Full	空	*K'ung*, Empty
稀	*Hí*, Thin	稠	*Ch'au*, Thick
傲	*Ngáu*, Proud	谦	*K'ien*, Humble
猛	*Mang*, Fierce	良	*Leáng*, Gentle
野	*Yé*, Wild	家	*Kiá*, Domestic
轻	*K'ing*, Light	重	*Chung*, Heavy
顺	*Shun*, Favorable	逆	*Nih*, Adverse

刚	*Káng*, Rigid	柔	*Jau*, Mild
方	*Fáng*, Square	圆	*Yuen*, Round
上	*Sháng*, Up	下	*Hiá*, Down
内	*Nui*, Within	外	*Wái*, Without
近	*Kin*, Near	远	*Yuen*, Distant
先	*Sien*, Before	后	*Hau*, After
面	*Mien*, Openly	背	*Pei*, Secretly
早	*Tsáu*, Morning	晚	*Wán*, Evening
多	*To'*, Much	少	*Sháu*, Little
表	*Piáu*, Without	里	*Lí*, Within
是	*Shí*, It is	非	*Fei*, It is not
开	*K'ái*, To open	闭	*Pí*, To shut
流	*Liú*, To flow	止	*Chí*, To stop
往	*Wáng*, To go	来	*Lái*, To come
出	*Ch'uh*, To issue	入	*Juh*, To enter

来 *Lái*,
To come

去 *K'ü*,
To depart

卖 *Mái*,
To sell

买 *Mài*,
To buy

增 *Tsang*,
To increase

减 *Kien*,
To diminish

损 *Sun*,
To injure

益 *Yih*,
To profit

赏 *Sháng*,
Reward

罚 *Fáh*,
Punishment

饮 *Yü*,
Drink

食 *Shih*,
Food

升 *Shing*,
To ascend

降 *Kiáng*,
To descend

取 *Ts'ü*,
To take

與 *Yü*,
To give

拿 *Ná*,
To seize

放 *Fáng*,
To let go

散 *Sán*,
To disperse

收 *Shau*,
To collect

合 *Hoh*,
To unite

离 *Lí*,
To seperate

刑 *Hing*,
To chastise

免 *Mien*,
To spare

笑 *Siáu*,
To laugh

涕 *Tí*,
To weep

栽 *Tsái*,
To plant

拔 *Páh*,
To root up

受 *Shau*,
To take

授 *Shau*,
To deliver

经	*King*, Text	传	*Ch'uen*, Comments
卖	*Mái*, To sell	送	*Sung*, To bestow
呼	*Hú*, To exhale	吸	*Hih*, To inhale
死	*Sz*, Dead	活	*Hwoh*, Living
语	*Yü*, To speak	默	*Meh*, To be silent
伸	*Shin*, To extend	屈	*Kiuh*, To contract
消	*Siáu*, To decrease	长	*Ch'áng*, To increase
胜	*Shing*, To conquer	败	*Pái*, To be defeated
赢[①]	*Ying*, To win	输	*Shú*, To lose
兴	*Hing*, To flourish	亡	*Wáng*, To perish

第二节　反　复

无论是在日常口语中，还是在古代和现代的文章里，这种修辞法都出现得相当频繁，我很难去揣想它的界限在什么地方。"反复"常常和其他修辞法连用，例如在"连文"和"层递"两类中；当然这两类会单独分节论述，故在此我们将主要分析以下几种：词和短语的反复及回文。

---

① 原书此处的汉字为"羸"，现代汉语拼音应为"lei"，但按照拉丁文注音"Ying"，以及反义字"输"，因此推知汉字应为"赢"，故改之，疑为刻印错字。——中译注

第一小节 字的反复

（一）同一个字连续出现两次，不改变意思的表达，反而增强了原来要表达的思想。例如在《诗经》中有这样的句子：*ming ming tsái hiá, heh heh tsái sháng*，明明在下，赫赫在上。The most intelligent is below, the most terrible above. 这种形式可以在我们看的每一本书中找到，在此就不多举例了。

（二）同一个字反复出现，但前一个字是动词，第二个字被动词支配，例如在《大学》里说：*ming ming teh*，明明德。To illumine the illuminating power, i.e. to enlighten the mind.

第二小节 词组的反复

（一）两字词组的反复是为了强调。例如：

sih tsái sih tsái，惜哉惜哉。Most lamentable indeed. *k'ú sz' k'ú sz'*，苦事苦事。Sad, sad indeed. *hing shin hing shin*，幸甚幸甚。Most happy, most happy. *shin hí shin hí*，甚喜甚喜。I most ardently congratulate you. *to ho to ho*，多荷多荷。Thank you, thank you. *jü ho jü ho*，如何如何。How is it possible? *king chí king chí*，敬之敬之。Regard it, regard it. *sz' chí, sz' chí*，思之思之。Consider, consider.

（二）我们也发现有两字以上的词组反复。例如：

kú chí tsái kú chí tsái，沽之哉沽之哉。Sell it, sell it. *t'ien sáng yü t'ien sang yü*，天丧予天丧予。Heaven destroys me, heavens destroys me. *t'ien yen chí t'ien yen chí*，天厌之天厌之。Heaven hates it, heaven hates it. *jü k'í jin jü k'í jin*，如其人如其人。Is there one like him? *jin yen sau tsái jin yen sau tsái*，人焉廋哉人焉廋哉。Who can escape the notice of such an investigator? *wú k'ü liáu í wú k'ü liáu í*，吾去了矣吾去了矣。I go, farewell, I go, farewell. *sz' jin yé 'rh yú sz' tsih yé*，斯人也而有斯疾也。Such a man has such a trouble. *teh k'í so tsái teh k'í so tsái*，得其所哉得其所哉。He is in his own element, as e.g. a fish in the water.

（三）同一个词组出现在开始和结尾

hien tsái Hwui yé，贤哉回也。How prudent was *Hwui*! 接着给出一些关于他贤良的证据，最后重复了此前出现的四字词组来结束句子。孟子说：*tsz' kwo í*，子过矣。Sir, you are in fault. 他接着举例进行说明，结尾时用了：*wú tsz' kwo í*，吾

子过矣。*kiun tsz' yú sán loh 'rh wáng t'ien hiá puh yü ts'un yen*，君子有三乐而王天下不與存焉。There are three things capable of affording delight to the wise, but to possess the whole world is not reckoned in the number. 作者紧接着详细提到了这三件事情，然后又重复了这个句子：*i' shin í tsái k'í wú kw'ei 'rh puh chí ch'í yé shin í*，意甚矣哉，其无愧而不知耻也，甚矣。Alas! It is a fact; he has discovered the whole affare; it is indeed a fact.

（四）当需要分层次建立一个论点或是驳斥对方的观点时，通常会先给出一个关于这个主题的总体叙述，例如"关于这个信仰有六个原因，下面将陆续谈到"；在说完一个原因的结尾处，要加上"第一个原因是……"诸如此类的说法。如果有四个或五个原因时，马上就说"*k'í yih*（其一）"，而不需要在结尾处添加任何东西。在开始论述时，列举应当这样开始：*k'í yih*，其一。First. *k'í 'rh*，其二，second。或者说：*k'í 'rh*，其二，Second. *k'í sán*. Third. 其三……。但如果是在结尾处进行总结，我们应当说：*yih yé*，一也。*'rh yé*，二也。*sán yé*. 三也。诸如此类。

第三小节　玩文字游戏（复叠）

在这一方面，庄子和老子运用得显然比其他任何人都要好。在此只需举出一些例子就足以展现修辞法"回文"和"复叠"的巧妙运用，然而我并不建议任何人刻意去追寻这样的表达方式。

（一）*fáng sang fang sz' fang sz' fang sang*，方生方死，方死方生。Now living now dead, now dead now living. 在其他地方我们发现了另一个句子：*fáng k'o fang puh k'o fang puh k'o fang k'o*，方可方不可，方不可方可。Now possible, now impossible, now impossible, now possible. 不要以为《庄子》中常见的这种倒序没有什么重要意义。请看作者如何给人下定义：*hing chí puh hing puh hing chí hing*，形之不形，不形之形。The unformed of form, the form of the unformed; i.e. the spirit of a body and the body of a spirit. 形与神二者缺一不可，否则就不能成其为人。形曰"吾之神"，神曰"吾之形"，形神皆备谓之人也。

（二）*kú yueh wú yen yen wú yen chung shin yen wí cháng yen chung shin puh yen wí cháng puh yen*，古曰无言，言无言，终身言，未尝言，终身不言，未尝不言。The ancients said, use no words; he who speaks without speaking, speaks alswasys without speaking at all; he never speaks but is always speaking. 这个例子中玩的文字游戏是“言”字，具有双重含义。一是好像鹦鹉或是一个傻子那样说话，用一些空洞的发音来打节拍；二是好像一个智者和谨慎之人那样，用重要的格言和合适的例子来训导别人。孔子说他希望什么也不说：*wú yuh wú yen*，吾欲无言。i.e. to do right and be silent.

（三）*jin kiái tsun k'í chí chí so chí, 'rh moh chí shí k'í chí chí so puh chí 'rh hau chí*，人皆尊其知之所知，而莫知恃其知之所不知而后知。To have knowledge without knowing it, and by diligent efforts to know at length that which was not known, is commended by all men. “知”字在这个句子中被重复了六次，在“其知之”一句中两次用作名词；其他位置都是动词。

（四）庄子的弟子们希望在老师逝世后为他举行厚葬，庄子说他自己并不担忧葬礼的问题，弟子们说飞鸟会吃掉师父，庄子则回答：如果你们希望我被地上的蝼蚁吃掉，那天上的飞鸟不就失去了食物吗？如果飞鸟吃掉了我，那蝼蚁也失去了它们的食物。[①] 接着为了说服弟子们认识到错误，庄子又说：

“*i' puh p'ing p'ing k'í p'ing yé puh p'ing, í puh ching ching k'í ching yé puh ching*，以不平平其平也不平，以不徵徵其徵也不徵。Suppose he be not laid safely away and you do it for him, is he really safe, or is he not? Suppose he is not exposed to view, and you cause him to be exposed, is he really exposed or not?”

（五）*i' chí yü chí chí fei chí, puh joh í fei chí yü chí fei chí yé*，以指喻指之非指，不若以非指喻指非指也。You employ a finger to show that a finger is not a finger, rather take what is not a finger to prove that a finger is not a finger. *i' má yü má chí fei má, puh joh í fei má yü má chí fei má*，以马喻马之非马，不若以非马喻马之非马。You employ a horse to show that a horse is not a horse; use rather what is not a horse to show that a horse is not a horse. *t'ien tí yih chí yé, wán wuh yih má yé*，天地一指也，

① 见《庄子・列御寇》：“庄子将死，弟子欲厚葬之。庄子曰：‘吾以天地为棺椁，以日月为连璧，星辰为珠玑，万物为赍送。吾葬具岂不备邪？何以如此！’弟子曰：‘吾恐乌鸢之食夫子也。’庄子曰：‘在上为乌鸢食，在下为蝼蚁食，夺彼与此，何其偏也。’”——中译注

万物一马也。A finger represents the world, a horse the universe. 举例来说，除非我们获得了精神的内核，否则我们无法了解事物的实质。

（六）同一个作者，即庄子，这样讲述孔子：

mung yin tsiú ché, tán ’rh k'uh kih，梦饮酒者旦而哭泣。One dreams of drinking wine and waking up in the morning in tears. *mung k'uh kih ché, tán ’rh tien láh*，梦哭泣者旦而田猎。Another dreams that he weeps, and in the morming proceeds to the hunt. *fáng k'í mung yé, puh chí k'í mung yen*，方其梦也不知其梦也。When they are dreaming they know not it is a dream. *mung chí chung yú chen k'í mung yen*，梦之中又占其梦焉。They even dream of telling their dreams. *kioh ’rh hau chí k'í mung yé*，觉而后知其梦也。Nor until they wake do they know that it is all a dream. *ts'ié yú la kioh, ’rh hau chí ts'z' k'í tá mung yé*，且有大觉而后知此其大梦也。When we are once perfectly awake, then we perceive that it was all a dream. *’rh yu ché tsz' í wei kioh, tsieh tsieh jen chí chí, kiun tsz' hu muh hú ku tsái*，而愚者自以为觉窃窃然之知，君子乎牧乎固哉。Stupid indeed; the more they are absorbed in their dream, the more confidently do they suppose they are awake, and assert, this is a sage, this a herdsman, what is more vain. *kiú yé yü jü kiái mung*，丘也與女皆梦。You and I both alike dream. *yu wei jü mung yih mung yé.* 予谓女梦亦梦也。When I say, you dream, even in this I am dreaming. 这最后一句巧妙地回应了前一句：梦之中又占其梦焉。[①] 即在梦中试图解释他们的梦。

第三节 连 文

这种修辞法的名字“Climax”是从希腊语来的，在汉语里称之为 *lien wan*（连文）。如同：勤勉导致美德，美德带来赞誉，赞誉招致嫉妒。再如拉丁文的例句：

Torva leaena lupum sequitur, lupus ipse capellam,

Florentem cytisam sequitur, lasciva puella.

---

① 此处在英译本里缺少了最后一句，据1893年拉丁文版补充：“夢之中又占其夢焉”。——中译注

（参考译文：雌狮追逐狼，狼追逐山羊，山羊追逐开花的苜蓿，轻佻的少女追逐山羊。）

在汉语里，没有哪种写文章的风格能比正确地使用修辞法更为优美。在此展示的例句值得刻苦地学习。不过，过度使用也会造成一定程度的不妥。多样性是不可或缺的，即使是在那些非常适宜的事物之中。这种修辞法包括某种类型的重复，但在言辞文雅优美这一点上，它比那种单纯的词语重复具有较大的优势，而且更易理解。

《道德经》中有数量众多关于使用连文的例句，下面将举出两个最重要的例子，不带译文，如果硬要在外国语言中找到关于这种思想的准确阐释会非常容易出错。

（1）*táu sang yih, yih sang 'rh, 'rh sang sán, sán sang wán wuh*，道生一,一生二,二生三,三生万物。

（2）*jin fáh tí, tí fáh t'ien, t'ien fáh táu, táu fáh tsz' yen*，人法地，地法天，天法道，道法自然。

《中庸》也有类似的例句：*ching tsch hing, hing tseh chú, chú tseh ming , ming tseh tung, tung tseh pien, pien tseh hwá*，诚则形，形则着，着则明，明则动，动则变，变则化。这个句子中要注意三点："则"的优雅重复；一连串的关联与短语的数量相当；通过重复前一个短语的最后一字来继续句子。这种表达法很容易模仿。

《中庸》开篇即言：

t'ien ming chí wei sing, suh sing chí wei táu, siú táu chí wei kiáu，天命之谓性，率性之谓道，修道之谓教。在这里的三个短句都用的同样的结构。第一个短句中的"性"也出现在第二句中；第二句中的"道"同样地出现在第三句中。面对这样一个完美的句子，我无法附上翻译。据我理解，不用一个长篇大论将很难表述清楚其深意。这些看法与其说来自于对汉语的知识，倒不如说是我个人对这部作品的理解与领悟。

《中庸》里还谈道：

kú wei ching tsái jin, ts'ü jin í shin, siú shin í táu, siú táu í jin, jin ché jin yé，故为政在人，取人以身，修身以道，修道以仁，仁者人也……无论在什么时候，我

们碰到了这么优美动人的句子时，应当毫无疑问地给予特别的关注。基于上述考虑，我也打消了试图翻译这个句子的念头。

《大学》里的例句[①]如下：

tsái chí yü chí shen, chí chí 'rh hau yú ting, ting 'rh hau nang tsing, tsing 'rh hau nang ngán, ngán 'rh hau nang lü, lü 'rh hau teh，在止於至善，知止而后有定，定而后能静，静而后能安，安而后能虑，虑而后能得。For when once the end is known, then it is known where to rest; then the mind is not fluctuating but fixed. From that certainty arises a permanent rest, from rest tranquility, from tranquility, serious thoughts, and in fine those frequent and practical reflections lead in the direct way to obtaining the end proposed. 这段话与前面举出的《中庸》里的例子“诚则形……”等惊人地相似，通过这段话表达出的思想就是“止於至善”，即真正智慧的终点。

欧阳修模仿《大学》里的这段话，写出了下面的句子：

tseh chí so í siú shin, chí so í siú shin, tseh chí so í chí jin, chí so í chí jin, tseh chí so í chí t'ien hiá kwoh kiá í，则知所以修身，知所以修身，则知所以治人，知所以治人，则知所以治天下国家矣。欧阳修还说过：*tú shí wú sz' í, hioh ché tang sz' king*，夫世无师矣，学者当师经。We have no master to teach us, let those therefore who are eager for wisdom take the King for their teacher. *sz' king pih sien k'iú k'í í*，师经必先求其意。He who has these books for his teacher should make it his first object to have the sentiment well fixed in the mind. *í teh tseh sin ting*，意得则心定。For when the sentiment is thus implanted the mind is established. *sin ting tseh táu shun*，心定则道纯。And when the mind is established the principles are correct. *táu shun tseh ch'ung yü chung ché shih*，道纯则充于中者实。And correctness of principles gives to our conclusion certainty and weight. *chung ché shih tseh fáh wei wan ché yáu kwáng*，中者实则发为文者耀光。But when that internal verity is exhibited without, the eyes of the beholder are dazzled and ravished with the brightness. “文”字在这里表示外在的优雅。

---

① 这一例句其实出自《中庸》，马若瑟这里所写的出处有误。——中译注

第四节 论辩中的提问（对立论辩）

我们在这里不是讨论那种更为准确和严格意义上的“疑问”，因为在第二章讲解疑问虚词时已经充分展示过用法了。这一部分将举例说明中国的哲学家如何像苏格拉底和柏拉图那样，以问对、答辩的方式引出话题，而不是通过绝对的断言来传达教导，这一点是非常可取的。因为起初看起来对所考虑的主题还很陌生，然而通过各种简单的问题逐渐会引导出他们想要的结论。从《孟子》中选取的这个例子就足以说明整个主题。

yú wei ché Shin Nung chí yen ché hü hing tsz' T'sú chí Tang，有为神农之言者许行，自楚之滕。a certain man named Hü hing saying that he was Shin Nung came from the kindom T'sú to the kindom Tang.（踵门而告文公曰：“远方之人闻君行仁政，愿受一廛而为氓。”文公与之处。其徒数十人，皆衣褐，捆屦、织席以为食。陈良之徒陈相与其弟辛负耒耜而自宋之滕，曰：“闻君行圣人之政，是亦圣人也，愿为圣人氓。”陈相见许行而大悦，尽弃其学而学焉。）[①] *Chí Siáng kien Mang Tsz' táu Hü hing chí yen yueh*，陈相见孟子，道许行之言曰。Chin Siáng, one of the disciples of this teacher came to Mang Tsz' and said; *tang kiun tseh ching hien kiun yé sui jen wí wan táu yé*，滕君则诚贤君也。虽然，未闻道也。The prince of this contry was distonguished for his knowledge, yet he had never heard of the true wisdom. *hien ché yü min ping kang'rh shih*，贤者与民并耕而食。The king, as well as the people, plows the field and lives upon the fruits of his own labor.（饔飧而治。）*kin yé Tang yú tsáng lin fú k'ú tseh shí lí min 'rh í tsz' yang wú teh hien*，今也滕有仓禀府库，则是厉民而以自养也，恶得贤？Not so the king of this country, but he has full barns and lives upon the productions of his people; who then will pronounce him wise?

接下来让我们来看看孟子是如何说服这个人意识到自己是错误的。

Mang Tsz' yueh Hü Tsz' pih chung suh 'rh hau shih hú，孟子曰：“许子必种粟而后食乎？” Doubtless, said Mang Tsz', master Hü sowed with his own hands and harvested

---

① 括号内的文句是《孟子》原文里有的，但马若瑟的例文中删去的，中译稿在此补足，特此说明，后文均同此例。——中译注

the grain which he eats; is it not so?（曰：）*jen*，“然。”it is even so. *yeuh Hü Tsz' pih chih pu 'rh hau í hú, yueh fau hü tsz' í hoh*，曰：“许子必织布然后衣乎？”曰：“否。许子衣褐。”Master Hü without doubt weaves the cloth with which he is clothed? By no means; my master does not weaves his own cloth, but raises the wool. *yueh Hü Tsz' kwán hú*，曰：“许子冠乎？”Does master Hü wear cap? *yueh kwán*，曰：“冠。”Yes. *yueh hí kwán*，曰：“奚冠？”What cap, pray? *yueh kwán sú*，曰：“冠素。”A plain cap without color. *yueh tsz' chih chí yü*，曰：“自织之与？”Did he make it himself? *yueh fau í suh yih chí*，曰：“否；以粟易之。”By no means, but he gave grain in exchange for the cap. *yueh Hü Tsz' hí wei puh tsz' chih*，曰：“许子奚为不自织？”And why did he not make it himself? *yueh hái yü kang*，曰：“害于耕。”Because it would prevent farming. *yeuh Hü Tsz' í fú tsang tsw'án í tieh kang hú*，曰：“许子以釜甑爨，以铁耕乎？”Master Hü, I believe, cooks his rice in an earthen pot, and in cultivating the field, makes use of the plow, harrow and other things of that sort? *yueh jen*，曰：“然。”True. *yeuh wei chí yü*，曰：“为之与？”Master Hü makes all these himself I suppose? *yueh fau í suh yih chí*，曰：“否。以粟易之。”By no means, he exchanges grain for them. *í suh yih hiái k'í ché puh wei lí táu yé, táu yé yih í k'í hiái k'í yih suh ché k'í wei lí nung*，以粟易械器者，不为厉陶冶；陶冶亦以其械器易粟者，岂为厉农（夫哉）？But to procure them all for grain, is it not to enjoy the benefits resulting from the toil of the potter and iron-smith? Suppose that those who mold the elay and work the iron should desire to exchange their eares for rice, would they not because a source of trouble to the husbandman? *ts'ié Hü tsz' ho puh wei táu yé shié kiái ts'ü k'í kung chung 'rh yung chí ho wei fan fan jen yü peh kung kiáu yih ho hü tsz' chí puh tán fán*，且许子何不为陶冶，舍皆取诸其宫中而用之？何为纷纷然与百工交易？何许子之不惮烦？Why then has not master Hü learned the trade of the potter? Why dose he not himself practice the working of iron? For thus he would find all these articles in his own house and would not trouble the various artists with his commodities. Or does it belong to him only not to see that he is thus troublesome and hateful to all? *peh kung chí sz' kú ph k'o kang ts'ié wei chí*，百工之事固不可耕且为也。but to practice so many arts and to be employed in agriculture at the same time, how it is possible? 孟子以奇特的思维

方式结束了这一论述，内容如下：*jen tseh chí t'ien hiá tuh k'o kang ts'ié wei yü*，然则治天下独可耕且为與？ Is then the administration of government alone properly joined with agriculture?

因此，我们可以看出孟子所使用的方法是如何引导这个人得出他所希望的结论：如果一个人不能同时成为陶工和农夫，那么一个人就更不可能同时成为农者和国王了。

阅读这段文章时，最好注意一些关于虚词的评述，并且要注意到“曰”同样适用于“问”和“答”：*yueh yueh jen hú, yueh kí jen chí, tseh jen yé*，曰曰然乎，曰既然之，则然也。You will say, is it thus? Yes, you will say, if it is indeed so &c.

第五节　描　写

希腊语中将这种修辞法命名为“ecphrasis”，这里所说的“描写”指的是用清晰且生动的语言及形象且优雅的文风将主题描述出来。在这方面，即使是现代的中国作家，也不逊色于我们的作家。然而，就论及神圣教义的丰富性和所有美德的崇高集合而言，没有什么作品能与保罗在《哥林多后书》第六章第1—10节所展现出的崇高而庄严的布道语言相媲美。

尽管中国的作家就“仁”的表述颇有见地，但与这位使徒对同样美德的描述相比，他们还显得太过稚嫩。尽管无法企及这种神圣辞藻的高度，但使徒在这些段落中的语言风格却深得他们的钦佩与赞赏，因为在遣词用句上，这种风格显然与中文极为相似。

例文一　选自《孟子》

kü t'ien hiá chí kwáng kü，居天下之广居，*lih t'ien hiá chí ching wei*，立天下之正位，*hing t'ien hiá chí tá táu*，行天下之大道，*teh chí yü min yú chí*，得志与民由之，*puh teh chí tuh hing kí táu*，不得志独行其道，*fú kwei puh nang yin*，富贵不能淫，*pin tsien ph nang í*，贫贱不能移，*wei wú puh nang kiuh*，威武不能屈，*ts'z' chí wei tá cháng fú*，此之谓大丈夫。

在前一节中关于短语组合的评述，可以立即适用在这段话中。在前面三个分句中，作者提及了三种最为重要的美德：“广居”指的是“仁”；“正位”指的是“礼”；“大道”指的是“义”。随后，作者插入了两个特别对应的短语，其含义是：如果他能够使人民受益，那就让他尽最大努力去做；如果不能，那就让他独自生活。后三个分句是对前三句的回应，作者展示了一个最后被他称之为“大丈夫”的人，即在各种际遇中坚定如一，即使是面对死亡本身也毫无畏惧。

例文二　选自《尚书》

kwán 'rh suh, jau 'rh lih, yuen 'rh kung, lawn 'rh king, jáu 'rh í, chih 'rh wan, kien 'rh lien, káng'rh seh, kiáng 'rh í，宽而栗，柔而立，愿而恭，乱而敬，扰而毅，直而温，简而廉，刚而塞，疆而义。

在这一段话中，我们会注意到九个短语之间独特的简洁性和完美的相似性，以及作者在每个短语中是如何指出一种美德，并将其与可能导致的缺点区分开来。如此一来，他给大家展现的正是一位圣人的品格。有些普通人会具备其中的某些品质，但只有圣人才会拥有全部完美的品德。

例文三　选自《中庸》

我原本打算在这里展示一篇之前准备好的非常精彩的例文，但现在看来显得有点冗长了。列出中文文本的一些要点应该足够，大家可以在闲暇时用自己本国的语言来将这段例文做一做翻译的实践。作者描写的是一位睿智的人。

wei t'ien hiá chí shing wei nang，唯天下至圣为能。*ts'ung mingjui chí tsuh í yú lin yé*，聪明睿知足以有临也；*kwán yü wan jau tsuh í yú yung yé*，宽裕温柔足以有容也；*fáh k'iáng káng í tsuh í yú chih yé*，发强刚毅足以有执也；（齐庄中正，足以有敬也）；[①] *wen lí mih ch'ah tsuh í yú pih yé*，文理密察足以有别也。*ch'uen poh yuen ts'iuen 'rh shí ch'uh chí*，溥博渊泉而时出之。*ch'uen poh jü t'ien*，溥博如天，*yuen ts'iuen jü yuen*，渊泉如渊。*kien'rh min moh puh king*，见而民莫不敬，*yen 'rh ming moh puh sin*，言而民莫不信，*hing 'rh min moh puh shwoh*，行而民莫不说，*shí í shing ming yang yih hú chung kwoh*，是以声名洋溢乎中国，*shí hih mán meh*，施及蛮貊，*chau ch'é so chí*，舟车所至，*jin lih so tung*，人力所通，*t'ien chí so fuh*，天之所覆，*tí chí so tsái*，地之所载，*jih yueh so cháu*，日月所照，*shwáng lú so to*，霜露所堕，*fán yú hiueh k'í ché moh puh tsun ts'in*，凡有血气者莫不尊亲，*kü yueh pei t'ien*，故曰配天。

---

① 括号内为马若瑟的例句脱文之处。——中译注

我们应当注意到作者在描写这位智者时是如何指出其四个一般特征的，又是如何使用四字短语将每个特征描绘得恰到好处的，并立即呈现出相应的效果。“足以”重复了四次，这就构成了第一个部分。在下一部分，四个短语以一种独特巧妙的思路组织排列。第三部分包括了三个并列的分句，每个都由两部分的三字短语构成。在总的主题下面，第四部分呈现出六个连续的四字短语，“所”字重复了六次。最后风格略有变化，作者用了两个字“配天”来总括前面所说的一切，这本身就可以做一番探讨。由于篇幅有限，我们不得不忽略这类讨论，并留待其他场合再做考量。虽然我习惯于给予这段例文高度评价，它总有太多闪光之处，特别是在第四部分的六个短语中，但其实可以删繁就简，稍微修剪一下繁茂的枝叶，然而这并不是我 1709 年第一次努力尝试用中文写作时的看法。于是我写了一篇关于西庇阿在塔利之梦想计划的文章，并将这个小作品命名为 *Mung mí t'ú k'ì*（《梦美土记》），它以最美丽的土地为形象，在这片寄居之地基督教堂和未来的天国世界隐约可见。我用稚嫩的笔法描绘了这片土地：

潾潾其水，猗猗其花，芬芳其风。其山菀菀，其林蓁蓁，其壑窈然而鲜荫。沂湘之流也，其浊且混矣。洛阳之春也，其臭且孅矣。无云之凉也。呜呼！其漂洌之风矣，杞梓梧桐之林也。云何其毗刘而不可休矣。舞云沂洛之景也，皆有欠焉。独我美土也，其如白玉始无玷焉耳矣。

例文四　选自欧阳修《醉翁亭记》

环滁皆山也。其西南诸峰，林壑尤美，望之蔚然而深秀者，琅琊也。山行六七里，渐闻水声潺潺，而泻出于两峰之间者，酿泉也。峰回路转，有亭翼然临于泉上者，醉翁亭也。作亭者谁？山之僧智仙也。名之者谁？太守自谓也。太守与客来饮于此，饮少辄醉，而年又最高，故自号曰醉翁也。醉翁之意不在酒，在乎山水之间也。山水之乐，得之心而寓之酒也。若夫日出而林霏开，云归而岩穴暝，晦明变化者，山间之朝暮也。野芳发而幽香，佳木秀而繁阴，风霜高洁，水落而石出者，山间之四时也。朝而往，暮而归，四时之景不同，而乐亦无穷也。至于负者歌于途，行者休于树，前者呼，后者应，伛偻提携，往来而不绝者，滁人游也。临溪而渔，溪深而鱼肥。酿泉为酒，泉香而酒洌；山肴野蔌，杂然而前陈者，太守宴也。宴酣之乐，非丝非竹，射者中，弈者胜，觥筹交错，起坐而喧哗者，众宾欢也。苍颜白发，颓然乎其间者，太守醉也。已而夕阳在山，人影散乱，太守归而宾客从也。树林阴翳，鸣声上下，游人去而禽鸟乐也。然而禽鸟知山林之乐，而不知人之乐；人知从太守游而乐，而不知太守之乐其乐也。醉能同其乐，醒能述以文者，太守也。太守谓谁？庐陵欧阳修也。

我知道我翻译的版本看起来就像是用泥土玷污了这位优雅作家的珍宝。我的译文越是粗鄙，就越显得欧阳修的笔法是多么游刃有余，行文是多么流畅精巧。他描绘的这个地方因各种魅力而变得如此可爱，既有上等阶层的消遣娱乐，同时也有下里巴人的游玩嬉戏。在结尾的地方，他揭示了对可敬太守的感情。他几乎只使用了"者"和"也"两个虚词，而且自始至终在反复出现，没有产生任何的不适感。这不仅是因为他在不同的部分阐述了准备描述的整个主题，而且还因为呈现在脑海中的图像具有如此愉悦和欢欣的特质，以至于无需过多关注虚词。文章短语变化多端，排列巧妙，即使没有我的展示，任何人也都可以感知到。

第六节　30种不同的文风

此类修辞手法所展示的力量与美感，不仅在于某个虚词的简单重复，而是借助虚词与其他词语的某种搭配来起到增强气势的作用。正如西塞罗所说，不要以为被神圣力量驱使犯罪的人会被复仇女神的燃烧火炬所吓倒。实际上，是他自己的欺骗、暴力、罪行和大胆在每个人的心中制造了恐惧。这些才是真正的复仇女神，这些才是火焰和火炬……正如圣保禄在《哥林多后书》第11章第2—30节中所阐述的那样。中国的文风几乎是以类似的风格形成的，这一点在本节随处可见。这里有三部小作品，都因其文风非凡卓越而在中国文人中享有盛誉。它们分别是《易经》最后部分的《系辞》、《周礼》中的《考工记》、《性理大全》中的《太极图说》。它们之所以受到如此盛赞大概正是因为这一修辞格在其中随处可见。

1. hwoh，或

《老子》中的例句：

kú wuh hwoh hing hwoh to hwoh hü hwoh ch'ui hwoh k'iáng hwoh tsái hwoh fei，故物或行或隋，或响或吹，或强或羸，或载或隳。

韩愈曾经在两个地方模仿过这个句子，我们在此也可以同样模写：

hwoh kwei hwoh tsier hwoh p'in hwoh fú hwoh tsin hwoh t'ui hwoh hing hwoh chí kiun tsz' wáng wáng wú puh tsz' teh，或贵或贱，或贫或富，或进或退，或行或止，君子往往无不自得。

2. yé，也

《中庸》说：

t'ien tí chí táu poh yé hau yé kaú yé ming yé yú yé kiú yé，天地之道，博也厚也高也明也悠也久也。

在《中庸》的另一处，作者将一种好的治理分为九个部分：

siú shin yé, tsun hien yé, ts'in ts'in yé, king tá chin yé, t'í k'iun chin yé, tsz' shú min yé, lái peh kung yé, jau yuen jin yé, hwái chú hau yé，修身也，尊贤也，亲亲也，敬大臣也，体群臣也，子庶民也，来百工也，柔远人也，怀诸侯也。

这形成了一种普遍的主张，然后他继续说：

siú shin tseh táu lih，修身则道立……

最后再重复一遍，展示这九个部分是如何调适和维持的：*tsái ming shing fuh fei lí puh tung so í siú shin yé*，齐明盛服非礼不动，所以修身也。

其他的都是类似的结构，这整段话非常了不起。

3. ché，者

《考工记》里的例子如下：

í tan ming ché, í chú ming ché, í p'áng ming ché, í yih ming ché, í kú ming ché，以脰鸣者，以注鸣者，以旁鸣者，以翼鸣者，以股鸣者，以胷鸣者。

《庄子》模仿过这段话，在韩愈的文章中我们也发现了这种不间断的连续的短语共有 17 个，如下所示：*yih hing ché k'ien ché pin ché sheh ché*，一行者。牵者。奔者。涉者。

4. chí，之

《老子》中的例子：

kú táu sang chí ch'uh chí, ch'áng chí yoh chí, ch'ing chí shuh chí, yang chí fau chí，故道生之畜之。长之育之。成之熟之。养之覆之。“道”是主格，“之”指称“道”所产生并维系的所有事物。

《礼记》中这样说：

puh chí shau chí wú chí tsuh chí táu chí，不知手之舞之足之蹈之。“手之”和“足之”跟“手”和“足”意思一样；“舞”和“蹈”是动词，后面的“之”受它们的支配。

《易经·说卦》这一章里的例子：

yü í tung chí, fung í sán chí, yü í jun chí, jih í hang chí, kan í chí chí, tui í shwoh chí, kien í kiun chí, kw'an í ts'áng chí，雨[①]以动之，风以散之。雨以润之，日以恒[②]之。艮以止之，兑以说之。干以君之，坤以藏之。

着眼于这段话，我在另一个地方表达了用基督教教义满足心灵的想法：

This alone affords it ture light; *chin shih lí í chuh chí*，陈实理以烛之；it points out the true way that man should pursuer; *k'ái chin táu í táu chí*，开真道以导之；it promises pardon for encouragement; *hü tsui shé í wei chí*，许罪赦以慰之；it bestows grace to assist him; *shí the ngan í tsú chí*，施特恩以助之；it reveals a paradise to excite his hopes; *pih t'ien mun í mien chí*，辟天门以勉之；it threatens punishment to deter him from sin; *ch'uen yueh cháh í kiái chí*，穿穴宅以戒之。

《孟子》模仿《道德经》这样写道：*láu chí lái chí kwáng chí chih chí fú chí yih chí*，劳之来之匡之直之辅之翼之。“之”用于表示所有格，所以重复了很多次；这就像把西塞罗的话翻译成中文：Historia testis temporum, lux Veritatis, vitae memoria, magistra virtutis, nuntia vetustatis.（历史是时代的见证者，真理的光辉，生命的记忆，美德的导师，古老的传承者。）

5. teh chí，得之

《庄子》里列举了所有那些通过他们之手传播真理的人，为简洁起见，省略了一些：

Fuh Hí teh chí í sih k'í wú, K'án Pei teh chí í sih kwan lun, Fung I teh chí í yú tá ch'uen, Kien Wü teh chí í chú tá shan, Hwáng Tí teh chí í tang yun t'ien, Chuen Yuh teh

---

① 马若瑟法国藏手稿本、1831 年拉丁文本和 1847 年英译本均将此字写作“雨”，但原文为“雷”字，故推测为马氏之讹字。——中译注

② 马若瑟法国藏手稿本、1831 年拉丁文本和 1847 年英译本均将此字写作“恒”，但原文为“烜”字，故推测为马氏之讹字。——中译注

chí í chú hiuen kung，伏羲得之，以袭气毋，堪坏得之，以袭昆仑，冯夷得之，以游大川，肩吾得之，以处大山，黄帝得之，以登云天，颛顼得之，以处玄宫。

6. wei chí，谓之

《系辞》里说：

hoh hú wei chí kw'an, pih hú wei chí kán, yih hoh yih pih wei chí pien, wáng lái puh kiung wei chí tung, kien nái wei chí siáng, hing nái wei chí k'í，阖户谓之坤，辟户谓之干。一阖一辟谓之变，往来不穷谓之通。见乃谓之象，形乃谓之器。

所有的作者都模仿了这种文风。“谓之”与“之谓”的不同，无外乎其用。

7. chí wei，之谓

sang sang chí wei yih, hing siáng chí wei kán, kiáu fáh chí wei kwan, yin yang puh tseh chí wei shin，生生之谓易，形象之谓干。效法之谓坤，（极数知来之谓占。通变之谓事，）① 阴阳不测之谓神。

韩愈在下面这个例子中欣然模仿了这段话：

chin wan tí jin í ch'áng jin chí wei yuen, fah 'rh tsieh chí wei ho, wú so puh tung chí wei shing, miáu 'rh wú fang chí wei shin, king wei t'ien tí chí wei wan, kán ting ho lawn chí wei wú，臣闻体仁以长人之谓元，发而中节之谓和。无所不通之谓圣，妙而无方之谓神。经纬天地之谓文，戡定祸乱之谓武。

8. i'，以

《庄子》里说：

i' t'ien wei tsung, í teh wei pan, í táu wei mun，以天为宗，以德为本，以道为门。

他的弟子们计划在他逝世后为他举办一个盛大的葬礼，庄子对他们说：

wú í t'ien tí wei kwán kwoh, í jih yueh wei lien pih, í sung shun weu chú kí, í wán wuh wei tsí sung ,wú tsáng kü k'í puh pí yé, ho pih jü ts'z'，吾以天地为棺椁，以日月为连璧，以星辰为珠玑，以万物为齑送，吾葬具岂不备耶，何必如此。

我曾在其他地方尝试使用“以”字，如下所示：

í' yuen páu teh fei jin yé, í yuen páu yuen yé jin yé, í chih páu teh suh jin yé, í teh páu teh cháng jin yé, í teh páu yuen tái jin yé，以怨报德，匪人也。以怨报怨，野人

---

① 括号内为马若瑟的例句脱文之处。——中译注

也。以直报德，俗人也。以德报德，常人也。以直报怨，孺人也。以德报怨，大人也。To render evil for good is the par of a knave, to render evil for evil is the part of an ignrant and rude person, to render nothing for evil belongs to a gentleman and a scholar, to render good for good is the part of an ordinary man, but to render good for evil, this belongs only to the perfect man.

9. tsuh í，足以

《易经·文言》中有这样精妙的说法：

ti jin tsuh í ch'áng jin, kiá hwui tsuh í hoh tí, kí wuh tsuh í ho í, ching kú tsuh í ján sz'，体仁足以长人，嘉会足以合礼，利物足以和义，贞固足以干事。

这种形式很容易模仿。

10. puh í，不以

《左氏》里说：

puh í kwoh, puh í kwán, puh í shán ch'uen, puh í yin tsih, puh í ch'uh sang, puh í k'í pí，不以国，不以官。不以山川，不以隐疾。不以畜牲，不以器币。

我认为“以”在这里可以用“用”来解释。

11. chí í，之以

《礼记》中说：

lü chí í tá, ngái chí í king, hing chí í lí, siú chí í hiáu, kí chí í í, chung chí í jin，虑之以大，爱之以敬，行之以礼，修之以孝养，纪之以义，终之以仁。

我们对孔子怀有一种非凡的情感，它是这样写的：

tsung ming yü chí, shau chí í yü, kung pí t'ien hiá, shau chí í jáng, yung lih chin shí, shau chí í kieh, fú yú sz' hái, shau chí í kien, ts'z' so wei sun chí yú sun chí táu yé，聪明睿知，守之以愚；功被天下，守之以让；勇力振世，守之以怯；富有四海，守之以谦。此所谓损之又损之道也。If you excel all others in wisdom and talents, appear ignorant and weak and you will preserve those endowments. If your merits extend throughout the world, be careful always to give precedence to others and your merits will remins. If by your energy you elevate mankind, affect to be weak and your fortitude will remain. If you possess all that lies within the compass of the four seas, be so much the more humble, and thus you will have riches which cannot be taken from you; this is the plan of constant and repeated self denial.

12. k'o，可

《礼记》中说：

sz' kiun k'o kwei k'o tsien k'o fú k'o p'in k'o sáng k'o shah，事君可贵可贱可富可贫可生可杀。

这段话很容易模仿，但要注意判断并以适当的方式写作。

13. k'o í，可以

《庄子》说：

k'o í páu shin, k'o í ts'iuen sang, k'o í yang ts'in, k'o í tsin nien，可以保身，可以全生，可以养亲，可以尽年。You will thus be able to preserve your person, to make the most of life, to maintain your parents, and to fill out your years.

14. wei，为

在《易经·说卦》里，经常出现这样的说法：

kán wei t'ien, wei kiun, wei fú, wei yuen, wei yuh, wei kin，乾为天，为君，为父，为玉，为金。

"乾"表示"上天、君主、父亲"等。

15. pih，必

《考工记》里说：

yung lun pih chih, chin siuen pih ching, shí káu pih hau, shí tsih pih shú，容毂必直，陈篆必正，施胶必厚，施节[①]必数。

如果说这里是为获得字的意义和用法，那么需要整体翻译；但由于目前的对象只需展示其文风，因此只要展示"必"与其他字的搭配就足够了。

16. wú，無

《左氏》里说：

wú chí lawn, wú kú fú, wú shí lung, wú wei t'ung, wú ngáu lí, wú mau fei teh, wú fán fei í, 无始乱，无怙富，无恃宠，无违同，无敖礼，无复怨。无谋非德，无犯

---

① 马若瑟法国藏手稿本、1831 年拉丁文本和 1847 年英译本均将此字写作"节"，但原文为"筋"字，故推测为马氏之讹字。——中译注

非义。He begins no disorder, he has no confidence in wealth, he seeks not the favor of superior, contends not with his equals, despises not the laws of politeness, he meditates nothing in opposition to virtue, nothing opposed to justice.

请注意，前六个短语由三个字组成，最后两个由四个字组成，还可以补充更多类似的二字或四字短语。

17. moh tá hú，莫大乎

《易经·系辞》里说：

fáh siáng moh tá hú t'ien tí, pien tung moh tá hú sz' shí, hien siáng moh tá hú jih yuen，法象莫大乎天地，变通莫大乎四时，悬象（着明）莫大乎日月。

18. 'rh，而

《考工记》中举例说用陶土来烧制容器时：

ts'ing k'í hwui 'rh tsin chí, 'rh hwui chí, 'rh yuh chí, 'rh t'ú chí, 'rh suh chí，清其灰而盡[①]之，而挥之，而沃之，而涂之，而宿之。

19. 'rh puh，而不

《左氏》里说：

chih 'rh puh kü, kiuh 'rh puh kiuh, 'rh 'rh puh pih, yuen 'rh puh hwui, ts'ien 'rh puh jin, fuh 'rh puh yen, ngái 'rh puh tsau, loh 'rh puh hwáng, yung 'rh puh kwei, hwáng 'rh puh siuen, shí 'rh puh fei, ts'ii 'rh pu t'án, ch'ú 'rh puh tí, hing 'rh puh liú，直而不倨，曲而不屈。迩而不偪，远而不携。迁而不淫，复而不厌。哀而不愁，乐而不荒。用而不匮，广而不宣。施而不费，取而不贪。处而不底，行而不流。

在这里，我们通过使用 14 个结构完全相同的短语，将一个完美的人物形象描绘得更加丰富和优雅。这就不奇怪为什么《左氏》的这种文风会被高度称颂。

《荀子》当中也有这样的说法：

kiun tsz' kwán 'rh puh mán, pán 'rh puh tsang, ch'áh 'rh puh kih, kien 'rh puh páu,

---

① 马若瑟法国藏手稿本中此字同原文为“盏”字，但 1831 年拉丁文本和 1847 年英译本均将此字写作“盡”字，故推测为刻印之讹字。——中译注

jau 'rh puh liú，君子宽而不慢，[①] 辨而不争，察而不激，坚而不暴，柔而不流。[②]The wise man is easy, but not languid, he disputes, but not quarrel, he examines, but without nicety, he is stern but not severe, he is indulgent, but not lax.

20. k'í，其

《易经 · 系辞》中说：

k'í chí yuen, k'í ts'z' wan, k'í yuen tien 'rh chung, k'í sz' sz' 'rh yin，其指远，其辞文。其言曲而中，其事肆而隐。

《礼记》中也有非常精彩的一段话，是这样开始的：

k'í ngái sin kán ché, k'í shing tsiáu í shah, k'í loh sin kán, ché, k'í shing tán í hwán，其哀心感者，其声噍以杀，其乐心感者，其声啴以缓。

还有一些明显以同样方式搭配的短语。因为作者感知到了音乐在心中激发出的所有激情，并指出了与不同情感相对应的各种声音。

21. teh k'í，得其

孔子说：

ting teh k'í siáng, wí teh k'í shí, loh teh k'í tsieh, ch'é teh k'í shih，鼎得其象，味得其时，乐得其节，车得其式。

除此之外，他还列举了其他很多事物。

22. hí，兮

这是来自《荀子》中很有名的一段：

ping ping hí, k'í yú t'iáu lí yé, yen yen hí, k'í ynang king í yé, fan fan hí, k'í yú chung chí yé，并并 [③] 兮，其有条理也；严严兮，其能敬已也；分分兮，其有终

---

① 马若瑟法国藏手稿本中此字同原文为“僈”字，但 1831 年拉丁文本和 1847 年英译本均将此字写作“慢”字，故推测为刻印之讹字。——中译注

② 出自《荀子 · 不苟》，原句为：“君子宽而不僈，廉而不刿，辩而不争，察而不激，寡立而不胜，坚强而不暴，柔从而不流，恭敬谨慎而容。”马若瑟的例句有所删改，如缺少第二、五、八分句，倒数第二、三分句的字数也与原文五字句不符。——中译注

③ 原书此处注音及汉字均为“并并”，疑似讹误。《荀子》原句为：“井井兮……”，特此说明。——中译注

始也。

他以这种方式组织语言，整个段落几乎完全由这类短语构成。语言仿佛以不同的行列在行进，或者像海浪紧随其后，连续不断地涌动。

23. hí，奚

《庄子》里说：

hí wei hí kü hí pí hí k'ien hí tsiú hí k'ü hí loh hí wú，奚为，奚据。奚避，奚处。奚就，奚去。奚乐，奚恶。

为韵律之故，也许最后一个字不应当读作 wú，而是 yü。

24. i'，矣

《礼记》中说：

yen tseh tá í mí í shing í，言则大矣，美矣，盛矣。*puh k'o í kiá í*，不可以加矣。[①]后面这个句子是一种固定用法，经常出现在结尾处。

《庄子》说：

tsz' chí sien sang sz' í, fuh chí í, puh í siun í，子之先生死矣，弗治矣，不以旬数矣。Your master is dead, he lives no more, he will not complete the ten days. *chí í tsin í fuh k'o í kiá í*，至矣，尽矣，弗可以加矣。[②]There is nothing further, nothing can be added.

25. wí cháng，未嘗

《孔子家语》里说：

wí cháng chí ngái, wí cháng chí jáu, wí cháng chí láu, wí cháng chí kü, wí cháng chí wei，未尝知哀，未尝知忧，未尝知劳，未尝知惧，未尝知危。这描写的是一个智者，他不会被任何情感或偏见所影响。

26. yuen，曰

《书经》中说：

yih yueh shwui, 'rh yueh ho, sán yueh muh, sz' yueh kin, wú yueh t'ú，一曰水，二曰火，三曰木，四曰金，五曰土。

---

① 出自《礼记 · 孔子闲居》第二十九。——中译注
② 出自《庄子 · 内篇 · 应帝王》第七。——中译注

在《周礼》中，“曰”经常用于列举，比如它将《诗经》的歌赋分为五类：

yueh fung yueh fú yueh pí yueh hing yueh yá yueh sung，曰风，曰赋，曰比，曰兴，曰雅，曰颂。注意不需要在每个词的开头加上“一曰”“二曰”这样的表达。

《易经 · 系辞》中说：

t'ien tí chí tá teh yueh sang, shing jing chí tá páu yueh weí, ho í shau chí yueh jin, ho í tsü chí yueh tsái，天地之大德曰生，圣人之大宝曰位。何以守位曰仁，何以聚之曰财。

27. yú，有

《左氏》中说：

ming yú wú, yú sin, yú í, yú siáng, yú kiá, yú lui，名有五：有信，有义，有象，有假，有类。

《孟子》中说：

fú tsz' yú ts'in, kiun chin yú í, fú fú yú pieh, ch'áng yú yú sü, p'ang yú yú sin，父子有亲，君臣有义，夫妇有别，长幼有序，朋友有信。

28. yü shí hú，于是乎

《左氏》中说：

sháng tí chí tsz', yü shí hú ch'uh, min chí fán shú, yü shí hú sang, sz' chí kun kih, yü shí hú tsái, ho hieh ts'ih muh, yü shí hú hing, tsái yung fán chih, yü shí hú chí, tun pang sun kü, yü shí hú ch'ing，上帝之粢，於是乎出，民之蕃庶，於是乎生。事之供给，於是乎在，和协辑睦，於是乎兴。财用蕃殖，於是乎始，敦庞纯固，於是乎成。

这些例句可以很容易地运用于其他段落的说明。在这里，所有的目的只是为了展示不同的文风范本。

29. jen，然

《荀子》中说：

yen jen, wáng jen, k'í jen, sz' jen, hwui hwui jen, kwáng kwáng jen, cháu cháu jen, t'áng t'áng jen，俨然，壮然，祺然，蕼然。恢恢然，广广然，昭昭然，荡荡然。

需要注意的是，如此众多的副词应当这样排列以避免对耳朵造成困扰。

30. yen，焉

《礼记》中说：

kien sz' kwei shin chí táu yen, kien kiun chin chí í yen, kien fú tsz' chí lun yen, kien kwui tsien chí tang yen, kien ts'in sú chí sh'áh yen, kien tsioh cháng chí shí yen, fú fú chí pieh yen, kien ching sz' chí kiun yen, kien ch'ang yú chí sü yen, kien sháng hiá chí, kien tsí yen，见事鬼神之道焉，见君臣之义焉，见父子之伦焉，见贵贱之等焉，见亲疏之杀焉，见爵赏之施焉，见夫妇之别焉，见政事之均焉，见长幼之序焉，见上下之际焉。

这十个短语的字数几乎相等，所列举的优点来自对仪式庆典的恰当遵守。顺便说一下，类似的结构扩展到八个字或者十个字时，并没有任何变化，并不是为了增加字数的乐趣。

《大学》也有这样的说法：

jin chí k'í so ts'in ngái 'rh p'ih yen, chí k'í so tsien wú 'rh p'ih yen, chí k'í so wei king 'rh p'ih yen, chí k'í so ngái king 'rh p'ih yen, chí k'í so ngáu to 'rh p'ih yen，人之其所亲爱而辟焉，之其所贱恶而辟焉，之其所畏敬而辟焉，之其所哀矜而辟焉，之其所敖惰而辟焉。[①]

“辟”在这里是贬义，表示不足或者过剩。

《庄子》中有这样的说法“好而知其恶，恶而知其美”，意思是我们要看到我们所喜欢的那些事物的缺点，也要看到我们所厌恶的那些事物的优点。

毫无疑问，还有相当多其他同类型的例子，不过我们已经展示了 30 种文风，足以让传教士感知到中文写作章法之优美。为了不辜负大家对我的鼓励，我将在这里介绍一篇关于上帝和神性的完整论述，这是我很熟悉的一位同事在他成为传教士几年后撰写的。

天主总论

自开辟而来，先圣后圣所相授受之大道也，皆宗上帝天主，以为万物之大本者也。盍万物之有主，犹木之有根，川之有源，国之有君，家之有

① 出自《礼记·大学》第四十二，原句为：“所谓齐其家在修其身者，人之其所亲爱而辟焉，之其所贱恶而辟焉，之其所畏敬而辟焉，之其所哀矜而辟焉，之其所敖惰而辟焉。故好而知其恶，恶而知其美者，天下鲜矣。”马若瑟的例句最后一句有所删节。——中译注

长，身之有首。然无首则身不立，无长则家不齐，无君则国不治，无源则川不决，无根则木不登，无帝则物不生。苟有根焉，夏之果蓏於是乎实；有源焉，海之川流於是乎进；有君焉，国之宁谧於是乎定；有长焉，一家之人於是乎宣；有首焉，身之百体於是乎通；有主焉，天地壹壹於是乎成，而万物化醇，於是乎行矣。

惟一大主，群生本源，万方君师，丞民父母。无形而形形，无象而象象，非天而天天，非地而地地，无声无臭，无限无量，无始无终，全能全知，全善全美，惟纯惟一，自诚自足，可以言以指之，曰：自有者。惟自有者为能有诸有，而为始受有；惟自有者为能无无，是乃至有、独有、全有，而不得不有。其有，其足，其诚，其福，其德，其美，俱自然而然，不得不然者也。惟自有者，有知，有意，有志，有情，有仁，有义。有感应之神能，有好恶之公理，有自主之权衡，是故其施乎外而造天造地生神生人者，皆非自然而不得不然。盍造天地万物，非是如不得不造焉？存天地万物，非是如不得不存焉，乃并由天主之意而然者也。欲生物，则好生之心於是乎出。欲不生，则自足之尊於是乎显。生焉而欲不存，则自主之权於是乎行。无然而无不然，无可而无不可。有天地万物於自有者，无所益；无天地万物於自有者，无所损。生之不烦其力，存之不扰其静，灭之不伤其仁，有之无之，不变其恒生也。存也灭也，虽以时而始行而，或生之，或存之，或灭之，之者则自无始而有定，是故变化庶类而自不变化，始终万物而自无终始。体万物，无不兴物同体；包万时，而不與时推移。其时也不流，其有也不逝，其行也无动，其静也无息。至玄而非虚，至穆而非无，至远而不可遗，至近而不可援。万美蕴乎内，而万德流乎外。生生不已，恩泽无穷，此至仁之念也。好善，恶恶，公赏，公罚，此至义之昭也。天地万物一命，即有不借气质，不待其劳，此全能之显也。安排庶类，令各得其所，分形别性，异性异宜，此全智之露也。以安，以养，以报，以顷刻无间，此至灵之效也。人有正，物有曲，各呈其才，各表其德，此至美之流也。灵蠢高卑，相依而归一向。恒古恒今，相生而同一原。此主宰至一之微也。神或上主之大德同而异，异而同，至一而不孤，至尊而不历，至大而能客，至善而好怒，至威而可爱，至仁而可畏。至高至玄，而神也人也，可與相通。极平极实，而意也情也，可相感应。视之而不见，听之而不闻。虽尔不知而常与之偕。虽尔不觉而时受其恩。噫！迷惑世人也。

知有人伦而不知有天伦，知有天地君亲师，而不知有生天生地生人之大父母。知流而不知源，知末而不知本。呜呼愚哉！天以覆之，地以载之，而天主之生育超乎天地矣。君以治之，而天主之临更切乎君矣。亲而怀之，而天主之爱原乎亲矣。师以诲之，而天主之训笃乎师矣。人施於我以恩，而天主之恩非世恩可比。人赐我以福，而天主之福非世福之所羡矣。是故尊之也不止於君焉，爱之也不止於亲焉，服之也不止於师焉，感之也不止於恩人，望之也不止於福主。《圣经》曰：钦崇天主，信焉，望焉，爱焉，而之之於万有之上，其此之谓也。以可见之物推而言天主者，人力不过若是而已；今以人之力而欲测天主之妙性者，真犹以蹄涔而欲注海，以萤火而欲照天焉，果可乎哉？不依《圣经》而论上主者，或迫於一位而孤之，或延於多主而二之，至尊大主者，不贰也不孤也。自含有三位共一主，故不贰。虽然非秉《圣经》以证其然，则吾人之心也，其岂能思之耶哉！

第七节　各类比喻

这一主题将分为四类。第一是简单比喻；第二是 *p'ì yú*（譬喻）；第三是暗喻；第四是 *yü yen*（寓言）。读者由此将会了解到在“比喻”的标题下包含了多少种修辞格。

（一）简单比喻

世界上任何一种比喻都经由人或自然事物而来，这构成了一个双重分类体系之基础。

（1）源自人物的比喻（借代）

人们通常引用古代那些因某些非凡品质而闻名的人物，目的是将他们与那些我们打算赞扬或批评的人进行比较。比如说英俊漂亮得如同阿多尼斯（Adonis）[①]；有

① 希腊神话中的爱神，美男子。——中译注

勇有谋如同尤利西斯（Ulysses）[①]；爱讲闲话如同巴图斯（Battus）[②]；永生不死如同提托诺斯（Tithonus）[③]等。中国古代有类似的传统。因此，要仔细地把那些随处可见的古人名字记下来，那些因卓越而受到赞扬，或者因品行有亏而受到指责的人。在此将简要列出我们想得到的这些名字。

Máng Pí（孟贲），是一个很强壮的力士，据说可以生拔牛角。

Ngáu Tángchau（奡汤舟），能掉转一艘停在干地上的船。

Wúhwoh（乌获）及 *Hiá Hiuh*（夏育），他们也都因其力大无穷而被称赞。

Lilau（离娄），视力超群；阿古斯[④]第二。

Sz' Kwáng（师旷），听力出众。

Kungshútsz'（公输子），最勤奋的工匠；另一个达代罗斯[⑤]。*Chui*（倕），也是因同样的技艺而闻名。

Hwá T'o（华佗），一位杰出的医生。

Pien T'sioh（扁鹊），另一位名医，据说可以令死人起死回生。同埃斯库拉皮乌斯[⑥]一样。

Kin Káu（琴高），善鼓琴。

Ling Lun（伶伦），一位很全面的音乐家。

Lí Shau（隶首），一位著名的算学家。

Yih（羿），因投掷飞镖或长矛而闻名。

Fung Fú（冯妇），著名的运动员。

Hí Chung（奚仲），因造车而出名。

Tsáu Fú（造父），著名的御车者。

---

① 罗马神话中的尤利西斯，即希腊神话中的奥德修斯，曾参加围攻特洛伊城，智勇双全，也是荷马史诗《奥德赛》中的主人公。——中译注

② 希腊神话中的一个农夫，因为他看见天神的信使莫枯瑞乌斯（Mereurius）偷牛，没有信守承诺，被变成了试金石。——中译注

③ 希腊神话中黎明女神奥劳拉（Aurora）的丈夫，妻子为他争取到永生，但却无法青春永驻。——中译注

④ 希腊神话里的百眼巨人。——中译注

⑤ 希腊神话中一位伟大的艺术家、建筑师和雕刻家。——中译注

⑥ 罗马神话里的医神。——中译注

Sun Yáng（孙阳），因出众的驯马和相马能力而闻名。他被称为 *Peh Yoh*（伯乐），这是掌管 *T'ien Má*（天马）的星名，用来代表他。

Yih Sié（易邪）[①]，一位名厨，拥有很好的味觉。

Yih Ts'iú（奕秋），擅长围棋。

I Ho（羲和），日御（为太阳驾车的神）；另一个阿波罗。

Liú Ling（刘伶），一个著名的酒鬼。

Shun Yükw'an（淳于髡），另一个有名的饮者。

Chú To（祝鮀），非常善于逢迎讨好。

Peh Ming（伯明）、*Wú Kih*（无极）、*Kiáng Chung*（江充），这是三个著名的谗佞者。

Ling Fan（灵氛），一个可以预言未来的人。

Miú Tuh[②]（嫪毐），另一个普利阿普斯（Priapus）[③]。

Lí Tsz'（李子），一个放荡不羁之人。

Síshí（西施），或者称 *Sítsz'*（西子），或者是 *Máu Shí*（毛施），一位非常美丽的女子，中国的维纳斯。

Yáng Wan（阳文）、*Wáng Tsiáng*（王嫱），也同样因为美貌而闻名。

Yáu Ch'í Sien Tsz' Yueh Lí Chang Ngo（瑶池仙子、月里嫦娥），这是两个美丽的女神，其中一个居住在被称为"瑶"的湖泊，另一位居住在月亮上。

Mú Wú[④]（嫫母）、*Pí Hwui*[⑤]（仳倠），因貌丑而著名。

Pwán Ngán（潘安）、*Tsz'tú*（子都）、*Sung Cháu*（宋朝）、*Chú Yuh*（朱玉），几人皆以英俊出名。

T'sz 'kien（子建）、*Hiweí*（郗衡）、*Siángjü*（相如）、*T'áipeh*（太白），因才气而为人所称颂。

Tso Shí（左氏）、*Sz'má Tsien*（司马迁）、*Chwáng Tsz'*（庄子）、*Kiuh Yuen*（屈

---

① 指的是中国古代名厨"易牙"。——中译注

② 注音有误，嫪毐的读音应该是"lao ai"。——中译注

③ 希腊神话中的生殖之神。——中译注

④ 注音有误，嫫母的读音应该是"Mo mu"。——中译注

⑤ 注音有误，仳倠的读音应该是"Pi Sui"。——中译注

原)，以及 *Shui Hú*(《水浒[①]》) 的作者，还有 *Sí Siáng*(《西厢》) 的作者，他们都因文风优雅而扬名，被称为“六才子”，这个称呼来自他们几位杰出的才气。

Wáng Páu(王豹)、*Mienk'ü*(绵驹)，都是古代的抒情诗人，在《孟子》中向那个时代的人传达了他们对音乐的热爱。

Hwá Chau(花周)，因丈夫去世悲痛欲绝而闻名的寡妇。

Yáu(尧) 和 *Shun*(舜)，是著名的贤君。

Kieh(桀) 和 *Chau*(纣)，是臭名昭著的暴君。

Táuchih(盗跖)，一个邪恶的大盗。

Láupang(老彭)，或者说 *Pang Tsú*(彭祖)，一位长寿的老者，据说活到了 700 岁。

Yen Hwui(颜回)，一位杰出的青年，在最好的年纪英年早逝。

在此无需增加更多的例子来展示这些类似的名字是如何运用在写作中的，仅举一二例足矣。《淮南子》里说：*Mú Mú yú so mei Sí Shí yú so ch'au*，嫫母有所美，西施有所丑。*Mú Mú* has her beauty, and *Síshí* has her deformity. 这个例句的意思是：嫫母尽管容貌丑陋，却有美好的心灵；即使是貌美如西施的美女，也有恶劣的性格。

yú Tsz' kien chí ts'ái Pwán Ngán chí máu，有子建之才，潘安之貌。Talented as *Tsz'kien*, beautiful as *Pwán Ngán*. *k'o wei Siáng Jü tsái shí, Tá'i Peh chung sang*，可谓相如再世太白重生。One would say that *Siáng Jü* and *Tá'i Peh* had revived in him.

要想成为一个文风典雅的作家，除了要对这些人名和他们的专长做好笔记外，还得牢记那些特别的地方，就如同我们发现奥林匹斯(Olymus)、坦佩谷(Tempe)[②]、帕纳塞斯山(Parnassus)[③]等地方那样。此外，还需要记录植物、河流、动物，甚至奇珍异石的名字。这样一来，学生们就能学会像中国文人雅士那样，在文章中娴熟地使用恰如其分的比较和优美文雅的比喻。

---

① 此处马若瑟原书写作“湖”，应为讹字。——中译注

② 希腊色萨利大区北部一个峡谷的古名，它位于奥林帕斯山以南，俄萨山以北，被希腊诗人誉为“阿波罗和缪斯喜爱的去处”。——中译注

③ 位于希腊中部，古时被认为是太阳神和文艺女神们的灵地。——中译注

（2）源自自然事物的比喻

1. 汉语中有一些表示“好像”的字，比如：*yú*（犹）、*sz'*（似）、*joh*（若）、*jü*（如）……

《孟子》说：*yú yuen muh 'rh k'iú yü*，犹缘木而求鱼。Just as if one should climb a tree to seek for fish. 接着又说：*yú shié lui 'rh yen kang yé*，犹舍耒而言耕也。As though we could till the land without the plow. *yú chuh k'í yuen 'rh k'iú kí ts'ing liú*，犹浊其源而求其清流。It is as if we shuld corrupt the fountain and look for a pure stream. *yú puh choh yuh 'rh k'iú wan ts'ái*，犹不琢玉而求文彩。It is as if we should negelect to polish the gem and expect it to shine. *yú siáng jin*，犹象人。Like a statue. *tsí jen sz' ts'iú*，凄然似秋。Cold as autumn.

《论语》里说：*p'í jü peh shin kü k'í so 'rh chung sing kung chí*，譬如北辰居其所而众星共之。For instance, the north pole remains fixed in its own position and all the stars revolve around it.《书经》中说：*joh hiú soh chí yú luh má*，若朽索之驭六马。You might as well confine six generous steeds with a rotten rope.

《庄子》说：*shen yang sang ché joh muh yang jen shí k'í hau ché 'rh pien chí*，善养生者若牧羊然视其后者而鞭之。The best method of managing a people is to imitate shepherds; when one is found lagging behind, they give it a kick to hasten it along.

2. *jü*（如）字在使用时常常重复，就像维吉尔的田园诗中常常重复使用拉丁文的“ut”一词。例如：

Vitis ut arboribus decori est, ut vitibus avae,
Ut gregibus taurus, segetes ut pinguibus arvis,
Tu decus omne tuis. ①

（参考译文：如同葡萄藤是树木的装饰，葡萄是葡萄藤的装饰；
如同公牛是牛群的装饰，庄稼是肥沃田野的装饰；
你虽是孤独的，但你是你家族的全部荣耀。）

chán jen hú tsing jü king ché shwui chí sing yé，湛然乎静如镜者水之性也。It is

① 诗句出自维吉尔的《牧歌》第五首第35—37行。——中译注

the nature of water when at rest to be smooth and quiet like the surface of a mirror. *t'ien tsz' jü táng k'iun chin jü pí chung shú jü tí*，天子如堂，群臣如陛，众庶如地。[①]The emperor is in a manner the court, his ministers the steps which lead to it, and the people are the soil. *shing jü ch'ái hú*，声如豺虎。A voice like that of the tiger's whelps. *táu chih jü shí*，道直如矢。A way straight as the course of an arrow.《书经》中说：*jü hú jü p'í jü hiung jü p'í*，如虎如貔如熊如罴。Like tigers and wolves, like bears and lions. 我们在翻译这句话时，"貔"和"罴"指的是什么并不是很确定。《诗经》里说：*jü ts'ieh jü ts'o jü choh jü mo*，如切如磋，如琢如磨。[②]Like artists who cut and polish, carve and make smooth. 从一连串比较中所呈现的是连续出现的描绘或图景，比如《诗经》中我们会看到这样的例子：

shau jü jau t'í, fú jü ying chí, ling jü tsiú ts'í, chí jü hú sí, ts'in shau ngo mei, k'iáu siáu ts'ien hí wei muh p'án hí，手如柔荑，肤如凝脂，领如蝤蛴，齿如瓠犀，螓首蛾眉，巧笑倩兮，美目盼兮。[③]Hands as fair as lilies, a skin as tender as a coating of thickened paint, a neck like a white locust's, teeth set like the seeds of a pompion, a head like a grasshopper's, eyebows like a butterfly, painted her dimple cheeks, eyes beautiful and exhibiting the dark pupils sparkling in the midst of the white eyeballs.

3. 当比喻本身已经很明显时，表示比喻的标志词可以被省略。像维吉尔的诗：

Nec lacrymis crudelis amor, nec gramina rivis,
Nec cytiso saturantur apes, nec rore cicadae.[④]

（参考译文：爱情不会因眼泪而残酷，草地不会因溪流而漫溢，
蜜蜂不会因紫花苜蓿而饱食，蝉不会因露水而止鸣。）

---

① 出自贾谊《新书·阶级（事势）》，原句为："人主之尊，辟无异堂。阶陛九级者，堂高大几六尺矣。若堂无陛级者，堂高治不过尺矣。天子如堂，群臣如陛，众庶如地，此其辟也。"

② 出自《诗经·国风·卫风·淇澳》，原句为："瞻彼淇奥，绿竹猗猗。有匪君子，如切如磋，如琢如磨，瑟兮僩兮，赫兮咺兮。有匪君子，终不可谖兮。"——中译注

③ 出自《诗经·国风·卫风·硕人》。——中译注

④ 出自维吉尔《田园诗》第五首的第 42 行。——中译注

《左氏》中说：*ming teh chí yü yé*，名德之兴也。[①]Fame is virture's chariot.

《孙子》说：*jin teseh yé*，仁宅也。[②]Benevolence is our home.《书经》中说：*joh kin yung jü tsoh lí, joh ts'í kü ch'uen yung jü tsoh chau tsieh, joh sui tá hán yung jü tsoh lin yü, k'í nái sin yuh chin sin*，若金用汝作砺，若济巨川用汝作舟楫，若岁大旱用汝作霖雨，启乃心沃朕心。If my heart exceedingly hard, it is that I may use you as a hone. If I have to undertake a voyage, you muset be vessel and oars. When I am thirsty like the parched earth, you shall be my fertilizing shower. Open then your bosom and pour into my own a part of its riches. 在另一个地方，作者又说：*joh tsoh tsiú lí 'rh wei k'iuh nieh, joh kang 'rh weí yen mei*，若作酒醴尔惟麹蘖，若羹尔惟盐梅。If you would make good wine of me, you must become the principle of fermentation, without which it wil have no life. If you wish me to become a juice of a pleasant flavor, you muest be the condiment, without which it wil necessarily be insipid.《庄子》说：*yü siáng wáng hú kiáng hú, jin siáng wáng hú táu shuh*，鱼相忘乎江湖，人相忘乎道术。Fish are not aware that they are indeep water, nor men that they are in the ocean of truth.

4. 在诗歌中以 *hing*（兴）和 *fú*（赋）的表现方式都可视为比喻。《诗经》是这样开始的：*kwán kwán Ts'ü k'iú tsái ho chí chau*，关关雎鸠在河之洲。The birds called Ts'ü k'iú respond to each other on the islands of the river. 这样的鸟儿从一出生就注定了自己的伴侣，它们不会相互搞错伴侣，总是相伴一起，却不会相互爱抚。*sang yú tíng, ngau puh siáng lawn ngau cháng ping yú 'rh puh siáng hiáh*，生有定偶不相乱偶，常并游而不相狎。在他物和所咏之物之间的搭配是这样安排的，该用法就被称为“兴”。

---

① 出自《春秋左传》襄公（元年—三十一年），【传】二十四年春，原句为：“夫令名，德之舆也。德，国家之基也。有基无坏，无亦是务乎！有德则乐，乐则能久。”——中译注

② 出自《扬子法言》修身卷第三，原句为：“或问‘仁、义、礼、智、信之用’。曰：‘仁，宅也；义，路也；礼，服也；智，烛也；信，符也。处宅，由路、正服，明烛，执符，君子不动，动斯得矣。’”马若瑟在这里将这句话的作者扬子错写为荀子。——中译注

5. 还有一类比喻更为优美，完全由读者自己去领会。这一类可以通过例句来展现。

《抱朴子》里说：

fú king shwui chí yü hing tsieh yé puh sheh chí kú 'rh fáng yuen kiuh chih fuh nang t'áu yé，夫镜水之於形接也，不设智故，而方圆曲直弗能逃也。[①]When water as a mirror reflects objects from its surface, all it does is to reflect, and yet whether they are square or round, curved or rectilinear, it represents them as they are, nor are they to be concealed. 注释家用 *k'iáu yü*（巧余）来解释"智故"这两个字。《庄子》说：*fú hán ch'é shau kiái 'rh lí shán tseh puh mien yü wáng kú chí hwán t'un chou chí yü ngáng 'rh shih shwui, tseh í nang k'ú chí, kú niáu puh yen káu, yü pieh puh yen shin*，夫函车之兽，介而离山，则不免於网罟之患；吞舟之鱼，砀而失水，则蚁能苦之。故鸟（兽）不厌高，鱼鳖不厌深。[②]When wild beasts, even of the largest size, leave their own mountains, they fall into the net, and the largest fish, unless they remain in the water, become a prey for ants; so neither do the birds complain that the trees are too high, nor the fish that the water is too deep. 庄子还说：*shán king chí hí kien kiái jen yung chí ch'ing lú wei kien puh yung tseh máu she chí í*，山径之蹊间，介然用之而成路，为间不用，则茅塞之矣。[③]When those mountain-passes are well trod, a road is soon formed, but if no one goes over them, the shrubs spring up again in a short time, and the opening no longer appears. 接下去这个例句还是来自同一个作者：*fung chí kuo ho yé yú sun yen jih chí 'rh kwo yé yú sun yen ts'ing chih fung yü jih siáng yü shau ho 'rh ho í wei wí chí k'i ying yé chí yuen 'rh wáng ché yé*，风之过河也有损焉，日之

---

① 出自《淮南子·卷一·原道训》，原句为："夫镜水之与形接也，不设智故，而方圆曲直弗能逃也。是故响不肆应，景不一设，叫呼仿佛，默然自得。"——中译注

② 出自《庄子·杂篇·庚桑楚第二十三》，原句为："庚桑子曰：'小子来！夫函车之兽，介而离山，则不免于网罟之患；吞舟之鱼，砀而失水，则蚁能苦之。故鸟兽不厌高，鱼鳖不厌深。夫全其形生之人，藏其身也，不厌深眇而已矣。'"马若瑟例句中有一个脱字"兽"，已补上。——中译注

③ 出自《孟子·卷十四·尽心下》，原句为："孟子谓高子曰：'山径之蹊间，介然用之而成路，为间不用，则茅塞之矣。今茅塞子之心矣。'"——中译注

过也有损焉。请只风與日相與守河，而河以为未始其攖也，恃源而往者也。[①]When the wind passes over the stream, it brushes somewhat form its surface. When the rays of the sun fall upon it, some of it is drawn away. But the wind and the sun is vain attack the stream. It dries not up, but constantly supplied from its fountain head, flows on in its wonted course. 孔子曾经听到一些小孩子在唱歌：*Tsáng láng chí shwui ts'ing hí k'o í choh wo ying, Tsáng láng chí shwui chuh hí k'o í choh wo tsuh*，沧浪之水清兮，可以濯我缨；沧浪之水浊兮，可以濯我足。[②] If the Tsángláng's wave be pure, then we will wash our caps, but if the Tsángláng's wave be turbid, then we will wash our feet.《孟子》隐晦地指出了《诗经》中的一个段落：

wú wan ch'uh yü yú yuh ts'ien yü k'iau muh ché wí wan hiá k'iáu muh 'rh juh yú yuh ché，吾闻出於幽谷迁於乔木者，未闻下乔木而入於幽谷者。[③] I have indeed heard of many that have forsaken the shady valley and ascended the lofty tree, but I never heard of one descending from the high tree to bury himself in the deep vale. 孔夫子站在岸边，*tsái ch'uen sháng*，在川上，*shí ché jü sz' fú puh shié chau yé*，逝者如斯夫，不舍昼夜。[④]Alas! The stream flows on, and finds no rest either day or night. “逝”表示消逝，适用于那条河流也适用于人生。

---

① 出自《庄子·杂篇·徐无鬼第二十四》，原句为：“故曰，风之过河也有损焉，日之过河也有损焉。请只风与日相与守河，而河以为未始其攖也，恃源而往者也。故水之守土也审，影之守人也审，物之守物也审。”——中译注

② 出自《孟子·卷七·离娄上》，原句为：“孟子曰：‘不仁者可与言哉？安其危而利其菑，乐其所以亡者。不仁而可与言，则何亡国败家之有？有孺子歌曰：“沧浪之水清兮，可以濯我缨；沧浪之水浊兮，可以濯我足。”孔子曰：“小子听之！清斯濯缨，浊斯濯足矣。自取之也。”夫人必自侮，然后人侮之；家必自毁，而后人毁之；国必自伐，而后人伐之。《太甲》曰：“天作孽，犹可违。自作孽，不可活。”此之谓也。’”——中译注

③ 出自《孟子·卷五·滕文公上》，原句为：“今也南蛮鴃舌之人，非先王之道，子倍子之师而学之，亦异于曾子矣。吾闻出于幽谷迁于乔木者，未闻下乔木而入于幽谷者。鲁颂曰：‘戎狄是膺，荆舒是惩。’周公方且膺之，子是之学，亦为不善变矣。”——中译注

④ 出自《论语·子罕第九》，原句为：“子在川上曰：‘逝者如斯夫，不舍昼夜！’”——中译注

Labitur et labetur in omne volubilis ævum.

（参考译文：彼河流兮，乃与往古来今俱驰而无尽矣。）

所有这些例句都跟 *yü yen*（寓言）有非常密切的关系，因此大部分是一个选定的人物。

（二）譬喻

孟子非常擅长运用类比，以在论辩中 *shen yü p'í yü*（善于譬喻）而著称。他当然经常借助这种方式，要么是为了回答询问，要么是为了解释其想法。由于这些例子便于呈现，且易被中国人所接受，我们将在此展示一些来自《孟子》的例句。如果愿意，我们可在有需要之时照此仿写。

1. 某位国君表示很疑惑，尽管他将自己的国家治理得比周边邻国都要好，然而别国的臣民人数并没有减少，他的臣民人数也没有增加。*Mang Tsz' tui yueh wáng háu chen ts'ing í chen yü*，孟子对曰："王好战，请以战喻。Mangtsz' replied, your majesty is fond of war; let us then take an incstance from battles.（填然鼓之，兵刃既接）[①]，*k'í kiáh í ping 'rh tsau hwoh peh pú 'rh háu chí hwoh wú shih pú 'rh háu chí í wú shih pú siáu peh pú*，弃甲曳兵而走。或百步而后止，或五十步而后止。以五十步笑百步。He then makes the supposition that all the soldiers throwing down their arms betake themselves to fight, but that some flee a hundred paces and others only fifty, and that these laugh at the former. *tseh ho jü*，则何如？" He then inquires whether they do well to laugh. *yueh puh k'o chih puh peh pú 'rh shí yih tsau yé*，曰："不可，直不百步耳，是亦走也。" The king says not, because although they fled but fifty paces, they had yet fled, as well as the rest. *yueh wáng jü chí tsz' tseh wú wáng min chí to yü lin kwoh yé*，曰："王如知此，则无望民之多于邻国也。" Hence Mangtsz' rightly concludes, Can your majesty then expect the number of your subjects to be increased. [②]

这个论辩显然暗示国君的方式与那些跑了五十步的人相似，只不过出于尊重他没有明确说明。

2. 他想向国王证明，如果他没有成为这个世界的主人，那是他自己的错误。

---

① 括号内为马若瑟的例句脱文之处。——中译注
② 例文出自《孟子・卷一・梁惠王上》。——中译注

孟子利用了这个比较："挟太山以超北海"。*yú fuh yü wáng ché yueh wú lih tsuh í kü peh kiun 'rh puh tsuh í kü yih yü ming tsuh í ch'áh ts'iú háu chí wí 'rh puh kien yü sin*，有复於王者曰："吾力足以举百钧，而不足以举一羽；明足以察秋毫之末，而不见舆薪。If one should say to your majesty, I can raise a weight of three thousand pounds, but I cannot lift a feather from the earth; I can see the minutest objects most clearly, but a cart load of hay I am unable to perceive. *tseh wáng hü chí hú yueh fau*，则王许之乎"曰："否。" Would your majesty admit it?

孟子继续说：*kin ngan tsuh í kih kih shau 'rh puh chí yü peh sing ché tuh ho yü wáng chí puh wei ye fei puh nang yé*，"今恩足以及禽兽，而（功）不至於百姓者，独何与？（然则一羽之不举，为不用力焉；与薪之不见，为不用明焉；百姓之不见保，为不用恩焉。故）何與王之（不王）不为也，非不能也。"[①] Your majesty extends favors even to the beasts, but does not take care of your own people. Is it not even so? Therefore you do not enjoy universal empire, not because you cannot, but because you do not wish it. *yueh puh wei ché yü puh nang ché chí hing ho í í*，曰："不为者與不能者之形何以异？" The king appears not to understand.

孟子继续解释说：*yueh hieh t'ái shán í ch'áu pí hái, yü jin yueh, wo puh nang, shí ching puh nang yé, wei ch'áng ché cheh chí, yü jin yueh, wo puh nang, shí puh wei yé, kú wáng chí puh wáng fei hieh t'ái shan í ch'áu pí hái chí lui yé, wáng chí puh wáng shí cheh chí chí lui yé*，曰："挟太山以超北海，语人曰：'我不能。'是诚不能也。为长者折枝，语人曰：'我不能。'是不为也（非不能也）。[②] 故王之不王，非挟太山以超北海之类也；王之不王，是折枝之类也。If you sya to any one, take this mountain and dast it into the sea, and he should say, I cannot, he would speak to the truth. Say to him, pluck that flower and bring it me; if he replies that he cannot, he speaks falsehood; he does not pluck the flower, not because he cannot, but because he has not the will to do it. Your majesty resembles not the one who does not cast the mountain into the sea, but the one who will not pluck the flower. 在这段话中，我们看

---

①② 此为马若瑟例文，括号内的是脱文的内容。例文出自《孟子·卷一·梁惠王上》。——中译注

到了这个作者用词冗长的一个例子。

3. 在《圣经》中，先知拿单（Nathan）和智慧妇人都曾针对特定情境调整他们的言辞，以此向大卫王（King David）传达信息。我们发现孟子在处理问题时，也常采取同样的策略，根据具体情况调整他的论点和表达方式。我们将会举两个例子。

wáng chí chin yú t'oh k'í ts'í tsz' yü k'í yú 'rh chí Ts'ú yú ché pí k'í fán yé tseh tung nui k'í ts'í tsz' tseh jü chí ho，王之臣，有托其妻子于其友，而之楚游者，比其反也，则冻馁其妻子，则如之何？One of your majesty's subjects, daparting to the *Ts'ú* kingdong, left his wife under the care of his friends till he should return. The unhappy wife during her residence with this friend liked to have perished with hunger and cold. What ought the husband to do on his returen? *wáng yueh k'í chí*，王曰："弃之。" The king replied, he would discard the unfaithful friend. 孟子接着说：*yueh sz' sz' puh nang chí sz' tseh jü chí ho*，曰："士师不能治士，则如之何？" a certain magistrate cannot keep his inferiors in subjection. What shall be done in his case? *Wáng yueh í chí*，王曰："已之。" The king replied, let him be degraded from his office. 孟子进一步说：*yueh sz' king chí nui puh chí tseh jü chí ho wáng kú tso yú 'rh yen t'á*，曰："四境之内不治，则如之何？"王顾左右而言他。[①]In the four quarters of the kingdom there is no form of government; what must be done? The king looked at the by-standers, and turned the couversation to another subject.

孟子在另一个场合尝试使用了同样的方式，效果很好。有一位名叫距心的官员，孟子对他说：*tsz' chí ch'í kih chí sz' yih jih 'rh sán shih wú, tseh k'ü chí fau hú*，"子之持戟之士，一日而三失伍，则去之否乎？" If one of your soldiers should deseart his post twice or three times a day, would he do it with impunity, or would you dismiss him? *yueh puh tái sán*，曰："不待三。" Küsin replies, I would not wait for him to commit the third offence. *jen tseh tsz' chí shih wú yé yih to í*，"然则子之失伍也亦多矣。" And yet Mangtsz' rejoned, you are yourself in the same fault. 之后，他从人们饿死的事实证明了这一点。距心说："这不是我的错。"孟子用了这个比

---

① 例句出自《孟子·卷二·梁惠王下》。——中译注

喻作为回答：*kin yú shau jin chí niú yang 'rh wei muh chí ché, k'iú muh yü ts'ú 'rh puh teh, tesh fán chú k'í jin yih yih lih 'rh shí k'í sz' yü*, “今有受人之牛羊而为之牧之者，求牧與刍而不得，则反诸其人乎？抑亦立而视其死与？” A certain man takes his neighbors flock to keep. He seeks pasturage where he may feed them. If none can be found, shall he look on with indifference and see them perish misearably, or shall he rather return them to him to whom they belong? “此则距心之罪也。” K'ung Küsin replied, I am in fault. *t'á jih kien yü wáng yueh, chí k'í tsui ché wei k'ung kü sin, wei wáng sung chí*，他日，见於王曰：“知其罪者惟孔距心。”为王诵之。On aother occasion, Mangtsz' said to the king, among your majesty's officers, I have found one K'ung Küsin who is willing to acknowledge a fault. He then relates all that had occurred. *wáng yueh ts'z' tseh kwá jin chí tsui yé*，王曰：“此则寡人之罪也。”[①]The king replied, I am the guilty person.

（三）隐喻[②]

汉字的“六书”中有一类名为 *kiá tsié*（假借），它不仅涵盖了众多比喻的形态，还蕴含了更为丰富的语义层次。这个中文术语所指代的内容，远比我们欧洲语言所谓的“比喻”要广泛和深刻得多。

1. “假借”指的是汉字从一类转换到另一类。例如：因为汉字 *'rh*（二）、*sán*（三）跟 *yih*（一）同样简单，本应属于第一类“指事”，但在实际使用中，它们却从这类中分离出来，变成表复数的“二”和“三”。由于这种转换，它们就从“指事”字转变为第四类“会意”字：“二”由两个部分组成，“三”由三个部分组成。

2. 所有的虚字以及地名、国名、家族名、人名等专名，都属于“假借”。因为这些字首先都有其确凿的本义，之后才转换为一个外来义。

3. 当一个汉字想用来表达某种特定含义时，就会采用“假借”。例如：*yuen*（缘）原本表示一件衣服，借用来指事情的缘由；*hien*（縣）本表示“系”，借用指代第三级地方行政区划。

---

① 例句出自《孟子・卷四・公孙丑下》。——中译注

② 本部分因为涉及汉字六书中的“假借”，为还原字源本义和假借义，故全部例字均采用繁体字未使用简体字，特此说明。——中译注

4. 有时候一个汉字被借作他用，如《书经》中以 *chí*（知）为 *chí*（智）。《山海经》以 *tsiun*（俊）为 *Shun*（舜）。《列子》以 *tsin*（進）为 *tsin*（盡）。《大学》以 *hau*（后）为 *hau*（後）。

5. 有不少字明显地有相反的意义，因此就被借用于指其反义。比如 *lwán*（亂）表示不治，反而为 *chí*（治）与 *lí*（理）。*lwán chin*（亂臣）即协助维系政府权威的忠实臣民。*tuh*（毒），表示害，在《易经》中反而为 *yáng*（養）。*kú*（蠱），盛三个虫子（chung，蟲）之容器，反而为清洗后使容器恢复正常。*ts'ing*（清）表示清洁，反而为"廁"。

6. 在本义和比喻义之间常有一个类比，而根据通常的理解，这种类比才是真正的隐喻。比如 *nang*（能）字，本来归于熊属，借作贤能、能杰。*siáng*（象）字，本义为大象，通常用来借作象征。*háu*（豪）字，本义为野豕，借作英豪、豪侠。*chin*（珍）字，本义指宝石，借作美食。

7. 这就是所谓的用容器来装东西，或者用同义词来指称。例如，房子代表户主，座位代表坐着的人，皇冠代表国王，钱包代表钱，等等。在中文当中没有什么比这更常见的。*shán ch'uen*（山川），即掌管山川之神。*ch'ing hwáng*（城隍），即守城隍之神。*cháu ting*（朝廷），即中国的皇帝陛下；这就像在西方，"港口"指土耳其的皇帝，"圣座"指教宗一样。*fú*（府），即掌管府县的官员。*táng*（堂），即母亲。*shih*（室），即妻子。*kin seh*（琴瑟），即夫妻。无论是书面语还是口语中，这一类的例子不可胜数。

8. 当比喻句中使用 *joh*（若）或 *jü*（如）字，会使比喻义有所弱化，例如：*tsiú í joh hoh ché*，就义若渴者。[①] To thist as it were for justice. *k'ü í joh jeh*，去义若热。To avoid justice as one would avoid the flames. *hing joh káu hiái sin joh sz' hwui*，形若槁骸，心若死灰。[②] A body like a dry carcess, a heart like dead ashes; i.e. perfectly dead

---

① 出自《庄子·杂篇·列御寇三十二》，原句为："故其就义若渴者，其去义若热。故君子远使之而观其忠，近使之而观其敬，烦使之而观其能，卒然问焉而观其知，急与之期而观其信，委之以财而观其仁，告之以危而观其节，醉之以酒而观其侧，杂之以处而观其色。九征至，不肖人得矣。"——中译注

② 出自《淮南子·卷十二·道应训》，原句为："曰：'形若槁骸，心如死灰。直实不知，以故自持。墨墨恢恢，无心可与谋。彼何人哉！'"——中译注

to himself. *jü káu muh sz' kwui*，如槁木死灰。Like a dead stock or like cold ashes. *shun jü kih tán*，唇如激丹。Lips like coral. *nü jü yuh*，女如玉，或者是 *jü ch'un*，如春。A lady fair as a gem, or as the early spring.

9. 下面是一些隐喻例句的汇总，有些凌乱随意，但却是自然而然地浮现在我脑海中的。比如：

sí juh，洗辱。To wash off his disgrace.《淮南子》里说：*sí juh*，洒辱。中国人也说：*siueh chí*，雪耻。To wash off an injury.《庄子》说：*I' yen tien jin*，以言舔人。To lick men with words, to flatter. *í k'í so háu lung jin*，以其所好笼人。To entrap a man by something of which he is fond. *sin tsui*，心醉。A mind intoxicated. *nú*，怒。愤怒用来跟波涛汹涌、水在岩石之间呜咽相提并论。*nú tuh*，怒读。To study with a vengeance. *nú kang*，怒耕。To plow furiously. 我们发现维吉尔也这样说：

Aut unde iratus silvam devenit arator

（参考译文：愤怒的耕者变成了伐木工，转向林地）

liú，柳。A willow. 按《庄子》里的说法这是人身体里出现的肿瘤，因为柳树的树干上也会看到类似的赘生物。*chú jin*，铸人。Precast men. 在真正的教义中，就如同烈火中的金属。*hú pan*，虎贲。Generous soldiers. 他们扑向敌人，就像猛虎扑向受害者。第二个汉字“贲”同“奔”。在荷马史诗中，阿喀琉斯被称为快足者，不是在逃跑，而是在逃跑中追赶。*hwáh*（猾），国之蛀虫。这是一种被老虎吞噬的爬行动物，咬住了他的要害。所以《庄子》称之为恶棍：*chí chí mau, jin chí tang í chí tú*，智之蟊仁之螣义之蠹。《孟子》说：*jin nih puh hwán shí ch'ái han*，人溺不援是豺狼。He is worse than a brute who, refuses succor to a person shopwrecked.《庄子》说：*peh sing wú t'ien*，百姓無天。根据评论，这句话即：*wú chú*，无主。The nation has no Lord.

还有相当多经典的隐喻用于指称人的精神和肉体。

chí k'í，志氣。The voluntary principle, the essence of volition. *shin k'í*，神氣。The spiritual essence. *tau shié*，道舍。The abode of reason. *ling fú*，灵府。The city of intelligence. *shin ming chí tseh*，神明之宅。The intelligent mind's abode. 因此他们称人的身体或者心脏为 *sin*（心），即灵魂在此安放；同样的用法还有 *shih*（室）表示妻子，等等。《庄子》将身体称为 *ngau*（耦），正如注释家所言：*shin yü shin wei ngau*，身與神爲耦。The body is the soul's companion. "耦"适用于两个人一起耕作，使二者都参与工作中。我们也发现了"*t'ien tái*，天袠[①]。the sack of heaven, or the Lord's sack" "*t'ien t'ú*，天弢"，意思跟前一个例子一样。

《杨子》说：*yen sin shing yé shú sin hwáh yé*，言心声也书心画也。Words spoken are the utterance of thought, writing are the pictures of thought.《书经》说：*kiú ling ts'iáng wú*，丘陵翔儛。Moutains and hills dance for joy. *niáu shau ts'áng 'rh shau suh wú*，鸟兽跄而兽率舞。The birds and the beasts exult with joy, and leap at the sound of the harp. 同一个作者还说：*kiáng hán cháu tsung yü hái*，江汉朝宗於海。The kiáng and hán send their tribute to the sea. 欧阳修描述过一个房子：*fuh yun chí t'íng ch'íng hü chí koh ts'ing yen chí tang sié pin chí pú*，拂云之亭澄虚之阁清谦之堂榭宾之圃。Its top reaches to the clouds, it is the abode of purity and silence, it is the home of cleanliness and quiet, it is the garden of hospitality and social intercourse.

10. 在以风格优雅著称的作品中出现的这类隐喻都应该被认真收集起来。在优雅的文章中，没有什么比精心设计的修辞更具优势的了。因此，毋庸置疑，*Lí Sáu King*（《离骚经》）这部包括 2492 个汉字和 70 个韵脚的作品，自始至终贯穿着华丽而精选的隐喻。作者将君主比喻为美人，将香草比喻为美德，令人生厌的味道比喻为恶习。

yin muh lán chí chui lú tsán ts'iú kiuh chi loh ying，（朝）饮木兰之坠露兮，（夕）餐秋菊之落英。[②]I drink the dew falling from the sweet smelling *Lán*, and eat the greatful *Kiú* which fll in antumn. 意思是说我依靠被这些人忽略的美德而生存。他接着说：*wú ling í ho mí tsieh hí wáng yen tsz' 'rh wuh peh*，吾令羲和弭節兮，望崦嵫而勿迫。He clothes himself with flowers, and then proceeds upon his journey, he passes along the heavens, and orders the charioteer of the sun to move gently, and not to rush on so precipitately. 他的旅程终于完成了：*yin yü má hán ch'í hí wuh yü pí hú fú sáng*，饮余马於咸池兮，总余辔乎扶桑。He dips his horses in the waves in which the sun is immerged, and fastens the reins to the tree from which he sun proceeds in his

---

① "袠"是"帙"的异体字，原文注音有误，"天帙"典出《庄子》。——中译注
② 括号内为马若瑟脱文的内容。——中译注

course. 在同一个地方，他谈到了太阳：*ts'ing yun í hí peh ní sháng yü ch'áng shí hí shié t'ien han ts'áu yü hú fán lun hiáng*，青云衣兮白霓裳，舆长矢兮射天狼。操余弧兮反沦降。I throw my azure mantle on my shoulders and below gird myself with the yellow rainbow. I take my arrows, with which I perce the celestial wolf. I gird on my quiver and descend below. 在最后一句诗里使用了“余”，因为太阳被视为是可以说话的。太阳自东方升起，朝相反方向落下。太阳象征着君主，他铲除了邪恶，却不因为自己的功绩而自傲。这是注释家对这段话的阐释。

（四）寓言

上面所展示的例句摘自一位中国诗人，大部分适用于 *yü yen*（寓言）；但寓言不仅仅是简单的比喻和隐喻的集合，而是一个集道德故事、象征、论辩、谜语和寓言的综合体。但凡一个人不知道寓言的性质和重要性，就别指望他会去尝试注疏经典，更别说去阐释经书之源头《易经》了。《易经》赋天、地、万物之形，自始至终都充满了完美的象征。《诗》和《书》所教导的不过都是在《易经》的象征中所发现的东西而已。它的目的是描述“善”，在所有的象征中都反映了这种“善”。天与地，日与月，君与臣，夫与妇，这些都是最突出的。除了说明这些著名经典作品的一般风格和范围外，没必要再多说什么。

《易经》之外，值得阅读的还包括《庄子》和《列子》，其作者都很擅长运用寓言。故从其中摘录一些例句。

1.《列子》里说有一个被称为 *hwá sü*（花胥）的王国：

fi chau ch'é tsuh lih chí so kih, shin yú 'rh í，盖非舟车足力之所及，神游而已。They come neither by ship, carriage, nor on foot, but only in mind. 其国无师长，自然而已。其民无嗜欲，自然而已。不知乐生，不知恶死，故无夭殇；不知亲己，不知疏物，故无爱憎；不知背逆，不知向顺，故无利害：入水不溺，入火不热。斫挞无伤痛，指擿无痒。乘空如履实，寝虚若处床。云雾不硋其视，雷霆不乱其听，美恶不滑其心，山谷不踬其步，神行而已。In this kingdom there are no kings or masters, nor do the people know any of the goadings of licentious passions. There pure nature reigns, they are neither too strongly attached to life, nor do they fear death. There is therefore no premature death. They neither attend exclusively to themselves, nor discard all personal considerations. Thus they neither suffer the impediments of love or hatred. They neither calumniate in secret, nor flatter openly. They are thus ignorant of damage and profit. They go under the water, but are not drowned. They go into the fire, but, are not burnt. You strike them, but they feel no pain, nor are they conscious of the stroke. You scratch thenm with the nails, but there is no sensation of itching. They traverse a vacuum as easily as others walk upon solid earth. They sleep in a vacuum, as upon a soft mattress. No clouds, or frosts injure their eyes. No thunder with its crash strikes upon their ears. They make no distinction between the deformed and beautiful. Moutains and hills retard not their steps. They lead a purely spiritual life.

2. 庄子行於山中，见大木，枝叶盛茂，伐木者止其旁而不取之也。问其故，曰："无所可用。"庄子曰："此木以不材得终其天年。"夫子出於山，舍於故人之家。故人喜，命竖子杀雁而烹之。竖子请曰："其一能鸣，其一不能鸣，请奚杀？"主人曰："杀不能鸣者。"明日，弟子问於庄子曰："昨日山中之木，以不材得终其天年；今主人之雁，以不材死；先生将何处？"庄子笑曰："周将处乎材與不材之间。似之而非也，故未免乎累。若夫乘道德而浮游乎。万物之祖；物物而不物於物，则胡可得而累邪！此神农、黄帝法则也。" Chwángtsz' was walking on a mountain covered with woods. He saw there a tree tall and thickly set with fliage and branches. Some men were near with their axes but did not touch it. He inquired of them the reason. They replied, because the wood is of no value. This tree then, said Chwángtsz', will complete its age because it is of no use. He afterwards came down from the mountain and turned aside on his way to visit his friend. The friend very glad to see him, commanded the boy replied, but there are two of them; one has a voice, the other is mute; which shall be killed? The master replied, kill the dumb one. On another day the disciples said to their master. The tree remained standing because it had no value, and the fowl was killed for want of certain organs; what then would you choose? Chwángtsz' smiling said, if I desire a mddle course in respect of natural qualifications, that is, both to have and not to havethem, I shall study to appear what I am not in fact, and thus shall not be free from annoyances. Far better is it that relying upon reson and virture as upon a magnificent chariot, to proceed in the presence of the first Parent of all things, in such a manner that circumstances shall be made to depend upon my

own choice, rather than that I should be required to depend on circumstances, without reference to my own volition. Thus shall I be free all molestation and crossing of my designs, which is indeed the method of the ancients, *Shinnung* and *Hwángtí*.

3. *fáng chau 'rh tsí yü ho, yú hü chuen lái chuh chau sui yú pien sin chí jin puh nú*，方舟而济於河，有虚船来触舟，虽有惼心之人不怒。It happens that while one vessel is crossing a stream, another vessel without any one in it, comes along and strikes upon the vessel that is crossing. No one, however irascrible naturally, would think of exerciseing resentment upon an empty vessel. *yú yih jin tsái k'í sháng tesh hú cháng hih chí, yih hú 'rh puh wan, tsái hú 'rh puh wan yü shí sán hú, sié tseh pih í wú shing sui chí*，有一人在其上，则呼张歙之；一呼而不闻，再呼而不闻，於是三呼邪，则必以恶声随之。But if there be in the vessel even a single person, he is admonished at once with loud calls to be careful and keep out of the way. If after the first and second admonition he makes no reply, the third time is chided with much more vehemence and in harsher language. *hiáng yé puh nú, 'rh kin yé nú ho yé, hü 'rh kin yé shih*，向也不怒而今也怒何也，虚而今也实。In the fisrt instance there was no excitement, but in the last they are all in a rage; why is this? In the former case the vessel was empty, in the latter is has some one in it. *jin nang hü kí yú shí, k'í tsiú nang hái chí*，人能虚己以游世，其孰能害之！If any one pass with a pure heart through this world, who will be able to do him harm?

《庄子》在运用这种手法时如此特别，真是罕见。

4. *yü yú 'rh puh chí so í, t'iáu kiáh yé, shié tuí yé, sz' chí 'rh féi yé, ho yü jih wú tún yé, yin yü yé wú tái yé, pí wú so í yú tái yé, 'rh hwáng hú í yú tái ché hú, pí lái tseh wo yü chí lái, pí wáng tseh wo yü chí wáng*，予有而不知其所以蜩甲也，蛇蜕也，似之而非也。火與日，吾屯也；阴與夜，吾代也。彼吾所以有待也而况乎以（无）[①] 有待者乎！彼来则我與之来，彼往则我與之往。A shade is represented as saying, I exist indeed, but I know not how. I am like the covering of a grasshopper, or the slough of a serpent, similar to things which exist and yet no real object. When the light of the sun or a

① 括号内为马若瑟原文脱文之处。——中译注

fire is present, I immediately make my appearance. When the night comes on, I disappear. I wait for thenm, they also wait for me. They come, I come. They depart, I also depart. They remain stationary or proceed, I remain stationary or move in the same manner.

注释家对这一象征或谜题的解释如下：影子出现前，一直等待着阳光和身体。万物有生有灭，也是等待着天主的命令而行。天主无所求，亦无所需，然而没有天主，就没有世间万物的生和灭。

第五章

我所跟随学习的那位中国语法学家，在我看来，他对 *kü*（句）这个词的使用并不是那么严密遵循规则。汉语里“句”的意义同希腊语 phrasis（短语、语句）完全一样。因此，“句”在字典里的解释是 *chí*（止），表示停止；以及表示 *sz' tsiueh*（词绝），指一个句子的完结。为了让“句”（或者说短语）与这个解释相符，它的意思应当是指在某种意义上独立决断的语气。可以肯定的是，尽管在很多情况下，一个字也有独立决断的意思，可以用作煞句；但这位语法学家却没有给我展示只由一个字构成的“句”的例子。另一方面，在他自己收集的两字或三字句法中，我发现有很多单独使用、不与其他词搭配的短语却是没有独立意义的。因此，我推断，要不就是他错了；要不就是对于“句”这个词，他所理解的意思与通常用来解释“句”的这个词有所不同。

虽然本章没有前面的那些章节那么重要，但我相信它不会没有用处；因为在这里介绍的大量的短语集合中，中文写作风格会变得越来越熟悉，同时也会对外国学生努力用这种语言写作起到重要的助力。因为在介绍的大多数短语中，要么有古老的谚语，要么有优雅的比喻，要么有强烈的情感，而且几乎每个例子都含有某些对比或联系，这些都在中文写作中必不可少。

第一节　一字句法

可以理解为，只要根据语法规则，一个字就能煞句，无需与其他字结合。以下是《尚书》中的一些例字：*tsz'*（咨），注释家以他们通常的猜测方式，认为该字表示委婉的劝告。*yü*（吁），表示离开。*wú*（於）跟 *wú*（呜），以及 *tú*（都），都表示感叹。*yü*（俞）表示同意。*ho*（何）表示疑问“什么、怎么”。

在《尚书》中，同样也发现有一些专名作呼格时可单独成句，后面不用再跟其他的字。如：*k'í*，弃。O thou K'í! *K'ieh*，契。O thou K'ieh. *lung*，龙。O thou Lung.

在《孟子》中也有很多单字成句的例子，如：*jen*，然。it is thus. *fau*，否。By no means. *tsié*，嗟。Also. 还有 *i*（噫）或是（意）、*hí*（嘻），这几个字都表示

同样的意思。*wú*（毋）。Dislike, disapprobation. 在《论语》中的例子如：*tsz'*，辞。To refuse, he would not accept. *noh*，诺。It is well, you are right, just wait a moment. *wú, shí ho yen yé*，恶，是何言也。But begone; what is it you say? 在熟悉的谈话中，也有这样例子：*shí*，是。Yes. *lái*，來。Come. *k'ü*，去。Depart. *tang*，等。Wait. *pí*，哇或是唔。它是一个表达极度怨恨的说法，比如在一个人的脸上吐口水。*yá*，呀。表示惊讶。

第二节 二字句法

1. 第一部分是虚字连用的情况，用来表示不同的情感，例如：

wú hú，於乎。*wú hí*，於戏。以及更为常见的：*wú hú*，鸣呼。Alas! *ho tseh*，何则。*ho ku*，何故。*ho wei*，何为。Why? Wherefore? For what cause? *sui jen*，虽然。Even if, although. *nái ho*，奈何。What then must be done? *hoh lái*，曷来。Why do you come? *hí chí*，奚之。Where are you going?

2. 第二部分主要是两个字构成的固定搭配，例如：

fuh tiáu，弗吊。Wretch, that I am! What misery! *yuen hú*，怨乎。Did he censure any? *wáng chí*，亡之。You must die. 当陷入绝境时，孔夫子曾对他的一个弟子这样说：*ming í*，命矣。It is decreed. *mei tsái*，美哉。Most beautifl, most excellent. *Shí yun*，诗云。The *Shí King* says. *Tsz' yueh*，子曰。*Confucius* says. *sháu lú*，首路。To commence a journey. *jun puh*，润笔。To commit to writing. *fung fuh*，捧腹。To split the sides with laughter. *hú ts'ien*，肤浅。Not thicker than the skin. *hiá tsau*，下走。To descend. *kaú ming*，钩名。To fish for fame. *muh sung*，目送。To watch till out of sight. *yin kih*，饮泣。To swallow tears. *shih yen*，食言。To break a promise. *p'ing sang*，平生。During life. *kú sih*，姑息。To enjoy unmerited indulgence.

有四件事是孔子刻意要避免的：*wú í*，毋意。He was not biased in his judgment. *wú pih*，毋必。He would make no positive assertion. *wú kú*，毋固。He was never abstinately set upon any purpose. *wú wo*，毋我。He had nothing of selfishness.

3. 接下来的例句不能单独成句，它们其实是古代事物的一些雅称；这些都值得重视。例如：

chú ming，泰元。Heaven

chú ming，朱明（*tung kiun*，东君、*chuh lung*，烛龙）。The sun

I'ho，羲和。Charioteer of the sun

fú sáng，扶桑。The tree from which the sun commences his journey

peh k'ü，白驹 。Aurara, the morning

tí tung，蝃蝀（*tí kung*，帝弓）。The rainbow

Cháng Ngo，嫦娥。The moon

wáng shú，望舒（*sien ho*，纤呵）。Charioteer of the moon

T'ien hán，天狼。A star of ill omen

nü í，女夷。The presiding spirit of flowers

wáng hwá，王化①。The flower called *mau tán*（牡丹）

wáng muh，王木②。The tree called *tsz*，梓

sien yú，仙友 。The flower called *kwei*（桂）

tsing yú，净友。The water-lily

fang hwá，芳化③。The flower called *Lán*（兰）

lung yá，龙牙④。The *lí chí*（荔枝）

chui fung，追风（*chui tien*，追电）。A fine horse. 这种说法如同在我们的表达中说“比风和雷霆之翼还要快”。

shán kiun，山君。The tiger

jau máu，柔毛。The sheep

jen láng，髯郎。The goat

---

① 这个词在法国藏手稿本中写为“花王”，在 1831 年出版本中刻印为“王化”，1847 年英译本中同拉丁文本，据译文应当是指花王牡丹，当属刻印讹误。特此说明。——中译注

② 这个词在法国藏手稿本中写为“木王”，在 1831 年出版本中刻印为“王木”，1847 年英译本中又改为“木王”，当属次序颠倒之误。特此说明。——中译注

③ 这个词在法国藏手稿本中写为“芳友”，在 1831 年出版本中也为“芳友”，1847 年英译本改为“芳化”，当属刻印讹误。特此说明。——中译注

④ 这个词拉丁文译文为“Fructus dictus Li-chi”（叫荔枝的水果），据注音推测马若瑟原意可能是“龙眼”。龙眼实际是桂圆的别称，又名益智、比目（贾思勰《齐民要术》），但因与荔枝属同一科，易混淆。——中译注

t'ien nü，天女。The swallow

yen niáu，言鸟。The parrot

hiuen fú，玄夫。The tortoise

hiuen k'ü，玄驹。The ant

hung yú，红友（*hwán peh*，欢伯；*sáng láng*，桑郎；*kw'áng mieh*，狂孽；*lán sang*，兰生）。The vine

tso tsiú，佐酒。The wine for a journey

chung tsiú，中酒。A man half intoxicated

chin hiuen，陈玄。Ink

fung wí，凤味（*lung wí*，龙尾）。The stone for rubbing the ink

lih wí，栗尾。The pencil

yuh pán，玉版。Paper

kiung fáh，穷发。Barren soil，《庄子》用这个来表示贫瘠的土地。

shú t'íng，殊廷。Palace of the immortals

shí kiá，世家①。A man of rank

shí sz，筮仕。A newly appointed officer

pí tsú，鼻祖。A very remote ancestor

'rh sun，耳孙②。Descendant

kwei ting，贵鼎③。Something very precious

yuh shih，玉食。The most choice dishes

k'ien shau，黔首。Men

yuh t'í，玉体。A person fair as Parian marble

káu tsz'，高赀。Affluent

káu sang，高生（*tang sang*，登生）。An old man

---

① 这个词在法国藏手稿本中写为“世家”，在 1831 年出版本中也为“世家”，1847 年英译本改为“家世”，当属次序颠倒之误。特此说明。——中译注

② 这个词据译文推知可能是“儿孙”之误。特此说明。——中译注

③ 这个词在法国藏手稿本中写为“鼎贵”，在 1831 年出版本中刻印为“贵鼎”，1847 年英译本也为“贵鼎”，当属次序颠倒之误。特此说明。——中译注

tá tsiang，大匠（*chih choh*，执斵）。A manufacture in wood

yú lí，羑里（*ling yü*，囹圄、*yuen t'ú*，圜土）。A prison

shán siuen，少选（*sü yü*，须臾）。A moment of time

hiuen yueh，玄月。The new moon

yang yueh，阳月 。The tenth moon

sheh jin，舌人[①]。The interpreter

shwui yuh，水玉。Glass

ts'áng kwei，翔贵。To be eager for honors

ts'iuen tái，泉台。A sepulcher, a tomb

shen p'áng，禅旁。A bier

wuh kú，物故。Dead

wáng yang，亡恙。Free from disease

ming ting，酩酊。Drunken

jin chí，人彘。A human shote

shwui king，水镜。A water mirror

第三节　三字句法

1. 这些例句如同前一节的第三部分，句意也是不完整的。例如：

sung tsz' hau，松滋侯。A pencil

tseh men hau，即墨侯。The ink-stone

chung shú kiun，中书君（*shú sü pih*，鼠须笔、*ch'ú sien sang*，楮先生）。the pencil for writing. "楮"是造纸的一种木料，因此纸张就被称为：*ch'ú kwoh kung*（楮国公）(*háu chí hau*，好畤侯、*ts'án kán chí*，蚕茧纸）

kiun siú ts'ái，曲秀才（*pei chung wuh*，杯中物、*hwán hiung láu*，换胸醪、*kwán lun sháng*，昆崘觞）。Wine

k'ung fang hiung，孔方兄。Money

① 这个词在法国藏手稿本中写为"舌人"，在1831年出版本中刻印为"人舌"，1847年英译本也为"人舌"，当属次序颠倒之误。特此说明。——中译注

yih pih shú，一笔书。A billet

ling shau cháng，灵寿杖（*kiú tsieh cháng*，九节杖）。An old man's staff

shwui tsing k'iú，水晶球。The flower called *mau tán*（牡丹）

lí chí nú，荔枝奴。The fruit called *lung yen*（龙眼）

fán hwan hiáng，返魂香。A very pleasant odor

tsien lí k'ü，千里驹。A fine young horse, a pony

shí chung hü，诗中虎。A good poet

jin chung lung，人中龙。An illustrious man

kiá yü hwá，解语花（*hwá kien siú*，花见羞、*yáng liú chí*，杨柳枝）。A beautiful woman

ngo she chin，蚁虱臣。A perry officer

mun she ngán，扪虱庵。A low petty convent

sz' tsz' tso，狮子座。The seat of *Fuh*

ngau jin hing，偶人形。An image of a man, a puppet

cháu mú jin，朝暮人。A man of a day

ch'un ts'iú ch'áng，春秋长。Long-lived

táu hwá shwui，桃花水。A shower in third moon

kü wú kí，居无几。Delaying a moment

kán fuh shau，反复手。At a stroke

tsing chung wá，井中蛙（*tsing tí wá*，井底蛙）。The frog in the well

li chung tsz'，里中子。A gentleman at large

wú ting shih，五鼎食。The flesh of the ox, wether, swine, dog and fish

k'i ching lán，气胜兰。A very agreeable odor

wú shing shí，无声诗。A remarkable picture

2. 三字句法很少单独出现，除非是用作疑问，例如：

jü chí ho，如之何？ What then? What does this mean?

ho wei yé，何谓也？ What is this?

ho í tsái，何以哉？ How then?

ngán yung chí，安用之？（*yen hung chí*，焉用之？）Can they make any use of him?

k'í k'í chí，岂其知？ Is this to know?

k'í shwui yuen，其谁怨？ Who can then complain?

3. 很多大作家在文章中喜用平行的三字句法，很少使用单个的三字句法。我们将挑选一些最重要的例子。

yun ts'ung lung, fung ts'ung hú，云从龙，风从虎。The clounds obey the dragon, and winds the tiger.

ho ch'uh t'ú, loh ch'ch shú，河出图，洛出书。Thus both charts and description derived their origion from the waters.

tsung kiáu t'ien, pí fáh tí，崇效天，卑法地。The high resemble the heavens, the low the earth.

'rh to yü sz to kü sán to hiung wú to kung，二多誉，四多惧，三多凶，五多功。Of the six strokes of a symbol, the second has praise, the fourth has fear, the third is unfortunate, and fifth claims distinguished merit.

hwui tih kih ts'ung yih hiung wei ying hiáng，惠迪吉，从逆凶，惟影响。Happiness anwers to virtue and woe to vice as truly as a shade to a body, or an echo to a voice.

mwán cháu sun hien shau yih，满招损，谦受益。The favor is taken from the proud and given to the humble.

yih jih fú 'rh jih shau，一日富，二日寿。In the first grade are riches, in the second longevity.

hing yü shí lih yü lí ch'ing yü loh，兴于诗，立于礼，成于乐。They began with odes, were established by the ritual, and ended with music.

t'ien táu yuen jin táu kin，天道远，人道近。The ways of heaven are remote, these of man are near at hand.

mú puh mú fán puh fán，模不模，范不范。Those who ought to set an example to others neglect their duty.

sz'fei sz'yin fei yin，使非使，隐非隐。He is of no use either in business or leisure.

nien mí káu teh mí cháu，年弥高，德弥邵。The more advanced his age the more distinguished his virtue.

Chau yé yang Tsin yé lang，周也羊，秦也狼。The kingdom of *Chau* was a lamb, but the realm of *Tsin* a ravening wolf.

ch'wáng nieh í shau nieh nán，创业易，守业难。To found a dynasty is easy but to perpetuate it afer it is founded, is a work of greater difficulty.

chen shing í, shau shing nán，战胜易，守胜难。To conquer in battle is easy, to secure the advantage of victory is difficult.

tso chun shing yú kwei kú，左准绳，右规矩。The line and level in one hand, the scale and dividers in the other.

shih wú yü ch'uh wú ch'é，食无鱼，出无车。No fish for the table, no vehicle for the road.

sih ché tsih kin jih yü，昔者疾，今日愈。I was sick of late, but am now well.

fú tsoh chí sz' shuh chí，父作之，子述之。The father was the actor, the son the historian.

yú tsin sz' wú t'ui sang，有进死，无退生。I would rather proceed and die than return.

chung jin í k'ing sz' wáng，重仁义，轻死亡。It is better to die than to violate a moral obligation.

在《道德经》里有这样的例子：*ho k'í kwang tung k'í ch'in*，和其光，同其尘。*chí k'í hiung shau k'í ts'z'*，知其雄，守其雌。

《孟子》说：*wú mú kí 'rh mú chí*，五母鸡，二母彘。It is necessary to keep five hens and two pigs.

hí 'rh sháng nú 'rh hing，喜而赏，怒而刑。If he is pleased he will give a reward, if angry blow.

háu tseh jin nú tseh shau，好则人，怒则兽。To love is human, to be angry is the part of a brute.

kí sán háu kang wú tien，鸡三号，更五点。A early dawn.

teh k'í tsing wáng k'í tsú，得其精，忘其麁。When the fine can be obtained the course is forgotten.

k'ing kiá kí ngái yé chí，轻家鸡，爱野鸡。He loathes what he has and desires what he has not.

nú peh fán má ts'ing tsú，奴白饭，马青刍。When the servants have white rice the horses have good fodder.

fung nien yuh hwáng nien kuh，丰年玉，荒年穀。Men ask for rice when there is none to be had, and when there is a plenty for money.

kin ché jin ché liáng，① 近者热，远者凉。Near it is warm, but at a distance cold.

《庄子说》：*tung yü yih wán sz'pih*，通于一，万事毕。He who has understood one, has become master of all.

puh yuen t'ien puh yú jin，不怨天，不尤人。He neither blames the heavens, nor reproaches man.

sháng wei piáu fáh wei lí，赏为表，罚为里。Rewards and punishments form a double texture, the former are the outer part, the latter are the lining.

lü yü hiá yú mí luh，侣鱼鰕，友麋鹿。A recluse who spends his life in the deserted forest.

lih kin jih hieh ling shin，历吉日，协灵辰。In a lucky day, at a fortunate time.

lin kin mun, sháng yuh t'áng，历金门，上玉堂。To go to his own house.

sung lí sáu, yin mei tsiú，诵离骚，饮美酒。To read the Lí Sau and quaff choice wine.

韩愈对僧人说：*ho k'i shú jin k'i jin*，火其书，人其人。Burn their books, make them men.

孔子说：

chí ché tung, jin ché tsing, chí ché loh, jin ché shau，知者动，仁者静，知者乐，仁者寿。The intelligent are active, the benevolent are quiet; the intelligent experience delight, the benevolent longevity.

《孟子》说：*chí k'i sing tseh chí t'ien*，知其性，则知天。He knows the will of heaven who correctly understands himself.

---

① 此句原文少了“远”的注音，特此说明。——中译注

第四节　四字句法

从本书的两个部分已然可以看出，四字短语虽多见于口语，但在书面语中却更为常见。因此，学生不会对以示例的方式呈现这么多内容而感到惊讶。

chí ché puh hwoh, jin ché puh yú, yung ché puh kü，知者不惑，仁者不忧，勇者不惧。The wise man is not in doubt, the good does not vex himself, the brave does not fear.

jin wú yuen lü pih yú kin yú，人无远虑，必有近忧。He who does not consider far is certainly near to trouble.

k'í so puh yuh wuh shí yü jin，己所不欲，勿施于人。Do not to another what you would not have done to yourself.

jin puh k'o k'í，人不可欺。Men must not be despised.

ngoh puh k'o yen，恶不可揜。Evil can not be hid.

tsin k'í tsái wo t'ing k'í tsái t'ien，尽其在我，听其在天。To fulfill our own duties and obey the will of heaven.

tsz' shí kwán chí, yú shí yen chí，自是观之 / 由是言之。From this it appears.

tang shí chí shí, yú ts'z' chí shí，当是之时 / 于此之时。Then.

háu wan tseh yü tsz' yung tseh siáu，好问则裕，自用则小。He who consult others abounds, but he who depends entirely on himself is poor.

chí fei nán, hing chí wei nán，知之[①]非难，行之惟难。To know is easy, to perform is more difficult.

shen puh k'o shih, ngoh puh k'o ch'áng，善不可失，恶不可长。The good must not be lost, the evil must not be perpetuated.

ngái loh shih shí, yang káu pih chí，哀乐失时，殃咎必至。He who does not bridle his passions will meet with misfortune.

pí chí puh ts'un, máu tsiáng ngáu fú，皮之不存，毛将安附。If the haide is lost

---

① 这个字在法国藏手稿本中有，原句为“知之非难”，在1831年拉丁文本和1847年英译本均脱字“之”，变为“知非难”。这样脱字后变为一个三字句，与句式不符，故据手稿改之。——中译注

what will become of the hair?

chih muh sien fáh, kán tsing sien kieh，直木先伐，甘井先竭。The straight tree is first felled, and the well of pure water is first dry.

jih ch'uh 'rh tsoh, jih juh 'rh sih，日出而作，日入而息。To work by day and rest by night.

kien jin yih shen, wáng k'í peh fei，见人一善，忘其百非。For one good deed to overlook a hundred bad ones.

fú juh ch'uh ch'ung, yü kú sang tú，腐肉出虫，鱼枯生蠹。Decayed flesh and dry fish produce vermin.

loh kih tseh pei, tsiú kih tseh lwán，乐极则悲，酒极则乱。Excessive delight leads to sorrow, and excess of wine creates disorder.

i' moh joh sin, jin moh joh kú，衣莫若新，人莫若故。Newness is praised in a garment, but in a man age.

k'iáu ché yú yü, chueh ché puh tsuh，巧者有余，拙者不足。The skillful abounds but stupid has never enough.

sié k'í sieh nui, ching she nái shwái，邪气袭内，正色乃衰。If there is a malady within, the complexion of the countenance is changed.

hioh chí yen jin, shin yü tán ts'ing，学之染人，甚於丹青。Study gives a man a brighter hue than any dye can impart to a web.

ch'au kü chí fung, hiueh kü chí yü，巢居知风，穴居知雨。Birds in the nest know the wind, beasts in the cave the rain.

jih shih siú teh, yueh shih siú hing，日食修德，月食修刑[①]。The eclipses of the sun admonish us to be virtuous, of the moon to make supplications.

pin puh hioh kien, pí puh hioh kung，贫不学俭，卑不学恭。The poor is not required to learn economy, and it is the lot of inferiors to be obliging.

chin mun jü shí, chin sin jü shwui，臣门如市，臣心如水。The house of a good

① 此字在法国藏手稿本和1831年拉丁文本均为“刑”，英译本为“形”，疑为刊刻讹字，故改之。——中译注

subject should be as a market-place, and his heart as the water.

sin puh fú jin, mien wú ts'án she，心不负人，面无惭[①]色。If the heart remembers kindness, the face does not blush.

ts'ái puh shih sin, í yú sang í，菜不食心，以有生意。If the heart of the shrub be not consumed, it will still be determined to grow.

k'í yih jü máu, k'í sun jü táu，其益如毛，[②]其损如刀。His grains are inconsiderable, but his losses immense.

k'í yü pei teh, tsáh hioh lawn táu，绮语背[③]德，杂学乱道。Highly wrought language is unfavorable to virtue, and too great a diversity of study confounds true doctrines.

mei yen puh sun, sun yen puh mei，美言不信，信言不美。[④]Fair words are not credible, and faithful words are not fair.

tsz' mwán ché pái, tsz' king ché yü，自满者败，自矜者愚。He who is full of himself shall fall, he who boasts his own merits betrays his folly.

kwá yen sang p'ang, kwá yuh páu shin，寡言省谤，寡欲保身。He who says but little does not serves himself to detraction, and he who exercises self-restraint preserves himself.

kw'áng fú chí yen, shing jin tseh yen，狂夫之言，圣人择焉。Even is the words of a fool the wise man can find something to commend.

hán hwui kang jen, kuh kú hwán juh，寒灰更燃，骨枯还肉。[⑤]Cold ashes are enkindled anew, and dry bones are again clothed with flesh.

ping k'iáng tseh mieh, muh k'iáng tseh cheh，兵强则灭，木强则折。A brave

---

① 此字在法国藏手稿本中为“惭”的异体字“慙”，但 1831 年拉丁文本和 1847 年英译本均采用“惭”字，故取出版本通行字体。——中译注

② 原句应该是“其益如毫，其损如刀”，这里疑似马若瑟的讹误。——中译注

③ 此字在法国藏手稿本和 1831 年拉丁文本均为“背”，英译本为“皆”，疑为刊刻讹字，故改之。——中译注

④ 原句应该是“信言不美，美言不信”，马若瑟可能将顺序记颠倒了。——中译注

⑤ 原句应该是“寒灰更燃，枯骨生肉”，第二句似有讹误。——中译注

army is destroyed and hard wood is broken.

moh tá pih cheh, mí tá puh cháu，末大必折，尾大不掉。If the end of the branch is large, it is broken, if the tail be large it is not moved.

yung k'ing juh ts'ien, lí chung hái shin，荣轻辱浅，利重害深。Where the glory is small the injuries are light, and great gain is open to great losses.

hoh wú so yin, kí wú so shih，渴无所饮，饥无所食。The thirsty have no drink, the hungry have no food.

cháu chí puh lái, hwui chí puh k'ü，招之不来，麾之不去。When he is called he does not come, when sent he does not go.

tsioh jin yü cháu, hing jin yü shí，爵人於朝，刑人於市。To honor men at court and punish them in the market-place.

sheh chih 'rh í, pih king 'rh shih，舌织而衣，笔耕而食。He weaves with his tongue and plows with his pen.

yih k'iuen fei hing, peh k'iuen fei shing，一犬吠形，百犬吠声。Where one dog barks at an object, a hundred bark to make a noise.

kiú tsang chí t'ái, k'í yü lui t'ú，九层之台，起於累土。A gradual accumulation of earth at length forms a very high mound.

hoh páu chí muh, sang yü háu moh，合抱之木，生於毫末。Lofty trees grow from small shoots.

tá k'iáu joh chueh, tá pán joh yen，大巧若拙，大辩若言[①]。The genius may appear like a blockhead, and the eloquent a dumb person.

hioh king puh ming, puh jü kwei kang，学经不明，不如归耕。When proficiency is not made in studying the classics, the student ought to return to the plow.

k'iun k'ing cheh chuh, tsih yü ch'in chau，群轻折轴，积羽沉舟。[②]Feathers enough may break an axle or sunk a ship.

---

① 这个词在法国藏手稿本中写为“大辩若讷”，在1831年拉丁文本和1847年英译本均改为“大辨若言”，疑为讹字。特此说明。——中译注

② 原句应该是“积羽沉舟，群轻折轴”，这里的顺序颠倒了。——中译注

háu nü juh shih, ch'au nü chí ch'au，好女入室，丑女之仇。A beautiful woman who enters the house is hated by the deformed as a rival.

wei hing jü ts'iú, jin hing jü ch'un，威行如秋，仁行如春。Majesty is compared to autumn, benevolence to spring.

shen yih wei chung, tsien kiun wei k'ing，蝉翼为重，千钧为轻。If unpleasant the wing of a grasshopper is a burden, but if agreeable a thousands pounds are light.

wú sin yü sz', wú sz' yü sin，无心於事，无事於心。① He cares for nothing because he has nothing to care for.

jin sin puh t'ung, jü k'í mien yen，人心不同，如其面焉。Men's hearts differ, as their faves.

sháng chí so wei, min chí kwei yé，上之所为，民之归也。The people follow in the way of their sovereign.

joh shih ché pih, wí nang mau yuen，肉食者鄙，未能谋远。② A man given to gluttony is contemptible and cannot see afar off.

ho fuh wú mun, wei jin so cháu，祸福无门，惟人所召。Woe and felicity are no public gate, every man is the architect of his own fortune.

yü k'í sú lí, ning wei wú yung，與其素厉，宁为无勇。It is better to be cowardly than cruel.

kiáng hwái ts'áu muh, yih chí 'rh ming，江淮草木，亦知尔名。③Even the streams, the plants, all know your name.

niáu shau chí juh, puh tang yü tsú，鸟兽之肉，不登於俎。He eats no flesh of bird or beast.

yih chí wei shin, k'í k'o tsái hú，一之谓甚，其可再乎。Once is too much, how then can it be repeated.

---

① 原句应该是“无心于事，无事于心”，这里的顺序颠倒了。——中译注
② 原句应该是“肉食者鄙，未能远谋”，第二句最后两个字顺序颠倒了。——中译注
③ 原句应该是“江淮草木，亦知尔威名”，第二句有脱字“威”。——中译注

shwui chí Kiáng Hán, t'ien chí peh tau，水之江汉，天之北斗。[1]Clear as water, sublime as the pole.

ming ch'uen san peh, chí ch'uen sán ts'ien，名川三百，支川三千。Streams three hundred, rivers three thousand.

miú yú chí shwoh, hwáng t'áng chí yen，缪悠之说，荒唐之言。Silly and visionary talk.

shí k'í so fei, fei k'í so shí，是其所非，非其所是。They reverse everything.

yü muh shih kü, yü luh ch'í yú，與木石居，與鹿豕游。To dwell in the woods with wild beasts.

chí ché puh yen, yen ché puh chí，知者不言，言者不知。The wise man is silent, the ignorant man talks.

sin puh sheh hioh, yú sin chí lung，心不涉学，犹心之聋。The mind which can not learn is in a manner deaf.

yin chú yih sin, kung chí ché chung，人主一心，攻之者众。The king has but one mind, but the multitude make their attacks upon it.

'rh yen wan jin, muh ngoh tú í，耳厌闻仁，目恶睹义。Charity offends his ears, and justice annoys his eyes.

shih kwui yü yuh, sin kwei yü kwei，食贵於王，薪贵於桂。A morsel is more precious than a jewel, and the Kwei tree cheaper than fuel.

yang chih hú p'í, kien ch'ái tseh k'ung，羊质虎皮，见豺则恐。Though the sheep have on the tiger's skin, if she sees a wolf she trembles.

sháng í hiuen shen, fáh í ch'ing ngoh，赏以劝善，罚以惩恶。Rewards are designed to encourage the good, punishments are for a terror to the wicked.

tsz'sun ché yih, tsz'yih ché k'iueh，自损者益，自益者缺。Rewards are desighed to encourage the good, punishments are for a terror to the wicked.

---

① 原句应该是“水之江汉星之斗”，是王安石称赞曾巩的诗句，马若瑟对句子有所修改。——中译注

t'ien chí ying jin, min yü yü ying hiáng，天之应人，敏於影[①]响。Heaven answears to man more readily than a shade to a body or an echo to a voice.

t'án shié yung hing, pih wáng k'í wí，贪蛇勇行，必亡其尾。The greedy serpent loses his tail.

ch'ái lang tang táu, ngán wan hú lí，豺狼当道，安问狐狸。When the fox should speak the fox is not interrogated.

puh teh í jin, tang teh í shú，不得异人，当得异书。When a suitable person is wanting, then consult the best books.

niú tí chí chin, pih wú ch'ih lí，牛蹄之涔，必无尺鲤。[②] In the foot-print of an ox a fish is never found a foot long.

lung puh yin lin, fung puh ts'áng yü，龙不隐鳞，凤不藏羽。The dragon does not conceal his scales, nor the eagle hide her wings.

i' tung kiun tsz', li tung siáu jin，义动君子，利动小人。Justice influences the wise man, gain the man of a small understanding.

shen yú ché nuhm shen k'í ché to，善游者溺，善骑者堕。The best swimmers sink, and the best riders are thrown.

shing liú tseh shí, teh k'án tseh chí，乘流则逝，得坎则止。In a current the water passes off, if it meets with a ditch it is stopped.

p'in puh k'o k'í, fú puh k'o shí，贫不可欺，富不可恃。Deceive not the poor, and trust not to the rich.

t'ien yü wú koh, king kih mung ngan，天雨五穀，荆棘蒙恩。The showers of heaven fall upon the good fruits, and thorns enjoy the same benefit.

kin páu ché ch'au, kin lán ché hiang，近鲍者臭，近兰者香。Who is near decayed fish is of foul odor, and he who is near the *lán* flower is fragrant.

---

① 原句应该为“天之应人，敏于景响”，马若瑟例句中最后两字为“影响”，有改动。——中译注

② 原句应该为“牛蹄之涔，无尺之鲤”，马若瑟例句的第二分句有改动。——中译注

fú kwei to sz', p'in tsien kwá kiáu，富贵多士，贫贱寡交。[①] The rich have many friends, but no one regards the poor.

ning wei kí k'au, wú wei niú hau，宁为鸡口，毋为牛后。It is better to strike than to be struck.

chú yuh ts'ái tseh, kioh wo hing wei，珠玉在侧，觉我形秽。From his beauty I can perceive my own deformity.

kiái í í wo, t'ui shih shih wo，解衣衣我，推食食我。He has taken his own raiment to cover me, he has deprived himself of food that I may eat.

fung náu chí tang, lí káu chí chuh，凤脑之灯，螭膏之烛。A very valuable lamp, a costly candle.

'rh jü muh jen, puh hioh 'rh nang，耳濡目染，不学而能。He has such good parts than he can do everything without study.

t'ien hiá sháu sháng, hái nui kwá 'rh，天下少双，海内寡二。He has not an equal in all the world.

shí chung yú hwá, hwá chung yú shí，诗中有画，画中有诗。Poetry presents a picture to the mind, and a painting is a sort of dumb song.

siáng sz' chí shin, tsun yin joh sui，相思之甚，寸阴若岁。To one in a passion a moment seems like a year.

kiun lí jü chúi, wo tun jü ch'ui，君利如锥，我钝如槌。You are as sharp as an awl, but I am as dull as a mall.

yih jin páu chí, shih jih hán chí，一日暴之，十日寒之。He who is made warm for one day is made cold for ten.

the jin ché hing, shih jin ché pang，得人者兴，失人者崩。He who gains the affections of men rises, but he who losses their affections falls.

fuh sang yú kí, ho sang yú tái，福生有基，祸生有胎。Felicity comes not without a cause, and man is the author of his own misfortunes.

---

① 原句应该为“富贵多士，贫贱寡友”，马若瑟例句中最后一字有改动。——中译注

jin jín lien sz', kiung puh kái tsieh，仁人廉士，穷不改节。① Charity and temperance are not changed by fortune.

shí teh ché ch'áng, shí lih ché wáng，恃德者昌，恃力者亡。He who trusts in virtue shines, but he who relies on his own powers must fall.

sheh ts'un í juen, ch'í wáng í káng，舌存以软，齿亡以刚。The tongue which is tender lasts, while the teeth which are hard decay.

min wei pang pan, pan kú pang ning，民惟邦本，本固邦宁。The people are the root of the realm, if the root is strong the kingdom is safe.

shau 'rh wei yú, pei 'rh wei p'ang，手二为友，贝二为朋。"友"字代表有两只"手"；"朋"字代表有两个"贝"。这两个汉字 *p'ang*（朋）、*yú*（友）放在一起表示"朋友"，没有什么比朋友更有用更珍贵的。

láng tsz' yé sin, nán í ngan kieh，狼子野心，难以恩纳。Savages are not caught with kindness.

wán wuh sáng chí，玩物丧志。Excessive indulgence enfeebles the will.

Fúh I tsáu she，伏羲造瑟。② *Fúh-í* invented the lyre.

Shin Nung tsáu k'in，神农造琴。*Shinung* invented the guitar.

Suh Shá wei yen，宿沙为盐。③ *Suhshá* discovered the use of salt.

Mau I tsoh shí，牟夷作矢。*Mau-í* invented arrows.

Pawn Hwui tsoh kung，般挥作弓。*Pwánhwui* invented the bow.

Ts'áng Hieh tsáu shu，仓颉造书。*Ts'ánghieh* invented writhing.

Yung Ch'ing tsáu lih，容成造曆。*Yungch'ing* invented the calender.

Ling Lun tsáu liuh，伶伦造律。*Linglung* invented musie.

Li Shau tsáu sú，隶首造数。*Lishau* invented arithmetic.

Chí Yú tsáu ping，蚩尤造兵。*Chíyú* invented armor.

---

① 原句应该为"仁人廉士，穷改节乎？"，马若瑟例句第二分句有改动。——中译注
② 原句应该为"伏羲造琴瑟"，马若瑟例句中有改动。——中译注
③ 原句应该为"宿沙作煮盐"，马若瑟例句中有改动。——中译注

Hí Chung tsáu ch'é，奚仲造车。[①] *Híchung* invented the chariot.

I' tieh Tsáu tsiú，仪狄造酒。*I'tieh* invented the use of wine.

Kung Tieh wei chau，共[②]狄为楫[③]。*Kungtieh* invented the shipping.

Kung Kú wei chau，共鼓为舟。*Kungkú* invented shipping.

Peh Yih tsáu tsing，伯益造井。*Pehyih* invented the well.

tsang ming yü cháu, tsang lí yü shí，争名於朝，争利於市。In the palace the contest is for glory, in the market place for gain.

i' i chí sz', í lí chí sin，以义制事，以礼制心。With justice rule transactions, with justice guide the heart.

shú puh tsin yen, yen puh tsin í，书不尽言，言不尽意。The writing is only imperfect language, the language but imperfectly conveys the thought.

kú ché shen t'ing, lung ché shen shí，瞽者善听，聋者善视。The blind are quick to hear, the deaf are quick to see.

yun ching yü kiáng，云蒸雨降。When the clouds become dense they descend in the form of rain.

yun hoh tien fáh，云合电发。Clouds coming in contact occasions the lightening.

'rh shí muh t'ing，耳听目视。He sees with his ears and hears with he eyes.

tieh sin shih ch'áng，铁心石肠。An iron heart and bowels of rock.

jin mien shau sin，人面兽心。The face of a man, the heart of a brute.

hing shí tsau juh，行尸走肉。A walking carcass, a body of flesh in motion.

sang hing sz' kwei，生行死归。Life is a journey, and death is the passage back.

háu lawn loh ho，好乱乐祸。To delight in confusion.

chuí yuh lien chú，缀玉联珠。Wo write or speak with elegance.

wáng sang chuh sz'，忘生触死。Unmindful of life rushes in the way of death.

tsih teh lui shen，积德絫善。To accumulate merits.

---

① 原句应该为“奚仲作车”，马若瑟例句中有改动。——中译注
② 应为“货狄”，“共”为讹字。——中译注
③ 原句似为“共鼓货狄作舟”，马若瑟分为两句。——中译注

kán ming k'iú yü，干名求誉。[①]To long for notoriety.

shing k'iuen tsih shí，乘权籍势。To abuse authority.

kwá ngan shán t'ú，寡耦少徒。To be alone, with but few friends.

kung t'ing p'ing kwán，公听平[②]观。To be equitable and just.

p'au sin cheh kán，剖心折肝。To divide the heart and cleave the liver asunder.

chin king tsih shú，枕经籍书。[③]Never to day aside the books.

siú k'in k'í í，绣衿绮衣。Magnificent apparel.

hiá má kü mgán，下马踞鞍。To alight from a horse.

p'ang yang páu káu，烹羊炰羔。To boil the sheep and roast the lamb.

t'oh kiái mien chau，脱介免胄。To put off the armor.

lin chen hoh jin，临战合刃。To join battle.

ling wan kí yü，令闻喜誉。[④]An illustrious name, a fair reputation.

wáng shen pei teh，忘善背德。To turn away from goodness and virtue.

shin wáng ch'í hán，唇亡齿寒。When the lips are gone the teeth become cold.

tso shih yú wei，左实右伪。On the left truth, on the right a lie.

kí ming kau fei，鸡鸣狗吠。The cock crows, the dog barks.

yin hiueh jü máu，饮血茹毛。To drink the blood and eat the hair.

yé yin cháu ko，夜饮朝歌。To drink at night and sing in the morning.

kiáng ch'ing hái tsing，江澄海静。Great is the tranquility.

pí mei ch'ing ngoh，蔽美称恶。To conceal the good and extol the bad.

tang shán lin shwui，登山临水。To pass over mountains and rivers.

k'ü kú tsiú sin，去故就新。To forsake the old and seek the new.

---

① 原句应该为“干名采誉”，马若瑟例句中有改动。——中译注

② 原句为“公听并观”，马若瑟例句中有改动。——中译注

③ 这个短语在法国藏手稿本和 1831 年拉丁文本均为“枕经籍书”，但在 1847 年英译本则刻印为“枕籍经书”，可能是词序颠倒之误。故采取手稿和拉丁文本原句。——中译注

④ 这个短语在法国藏手稿本中写为“令闻嘉誉”，在 1831 年拉丁文本和 1847 年英译本均改为“令闻喜誉”，可能是刻印讹误。——中译注

k'ü hiáng lí kiá，去乡离家。To forsake home and country.

pien kú yih suh，变古易俗。To change ancient customs.

kiú sz' yih sang，九死一生。Great hazard.

hán kang jeh yun，寒耕热耘。In winter plow, in summer weed the crop.

k'í ho cháu lwán，起祸召乱。To occasion disorder and calamity.

hú sin kieh lih，苦心竭力。With all the mind and might.

kwán yung chí sin，观容知心。To know the character by the face.

tsin ts'un t'ui ch'ih，进寸[①]退尺。To recede rather than to make progress.

shing jin chí pien jü shwui sui hing，圣人之变，如水随形。The wise man is not changed, but like water adapts himself to his condition.

sz' puh jü chuh, chuh puh jü juh，丝不如竹，竹不如肉。The stringed instrument of music is not equal to the pipe, and the human voice is superior to them both.

kang tang wan nú, chih tang wan p'í，耕当问奴，织当问婢。About the farm consult the servant, about weavening consult the maid.

shángtí lin jü, wú 'rh 'rh sin，上帝临女，无贰尔心。The Lord above draws near you, let not your heart he divided.

wuh wú ting wí, shih k'au ché chin，物无定味，适口者珍。Things have no certain taste, hunger is the best condiment.

tsung shen jü tung, tsung ngoh jü pang，从善如登，从恶如崩。To do good is to rise, to do evil is to sink.

teh shih yih cháu, wing juh ts'ien tsái，得失一朝，荣辱千载。On a single moment hangs eternal glory or disgrace.

ts'iang kih 'rh káu, k'í p'amg pih tsih，墙隙而高，其崩必疾。If the wall is not solid, the higher it is built the sooner it will fall.

peh lí wáng ch'in, ts'ien lí t'ing shing，百里望尘，千里听声。The dust is seen a hundred furlongs, the sound is heard a thousand.

---

① 此字在法国藏手稿本和1831年拉丁文本均为“寸”，在1847年英译本中则为“步”，据注音当为“寸”，英译本属刻印讹误，特改之。——中译注

moh jü yáu sing, sheh jü tien kwáng，目如耀星，舌如电光。Eyes like stars, voice like lightning.

puh juh hú hiueh, puh the hú tsz'，不入虎穴，不得虎子。If you wish for the tiger's whelps, you must enter the tiger's den.

chuh mí chí kau, táng kú t'ú yé，逐麋之狗，当顾兔邪。When the dog pursues the stag does he regard the hare?

sz' chin ché tí, pin chin ché pá，师臣者帝，宾臣者霸。He who orders his subject is the rightful sovereign.

ching kung chí hiá, puh k'o kiú ch'ú，成功之下，不可久处。Repose not on your laurels, the glory of exploits lasts but a little time.

chí tsuh puh juh, chí chí puh t'ái，知足不辱，知止不殆。He who is content is not endangered.

ning jin fú wo, wú wo fú jin，宁人负我，毋我负人。It is better to suffer than to do wrong.

下面是一些事物的名称，也是四字的，例如：

peh shwui chin jin，白水真人。Money.

ts'ing chau ts'ung sz'，青州从事。Choice wine.

hiuen hiáng t'ái shau，玄香太守。Ink.

lí shih hiáng hau，离石乡侯。The inkstone.

cháng hwui tsiáng，长喙将军。A swine.

cháng sü chú pú，长须主簿。A he-goat.

luh í shí ché，绿衣使者。The parrot.

yin lí jü chí，饮醴茹芝。① To feed upon nectar and an brosin.

注：上述成语或固定句法中几乎很少出现虚词，请记住所有的谚语、警句中

① 这个例句本来是放入第二部分，但是“饮醴茹芝”意思是喝的是玉液琼浆，吃的是美味佳肴；这不能算作事物的别称，不符合此类标准，应归入上一类“单独的四字短语”。——中译注

不需要这些词的辅助作用。汉语中并非所有的虚词都必须出现在每一种文体中。不过，基于此类锦句的观察，在大多数情况下，其特点首先是字与字相对，其次前一分句与后一分句的意思也往往相对或相反。这些例句都选自一本叫作 *Kú Hioh Kau Hiuen*（《古学钩玄》）的书。这本书分上、下两卷，但我手里只有上卷，结束于四字句法；我还未获下卷，该卷还包含有五字、六字、七字和八字的句法。因此《汉语札记》一书只能暂时搁笔，待得到下卷后才能继续完成后面的内容。否则就必须从各种作品中摘录这些句子，这将会有一些困难。

第五节　五字句法

注：马若瑟的书到此为止。原书的索引被删掉了，代之以一个新的索引。[1]

① 这是英译本的原注。——中译注

参考文献

中文文献：

1. 《古学钩玄》(明)，台湾图书馆藏本，卷一。
2. 安文思［葡］:《中国新史》，何高济、李申译，郑州：大象出版社，2004年。
3. 柏朗嘉宾［意］，贝凯、韩柏诗［法］译注:《柏朗嘉宾蒙古行纪》，耿昇、何高济译，北京：中华书局，2002年。
4. 蔡宗阳:《陈骙〈文则〉新论》，台北：文史哲出版社，1993年。
5. 陈恒新:《法国国家图书馆藏汉籍的来源与文献价值考略》,《大学图书馆学报》2018年第2期。
6. 陈骙（南宋）:《文则》，北京：人民文学出版社，1998年。
7. 陈旅（元）:《运司同知睢阳赵公德政碑记》,《全元文》第37册，江苏：凤凰出版社，2004年。
8. 陈望道:《文法简论》，上海：上海教育出版社，1979年。
9. 陈望道:《修辞学发凡》，上海：上海教育出版社，2006年。
10. 戴密微［法］:《法国汉学史》，载戴仁［法］主编《法国当代中国学》，耿昇译，北京：中国社会科学出版社，1998年。
11. 狄考文［美］:《官话指南》(影印本)，北京：北京大学出版社，2017年。
12. 董海樱:《16世纪至19世纪初西人汉语研究》，北京：商务印书馆，2011年。
13. 杜赫德［法］编:《耶稣会士中国书简集——中国回忆录》(上卷第一卷)，吕一民、沈坚、郑德弟译，郑州：大象出版社，2005a年。
14. 杜赫德［法］编:《耶稣会士中国书简集—中国回忆录》(上卷第二卷)，吕一民、沈坚、郑德弟译，郑州：大象出版社，2005b年。
15. 杜赫德［法］编:《耶稣会士中国书简集——中国回忆录》(中卷第三卷)，吕一民、沈坚、郑德弟译，郑州：大象出版社，2005c年。

16. 杜赫德［法］编:《耶稣会士中国书简集——中国回忆录》(下卷第五卷)，吕一民、沈坚、郑德弟译，郑州：大象出版社，2005d 年。
17. 方豪:《中国天主教史人物传》，北京：中华书局，1988 年。
18. 方豪:《中西交通史》，上海：上海人民出版社，2008 年。
19. 费赖之［法］:《来华耶稣会士列传及书目》，冯承钧译，北京：中华书局，1995 年。
20. 费赖之［法］:《明清间在华耶稣会士列传（1552—1773）》，梅乘骐、梅乘骏译，上海：光启社，1997 年。
21. 傅尔蒙［法］:《皇家图书馆藏中国图书目录》，载张西平、谢辉主编《欧洲藏汉籍目录丛编》，广州：广东人民出版社，2020 年。
22. 傅斯年:《历史语言研究所工作之旨趣》，载中央研究院历史语言所《国立中央研究院历史语言所集刊》第一本第一分册，1928 年。
23. 傅增湘:《藏园群书经眼录》，北京：中华书局，2009 年。
24. 高耻传（元）:《群书钩玄序》,《群书钩玄》卷首,《中华再造善本》影印上海图书馆藏元刻明修本，北京：北京图书馆出版社，2005 年。
25. 顾钧:《卫三畏与美国汉学》，北京：外语教学与研究出版社，2009 年。
26. 何九盈:《中国古代语言学史》，广州：广东教育出版社，1995 年。
27. 亨利·高第［法］:《西人论中国书目》(*Bibliotheca Sinica*)，北京：文殿阁书庄，1938 年。
28. 洪堡［德］:《论语法形式的性质和汉语的特质》，载徐志民《欧美语言学简史》，北京：学林出版社，1990 年。
29. 拉达［西］:《记大明的中国事情》，载博克舍［英］编注《十六世纪中国南部行纪》，何高济译，中华书局，1990 年。
30. 李国庆:《明代刊工姓名全录》，上海：上海古籍出版社，2014 年。
31. 李明［法］:《中国近事报道（1687—1692）》，郭强、龙云、李伟译，郑州：大象出版社，2004 年。
32. 李奭学:《中西合璧的小说新体——清初耶稣会士马若瑟著〈梦美土记〉初探》,《汉学研究》，2011 年第 29 卷第 2 期。
33. 李思纯：与友记新诗书 .《学衡》1923 年第 19 期。

34. 李真 :《马若瑟〈汉语札记〉研究》，北京：商务印书馆，2014 年。

35. 利玛窦［意］:《利玛窦书信集》(下)，罗渔译，台北：光启社、辅仁大学出版社，1986 年。

36. 利玛窦［意］:《利玛窦中国札记》，何高济、王遵仲、李申译，北京：中华书局，1983 年。

37. 柳若梅:《俄国汉学史上第一部汉语语法书——〈汉文启蒙〉》,《福建师范大学学报》2010 年第 2 期。

38. 龙伯格［丹麦］:《汉字的传统历史——17 世纪耶稣会士手稿》，史倩倩译，《国际汉学》2014 年第 25 辑。

39. 龙伯格［丹麦］:《欧洲汉学的建立：1801—1815》，王莹译,《国际汉学》2005 年第 1 期。

40. 龙伯格［丹麦］:《清代来华传教士马若瑟研究》，李真、骆洁译，郑州：大象出版社，2009 年。

41. 鲁布鲁克［法］，柔克义［美］译注:《鲁布鲁克东行纪》，何高济译，中华书局，2002 年。

42. 罗栖霞［法］:《法国国家图书馆：汉学图书的跨文化典藏》，北京：中国大百科全书出版社，2019 年。

43. 马国翰（清）:《玉函山房藏书簿录》卷二十五，北京：北京图书馆出版社，2001 年。

44. 马可・波罗［意］:《马可・波罗行纪》，冯承钧译，上海：上海书店出版社，2000 年。

45. 马若瑟［法］:《经传议论・自序》，法国国家图书馆，Bnf. MC:7164s。

46. 戚印平:《远东耶稣会史研究》，北京：中华书局，2007 年。

47. 石田干之助［日］:《中西文化之交流》，长沙：商务印书馆，1941 年。

48. 宋褧（元）:《送赵伯常淮西宪副》之一,《燕石集》卷九,《北京图书馆古籍珍本丛刊》第 92 册，北京：书目文献出版社，1991 年。

49. 苏精:《上帝的人马：十九世纪在华传教士的作为》，香港：基督教宗教文化研究社，2006 年。

50. 汪钰:《慕尼黑巴伐利亚公立图书馆的中文藏书》,《中国图书馆学报》1986

年第 1 期。
51. 王辉：《法国国家图书馆所编汉籍目录研究》，北京外国语大学硕士学位论文，2019 年。
52. 威妥玛［英］：《语言自迩集——19 世纪中期的北京话（第二版）》，张卫东译，北京：北京大学出版社，2018 年。
53. 伟烈亚力［英］：《基督新教传教士在华名录》，赵康英译，天津：天津人民出版社，2013 年。
54. 谢辉：《法国国家图书馆早期入藏汉籍述略》，《国际汉学》2021 年第 1 期。
55. 谢辉：《欧洲图书馆所编早期汉籍目录研究》，《图书馆理论与实践》2016 年第 2 期。
56. 严嘉乐［捷］：《中国来信（1716—1735）》，丛林、李梅译，郑州：大象出版社，2002 年。
57. 杨晓宁：《西德巴伐利亚公立图书馆的中文特藏》，《江苏图书馆学报》1989 年第 5 期。
58. 姚小平：《西方人眼中的中国语言学史》，《国外语言学》1996 年第 3 期。
59. 姚小平主编：《海外汉语探索四百年管窥》，北京：外语教学与研究出版社，2008 年。
60. 姚小平：《从语法到修辞——马若瑟〈汉语札记〉评析》，《当代修辞学》2014 年第 4 期。
61. 姚小平：《甲柏连孜与〈汉文经纬〉》，《中华读书报》2015-03-04。
62. 姚小平：《借西学之石，攻中国之玉——谈谈西洋汉语研究史》，《中国社会科学报》“国家社科基金专刊”2020-05-13。
63. 永瑢（清）：《四库全书总目》卷一百二十六，北京：中华书局，2003 年。
64. 张明明：《高第〈中国书目〉研究》，北京：学苑出版社，2023 年。
65. 张西平：《德国巴伐利亚公立图书馆中国古籍善本述录》，《世界汉学》2003 年第 2 期。
66. 张西平：《欧洲早期汉学史——中西文化交流与西方汉学的兴起》，北京：中华书局，2009 年。
67. 张西平主编：《世界汉语教育史》，北京：商务印书馆，2009 年。

68. 张西平、李真等编:《西方人早期汉语学习史调查》，中国大百科全书出版社，2003 年。
69. 张铉（元）:《至正金陵新志》卷六，《中华再造善本》影印元至正四年集庆路儒学溧阳州学溧水州学刻本，北京：北京图书馆出版社，2006 年。
70. 中国古籍总目编纂委员会编:《中国古籍总目 · 子部》第 4 册，北京：中华书局、上海：上海古籍出版社，2010 年。
71. 钟鸣旦［比］:《礼仪之争中的中国声音》，陈妍蓉译，上海：上海人民出版社，2021 年。
72. 钟鸣旦［比］、孙尚扬:《一八四零年前的中国基督教》，北京：学苑出版社，2004 年。
73. 尊经阁文库编:《尊经阁文库汉籍分类目录》，铅印本，1934 年。

西文文献：

1. Abel-Rémusat, Jean-Pierre, *Élemens de la grammaire chinoise*. Paris: Imp. Roy, 1822.
2. Abel-Rémusat, Jean-Pierre, “Le P. J. Prémare, Missionaire a la Chine, Études Biographques”, *Nouv. Mél. As. II*, 1829.
3. Boxer, Charles Ralph, *South China in the Sixteenth Century*, Bangkok: Orchid Press, 2004.
4. Carstairs, Douglas, *Chinese-English Dictionary of the Vernacular or Spoken Language of Amoy with the Principal Variations of the Chang-chew and Chin-chew Dialects*, London: Trübner, 1873.
5. Cohen, Monique, “A Point of History: The Chinese Books Presented to the National Library in Paris by Joachim Bouvet S.J., in 1697”, *Chinese Culture: A Quarterly Review*, 1990.
6. Cordier, Henri: *Bibliotheca Sinica*, 3 t., Paris: Ernest Leroux, 1878—1895.
7. Edkins, Joseph, *A Grammar of Colloquial Chinese, as Exhibited in the Shanghai Dialect*, Shanghai: Presbyterian Mission Press, 1868.
8. Edkins, Joseph, *A Vocabulary of the Shanghai Dialect*, Shanghai: Presbyterian

Mission Press, 1869.

9. Harbsmeier, Christoph, *Language and Logic* in Joseph Needham's Series *Science and Civilisation in China*. Cambridge: Cambridge University Press, 1998.

10. Héraud, Bénédicte, "sous la direction de M. Dominique Varry, Les Fonds Chinois de la Bibliothèque du Roi (1719—1742)" , *Mémoires DEA*, 1993.

11. Lundbœk, Knud, *Joseph de Prémare (1666—1736) S.J. Chinese Philology and Figurism*, Aruhus: Aarhus University Press, 1991.

12. Maclay, Robert Sameul, *An Alphabetic Dictionary of the Chinese Language in the Foochow Dialect*, Foochow: Methodist Episcopal Mission Press, 1870.

13. Prémare, Joseph-Henry-Marie de, *Notitia Linguae Sinicae*, Bibliotheca Regia Monacensis.，手稿 .

14. Prémare, Joseph-Henry-Marie de, *Notitia Linguae Sinicae*, Malacca : Anglo-Chinese College, 1831.

15. Summers, James, *A Handbook of Chinese Language*, Oxford: University Press, 1863.

16. Williams, Samel Wells, *A Syllabic Dictionary of the Chinese Language; Arranged According to the Wu-fang Yuen Yin, with the Pronunciation of the Characters as Heard in Peking, Canton, Amoy, and Shanghai*, Shanghai: American Presbyterian Mission Press, 1874.